한눈으로 읽는

구약성경의 세계

| 신재철 · 이정석 지음 |

쿰란출판사

추천의 글

신재철, 이정석 목사를 통하여 《한눈으로 읽는 구약성경의 세계》가 출간되었다. 본서는 몇 가지 특징을 갖고 있다.

먼저, 구약을 이해하기 쉽게 소개했다. 구약을 설명하는 책들은 매우 방대하고 다양하다. 참으로 많은 책들이 오랜 역사를 통하여 발행되었다. 그러나 어떤 책은 너무 학문적으로 어려워 일반 성도들은 접근하기가 쉽지 않았다. 어떤 책은 너무나 평이해 오히려 구약을 이해하는 데 별 도움이 되지 않았다. 그러나 본서는 내용이 알차면서도 일반 성도 누구라도 쉽게 구약을 이해할 수 있게 한다.

다음으로, 구속사적으로 구약을 이해하게 한다. 흔히 구약을 율법서로 오해한다. 구속사를 이해하지 못한 유대인들이 토라 즉 율법서라고 구약의 표제를 붙였다. 그리고 이 전통에 따라 신약 여러 곳에서 구약을 율법 혹은 율법서라 불렀다. 그것은 널리 알려진 표제에 따라 단순히 불렀을 뿐이요, 신약이 구약을 율법서로 인정한 것은 아니다. 오히려 구약을 율법 혹은 율법서라 부르는 것은 율법을 지킴으로 의에 이르고 구원을 받음을 전제한다. 구약은 분명 그게 아니다.

구약은 여전히 오실 메시아를 믿고 구원받음을 전하고 알리고 있다. 제사는 신약의 예배와 같은 신앙의 고백이다. 성막이나 성전은 동일하게 신약 교회의 예표이다. 제사장을 비롯한 수많은 구약 인물은 결국 오실 메시아의 표상이다. 율법은 구원받은 성도가 하나님의 백성으로 살아야 할 규범이지 구원의 길은 아니다. 이런 의미에서 구속사를 본서는 잘 설명하고 있다.

또한, 본서는 구약을 은혜 언약서로 잘 소개하고 있다. 깊이 있게 그리고 알기 쉽게 언약의 핵심을 도표로 설명하였다. 타락하여 이미 죄책과 오염으로 스스로 멸망에 이른 인간에게 창세기 3장에서 하나님은 은혜 언약을 맺으셨다. 오실 메시아에 의해 그리고 그를 믿음으로 하나님은 인간에게 구원을 은혜로 주신다. 이런 의미에서 구약과 신약의 교회는 한 교회이다. 과거에도 한 교회요, 현재에도 한 교회이며, 미래에도 한 교회가 된다.

구약은 결국 예수 그리스도를 예고하고 소개한다. 역사는 오실 메시아의 길을 예비하였다. 시가서는 그를 알고 믿는 성도들의 내적인 고백과 삶을 그리고 있다. 예언서는 오실 메시아를 마치 신약에서 체험한 것처럼 전하고 소개한다. 그리하여 구약과 신약은 서로 다른 각각이 아니라, 조화되고 하나 되는 놀라운 통일을 이루고 있음을 밝히고 있다.

신재철 목사는 목회자이면서 동시에 탁월한 학자시요, 이정석 목사는 매우 뛰어난 성경학자시다. 이들이 주님의 나라를 위해 그리고 끊임없이 말씀으로 자라가야 할 성도들을 위해 본서를 집필하셨다. 참으로 기쁘고 감사한 일이다. 본서를 대하는 이마다 자신의 신앙과 삶에서 크게 성장하리라고 확신한다.

2008년 12월

박병식 목사

(송파제일교회 원로목사, 합동신학대학원 교수)

추천의 글

구약성경은 내용과 분량에 있어 방대한 책이다. 읽기에 흥미진진한 내용이 있는가 하면 지루함을 느끼는 부분도 없지 않다. 성도들 중에는 구약성경을 읽어 나가는 데 늘 높은 산맥처럼 가로막는 부분이 있어서, 창세기에서부터 읽어 내려가다가 그 부분에서 중단하고 쉬었다가 다시 시작하는 일을 여러 번 반복하는 경험들이 있기도 하다.

이러한 경험의 이유 중에는 구약성경 전체와 각 권에 대한 기본적인 이해 없이 읽어 내려가는 것과도 무관하지 않다. 구약성경 전체는 물론 각 권에 대한 기본적인 이해나 사전 지식을 가진다면 더욱 진지하게 읽을 수 있을 것이다.

그런데 구약성경의 기본적인 이해나 사전 지식을 얻기 위해 읽을 만한 책을 발견하는 일은 그리 쉽지 않다. 그 이유 중에는 어떤 저서는 그 내용에 있어서 너무 방대하여 감히 읽어 보고 싶은 마음 자체를 가로막기 때문이다. 다른 한 이유는, 지나치게 신학적인 토대 위에서의 글이라 신학적인 소양이 없는 사람들이 접하는 데 한계가 있기 때문이다. 심지어 자유주의 신학적인 토대에서 나온 책은 성경이 정확 무오한 하나님의 말씀이라는 믿음을 흔들어 놓는 함정마저 있다.

이처럼 구약성경 전체는 물론 각 권에 대한 바른 이해와 사전 지식을 쉽고도 간편하게 가질 수 있는 저서를 접하는 것이 쉽지 않은 상황에서, 본서가 나오게 된 것을 함께 기뻐하며 축하하는 마음이다.

본서는 앞에서 언급한 문제들을 해결하고 있는 것으로, 분량 면에서 읽어볼 만한 마음을 가지게 할 뿐 아니라, 내용 면에서 신학적인 소양을 가지지 않은 사람이라도 쉽게 이해할 수 있도록 의도되어 있다. 나아가, 복음주의 신학의 토대 위에서의 저술이란 점에서 독자들의 신앙을 바로 세워주는 데 문제가 없을 것으로 확신한다.

특별히 본서의 특징이라고 한다면, 전반부에서 구약성경 전체의 이해를 위한 신학적인 지식을 제시하면서 각 권의 이해를 돕기 위해 각 권 내용에 실제로 등장하는 신학적인 소주제들을 다시 설명하고 있다는 점이다.

후반부에는 구약성경 각 권의 핵심적인 부분들을 설교 형태로 엮어 나감으로써 구약성경 전체의 맥을 구슬처럼 꿰어 나갔다는 점이다. 후반부의 설교 형태의 글은 철저히 성경 중심으로 되어 있어서, 오늘날 본문과 상관없이 흥미 중심으로 천박스럽게 성도들을 교육하는 내용과는 차별성이 있음을 발견할 수 있다.

이상에서 언급한 본서의 특징들은 두 저자 신재철 박사와 이정석 박사의 신학 교육과 사역 현장을 토대로 하여 나온 것임을 밝힐 수 있다. 두 사람은 복음주의 개혁 신학의 토대에서 오랫동안 학문적 소양을 쌓으면서 아울러 목회 현장을 지켜 온 학자들이다. 따라서 어려운 신학적 주제들을 현장과 관련시키는 관심을 잠시도 잊을 수 없었던 것으로, 본서 역시 그들의 그러한 배경이 스며들어 있음을 어렵지 않게 발견할 수 있다.

끝으로 본서는 끊임없이 성경을 읽어야 하는 모든 평신도들은 물론, 신학 연구의 길에 들어선 신학생들, 그리고 성경을 본문으로 설교 사역을 지속해야 하는 목회자들에게 많은 도움이 될 것으로 믿으면서 기쁨으로 추천한다.

2008년 12월

이복수 교수

(고신대학교 선교목회대학원장, 신학박사)

추천의 글

먼저, 신재철 박사와 이정석 박사 두 분의 신학자들을 통해 귀한 글이 발간된다는 점에서 하나님께 감사드린다. 요즘처럼 진리의 중요성이 부각되는 현실에서, 본서는 말씀에 굳게 서서 흔들리지 않도록 도와주는 값진 안내서이다.

불확실성으로 대변되는 현대 사회 속에서 모든 사람들은 안정성에 목말라 하고 있다. 인생들이 내·외적인 도전 가운데서도 굳건히 서서 안정감을 가질 수 있는 유일한 길이 바로 하나님의 말씀이다. 이런 점에 착안하여 본서는 크게 세 가지 독특한 장점을 선사한다.

첫째, 하나님의 진리 말씀인 구약의 세계를 일목요연하게 보여준다는 점이다. 저자들은 구약의 맥을 정확하게 잡고 있다. 구약을 통해 말씀하시고자 하는 하나님의 아이디어를 간파하고 있다. 본서를 읽다 보면 장대한 교향곡의 연주 속으로 빠져드는 착각마저 들게 한다. 본서의 저자들 자신이 구약 세계의 웅대한 현실 앞에서 감격하고 기뻐한 흔적이 그대로 드러난다. 저자들이 느낀 감동이 배가 되어 독자들에게로 전달되면서 그 감격이 최고조에 달한다.

둘째, 도표를 통해 시청각적 효과를 극대화하고 있다는 점이다. 구약은 방대한 체계를 자랑한다. 그렇기 때문에 너무 어렵게 느껴지기도 한다. 하지만 저자들은 도표를 적절하게 사용하여 복잡한 구조를 단순화시켰다. 도표를 보면 구약의 세계가 한

폭의 풍경화처럼 다가온다.

셋째, 살아 역사하시는 하나님 말씀에 대한 저자들의 사명과 열정이 돋보인다는 점이다. 하나님의 말씀은 살았고 운동력이 있어 혼과 영과 골수를 쪼개기까지 한다. 그만큼 하나님의 말씀은 역동적이다. 본서는 저자들의 삶 속에 녹아져 깊이 배인 하나님의 말씀의 진수라고 할 수 있다.

그러므로 진리의 말씀을 사모하는 모든 분들에게 이 책을 적극 권장하는 바이다. 아무쪼록 신재철 박사와 이정석 박사의 노고로 출간된 본서를 통해, 진리의 빛이 온 세상을 밝게 비추기를 소원하며, 독자 제위의 아낌없는 성원을 당부하는 바이다.

2008년 12월

미국 버클리에서

최은수 교수

머리말

마가복음서는 "하나님의 아들 예수 그리스도 복음의 시작이라"(막 1:1)고 시작한다. 그리고 마가복음은 이사야의 예언으로부터 복음의 이야기를 시작한다. 이것은 복음의 시작이 성자 하나님 예수 그리스도로부터 시작된 것이 아니라 이미 성부 하나님의 구원 섭리에 따라 구약에서부터 시작되었음을 의미한다. 그리고 신약성경은 그 복음의 실체이신 성자 하나님에 관한 이야기를 다루고 있다. 그러므로 복음의 시작인 구약성경을 이해하는 것은 신약성경의 이해를 위해 필수적이며 복음의 시작이란 측면에서 아주 중요한 것이다.

하지만 최근 목회 강단과 신학교 교단에서는 구약을 단순히 유대 민족의 역사나 풍습 정도로 다루는 아쉬움이 있다. 이러한 안타까움을 간직한 채 10여 년 간 고신대학교를 비롯한 여러 신학교에서 강의하신 신재철 목사님은 구약에 대해 평신도들은 물론 신학생들이나 목회자들에게 좀더 많은 이해를 주고자 노력해 왔었다.

지금은 구약에 대한 깊이 있는 연구서들이 많은 것이 사실이다. 하지만 구약에 대한 전반적인 이해와 더불어 구약에 흐르고 있는 신학적인 사상들을 일목요연하게 정리한 책이 없어 늘 그러한 책이 나오기를 기대하고 있었으나, 아직은 더 기다려야 할 입장이 더욱 아쉬움으로 남았다.

이에 신 목사님은 본인과 더불어 구약 전반에 걸친 일목요연한 정리 작업을 하고자 했으며, 본인은 신 목사님의 도움으로 구약성경에 필요한 신학적인 사상들을 정리하게 되었다. 또한 신 목사님은 구약 전체를 일목요연하게 확인할 수 있도록 구속사적 관점을 유지하면서 창세기부터 말라기까지 설교 형식을 빌려 구약 전체를 정리하였다.

그래서 본서는 구약의 신학적인 측면을 유지하면서 구약을 익히 알고자 하는 자들을 위하여 구약 전반에 해당하는 내용을 다루고자 했다. 방대한 범위여서 구약에 대해 깊이 있는 신학 서적에 비해서는 다소 한계가 있음에도 불구하고 구약의 길잡이 역할을 충분히 할 것으로 기대한다.

구약을 읽고자 하는 순례자들에게 안내서 역할을 하기를 소망하며 구약 순례를 위해서 '1부 구약성경 여행 준비'라는 제목으로, 구약성경을 읽기 위해 미리 알았으면 하는 내용들을 정리하였다. 2부에서는 '구약성경 여행'이라는 제목으로 실질적인 순례 여행을 통해 구약 전체를 구속사적 관점에서 한 권 한 권 설명하여, 구약을 보다 쉽게 이해하도록 도움을 주고자 했다.

끝으로 본서는, 필자들이 지난 10여 년 동안 신학교에서 공부하고 연구하면서 여러 교수님들의 가르침을 기초로 하여 정리한 것이다. 또한 신 목사님은 지난 20여 년 동안의 신학 수업과 목회 경험, 그리고 신학교 강단에서 오랫동안 후학들을 지도하면서 배우고 연구하신 것들을 바탕으로, 나아가 그간의 여러 저술들을 근간으로 구약을 정리하였다.

따라서 필자들은 이 지면을 빌려 존경하는 스승님들에게 감사의 뜻을 남기고 싶다. 우리의 스승들이신 고신대학교 이상규 교수님을 비롯하여 이복수 교수님, 송파제일교회 원로목사님이신 박병식 목사님, 웨스트민스터대학원대학교에서 지도하신 최은수 교수님과 김성욱 교수님, 그리고 김영철 교수님과 송재근 교수님께도 감사의 뜻을 전하고 싶다.

본서의 교정을 위해 수고하신 초원교회 안현숙 사모님과 신은영 전도사님, 그리고 기꺼이 출판하여 주신 쿰란출판사 이형규 장로님과 직원들에게도 아낌없는 감사를 드린다.

2008년 12월

고신대학교에서

이 정 석

1부 구약성경 여행 준비

목차

2부 구약성경 여행

왕정 시대

재건 시대

목차

1부

구약성경 여행 준비

1. 성경이란? : 5대 언약

1) 성경의 제목은 무엇인가?

성경(Bible)이란 말은 한글 성경에서는 번역하지 않았지만 마태복음 1장 1절에 나오는 '책'이란 표현이다. "**The book** of the generation of Jesus Christ, the son of David, the son of Abraham"(KJV, '아브라함과 다윗의 자손 예수 그리스도의 세계의 **책**이다', 마 1:1).

이 '책'이란 단어가 헬라어 원어로는 '비블로스'(βίβλος)인데, '종이', '책'(두루마리)이란 뜻을 가진다. 마가복음 12장 26절에는 "모세의 **책** 중"(ἐν τῇ βίβλῳ Μωϋσέως, in **the book** of Moses)이란 표현이 있는데, 여기서는 모세의 5권으로 일반적인 책을 뜻한다. 곧 비블로스는 일반적인 책을 뜻하는 것이다. 또한 누가복음 3장 4절의 "선지자 이사야의 책"(ἐν βίβλῳ λόγων Ἠσαΐου τοῦ προφήτου, in **the book** of the words of Esaias the prophet)과 누가복음 20장 42절의 "시편(the book of Psalms)에 다윗이……"에서도 모두 '책'을 뜻하는 비블로스라는 단어를 사용한다.

이 비블로스가 중세 라틴어 '비블리아'(*biblia*)를 경유하여 고대 프랑스어와 중세 영어에서 '비블'(bible)로, 이것이 현대 영어에서 '바이블'(bible)로 고착화된 것이다. 그래서 바이블의 사전적 의미는 소문자(bible)로 쓸 경우 '책'이란 본래 의미가 있으며, 대문자(Bible)

로 쓸 경우 기독교의 신성한 책, 곧 '성경'(Holy Bible)이란 뜻으로 사용된다. 성경은 '신성한 책' 혹은 '거룩한 책'이란 의미다.

성경과 관련하여 영어 사전을 보면, 바이블 이외에 '테스터먼트'(testament)가 있는데, 이는 곧 하나님과 인간 사이의 언약(covenant)을 의미한다. 그리고 성경은 오래 전의 언약을 기록한 구약(Old Testament)과 새롭게 주어진 언약을 기록한 신약(New Testament)이 있다. 이것은 성경의 주된 이야기가 바로 하나님과 그의 백성 사이의 언약을 기록한 책이며, 실질적으로 성경의 제목이라고 하겠다.

성경은 '거룩한 책'을 뜻하고, 그 거룩한 책은 바로 하나님과 그의 백성 사이의 언약을 기록한 언약기(言約記)이다. 곧 성경(the Holy Bible)의 제목은 거룩한 언약(the Holy Testament)이라 하겠다. 다시 말해서, 거룩한 책의 제목은 바로 거룩한 언약으로, 성경에서 언약을 주의 깊게 보지 못하면 이해하기 어려운 부분들이 생긴다. 예를 들어, 야곱의 삶 가운데 언약(서원)은 가장 중요한 역할을 한다. 야곱은 에서를 피해 도망하던 가운데 "하늘의 문"(창 28:17)을 보고, 그곳을 "벧엘"이라 하였다(창 28:19).

그리고 그곳에서 서원을 하였는데 그 내용을 보면, 야곱은 먹을 양식과 입을 옷을 구했으며, 아버지의 집으로 무사히 돌아올 것을 간구한다(창 28:20-21). 만일 이것을 들어 주신다면 십일조를 벧엘에서 드리겠다고 서원하였다. 그리고 성경은 하나님께서 야곱의 간구를 들으셨음을 이야기한다. 그리고 그는 그의 간구대로 풍요하게 아버지 집으로 돌아온다. 하지만 야곱은 벧엘이 아니라 세겜에서 은 100개로 밭을 사고, 그 밭에 단을 쌓는다(창 33:19-20). 이로써 야곱은 언약을 파기했다.

하나님은 간구를 다 들어주셨는데, 야곱은 약속의 내용을 변경하고 벧엘이 아닌 세겜에서 자신의 약속을 실천하지만 이것은 언약을 이행한 것이 아니다. 약속은 벧엘이었고, 벧엘에서 성취되어야 한다. 그것이 언약이다.

창세기 33장에 이어서 34장에서는 야곱의 딸 디나가 당하는 수치와 레위와 시므온의 살인 사건을 다룬다. 이런 상황에서 하나님은 침묵하신다. 디나를 돕지 않으시며, 레위의 살인을 막지 않으신다. 뿐만 아니라 야곱은 그 형 에서를 피해서 도망하던 것처럼 도망자가 되었다. 왜냐하면 레위의 살인으로 레위를 추격하던 자들(창 35:5)이 있었고, 이로 인해 도망자의 생활을 다시 시작하게 되었기 때문이다.

이에 하나님은 여전히 침묵하신다. 그리고 "하나님이 야곱에게 이르시되 일어나 벧엘로 올라가서 거기 거하며 네가 네 형 에서의 낯을 피하여 도망하던 때에 네게 나타났던 하나님께 거기서 단을 쌓으라"(창 35:1)고 하신다. 하나님은 벧엘의 약속을 지킬 것을 요구하시는 것이다. 이는 하나님이 언약에 얼마나 신실하신 분인가를 잘 보여주는 대목이 아닐 수 없다. 여하튼 야곱은 벧엘에 올라가서 단을 쌓음으로 언약(서원)을 성취한다. 그리고 그곳의 이름을 '엘벧엘', 곧 '벧엘의 하나님'이라 부른다(창 35:7).

여기서 야곱의 서원, 곧 야곱의 간구와 약속들을 생각하지 않으면, 디나의 사건에서 침묵하시는 하나님을 이해하지 못하게 된다. 반면에 야곱이 언약에 실패하였고, 그에 따라서 하나님은 침묵하시며, 그 침묵은 곧 인생의 불행을 의미하게 된다. 그리고 그 불행 앞에서 하나님은 언약을 기억하시고, 언약의 성취로 모든 것을 회복하여 주신다. 창세기 34장의 디나 사건은 언약이 아니면 거의 이해되지 않는 본문이다. 이처럼 성경은 언약을 그 중심 주제로 다루고 있다.

2) 언약이란 무엇인가?

성경은 하나님과 그의 백성 사이의 언약을 기록한 거룩한 책이다. 성경을 이해한다는 것은 바로 하나님과의 언약을 이해할 뿐 아니라 그 언약을 신실하게 이행하는 것을 의미한다. 우리가 언약을 이해하고 그것을 신실하게 이행하기 위해서는 먼저 '언약'이 무엇인지를 이해할 필요가 있다.

'언약'을 히브리어로 '베리트'(berith, בְּרִית)라고 하며, 이 단어는 '세우다'(창 6:18, 9:11, 15:18; 출 2:24, 24:28; 신 4:23 등)란 동사와 함께 사용된다. 곧 '언약을 세우다'라고 표현한다. 여기서 '세우다'로 번역된 히브리어 동사는 두 개 있는데, 창세기 6장 18절에 등장하는 노아 언약의 경우에는 히브리어 '쿰'(קוּם, Qum)을 사용한다. '쿰'은 '일어나다', '서다', '확인되다', '세우다' 등의 뜻이 있다.

반면에, 아브라함의 언약을 기록한 창세기 15장 18절에서는 '쿰'이 아니라 '자르다', '베어내다', '잘라내다', '쪼개다'의 뜻을 가진 '카라트'(כָּרַת, karat)를 사용한다. 다시 말해서 '언약을 쪼개다'란 뜻이다. '언약을 쪼개다'란 표현은 이스라엘의 고대 풍습에서 유래한 것으로, 고대 이스라엘 사람들은 언약을 맺을 때 희생물을 반으로 쪼개고, 그 사이를 언약 당사자들이 지나감으로써, 언약을 반드시 이행할 것을 다짐하며 언약을 통하여 목숨을 건 관계임을 다른 이들에게 보여주었다. 만일 언약이 파기될 경우 쪼개어진 희생물처럼 죽을 것을 각오하는 것이다.

베리트가 가지는 이러한 성격 때문에 베리트를 단순히 '계약'이나 '약속'으로 이해할 수는 없으며, 목숨을 같이한 관계적 차원에서 이해되어야 한다. 실질적으로 아브라함의 언약에서 주님은 쪼갠 고기 사이를 지나가셨고, 아브라함은 생명을 상징하는 할례를 하게 된다. 이처럼 언약은 언약 당사자 사이의 관계를 분명하게 세상에 공포한다.

언약이라는 용어를 한마디로 정의할 수는 없지만, 주권적으로 사역되는 피로 맺은 약정(Bond in Blood sovereignly administered)이라고 정의할 수 있다. 즉 하나님이 언약의 주권자가 되시며, 그 언약에 자유하시며, 우리에게 베푸시는 은혜이다. 또한 언약에는 상호 책임이 따르게 된다. 인간 편에서의 책임으로 생명과 재산, 정의 등을 존중하는 것이다. 이런 개념 아래에서 언약은 사회적 구조를 내포하고 있으며, 따라서 정치적 사상을 이끌어 낼 수 있는 근거가 된다. 이 언약 사상은 교회 역사에서 여러 신학자들에 의해 다양한 형태로 언급되었는데, 청교도들은 이 언약 사상을 개혁 교회의 사상적 근거로 삼았다.[1)]

언약이 가지는 관계적 성격을 감안하여, 송재근 교수는 언약을 다음과 같이 말한다. "언약이란 인격 당사자 사이의 사적 관계를 공적 관계로 만들기 위해서 법적으로 맺는 행위다. 먼저 언약은 인격자 당사자 사이에 이루어진 계약이다. '인격'이라고 할 때 인간이 가지는 속성으로 지(知), 정(情), 의(意)를 말하며, 이와 더불어 중요한 것이 바로 독립성이다. 인격적 존재란 말은 그가 독립적으로 지적인 사고를 하며, 느끼며, 또한 독립적인 의지, 곧 '자유 의지'를 소유했음을 의미

1) O. P. 로버트슨, 《계약 신학과 그리스도》, 김의원 역(서울: 기독교문서선교회, 1994), p.12.

한다. 여기서 말하는 지정의(知情意)와 독립성은 신학적 의미를 말하는 것으로, 자유로운 인간은 하나님을 알고, 하나님을 느끼며, 하나님께 향하는 의지를 소유했음을 의미한다. 바로 최초의 인류인 아담의 상태를 말하며, 아담은 독립적인 존재로 자유의지를 소유했다. 하지만 아담의 타락으로 현 인류는 부패했으며 독립성을 상실하게 되었고, 독립성을 상실한 현 인류는 자유를 박탈당하고 죄에 갇힌 존재, 죄의 노예적 존재로 전락하게 되었다. 인류의 타락은 주님이 직접 말씀하신 바이며, 교회는 이를 교리로 확고히 믿고 고백하고 있다."

> "예수께서 대답하시되 진실로 진실로 너희에게 이르노니 죄를 범하는 자마다 **죄의 종**(the servant of sin)이라 종은 영원히 집에 거하지 못하되 아들은 영원히 거하나니 그러므로 **아들이 너희를 자유케 하면 너희가 참으로 자유하리라**(if the Son makes you free, you shall be free indeed)" (요 8:34-36).

인류는 죄의 종(the servant of sin)으로 영원히 주님의 집에 거할 수 없는 존재이며, 오직 독생 성자 예수 그리스도께서 종을 자유하게 해주시면, 인류는 참으로 자유하게 될 것이다(if the Son makes you free, you shall be free indeed). 인류는 스스로 자유해질 수 없으며, 이것은 인류가 더 이상 자신의 사고와 생각으로 하나님을 알 수 없고, 스스로의 감정으로 하나님을 체험하거나 느낄 수 없으며, 하나님께 자유롭게 향할 수 없게 되었음을 뜻한다.

그래서 교회에서는 현 인류가 '자유 의지'가 없으며, 오직 죄에 '갇힌 의지' 혹은 죄의 종 된 '노예 의지'만을 소유하여 하나님께 스스로 향할 뜻이 없고 오직 죄를 향할 뜻만 있다고 고백한다. 물론 현 인류도 자신의 '뜻', '의도', '의지'(will)를 가지고 있어, 스스로 밥을 먹을 것인지 국수를 먹을 것인지를 판단하고 결정하고 선택할 수 있다. 문제는 이러한 세상 것에 대한 자유 의지가 아니라 신학적인 측면에서 하나님께 향하는 뜻, 주님을 향한 의도, 주님께 대한 의지가 현 인류에게 없다는 것이다. 그래서 밥을 먹을 것인지 국수를 먹을 것인지와 같은 선택은 구원과 무관한 의지이며 이것을 노예 의지(servant will)라고 부르고, 구원과 관련하여 하나님께 향하는 의지를 자유 의지라고 한다.

많은 사람들은 현 인류도 자유 의지가 있으며, 그래서 자신들이 밥과 국수 사이에 선택할 자유로운 의지가 있다고 주장한다. 그들에게는 이미 그들의 배(腹)가 그들의 하나님(whose god is their belly, 빌 3:19)이라 밥과 국수의 자유로운 선택과 의지를 자유 의지라고 말한다.

믿는 이들에게 문제가 되는 것은 우리의 배를 부르게 하는 문제가 아니다. 우리의 하나님은 우리의 배(창자)가 아니라 살아 계신 전능하신 하나님이다. 인류는 스스로 그 전능하신 하나님을 찾아갈 뜻과 의도와 의지가 없다.

> "의인은 없나니 하나도 없으며 깨닫는 자도 없고 하나님을 찾는 자도 없고 다 치우쳐 한가지로 무익하게 되고 선을 행하는 자는 없나니 하나도 없도다"(롬 3:10-12).

언약은 인격 당사자 사이에서 맺어지는 것이지만, 실질적으로 인간은 독립성과 자유를 상실했기에 언약은 선물(Royal Gift)의 성격이 강하다. 다시 말해서, 하나님이 그의 백성에게 일방적으로 주시는 선물의 성격을 가지며, 하나님의 주권적인 행위로 나타난다. 그리고 하나님의 주권적인 선물 앞에서 인간은 하나의 인격을 가진 존재로 대접받는다. 바로 하나님의 섭리 가운데 제한적 의지(bound will)로 언약에 동참하게 된다.

언약은 인격 당사자 사이의 사적 관계를 공적 관계로 만들기 위해서 법적으로 맺는 행위다. 여기서 거룩한 삼위 하나님은 인간을 구원의 섭리 가운데 인격적인 존재로 제하여 주시고, 언약의 당사자로 하나님 앞에 서는 것을 허락하셨다. 그리고 사적 관계를 공적 관계로 만드신다.

사적인 관계를 공적인 관계로 만든다는 것을 예를 들어 설명하면, 어떤 남자와 여자가 연인 사이라고 한다면 이것은 사적인 관계이다. 하지만 이 남자와 여자가 결혼을 통하여 타인들 앞에서 공적 부부의 관계를 맺는다면 이것은 분명히 공적인 관계이다. 성경에서 공적인 관계는 모두 세 가지 관계가 있다.

첫째, 주인과 종의 관계

이 주종 관계는 분명하게 공적인 관계를 유지해야 한다. 만일 사적으로 타인을 임의로 자신의 종을 삼는다면 이것은 공적 관계가 아니다. 고대 사회에서 이 주종 관계는 강대국과 약소국 사이에 맺어진 계약에서 쉽게 발견되는 것으로, 약소국은 강대국에게 충성과 예물을 올리고, 이에 강대국은 약소국을 다른 나라로부터 보호하여 그 국가를 존재케 하는 쌍방적인 외교 관계이다.

성경에서 주종 관계는 아담 언약이나 노아 언약 그리고 아브라함 언약과 같은 족장 언약의 성격에 잘 반영되어 있다. 다시 말해서 하나님은 인류를 보호하시는 분이며, 인류는 하나님께 순종을 올리는 관계이다. 그러므로 주종 관계, 곧 족장 언약에서 가장 중요한 문제는 바로 '순종'의 문제이다. 순종이 없다면 언약은 파기된다.

성경에서 한 번 맺은 언약은 지속적인 관계를 유지한다. 물론 언약을 보완하는 의미에서 언약 갱신이 있지만 본질적으로 언약 자체가 소실되거나 무효가 되는 것은 없다. 이것은 쪼갠 고기 사이를 지난 사이, 곧 목숨을 건 맹약이다. 그러기에 족장 언약에서 '순종'을 맹약했다면 성경이 끝날 그 순간까지 '순종'의 언약은 지속되는 것이다.

둘째, 부부 관계

사적 관계를 공적인 관계로 만드는 부부 관계는 주종의 관계와는 사뭇 다른 면이 있는데, 그것은 바로 '사랑'이다. 주종 관계가 왕과 신하의 관계로 전능자와 무능력자, 강하신 분과 약한 자 사이의 언약이라면, 부부 관계는 상하 관계가 아니라 수평적인 관계에서 상호 사랑을 전제로 맺어진 관계이다. 성경에서는 시내 산 언약과 모압-세겜 언약이 이에 속한다.

> "나 여호와가 말하노라 이 언약은 내가 그들의 열조의 손을 잡고 애굽 땅에서 인도하여 내던 날에 세운 것과 같지 아니할 것은 내가 그들의 남편이 되었어도 그들이 내 언약을 파하였음이니라"(렘 31:32).

하나님은 예레미야 선지자를 통하여 그의 백성을 이집트에서 이끌어 내어 맺은 언약을 부부의 관계로 말씀하셨다. 그러기에 하나님은 "너는 마음을 다하고 성품을 다하고 힘을 다하여 네 하나님 여호와를 사랑하라"(신 6:5)고 말씀하셨으나, 결국 예레미야는 하나님의 백성들이 이 부부의 언약을 파기했다고 외쳤다.

주종 관계에서 중요한 것이 '순종'의 문제라면, 부부 관계에서 가장 중요한 것은 '사랑'과 '순결'이다. 특히 출애굽기 이후부터 이 순결(성결, 거룩)의 문제는 아주 예민하게 등장하며, 영적인 간음으로 상징되는 우상 숭배의 문제가 언약 파기의 가장 중요한 요소가 된다. 실질적으로 주종 언약을 기록한 창세기에서는 우상에 관하여 출애굽기처럼 예민하게 기록하지 않고 있다. 이것은 성경이 언약에 따라서 그 관점의 변화가 있음을 의미하는 것으로, 언약을 정확하게 이해하지 못하면 성경을 그만큼 이해하기 어렵다. 여하튼 사도 바울은 우리의 탐심(greed), 곧 조금이라도 더 소유하고자 하는 마음에 대해 우상 숭배라고 말한다(골 3:5).

셋째, 부자 관계

더 정확하게 말해서 양자의 관계를 말한다. 어떤 사람이 거리에서 한 아이가 귀엽다고 집에 데리고 와서 그 아이를 양육한다면, 그것은 유괴범이다. 아이를 입양하기 위해서는 공적으로 합법적으로 양자의 관계를 맺어야 한다. 성경에서는 다윗 언약이 이에 속한다.

> "나는 그 아비가 되고 그는 내 아들이 되리니 저가 만일 죄를 범하면 내가 사람 막대기와 인생 채찍으로 징계하려니와 내가 네 앞에서 폐한 사울에게서 내 은총을 빼앗은 것같이 그에게서는 빼앗지 아니하리라" (삼하 7:14-15).

하나님은 다윗과 언약을 세우실 때 그에게 '아버지'와 '아들'의 관계를 허락하셨다. 주종 관계에서 종이 잘못하면 버리면 된다. 부부 관계에서 배우자가 잘못하면 이혼하면 된다. 그러나 부자의 관계는 그 잘잘못과 상관없이 영원한 관계를 구성하게 된다. 다시 말해서, 하나님과 그의 백성의 관계가 언약을 통하여 점점 더 깊어지고 있음을 볼 수 있다. 순종과 복종의 주종 관계에서 사랑과 순결의 부부 관계로 발전했으며, 이제 부자의 관계로 영원한 관계가 구성되었다. 언약은 하나님의 선하신 선물이다.

부자 관계에서 가장 중요한 것은 바로 '효'의 문제다. 성경은 자녀나 손자가 있다면 "먼저 자기 집에서 효를 행하여 부모에게 보답하기를 배우게 하라"(딤전 5:4)고 권면한다. 여기서 '효'(孝)란 헬라어 원어로 '유세베오'(εὐσεβέω) 곧 '경건하다'란 뜻으로, "주께서 경건한 자는 시험에서 건지시고 불의한 자는 형벌 아래 두어 심판 날까지 지키시며"(벧후 2:9)에서 '경건한 자'(the godly)로 번역하고 있는 단어다. 이외에도 "마침 말하던 천사가 떠나매 고넬료가 집안 하인 둘과 종졸 가운데 경건한 사람 하나를 불러"(행 10:7)에서 '경건한 사람'(a devout soldier, KJV)으로 번역하고 있다.

부자 관계를 맺은 다윗 언약에서 경건, 곧 신앙심 깊은 것은 대단히 중요한 문제다. 사무엘하를 보면, 다윗은 성전에 대한 자원하는 마음 가운데 하나님의 언약을 선물로 받았다. 하지만 다윗은 우리아의 아내인 밧세바와 간음하고, 우리아를 궁지에 몰아 죽게 한다. 이러한 죄에 대해 주님은 언약한 바와 같이 "인생 채찍으로 징계"하시지만 그를 버리시지는 않는다. 결국 다윗의 범죄로 밧세바에게서 출생한 아들은 죽게 된다.

하지만 다윗과 밧세바 사이에 태어난 두 번째 아들, 곧 솔로몬에 대하여 하나님은 "그를 사랑하사"(삼하 12:24) 그에게 직접 그 사랑을 표현하시어 '여디디야'(Jedidiah)라고 이름을 붙여 주신다. 이처럼 부자 언약에서 중요한 것은, 하나님께서 용서하시고 회복하실 것에 대한 신실하고 독실한 신앙심을 요구하신다. 아들로서 아버지에 대한 신뢰, 그것을 경건이라고 하며 그것을 효(piety, 딤전 5:4)라고 한다.

언약은 인격 당사자 사이의 사적 관계를 공적 관계로 만들기 위해서 법적으로 맺는 행위다. 그러기에 언약(베리트)에서는 법(토라, torah)의 문제가 중요한 역할을 한다. 예를 들어 어떤 남자와 여자가 내용상, 실질상 부부이지만 법적으로 혼인 신고를 하지 않을 경우, 이들은 부부가 아니라 사실혼(事實婚) 관계에 있다고 한다. 그리고 이 사실혼 관계도 법적으로 재판을 통해 인정받아야 된다. 다시 말해서 형식적인 법적 절차가 언약 안에서는 대단히 중요한 기능을 감당하고 있는 것이다.

언약은 실질적이며 내용적인 관계와 더불어 형식적이며 법적인 관계를 모두 다 포괄하는 개념으로 토라(법)는 베리트(언약) 안에서 이해되어야 하며, 언약은 내용상의 문제와 형식상의 문제를 동시에 다루고 있다.

3) 성경에 등장하는 언약들

성경에는 수많은 언약들이 등장한다. 하지만 하나님과 그의 백성 사이의 언약은 크게 5가지 언약으로 요약할 수 있다. 물론 이 5대 언약 외에도 몇 가지 언약이 있고, 그 역시 성경에서 대단히 중요한 자리매김을 하고 있다. 우선 5대 언약을 살펴보면 다음과 같다.

첫째, 족장 언약

족장 언약은 족장 시대에 있었던 세 개의 언약을 말하는데, 아담 언약, 노아 언약, 아브라함 언약이다. 이들 언약은 그 성격상 주종 관계를 나타낸다. 그래서 언약이지만 선물(Royal Gift)의 성격이 강하다. 언약에는 언약의 내용과 그에 따르는 증표가 있다.

아담 언약의 경우, 하나님이 타락한 인류를 구원하시기 위해 "여자의 후손"(her Seed, KJV, 창 3:15)을 그 증표로 주신다. 그리고 이

'여자의 씨'(her Seed)는 뱀의 머리를 으깰 것이다. 창세기 3장 15절에서 "네 머리를 상하게 할 것이요"로 번역된 부분에서 '상하다'에 해당하는 히브리어 '슈프'(שׁוּף)는 사전적으로 '상하다', '으깨다', '문질러 없애다'의 의미가 있다. '머리를 상하게 한다'는 번역이 잘못된 것이 아니라 문장이 주는 어감은 '으깨다', '짓밟다'(crush, NIV)에 더 가깝다고 하겠다. 여하튼 아담 언약에서 언급된 "여자의 후손"은 성경의 가장 중요한 증표이며, 창세기 이후 요한계시록까지 그 중요성은 한 번도 흔들림 없이 지속된다.

노아 언약의 증표는 '하나님의 무지개'다(창 9:13). 언약 내용을 보면, 먼저 하나님이 "사람으로 인하여 땅을 저주하지 아니하리니 이는 사람의 마음의 계획하는 바가 어려서부터 악함이라"(창 8:21)고 선언하신다. 이후에 "땅이 있을 동안에는 심음과 거둠과 추위와 더위와 여름과 겨울과 낮과 밤이 쉬지 아니하리라"(창 8:22)는 약속을 선물로 주셨다. 노아 언약의 내용을 살펴보면, 먼저 인간 본질의 악함을 말씀하시고, 인간으로 인해 땅을 저주하지 않을 것을 말씀하신다. 그리고 땅이 있는 동안에 모든 생물이 보존될 것을 약속하셨다. 이 약속은 영원히 땅을 멸하지 않거나 모든 생물을 영원히 보존하시겠다는 의미가 아니다.

노아 언약은 '땅이 있는 동안'에만 지속되는 약속이다. 그러므로 땅이 없어지고 새 땅과 새 하늘(계 21:1)이 창조되고 처음 땅이 없어지면 이 언약은 소멸되는 것이다. 다시 말해서 노아 언약은 언약을 맺은 그때부터 요한계시록까지 지속적인 효력을 가진 언약이며, 그 증표로 '나의 무지개'를 구름 사이에 두셨다고 말씀하셨다(창 9:13).

'하나님의 무지개'가 우리가 경험하는 무지개와 같은 모양을 하고 있으나(겔 1:28), 우리가 비가 온 다음에 볼 수 있는 그 무지개는 아니다. '하나님의 무지개'가 비가 온 다음에 볼 수 있는 그 무지개 같다(like)는 것은 똑같은 것(the same)이 아니라 비슷하다(similar)는 의미다. 하나님의 무지개는 하늘 보좌 주변에 둘러 있는 것으로 '하나님의 영광'(the glory of the LORD, 겔 1:28)과 같은 것이다. 노아 언약의 증표로 하나님의 영광을 인간에게 허락하신 것으로, 하나님은 인간에게 진노하지 않을 것을 약속하신 것이다(사 54:9). 실질적으로 하나님은 노아의 타락이나 바벨탑 사건에서 진노하지 않으셨다. 그저 담담히 본질적으로 악한 인간들의 뜻을 좌절시키고, 하나님의 뜻을 성취해 나가셨다.

아브라함 언약은 족장 언약 가운데 가장 위대한 선물이다. 아브라함의 언약은 두 가지 이중적 내용을 담고 있다. 먼저 '아브라함의 자손'에 관한 것으로, 하나님은 아들이 없는 아브라함에게(창 15:3) 하늘의 뭇별들을 보여주시면서 "네 자손이 이와 같으리라"(So shall thy seed be, KJV, 창 15:5)고 말씀하셨다. 이에 아브라함은 그 말씀을 믿었고, 하나님은 그 믿음을 아브라함의 의로 여기셨다.

아브라함은 자신의 자손(씨)에 대해 믿음으로 응답했지만, 땅의 문제에서는 사뭇 다른 반응을 보이는데, 곧 "주 여호와여 내가 이 땅으로 업을 삼을 줄을 무엇으로 알리이까"(창 15:8)라고 반문한다. 이에 주님은 쪼갠 고기 사이를 지나가심으로 이 언약이 반드시 성취될 것이라고 약속하신다(창 15:17). 결국 아브라함 언약의 내용은 '아브라함의 씨'에 있는 것이 아니라, 약속의 땅(밭)에 있는 것이다. 그리고 그 증표로 하나님은 할례를 주셨다.

아브라함 언약에서는 두 가지를 기억해야 한다. 하나는, 아브라함 언약의 내용이 아브라함의 '씨'가 아니라 '땅'(밭)이라는 점이다. 사실 성경은 아브라함의 아들(씨) 이삭과 이삭의 아내 리브가(밭) 사이에서 리브가에게 더 많은 지면을 할당하고 있다. 이삭에 관한 이야기는 거의 언급이 없다시피 하지만, 리브가의 이야기는 세 번이나 반복적으로 언급하고 있다. 또한 아브라함의 두 아들, 곧 이삭과 이스마엘 사이에서 아브라함의 씨를 결정하는 것은 사라와 하갈, 곧 '여자의 후손'이다. 성경은 아담 언약의 증표를 그대로 이어가고 있으며, 사라(자유자)와 하갈(종)의 대립을 통해(갈 4:28-31), '여인의 후손'이란 키워드를 그대로 반영하고 있다. 하나님은 능히 돌들로도 아브라함의 자손이 되게 하신다(마 3:9).

다른 하나는, 할례 문제다. 할례가 없으면 아브라함 언약에 속하지 않는 것이며, 이는 약속의 땅에 들어갈 수 없음을 의미한다. 그러므로 할례가 없으면 구원도 없다고 말할 수 있다. 하지만 할례는 육체에 있는 것이 아니다. 이미 모세에게 '마음에 할례를 행하라'(신 10:16)고 하셨으며, 더욱이 이 마음의 할례는 하나님이 직접 그의 백성에게 베푸시는 은혜다(신 30:6).

> "네 하나님 여호와께서 네 마음과 네 자손의 마음에 할례를 베푸사 너로 마음을 다하며 성품을 다하여 네 하나님 여호와를 사랑하게 하사 너로 생명을 얻게 하실 것이며"(신 30:6).

신명기 기록을 보면, 하나님이 직접 마음에 할례를 베푸신다고 기록되어 있다. 또한 하나님은 마음을 다하여 하나님을 사랑하게 할 것이며, 이렇게 마음에 할례를 베풀고 사랑하게 만드시어 끝내 생명을 얻게 하실 것을 약속하셨다. 사도 바울은 "육신의 할례가 할례가 아니라"(롬 2:28)고 말하며, "하나님의 성령으로 봉사하며 그리스도 예수로 자랑하고 육체를 신뢰하지 아니하는 우리가 곧 할례당이라"(빌 3:3)고 말한다. 또한 "너희도 그 안에서 충만하여졌으니 그는 모든 정사와 권세의 머리시라 또 그 안에서 너희가 손으로 하지 아니한 할례를 받았으니 곧 육적 몸을 벗는 것이요 그리스도의 할례니라"(골 2:10-11)고 말한다.

사도 바울이 거부한 것은 육체의 할례이며, 영적 할례 곧 그리스도의 할례는 생명을 얻게 하는 하나님의 선물이다. 육체를 신뢰하지 않고 그리스도를 믿고, 그리스도를 자랑하는 이들이 참 할례인, 곧 마음의 할례인이다.

둘째, 시내 산 언약

앞에서도 언급했지만 족장 언약이 주종적 성격을 가진다면 시내 산 언약은 부부 관계의 성격을 가지고 있다(렘 31:32). 먼저 시내 산 언약의 내용을 보면(출 19장, 34장) 이러하다.

> "세계가 다 내게 속하였나니 너희가 내 말을 잘 듣고 내 언약을 지키면 너희는 열국 중에서 내 소유가 되겠고 너희가 내게 대하여 제사장 나라가 되며 거룩한 백성이 되리라 너는 이 말을 이스라엘 자손에게 고할지니라"(출 19:5-6).

시내 산 언약으로 주의 백성들은 보석과 같은 하나님의 보배로운 소유(you will be my treasured possession, NIV, 출 19:5)가 된다. 그리고 이 보배로운 하나님의 백성들은 두 가지 소명을 감당하게 된다. 하나는 '제사장 나라'가 되는 것이며, 다른 하나는 '거룩한 백성'이 되는 것이다. 시내 산 언약을 통하여 먼저 하나님의 백성은 하나님께 소중한 존재가 되었으며, 이로 인하여 세상 만민과 하나님 사이에서 '제사장'으로 선교적 소명을 감당하게 된다.

시내 산 언약은 이스라엘 백성에 국한된 것이 아니라 세상 만민을 품고 있는 사랑의 언약이다. 이 언약으로 하나님은 그의 백성들과 부부 관계를 맺으셨으며, 이로 인하여 이스라엘을 거룩한 신부로 세상 만민들을 품에 잉태하고 해산하는 수고를 하여(갈 4:19), 주님 앞에 서도록 양육해야 할 선교적 소명을 감당하게 된다. 하지만 이스라엘은 소명 앞에서 좌절했고, 하나님은 이 소명의 잔을 옮기셨다(롬 11:11).

시내 산 언약에 있는 두 번째 소명은 '거룩한 백성'으로 성결(순결)에 관한 소명이다. 부부 관계에서 가장 중요한 것은 순결(거룩)이다. 음란과 간음은 언약을 파기하는 것이 되며, 종교적인 음란과 간음은 바로 우상 숭배를 의미한다. 하지만 이스라엘은 이 순결의 소명에도 좌절한다. 선지자 호세아는 이렇게 외친다.

> "저는 내 아내가 아니요 나는 저의 남편이 아니라 저로 그 얼굴에서 음란을 제하게 하고 그 유방 사이에서 음행을 제하게 하라 그렇지 아니하면 내가 저를 벌거벗겨서 그 나던 날과 같게 할 것이요"(호 2:2-3).

> "곡식과 새 포도주와 기름은 내가 저에게 준 것이요 저희가 바알을 위하여 쓴 은과 금도 내가 저에게 더하여 준 것이어늘 저가 알지 못하도다 그러므로 그 시절에 내가 내 곡식을 도로 찾으며 그 시기에 내가 내 새 포도주를 도로 찾으며 또 저희 벌거벗은 몸을 가릴 내 양털과 내 삼을 빼앗으리라"(호 2:8-9).

남편은 아내를 위하여 곡식과 포도주를 주었으나, 아내는 그 곡식과 포도주로 다른 남자와 음란을 범했다. 이것이 이스라엘이 '거룩한 나라'의 소명에 실패한 모습이다.

언약에는 증표가 있다. 시내 산 언약에서 증표로 주신 것이 바로 십계명이다. 하지만 성경은 분명한 목소리로 "여호와께서는 **언약의 말씀** 곧 십계를 그 판들에 기록하셨더라"(출 34:28)고 말하고 있으며,

또한 십계명이 기록된 두 개의 돌판을 모세는 "언약의 돌판"(신 9:9, 11, 15)이라고 부른다. 십계명은 단순한 계명이 아니라 언약의 말씀이다.

> "네 아버지와 어머니를 공경하라 이것이 약속 있는 첫 계명이니 이는 네가 잘되고 땅에서 장수하리라"(엡 6:2-3).

사도 바울은 십계명 가운데 다섯 번째 계명인 "네 부모를 공경하라 그리하면 너의 하나님 나 여호와가 네게 준 땅에서 네 생명이 길리라"(출 20:12)란 말씀을 '약속 안에 있는 첫 번째 계명'이라고 말한다. 이것은 십계명 전체를 '언약의 말씀'으로 인식한 것이며, 그 가운데 첫 번째 계명을 부모 공경으로 언급한 것은 십계명에서 첫 번째 계명부터 네 번째 계명까지는 '계명'이 아니라 언약의 성격이 강함을 시사한다. 다시 말해서, 십계명 가운데 첫 번째 계명부터 네 번째 계명을 어기면 그것은 계명을 지키지 못한 것 이상의 의미, 곧 언약이 파기되었음을 의미한다.

셋째, 모압-세겜 언약

모압-세겜 언약은 시내 산 언약에 대한 갱신의 성격을 가진다. 다시 말해서 부부 언약(출 19장, 34장)을 맺는 사이 순결의 문제가 부각된다. 하나님의 백성들은 언약을 세우는 사이에 황금 송아지를 만들어 하나님으로 섬긴다(출 32장).

특히 이 황금 송아지를 이집트 땅에서 인도하여 낸 바로 그 하나님(출 32:4)이라고 칭하여 언약의 말씀 가운데 첫 번째 계명을 어겼으며, "우리를 인도할 신을 우리를 위하여 만들라"(출 32:1)고 함으로써 제2계명을 범했다. 황금 송아지를 기념하는 날을 만들고, 그날을 "내일은 여호와의 절일이니라" 하여, 하나님의 이름을 망령되이 일컫는 제3계명을 범했고, 안식일을 범했으니 제4계명을 어긴 것이다. 결국 우상 숭배는 제1계명부터 제4계명까지, 모든 언약을 파기한 것을 의미한다.

시내 산 언약을 맺는 사이에 우상 숭배가 있었으므로, 언약은 다시 갱신될 필요가 있었다. 물론 시내 산 언약을 유지하기 위해서 출애굽기 19장에 언급된 언약 내용은 우상 숭배(32장) 이후에 34장에서 다시 언급된다. 그러나 본질적인 갱신은 모압-세겜 언약에서 이루어진다.

모압-세겜 언약은 두 지명이 결합되어 있다. 곧 모압과 가나안에 있는 세겜이다. 모세는 모압에서 언약에 필요한 법적인 문제를 언급하고(신 29:1), 이후 여호수아는 이스라엘 백성을 세겜에 모아 언약을 실질적으로 체결한다(수 24:25). 여기서 언약은 형식적이고 법적인 문제와, 내용적이고 실질적인 문제 사이에 간격이 생긴다. 곧 시간적인 차이를 두고 형식적인 언약 체결과 실질적이고 내용적인 언약 체결이 각각 이루어진다.

이것을 언약적인 측면에서 보면, 모압-세겜 언약은 **이미** 형식적으로 모세에 의해 체결되었으나, 내용적으로 여호수아에 의해 체결되어야 하기 때문에 모세의 입장에서는 **아직**은 언약이 체결되지 않은 상태에 놓인다. 다시 말해서 모압-세겜 언약은 '이미'와 '아직' 사이의 긴장성을 가지게 된다.

모압-세겜 언약이 '이미'-'아직'의 긴장 상태에 놓였다는 것은 신명기 이후 성경은 '이미'와 '아직'의 관계에서 복잡한 관계를 가지게 되었음을 의미한다. 예를 들어, 가나안 정복에 나선 여호수아에게 "무릇 너희 발바닥으로 밟는 곳을 내가 다 너희에게 주었노니"(수 1:3)라고 말씀하신다. 여기서 가나안 땅은 **이미** 여호수아와 주의 백성에게 "주었다"(I have given unto you)고 말씀하셨으나, **아직**은 발바닥으로 밟지 않았기에 받은 것은 아니다. 이미 주셨으나 아직 받지 못한 상황이다.

이것은 신약의 구원 문제에서도 그대로 반영되어 있는데, 성도들은 이미 믿음으로 구원을 받았지만 아직은 완전한 구원을 받지 못했다. 완전한 구원은 주님의 재림을 기다려야 한다. 신약의 성도들이 구원에 있어서 이미 받았지만 아직 받지 못한 상황은, 구약의 여호수아가 약속의 땅을 이미 하나님께 받았지만 아직 받지 못한 상황과 동일하다.

모압-세겜 언약의 내용을 보면, 신명기 28장에서는 언약적 저주와 축복이 길게 나열되어 있다. 이 언약적 저주와 축복은 하나님의 백성들이 하나님 앞에서 언약 백성으로 살아간다면 축복을 받을 것이지만, 만일 언약 앞에서 좌절하거나 실패한다면 하나님의 저주가 임할 것을 말씀하신 것이다. 이제 하나님의 백성은 순종의 열매로 축복을 받으며, 불순종의 대가로 하나님의 저주를 받게 되었다. 신명기 30장에서 하나님은 다음과 같이 말씀하셨다.

> "내가 오늘날 천지를 불러서 너희에게 증거를 삼노라 내가 생명과 사망과 복과 저주를 네 앞에 두었은즉 너와 네 자손이 살기 위하여 생명을 택하고 네 하나님 여호와를 사랑하고 그 말씀을 순종하며 또 그에게 부종하라 그는 네 생명이시요 네 장수시니 여호와께서 네 열조 아브라함과 이삭과 야곱에게 주리라고 맹세하신 땅에 네가 거하리라"(신 30:19-20).

언약의 증표는 '하늘'과 '땅'이며, 언약 백성의 상황은 그 옛날 아담과 같은 상황에 놓이게 되었다. 아담은 선악을 알게 하는 나무의 열매 앞에서 생명과 사망 사이에 갈등하는 존재였으며, 그의 후손인 언약 백성들도 여전히 생명과 사망, 축복과 저주 사이의 긴장 속에 놓인 존재가 되었다. 하나님은 생명을 택하고 하나님을 사랑하고 순종할 것을 말씀하셨다. 하나님이 인간 앞에 저주와 축복을 두신 것은 그의 백성을 저주하기 위한 것이 아니다.

> "내가 네게 진술한 모든 복과 저주가 네게 임하므로 …… 이 일이 마음에서 기억이 나거든 너와 네 자손이 네 하나님 여호와께로 돌아와 내가 오늘날 네게 명한 것을 온전히 따라서 마음을 다하고 성품을 다하여 여호와의 말씀을 순종하면"(신 30:1-2).

언약적 저주와 축복은 바로 하나님께 돌아와 하나님을 사랑하라는 주님의 사랑 깊은 약속의 음성이다. 그리고 언약 백성들은 세겜에서 하나님을 택한다(수 24:16-18). 이제 부부 관계는 갱신되었으며, 새로운 부부 관계로 언약 백성이 하나님께 사랑과 순종을 보인다면 하나님은 축복을 주신다. 하지만 언약 백성이 간음하고 불순종할 경우에는 축복을 받은 이후라도 하나님은 돌이켜 저주를 내리신다(수 24:20).

> "거룩하신 하나님이시요 질투하는 하나님이시니 너희 허물과 죄를 사하지 아니하실 것임이라"(수 24:19).

세겜 언약의 증표로 등장하는 것은 바로 언약 백성 자신(수 24:22)과 돌(수 24:26)이다. 하지만 실질적으로 돌에 기록된 것이 모세의 율법책이므로, 증표는 바로 모세의 책이 된다. 결국 모압-세겜 언약의 증표는 하늘과 땅 그리고 언약 백성 자신과 성경 말씀이다. 하나님의 백성이 하나님 말씀 앞에서 바르게 설 경우 받을 축복과, 좌절과 실패한 삶에 대한 저주를 증거하는 것은, 바로 우리 자신과 성경 그리고 우리 위에 있는 하늘과 우리가 밟고 서 있는 땅이다.

모압-세겜 언약의 성격은 부부 관계의 갱신이며, 이 갱신으로 하나님은 언약 백성의 좌절과 실패, 죄를 용서하지 않는 절대적인 하나님으로 계시된다. 그리고 사사기는 바로 언약적 저주와 축복의 긴 역사를 다루고 있다. 언약 백성이 하나님을 사랑하며 순종할 경우에 평화가 유지되지만, 하나님께 간음(우상 숭배)하거나 불순종하여 말씀대로 살지 못할 경우에는 언약대로 저주가 임한다. 이에 언약 백성들은 회개하고 하나님께 돌아오고, 하나님은 언약대로 구원자로 사사를 보내시어 모든 것을 회복하신다.

평화 → 불순종 → 저주 → 회개 → 구원(사사) → 회복(축복) → 평화 그리고 다시금 불순종의 순환적인 구조를 두고 하나님 나라 역사를 기록한 것이 사사기이다. 바로 언약의 역사다. 순환적 역사를 새로운 국면으로 전환시킨 것은 바로 다윗의 자원하는 마음이다.

넷째, 다윗 언약

다윗 언약의 특징은 성전에 대한 다윗의 자원하는 마음에서 시작된다. 다윗이 하나님의 집(성전)을 자원하여 세울 것에 대한 마음에 대해 하나님은 다윗의 집(가문)을 영원히 세워주실 것을 약속하신다(삼하 7:13). 부자 언약을 주신다.

부자 언약은 하나님과 그의 백성 사이의 관계가 더 발전적이며 더 긴밀한 관계로 확대된 것을 의미하며, 동시에 모압-세겜 언약에서 제외되었던 절대적인 용서가 다윗 가문 가운데 임하게 되었다. 언약의 내용을 보면 다음과 같다.

> "나는 그 아비가 되고 그는 내 아들이 되리니 저가 만일 죄를 범하면 내가 사람 막대기와 인생 채찍으로 징계하려니와 내가 네 앞에서 폐한 사울에게서 내 은총을 빼앗은 것같이 그에게서는 빼앗지 아니하리라 네 집과 네 나라가 내 앞에서 영원히 보전되고 네 위가 영원히 견고하리라"(삼하 7:14-16).

부자 언약의 증표는 바로 영원한 다윗 가문이다. 성경은 언약의 변화에 따라서 전체적인 흐름의 변화가 생긴다. 우선 다윗은 우리아의 아내를 범하고 우리아를 죽음으로 몰았지만 끝내 용서를 받았는데, 이는 하나님이 언약에 신실하시다는 것을 보여준다. 사사 시대의 작은 잘못에도 언약적 저주가 임했으며, 그것은 곧 멸망을 의미했다. 하지만 다윗 언약으로 인해 모압-세겜 언약의 저주는 용서를 전제한 "인생 채찍으로 징계"의 기능을 하게 된다.

사실 모압-세겜 언약에서도 저주를 주신 이유가 하나님께 돌아와 순종할 것을 가르치기 위한 것이었다(신 30:1). 그러므로 모압-세겜 언약과 다윗 언약은 서로 대립된 것이 아니다. 이 두 언약의 차이점은 바로 사사기에 있다. 사사 시대의 순환적이며 반복적인 인간의 범죄(주저)와 회개(축복)에 대해, 다윗 언약은 다윗 가문을 중심으로 한 직선적이며 번복되지 않는 하나님의 축복을 의미한다.

주종 관계에서 순종이, 부부 관계에서 순결이 언약 백성에게 가장 중요한 문제였다면, 성전 건축에 대한 자원하는 마음으로 얻은 다윗 언약에서는 '경건', 곧 하나님에 대한 신뢰가 가장 중요한 문제다. 그것은 모압-세겜 언약 아래 있는 언약 백성의 영원한 다윗 가문에게 주어진 용서와 축복에 대한 신뢰이다. 자신의 잘못에도 불구하고 **혹시** 주께서 모든 것을 다 용서해 주실 거라고 믿는 믿음이다. 아버지에 대한 신뢰이다.

다윗은 밧세바와 간음하여 얻은 아들이 죽게 되었을 때, 금식하며 울며 아들을 살려 달라고 간구했다. 그의 마음에는 "**혹시** 여호와께서 나를 불쌍히 여기사 아이를 살려 주시지 않을까" 하였다. 그의 마음에는 분명히 아버지의 용서에 대한 신뢰가 있었으며, 그 신뢰는 여디디야, 곧 밧세바를 통해 솔로몬을 얻음으로 응답을 얻게 된다.

다섯째, 새 언약

다윗 언약은 본질적으로 "다윗의 자손 예수 그리스도의 세계"(마 1:1)가 이 땅에 임함으로 그 절정에 이르게 된다. 그리고 이것은 선지자들의 입을 통해 '새 언약'에 대한 예언으로 이어진다(렘 31:31).

> "나 여호와가 말하노라 그러나 그날 후에 내가 이스라엘 집에 세울 언약은 이러하니 곧 내가 나의 법을 그들의 속에 두며 그 마음에 기록하여 나는 그들의 하나님이 되고 그들은 내 백성이 될 것이라"(렘 31:33).

새 언약의 중요한 내용은 하나님의 법을 언약 백성의 마음에 기록함으로써, 하나님은 하나님이 되고, 그의 백성은 그의 백성이 된다는 것이다. 그리고 이 언약은 예수 그리스도의 성찬으로 완성되었다.

> "저녁 먹은 후에 잔도 이와 같이 하여 가라사대 이 잔은 내 피로 세우는 새 언약이니 곧 너희를 위하여 붓는 것이라"(눅 22:20).

새 언약(고전 11:25; 히 12:24; 고후 3:6)의 증표가 되는 것은 바로 그리스도의 피이며, 그 피는 성도들의 몸속 깊은 곳에서 언약의 증표가 된다. 성도들에게는 다윗에게 주어진 경건, 곧 믿음이 그 마음에 자리하게 되었으며, 하나님의 말씀에 순종하며 성결하고 거룩한 삶에 대한 소명을 얻게 되었다. 하지만 이 언약은 모압-세겜 언약처럼 이미-아직의 긴장성을 두고 있다. 바로 새 언약은 주께서 형식적으로 성취하셨으나, 이제 주님의 재림을 통해 실질적인 성취를 기다려야 한다.

새 언약은 언약 백성 마음에 주님의 말씀이 기록되는 것이다. 여기서 중요한 문제는 바로 '앎'의 문제다. 주종 관계에서 왕에 대한 순종은 절대적인 주제이며, 부부 관계에서 거룩한 신부(교회)의 성결한 삶, 순결한 삶은 가장 민감한 문제이다. 또한 부자 관계에서 아들의 효(경건) 곧 아버지에 대한 믿음과 신뢰는 가장 중요한 주제이다. 이 모든 것과 더불어 이제 새로운 언약 안에서 가장 중요한 문제는 바로 '일치'의 문제다.

예레미야에서 예언하신 새 언약은 주님의 말씀을 그의 백성 마음에 두는 것으로, 주님의 말씀과 그의 백성의 하나 됨을 말씀하셨다. 이것은 신명기에 말씀하신 마음의 할례(신 10:16, 30:6)에 대한 약속이 확장된 것이다. 이제 새 언약을 통하여 주님과 주의 백성은 일치를 이루게 되었으며, 이것은 주님의 성찬을 통해 완성된 것이다. 다시 말해서, 이 '일치의 언약'(새 언약)은 주의 백성들이 주님의 몸과 피를 먹으므로, 완전히 '하나' 된 것이다.

예수 그리스도의 사역은 '하나' 됨의 사역이었다. 성경 기록을 보면, 주께서 많은 표적을 보이자 대제사장이었던 가야바(Caiaphas)[2)]의 입을 통해, 주님 사역의 비밀을 말한다.

> "이 말은 스스로 함이 아니요 그 해에 대제사장이므로 예수께서 그 민족을 위하시고 또 그 민족만 위할 뿐 아니라 흩어진 하나님의 자녀를 모아 하나가 되게 하기 위하여 죽으실 것을 미리 말함이러라"(요 11:51-52).

대제사장이었기에 하나님은 가야바의 입을 통해 예언하시지만, 가야바는 그것이 무슨 의미인지 깨닫지 못한다. 주님 사역의 은밀한 비밀은, 바로 주께서 유대 민족뿐 아니라 흩어진 '하나님의 자녀들'을 모아 '하나'가 되게 하기 위해서 십자가에 돌아가신 것이다. 십자가는

---

2) 예수 그리스도를 심문한 대제사장(요 18:14)으로, 본래 이름은 '요셉' 이다(Josephus, Jewish Antiquities, ⅩⅧ, 22). 그는 공회에서 예수님을 죽일 계획을 했던 인물(마 26:3)이며, 공회에서 심문했고(마 26:57; 요 18:13), 주님께 죽일 죄가 있다고 판결한 인물이다. 이후 베드로나 요한의 전도를 방해하며 핍박했던 인물이다(행 4:6, 7, 21). 하나님은 이런 인물의 입을 통하여 그리스도 사역의 비밀을 말씀하셨다.

주님 자녀들의 죄 사함뿐 아니라 '하나' 됨을 위한 사역인 것이다.

> "아버지께서 내 안에, 내가 아버지 안에 있는 것같이 저희도 다 하나가 되어 우리 안에 있게 하사 세상으로 아버지께서 나를 보내신 것을 믿게 하옵소서"(요 17:21).

요한복음 17장은 '하나' 됨의 사역에 관한 구체적인 본문이다. 여기서 우선 성부 하나님과 성자 하나님은 '하나'이심을 말씀한다(요 17:11). 그리고 이 하나 됨의 방식은 바로 성부 하나님과 같다. 요한복음 17장 21절 내용을 직역하면 이러하다.

> 당신처럼, 아버지, 내 안에 있다. 그리고 나 역시 당신 안에 있다.
> καθὼς σύ, πάτερ, ἐν ἐμοὶ κἀγὼ ἐν σοί,
> as You, Father, are in Me, and I in You"(NKJV, 요 17:21).

하나 됨은 성부 하나님과 같은 것이다. 하나님은 '하나'이시다. 곧 성경에 기록된 바와 같이, "우리 하나님 여호와는 오직 하나인 여호와시니"(The LORD our God, the LORD is one!, 신 6:4). 여기서 '하나'(one)란 바로 '아버지'(πάτερ, Father), 곧 성부 하나님이 성자 하나님 안에 있다는 것을 뜻한다. 또한 동시에 성자 하나님은 성부 안에 있다는 것을 의미한다. 이렇게 성부 안에 성자가 계시며, 성자 안에 성부가 계시므로 성부와 성자는 '하나'이시다. 이것을 교리적으로 삼위 하나님의 '상호 내재'(혹은 '상호 침투')라고 한다.

성자 하나님의 새 언약 사역은 삼위 하나님의 하나 됨과 같이, 삼위일체(Three Persons, One Substance)이신 하나님 안에서 교회의 하나 됨을 이루게 하시는 것이다. 또한 이 하나 됨의 궁극적인 목적은 바로 성자 하나님에 대한 믿음이다. 이러한 믿음은 사랑에 대한 앎으로 이어진다.

> "곧 내가 저희 안에, 아버지께서 내 안에 계셔 저희로 온전함을 이루어 하나가 되게 하려 함은 아버지께서 나를 보내신 것과 또 나를 사랑하심같이 저희도 사랑하신 것을 세상으로 알게 하려 함이로소이다"(요 17:23).

성자 하나님은 우리(성도) 가운데 계시며, 성부 하나님은 성자 안에 계신다. 그러므로 성부 하나님은 우리(성도) 가운데 계시고, 성부께서 우리 안에 계시므로 우리(성도)는 온전함(perfect)을 이루게 된다. 우리(성도)가 완전한 것이 아니라 우리(성도) 안에 성부 하나님이 계시므로 완전한 존재가 되는 것이고, 성부께서 우리(성도) 안에 계실 수 있는 것은 성부께서 성자와 하나이시기 때문이다.

완전함 가운데 하나가 된다. 이러한 하나는 삼위 하나님에 대한 믿음이며, 성부와 성자의 사랑하심과 같이 성도의 사랑을 위한 것이다. 그래서 교회는 새 언약 가운데 새 계명을 받는다.

> "내 계명은 곧 내가 너희를 사랑한 것같이 너희도 서로 사랑하라 하는 이것이니라"(요 15:12).

주님의 계명은 '사랑'이며, 이 사랑은 단순히 인간적인 것이 아니다. 이것은 완전함 가운데서 이루어지며, 하나 됨 안에서 이루어지는 것으로 세상에 없었던 새로운 것이다. "새 계명을 너희에게 주노니 서로 사랑하라 내가 너희를 사랑한 것같이 너희도 서로 사랑하라"(요 13:34).

이 계명은 구약에 있는 사랑과는 다르다. 신약의 새 계명 안에는 인간의 완전함, 주님 백성들의 하나 됨을 전제하고 있으며, 이 완전함과 하나 됨은 성부 하나님이 그의 백성과 함께함을 의미한다. 그리고 임마누엘이신 성자 안에 성부께서 계시고 성자께서 그의 백성에게 임마누엘 되심으로써 모든 것이 완성되는 것이다. 곧 임마누엘의 성취인 것이다.

여섯째, 기타 언약들

주종 언약인 족장 언약에서의 순종 문제, 부부 언약인 시내 산 언약과 모압-세겜 언약에서의 순결, 성결, 거룩의 문제, 다윗 언약에서의 경건, 믿음, 신뢰의 문제인 부자 언약, 그리고 일치 언약인 새 언약에서의 삼위 하나님에 대한 하나 됨과 사랑은 성경 전체에서 가장 중요한 문제들을 다루고 있음을 알 수 있다. 순종, 거룩, 경건, 믿음, 사랑은 성경 전체의 분명하고도 핵심적인 문제들이고, 주님은 이것들을 언약이란 방법으로 당신의 백성들과 관계를 맺으셨다.

이 외에 주께서 주신 선물인 언약이 두 가지 더 있다. 바로 **소금 언약**(covenant of salt, 민 18:19; 대하 13:5)과 **살롬 언약**(covenant of peace, 민 25:12; 겔 34:25, 37:26; 사 54:10)이다. 이 두 언약은 어느 특정한 언약을 말하는 것이 아니라, 언약의 성격을 강조한 것이다.

소금 언약은 변하지 않는 '영원성'의 성격을 강조한 언약으로, 성경에서는 레위 지파에게 주었던 제사장의 직분과 관련한 언약(민 18:19)과 다윗 언약(대하 13:15)의 영원한 언약으로 다루고 있다. 먼저, 레위 지파가 가지는 제사장 직분과 관련된 언약을 보자.

> "이스라엘 자손이 여호와께 거제로 드리는 모든 성물은 내가 영영한 응식으로 너와 네 자녀에게 주노니 이는 여호와 앞에 너와 네 후손에게 **변하지 않는 소금 언약**이니라"(민 18:19).

성경에서 '소금'은 변하지 않음을 의미한다. 그래서 소금 언약은 "변하지 않는 소금 언약"이라고 칭한다. 민수기 내용을 보면, 하나님의 백성들이 하나님께 드리는 '예물'(the holy offerings, NIV)은 레위인들이 받을 응식[3]으로 제정하신 것이다. 왜냐하면 레위 지파는 이스라엘 자손의 땅의 기업도 없고 그들 중에 아무 분깃도 없기 때문이다(민 18:20). 하지만 보다 본질적인 이유는 이 레위인들의 기업이 바로 하나님의 백성의 분깃이며 기업이기 때문이다(민 18:20). 여기서 소금 언약은 레위 지파와 제사장들의 응식에 관한 것으로, 실질적으로 제사장들의 생계 문제를 해결하고 계신 것이다. 제사장의 생계 문제는 소금 언약으로 영원히 변하지 않는 하나님의 선물이다.

또 다른 소금 언약은 바로 다윗 언약이다(대하 13:15). 다윗 언약은 이미 앞에서 살펴보았기에 여기서는 생략하고, 대신에 5대 언약 가운데 왜 다윗 언약만이 소금 언약인지 그 이유에 관해 살펴보고자 한다. 먼저 족장 언약을 보면, 아담 언약의 증표는 '여자의 후손'으로 실질적으로 '여자의 후손'이 뱀의 후손에 대해 승리하면 언약은 성취된다. 다시 말해서, 아담 언약은 영원한 언약이 아니라 그리스도께서 성육신(the Incarnation)하시므로 성취되었고, 또 다른 '여자의 후손'이란 존재하지 않는다.

그러므로 아담 언약은 영원한 소금 언약이 아니다. 또한 노아 언약도 땅이 존재하는 동안만 유지되는 한시적인 언약으로, 새 하늘과 새 땅이 만들어지고 옛 땅이 소멸되면 같이 소멸되는 언약이다. 노아 언약은 인간의 악을 전제로 이루어진 하나님의 선물이므로, 이것은 동시에 완전한 인간으로 인해 그 언약은 유명무실하게 된다.

아브라함의 언약도 아담 언약이나 노아 언약처럼 소금 언약은 아니다. 아브라함 언약은 뭇별처럼 많은 하나님의 백성과 그 백성들이 얻을 안식(약속의 땅)에 관한 약속이다. 그러므로 하나님의 백성과

---

3) 응식(應食)이란, 직무에 따라서 보수로 받는 쌀이나 그 밖의 급료를 말한다.

약속된 안식이 임하여서 언약이 성취된다. 그리고 언약의 성취, 곧 그리스도와 그리스도께서 흩어진 하나님의 자녀를 모아 하나 되어 서로 사랑하게 만드심으로 언약은 성취되었다. 또 다른 그리스도나 또 다른 선지자란 존재하지 않는다. 예수 그리스도로 언약은 성취되었을 뿐 아니라 또 다른 안식이란 존재하지 않는다. 그러므로 소금 언약이 아니라 그리스도의 사역까지 한시적인 언약인 것이다.

반면에, 다윗 언약은 하나님이 영원히 버리지 않으며 아버지로 함께 하실 것을 약속하신 것이다. 이 언약은 새 하늘과 새 땅에서도 지속적으로 유지되는 영원한 언약으로, 그리스도의 재림 이후에 또다시 인간의 타락이나 심판, 십자가의 사역과 같은 일은 일어나지 않는다. 주님의 사역은 직선적이며 단회적인 사건이다. 주님이 주시는 안식은 영원한 것이며, 영원히 버리시지 않는 소금 언약이다. 그리고 이것을 성취한 것이 바로 새 언약이다. 다윗의 후손 예수 그리스도의 성취인 것이다.

살롬 언약은 평화, 화평(peace)의 언약으로 '영원성'의 성격을 가진 소금 언약과는 다르게 관계성을 가진 언약이다. 다시 말해서 '화평이 없는 관계', 곧 전쟁, 분쟁, 대립적 관계가 회복됨을 의미한다. 그래서 살롬 언약은 영원한 언약이 아니라 회복의 언약을 말한다. 이 살롬 언약 가운데 먼저 레위의 지위에 관한 언약이 있다(민 25:12).

레위의 살롬 언약은 "영원한 제사장 직분의 언약"(민 25:13)을 말하는데, 이것은 대제사장 아론의 손자이며 아론의 아들 엘르아살의 아들 비느하스가 '하나님의 질투심'(my anger, NIV, 민 25:11)을 가지고 범죄한 남자와 여자를 죽임으로 얻은 선물이다. 이 언약의 특징은 아론의 후손에 대한 세습적인 지위를 보장하는 것으로, 영원성을 수반한다. 다시 말해서 범죄한 주의 백성을 죽임으로 하나님과의 관계를 회복한 비느하스는 그와 그의 후손에게 '영원한 직분', 곧 세습적인 제사장 직분을 선물로 받는다. 뿐만 아니라 하나님은 이들 제사장의 응식으로 소금 언약을 주시어 생계를 해결해 주셨다.

또 다른 살롬 언약은 바로 새 언약과 노아 언약(사 54:10)이다. 선지자 이사야는 회복을 이야기한다. 이것은 부부 사이에서 간음한 아내를 잠시 버렸으나 끝내 다시 찾는 사랑 깊은 남편(사 54:5-6)의 모습을 그리고 있다. 이는 또한 다시 하나님의 자녀를 모으는 것으로 십자가의 사역을 뜻한다(앞서 새 언약에 대한 내용 참조). 다시 말해서 이사야는 메시아가 세상에 임할 때를 예언하고 있다. 메시아가 임하는 그날은 노아의 홍수 때와 같은 것으로, 하나님은 범죄한 주의 백성들에게 더 이상 진노하지 않을 것을 약속하신 것이다. 범죄한 아내를 다시 찾는 남편처럼 모든 관계를 회복하시는 그리스도, 노아의 홍수 때처럼 다시 진노하지 않을 것을 약속해 주신 하나님의 선물이다. 그리고 주님의 새 언약으로 살롬 언약은 성취되었다.

또 다른 살롬 언약은 바로 새 언약과 다윗 언약(겔 34:25)이다. 하나님은 직접 목자가 되어 주실 것을 약속하셨다.

> "나 주 여호와가 말하노라 내가 친히 내 양의 목자가 되어 그것들로 누워 있게 할지라"(겔 34:15).

하나님은 직접 목자가 되실 뿐 아니라 "숫양과 숫염소의 사이에 심판"(겔 34:17)하실 것을 말씀하셨으며, 이것은 바로 주 예수 그리스도의 사역을 의미한다.

> "인자가 자기 영광으로 모든 천사와 함께 올 때에 자기 영광의 보좌에 앉으리니 모든 민족을 그 앞에 모으고 각각 분별하기를 목자가 양과 염소를 분별하는 것같이 하여 양은 그 오른편에, 염소는 왼편에 두리라"

(마 25:31).

에스겔의 예언은 주님의 새 언약을 향하고 있으며, 이 새 언약을 살롬 언약으로 다루고 있다. 뿐만 아니라 에스겔은 이것을 다윗의 후손으로 오시는 메시아를 강조하기 위해 다윗 언약을 다룬다.

> "내가 한 목자를 그들의 위에 세워 먹이게 하리니 그는 내 종 다윗이라 그가 그들을 먹이고 그들의 목자가 될지라 나 여호와는 그들의 하나님이 되고 내 종 다윗은 그들 중에 왕이 되리라 나 여호와의 말이니라 내가 또 그들과 화평의 언약을 세우고 악한 짐승을 그 땅에서 그치게 하리니 그들이 빈 들에 평안히 거하며 수풀 가운데서 잘지라"(겔 34:23-25).

하나님은 직접 목자가 되실 것을 말씀하셨지만, 또한 그 목자는 바로 다윗이라고 예언하신다. 에스겔은 여호야긴 때의 인물(겔 1:2)로, 대략 B.C. 600년경에 활동한 선지자인데 다윗이 이미 죽은 지 오래였다. 그럼에도 불구하고 하나님은 에스겔에게 다윗을 목자이자 왕으로 세우실 것을 말씀하셨다. 이는 영원한 다윗 가문의 왕위에 관한 다윗 언약을 말씀하신 것이며, 본질적으로 예수 그리스도를 예언하신 것이다.

바로 주님은 선한 목자(요 10:11, 14)이시며, 왕(요 18: 37)이시다. 다윗의 목자 됨과 왕 되심은 영원한 살롬 언약(겔 37: 24-26)이며, 이것은 백성들에게 하나님은 그들의 하나님이 되고, 그의 백성은 하나님의 백성이 될 것에 대해 모세에게 하신 말씀(레 26:12)이며, 예레미야에게 주신 말씀(렘 31:1, 33)인 새 언약에 관한 것이다(히 8:10). 이것은 주님의 성육신으로 이미 완성되었으며, 아직은 주님의 재림으로 완성을 기다리고 있는 것이다(계 21:3).

소금 언약과 살롬 언약의 한가운데 새 언약이 암시적으로 가장 깊은 곳에 자리하고 있다. 다윗 언약과 새 언약은 살롬 언약과 소금 언약으로 회복과 영원한 사랑을 노래하고 있다.

4) 하나님께서 '하나님 나라'를 이끌어 가시는 방법인 언약

성경의 언약을 정리하면 다음과 같다.

<table>
<tr><th colspan="3">언 약</th><th>언약의
증표</th><th>언약의 성격
(하나님과 그의 백성의 관계)</th></tr>
<tr><td rowspan="3">①</td><td rowspan="3">족장
언약</td><td>ⓐ 아담 언약</td><td>여자의 후손</td><td rowspan="3">주종 관계의
언약</td></tr>
<tr><td>ⓑ 노아 언약</td><td>무지개</td></tr>
<tr><td>ⓒ 아브라함 언약</td><td>할례</td></tr>
<tr><td>②</td><td colspan="2">시내 산(호렙 산) 언약</td><td>십계명</td><td>부부 관계의 언약</td></tr>
<tr><td>③</td><td colspan="2">모압-세겜 언약</td><td>하늘, 땅,
백성 자신</td><td>부부 관계의 갱신 언약
('이미-아직'의 긴장 관계)</td></tr>
<tr><td>④</td><td colspan="2">다윗 언약</td><td>영원한
다윗의 왕위</td><td>부자 관계의 언약</td></tr>
<tr><td>⑤</td><td colspan="2">새 언약</td><td>주님의 몸과
살(주님의 성찬)</td><td>일치의 관계 언약
(하나 됨 : 교회)</td></tr>
</table>

교회의 머리 되시며, 교회의 지체가 되어 유기적으로 하나 된 그리스도와 성도의 관계는 성찬을 통하여 교회 안에서 실질적인 사랑의 공동체를 이루게 한다. 이 5대 언약 이외에 영원한 소금 언약과 회복의 살롬 언약이 있다. 이와 같은 언약들이 성경에서 중요한 것은 언약의 변화, 곧 하나님과 그의 백성의 관계 변화에 따라서 그 중요한 문제들이 변하기 때문이다.

예를 들어, 창세기에서는 '우상'을 전혀 다루지 않는다. 야곱은 그의 집안에 우상을 섬기는 이들에 대해 방관했으나 벧엘의 서원을 원하시는 하나님 앞에서 우상을 제거하게 된다(창 35:2). 하지만 하나님은 우상에 대해 다른 말씀을 하지 않으며, 오직 벧엘에 단을 쌓을 것만 말씀하신다. 이것은 창세기, 곧 족장 시절에 우상 숭배가 있었다는 것을 말하는 것이 아니다. 다만 창세기의 주제가 순종이기에 순종을 문제 삼고 있는 것이다. 순종이 없는 상황에서 우상 숭배를 언급하는 것은 사실상 무의미한 일이다. 순종을 배우고 난 이후에 우상 숭배를 제거할 것을 배워야만, 우상을 제거하라는 것에 순종하게 되는 것이다. 순종을 배우지 못한 이들에게 우상을 제거하라고 말한다면 그들은 순종하지 않을 것이고, 그래서 우상 숭배는 지속될 것이다.

이렇게 성경은 언약에 따라서 다루고 있는 문제점의 변화가 생기며, 언약의 변화에 따라서 하나님과 그의 백성 사이의 관계가 긴밀해짐을 알 수 있다. 왕과 신하에서 부부로, 부부에서 부자로, 부자에서 한 몸으로 언약이 발전하면 하나님과 백성의 관계 또한 발전하고 있는 것이다. 성경에서 언약이 분명한 주제로 중요한 자리를 가지고 있는 것은 그 자체의 중요성보다는 바로 '하나님 나라' 안에서 중요하기 때문이다.

하나님은 당신의 나라를 이끄는 방법으로 바로 '언약'이란 방법을 택하신 것이다. 그래서 성경은 언약적 성격상 많은 법과 계명이 존재하며, 하나님과 주의 백성 사이의 관계를 중요하게 다루고 있다. 하지만 성경에서 가장 중요하게 다루는 것은 바로 하나님의 절대적 주권이다. 언약은 하나님의 주권적인 선물(Royal Gift)임을 명심해야 한다. 하나님의 주권, 주권자와 그의 백성의 관계, 하나님의 통치권 등은 전형적으로 하나님 나라에 관한 이야기이다. 언약은 바로 이 나라를 이끌어

가는 주권자의 통치 방법인 것이다.

일반적으로 나라(국가)라고 할 때에는 반드시 구비해야 할 세 가지 조건이 있는데, 이는 하나님 나라를 다루고 있는 성경에서도 그러하다. 먼저 국가의 모습을 구비하기 위해서 가장 먼저 구비할 것은 바로 '주권'이다. 만일 어떤 국가가 주권을 상실했다면 그 국가는 독립된 주권 국가가 아니라, 다른 나라에 예속된 식민지 국가가 된다. 예컨대, 조선은 주권을 상실하여 일본의 강제적 식민 통치를 받았으며, 이것은 국가의 모습을 상실한 것이다.

성경에서는 단 하나의 주권만을 인정한다. 곧 **하나님의 절대적 주권**이다. 세상 모든 것은 하나님의 주권을 인정하고, 그 절대적 주권 앞에서 하나님을 경배해야 한다. 하나님의 절대주권은 인간이나 다른 물건인 피조물에게 이양되거나 양도되지 않으며, 오직 하나님 자신에게만 귀속된다.

두 번째는 하나님 나라의 백성이다. 한 국가에 절대적인 주권자이며 통치자인 왕(주님)은 있지만 그 나라에 백성이 없다면 그것은 나라라고 할 수 없다. '주님'이란 호칭은 백성이 왕을 칭할 때 사용되는 용어로, 백성이 없다면 '주님'이란 호칭도 없다. 성경은 때로는 왕의 통치 앞에서 반역한 백성들과 그에 따르는 왕의 심판을 이야기하기도 하며, 때로는 왕에게 충성하는 백성에 대한 왕의 축복을 이야기하기도 한다. 백성의 삶과 주권자의 저주와 축복은 언약 안에서 보다 분명하게 등장한다.

세 번째로 하나님 나라의 땅이다. 바로 젖과 꿀이 흐르는 약속의 땅(출 3:8), 안식의 땅(수 1:13; 히 4:8), 참된 안식(히 4:9)에 관한 내용이 성경에 기록되어 있다. 물론 약속의 땅은 언약의 중요한 요소로, 하나님은 이 약속의 땅을 언약이란 방법으로 백성들에게 선물로 주신다. 한 국가가 주권을 가지고 백성은 있으나 영토가 없다면 그것은 온전한 국가의 모습이 아니다.

예를 들어, 중동의 팔레스타인(Palestine)[4]은 유엔에 가입된 정식 국가로 그 주권을 전 세계가 인정하고 있으며 그 나라의 백성들도 있다. 하지만 그들이 머물 땅은 없다. 그래서 그들은 지속적인 영토를 원하고 전쟁을 한다. 온전한 국가로 나아가고자 하는 것이다. 현재 자신들이 살아가며 그 후손들이 살아갈 영토는 국가의 개념에서 반드시 필요한 요소이며, 성경에서도 하나님 나라를 언급하면서 바로 '약속의 땅', '약속된 안식'을 이야기한다.

하나님의 주권과 하나님의 백성, 그리고 하나님이 그 백성에게 주시는 약속의 땅, 이것은 하나님 나라를 이야기하는 성경 내용으로 중요한 요소들이다. 그리고 이 나라는 언약이란 방법으로 하나님의 주권이 표현되며, 언약 안에서 백성들은 주권자와 관계를 맺으며, 언약으로 그 땅, 약속의 땅, 안식의 땅을 선물받는다.

성경을 이해하는 두 개의 산맥이 바로 '하나님 나라'와 그 나라를 이끄는 주권자의 방법인 '언약'이다. 이 두 산맥 안에 수많은 산들과 강 그리고 숲과 나무들이 있는 것이다.

5) 성경의 두 산맥인 '하나님 나라'와 '언약'의 사상 : 사랑과 진리

성경의 주제는 하나님 나라이며, 주님은 이 나라를 언약이란 방법으로 이끌어 가신다. 그래서 하나님 나라와 언약은 성경을 이해하는

---

4) 성경에서는 블레셋으로 번역하고 있다.

중요한 두 주제이며, 이는 성경 전체의 커다란 두 개의 산맥과 같다. 그리고 성경에는 이 산맥을 풍요롭게 하기 위해서 흐르는 도도한 두 개의 커다란 강물이 있다. 곧 두 개의 사상(ideology)이 있는데, 바로 '사랑'(love)과 '진리'(truth)이다. 주님은 진리이시며(요 14:6), 사랑(요일 4:8)이시다. 하나님 나라는 사랑과 진리의 나라이며, 언약은 사랑 깊은 약속이며 진실한 것이다.

히브리어로 '사랑'을 뜻하는 단어는 두 개 있는데, 하나는 '아하브'(אָהַב, ahab)이고 다른 하나는 '헤세드'(חֶסֶד, hesed)이다.

> "나 여호와가 옛적에 이스라엘에게 나타나 이르기를 내가 무궁한 사랑으로 너를 사랑하는 고로 인자함으로 너를 인도하였다 하였노라"(렘 31:3).

선지자 예레미야의 글에 따르면, 하나님은 그의 백성들에 대해 사랑을 고백하실 때, '내가 영원한 사랑으로 너를 사랑했다'고 말씀하신다. 여기서 사용된 단어가 바로 '아하브'와 '아하바'(אַהֲבָה, ahabah)이다. 아하브는 남성 명사이고 아하바는 여성 명사로, 같은 의미를 가진 단어로 남녀 사이의 사랑, 우정, 혹은 인간적인 사랑이나 의(righteousness)에 대한 사랑 등을 뜻한다. 다시 말해서, 성적인 표현부터 의에 대한 사랑(love, like)까지 광범위하게 사용된다.

여기서 하나님은 그의 백성을 인간들이 말하는 그런 사랑과 같은 사랑으로 사랑했음을 고백하신다. 하나님은 영원한 사랑으로 백성들을 사랑하셨기에 인자함으로 인도하신다. 여기서 '인자'에 해당하는 히브리어가 '헤세드'로, 그 뜻은 사랑(love), 은총(mercy), 친절, 상냥함(kindness) 등으로 번역한다. 예를 들어, 창세기 24장 27절을 보면, '인자'란 단어를 친절(NIV) 혹은 은총(KJV) 그리고 사랑(RSV)으로 번역하고 있으며, 어떤 경우에는 사랑과 친절(loving-kindness,

ASV)을 다 사용한다. 곧 '사랑 깊은 친절함' 내지는 '사랑 어린 상냥함'에 해당하는 단어가 헤세드로, 이는 베리트(언약)와 결합하여 '언약에 기초한 사랑' 혹은 '언약적 사랑'5)을 뜻한다.

> "나를 사랑하고 내 계명을 지키는 자에게는 천대까지 은혜를 베푸느니라"(출 20:6).

시내 산 언약에서 하나님은 언약의 말씀인 십계명(출 34:28; 신 4:13)을 주실 때, 하나님을 사랑하고 하나님의 계명을 지키는 자에게 헤세드(은혜)를 베푸실 것을 약속하셨다. 이는 언약의 말씀이다. 헤세드는 언약에 기초한 사랑이란 의미다. 다시 말해서 헤세드 하실 것을 언약(베리트)하신 것이다.

아하브가 인간적인 사랑으로 유동적 성격을 가진다면, 헤세드는 사랑할 것을 약속한 것이고, 그 약속은 반드시 이행되는 것이다. 그러므로 언약적 사랑인 헤세드는 불변의 사랑(steadfast love)을 의미한다. 사랑했기에 부부(시내 산 언약)가 된 것이 아니라, 부부 관계를 맺으며 사랑하기로 약속했기에 사랑하는 것이다. 사랑의 약속, 곧 언약은 하나님이 언약을 선물로 주실 뿐 아니라 그 언약을 지키심을 포함하고 있다.

> "가로되 이스라엘 하나님 여호와여 상천하지에 주와 같은 신이 없나이다 주께서는 온 마음으로 주의 앞에서 행하는 종들에게 **언약**을 지키시고 **은혜**를 베푸시나이다"(왕상 8:23).

하나님은 언약을 그의 백성에게 선물로 주시며, 또한 하나님의 사랑의 언약을 지키신다(you who keep your **covenant of love** with

---

5) G. J. Botterweck and H. Ringgren, eds., *Theological Dictionary of the Old Testament, vol. V*, trans. by D.E. Green(Michigan: William B. Eerdmans Pub., 1980), p.59.

your servants, NIV, 대하 6:14).

선지자 예레미야는 하나님이 "인자함(헤세드)으로 너를 인도하였다"(렘 31:3)고 말한다. 곧 사랑할 것을 약속하셨으며, 사랑 깊은 언약을 세우신 하나님은 그의 언약적인 사랑인 헤세드를 통하여 그의 백성을 인도하셨다고 말한다. 여기서 '인도하다'에 해당하는 히브리어는 '마샤크'(mashak)로 '끌어당기다', '끌다'(draw)란 의미를 가지고 있으며, 이 끌어당김은 일회적인 것이 아니라 지속적인 것으로, '계속하다'(시 36:10)란 의미로 번역한다. 내적으로 끌어주는 것으로 '격려하다' 혹은 '오랫동안 끌다'란 의미로 '더디다'(겔 12:28, prolong, delay)로 번역하기도 한다. 결국 예레미야는 하나님이 그의 백성을 영원하신 사랑으로 사랑하여 지속적이며 계속적으로 아주 오랫동안, 때로는 더딘 것같이 끌어당겨 주시며, 끌어주심을 노래한 것이다.

언약의 또 다른 사상은 '진실', '참됨', '진리' 곧 '에메트'(אֱמֶת, emet)이다. 에메트의 의미는 안정적인 상태로 '확실함', '확고함' 등을 뜻한다. 또한 에메트는 확실한 것을 뜻하기에 '진실'이라고 번역한다. 다시 말해서, 성경에서 '진실'이란 확고함, 확실함을 뜻하는 것이며, 변함없이 확정적인 것이기에 '참'(true, 렘 10:10), '진실', '진리'로 번역한다. 또한 왕 되신 하나님께 대해 신하인 그의 백성이 왕에 대한 확고함을 표현할 때 '충성'(대하 32:1)으로 번역한다.

> "여호와의 모든 길은 그 언약과 증거를 지키는 자에게 **인자**와 **진리**로다" (시 25:10).

다윗은 그의 노래(시 25:10)에서 주님의 모든 길(All the paths of the LORD)은 헤세드와 에메트, 곧 사랑과 충실함(loving and faith-ful, NIV)이며, 은총과 진리(mercy and truth, KJV)라고 했다. 주께

서 주님의 길을 **헤세드** 하고 **에메트** 하신 이유를 '그의 언약 그리고 그의 증거를 보호하기 위한 것'이라고 말씀하셨다. 하나님 나라는 언약으로 이끌어가며, 그 언약을 위해 하나님은 헤세드와 에메트, 곧 불변의 사랑과 진리(진실함)의 길을 놓아 두셨다. 주님의 길은 에메트(진리)이며, 주 예수 그리스도께서는 바로 주님의 길이며, 진리이며, 생명이시다(요 14:6).

언약은 사랑의 마음으로 맺으며, 참된 마음으로 세운 것이다. 또한 사랑으로 그 언약의 증거들을 성실함과 충성함으로 지키며, 그래서 언약은 헤세드와 에메트가 요구된다. 하나님의 나라는 언약(베리트) 가운데 사랑(헤세드)과 진리(에메트)로 가득하다.

2. 성경의 구분과 그 내용 : 5대 장르

앞에서 성경이란 어떤 책인가의 관점에서 이야기했다. 성경은 거룩한 책으로 하나님 나라를 이야기하며, 이 나라는 언약 안에서 확장, 발전된다. 그리고 하나님 나라와 그의 언약에 사랑과 진리가 가득함을 이야기했다. 이제 성경 전체에 대한 구체적인 구분과 그에 대한 상세한 내용들을 이야기하고자 한다.

유대인들은 구약을 5가지로 구분한다. 먼저 모세 오경인 토라(torah)로, 모세가 기록한 창세기, 출애굽기, 레위기, 민수기, 신명기이다. 이 토라를 '율법서'라고 한다. 율법서 다음에 오는 책들은 느비임(nevi'im), 곧 '선지서'이다. 유대인들은 선지서를 시기적으로 '전기 선지서'와 '후기 선지서'로 다시 구별한다. 그리고 후기 선지서를 책 분량(전체 장의 수)을 기준으로 분량이 많은 책을 '대선지서', 분량이 적은 것을 '소선지서'로 구분한다.

예를 들어, 대선지서의 장을 보면, 이사야는 66장이며, 예레미야는 52장, 에스겔은 48장, 다니엘은 12장이다. 소선지서의 경우 호세아와 스가랴를 제외하고 아모스가 9장이며, 나머지는 9장 이하이다. 반면에, 호세아와 스가랴는 다니엘보다 많은 14장이지만 소선지서에 속한다. 이것은 소선지서는 처음부터 별도의 두루마리(scroll)로 구별되어 전해 온 것으로, 이것을 구별하여 '12소선지서'라고 칭한 것이다.

① 토라 : 창세기, 출애굽기, 레위기, 민수기, 신명기

② 느비임

ⓐ 전기 선지서 : 여호수아, 사사기, 사무엘상하, 열왕기상하

ⓑ 후기 선지서

㉠ 대선지서 : 이사야, 예레미야, 에스겔

㉡ 소선지서 : 호세아, 말라기

③ 성문서

ⓐ 케투빔 : 욥기, 잠언, 시편

ⓑ 메길로트 : 룻기, 에스더, 전도서, 아가서, 예레미야애가

ⓒ 역사서 : 역대상하, 에스라, 느헤미야, 다니엘

율법서와 선지서 다음으로 '거룩한 문서'란 의미의 '성문서'(聖文書)가 있다. 이 '성문서'에는 다시 3가지 구분이 있는데, 첫 번째가 '거룩한 글들'이란 뜻의 '케투빔'(ketuvim), 두 번째가 5개의 두루마리란 의미의 메길로트(megilloth), 끝으로 '역사서'가 있다.

유대인들의 이러한 구별법은 **마소라 학파**(Masoratic school)의 분류법을 따른 것이다. 본래 히브리어 성경은 모음이 없는 책으로 일반인이 아무나 읽지 못하도록 한 책이다. 오직 스승에게 배워야만 읽을 수 있는 책이었다. 하지만 세월이 흐름에 따라서 유대인들은 히브리어 성경 자체를 읽을 수 없는 사람들이 증가했고, 이에 예수님이 세상에 오시기 이전에 유대인들은 전체 공동체인 12지파에서 학식 있는 학자 각기 6명[6]을 선출, 모두 72명을 뽑아 히브리어 성경을 헬라어로 번역하였고, 이것을 72인이 번역했다는 의미에서 '70인역 성

6) 고대 사회에서 '6'은 완전한 숫자로 믿어졌다. 피타고라스는 6의 약수 1, 2, 3, 6에서 자신을 제외한 숫자를 모두 합하여 자기 자신이 나오는 것으로 그 완전함을 설명하였다(1+2+3=6). 반면에, 아우구스티누스는 하나님이 6일째 되는 날에 모든 창조를 완성하셨으므로 6이 완전한 숫자라고 하였다. 그래서 12(=6×2) 지파로 구성되었고 한다. 곧 완전한 하나님의 백성을 상징하는 것이다. 반면에 7은 거룩한 숫자, 구별된 것을 의미한다. 10은 십일조, 곧 하나님의 것을 의미한다.

경'(Septuagint)이라고 하며, 약칭으로 LXX[7]라고 한다. 이미 유대인은 히브리어보다는 헬라어에 능숙했었다.

예수님과 사도들 그리고 이후 교회는 이 LXX를 기준으로 읽었다. 이에 유대인은 자신들만의 성경을 선호했고, 그리하여 예수님 오신 이후인 A.D. 500-950년에 자음으로 구성된 히브리어 성경에 마소라 학자들(Masoretes)이 모음과 악센트 그리고 성경에 등장하는 이례적인 단어들에 대한 구전(masorah)을 기록, 보전하였다. 특히 후기 마소라 학자들에 의해 구약성경을 통계적 측면으로 접근하여 장과 절, 낱말 등을 다루었다. 마소라 학파에 의해 모음이 첨가된 구약성경을 마소라 텍스트(masoratic text)라고 하며, 이를 약칭하여 MT라고 쓴다. 여하튼 MT의 구약 분류법은 앞에서 설명한 바와 같다.

MT의 구분에서 특징적인 것은 여호수아서, 사사기, 열왕기서를 선지서로 구분하고 있다는 점이다. 여기서 기억해야 할 것은 유대인들의 이러한 분류법은 그들이 기독교의 변증가와 논쟁하기 용이하게 하고자 했다는 점이다. MT는 기독교 이후에 형성된 것으로 기본적으로 반기독교 정서를 반영하고 있다. 그렇기에 분류법 역시 기독교와의 논쟁을 염두에 두고 분류한 것이며, 필요에 따라서 중심적인 단어들을 변경하기도 했다. 예를 들어, 마태복음 1장 23절을 보면, "보라 처녀가 잉태하여 아들을 낳을 것이요 그 이름을 임마누엘이라 하리라"인데, 이 구절은 이사야 7장 14절을 마태가 인용한 것이다.

여기서 잠시 '처녀'라는 단어를 상세히 보면, 예수님이 오신 이후의 구약성경인 MT에서는 '알마'(עַלְמָה)라는 단어를 선택하고 있다. 이

---

7) LXX는 로마 숫자로, L은 50을 뜻하며, X는 10을 의미한다. 그래서 LXX는 50+10+10으로 70을 뜻한다. 이것을 읽을 때에는 '셉투아진트'(Septuagint)라고 한다.

'알마'라는 단어의 의미는 '젊은 여자'를 뜻하는 것으로, 창세기에서는 '청년 여자'라고 번역하여 리브가에게 사용하고 있다(창 24:43). 출애굽기에서는 '소녀'라는 단어로 번역되어 모세의 누나인 미리암에게 사용하고 있다(출 2:7-8). 특히 잠언 30장 19절에서는 흔적이 없는 몇 가지를 설명하면서 "남자가 여자와 함께한 자취"를 언급한다. 여기서 여자는 바로 '알마'라는 단어다. 곧 '처녀'가 잉태하여 아들을 낳는다는 것은 기적적인 일이 아니라 자취가 없는 음란한 행위를 의미하게 된다. 유대인들은 기독교에서 사랑하는 예언을 의도적으로 음란의 썩은 냄새가 나도록 하고 있다.

반면, LXX에서는 '처녀'란 단어를 '동정녀'(παρθένος), 곧 '남자를 알지 못하는 여자'의 의미가 확실한 단어를 사용하고 있다. 초대 교회와 교부들(fathers of church)은 모두 LXX를 읽었다. 그렇기에 LXX는 기독교의 분명한 기준이 된다. 물론 MT 역시 소중한 구약성경이다. 특히 구약이 본래 히브리어로 쓰였다는 사실과 사도들이 이 유대인적인 관습 안에서 성장했으며, 예수님 자신이 유대인으로 오셨다는 사실만으로도 MT는 소중한 구약 사본이다. 여하튼 기독교는 LXX의 구분법을 따라서 구약을 분류하고 있으며, 이 분류는 문학적인 장르에 의한 분류이다. 이상을 정리하면 다음과 같다.

① 율법서 : 창세기, 출애굽기, 레위기, 민수기, 신명기

② 역사서 : 여호수아, 사사기, 룻기, 사무엘상하, 열왕기상하, 역대상하, 에스라, 느헤미야, 에스더

③ 시가서 : 아가서, 시편, 예레미야애가

④ 지혜서 : 잠언, 욥기, 전도서

⑤ 선지서

ⓐ 대선지서 : 이사야, 예레미야, 에스겔, 다니엘

ⓑ 소선지서 : 12권의 소지서

성경을 그 장르(genre, 양식)로 구분하면 5가지로 세분할 수 있다. 그 첫 번째는 모세가 기록한 5권의 책인 '**모세 오경**'이다. 일반적으로 토라(torah), '율법서'라고 한다. 두 번째는 역사서 양식이다. 창세기, 출애굽기, 레위기, 민수기, 신명기 등이 율법의 양식이라면, 여호수아, 사사기, 룻기, 사무엘상하, 열왕기상하, 역대상하, 에스라, 느헤미야, 에스더 등의 12권은 **역사서**에 속한다. 세 번째는 잠언, 욥기, 전도서로 3권의 지혜서라고 한다. 네 번째 양식은 시가서로, 아가서, 시편, 예레미야애가 등 3권이 있다. 다섯 번째로 이사야, 예레미야, 에스겔, 다니엘 등 4권의 대선지서와 12권의 소선지서가 있다.

그래서 구약은 율법서 5권, 역사서 12권, 지혜서 3권, 시가서 3권, 선지서 16권으로, 전체 39권으로 구성되어 있다.

1) 모세 오경

모세 오경은 하나님 나라와 언약의 관점에서 가장 중요한 책으로, 이는 집의 지붕처럼 성경 전체를 덮고 있다. 다시 말해서 모세 오경에 대한 이해가 부족하면, 성경 전체에 대한 이해의 부족으로 이어질 수 있을 만큼 중요한 책이다.

모세 오경은 시간적으로 구분하며 3부로 구성되어 있는 책으로, 제1부는 과거를 다루고 있는 '창세기'이다. 이것은 모세와 함께 이제 이집트를 나와 약속의 땅으로 가는 하나님의 백성에게는 과거의 시간, 과거의 기록이 된다.

제2부는 현재를 다루고 있는 '출애굽기', '레위기', '민수기'이다.

이것은 모세에게 이제 이집트를 출발하여 약속의 땅을 바라다볼 수 있는 모압 땅까지의 긴 여정을 다루고 있는 현재적인 기록이다.

제3부는 다시 현재를 기준으로 다가올 미래를 바라보는 미래적인 관점의 '신명기'이다. 신명기는 이미 모압 땅에 도착하여 다시금 시내산 언약부터 약속의 땅에서의 삶까지 언급하고 있다.

이를 정리하면 다음과 같다.

제1부 과거의 삶 : 창세기
제2부 현재의 삶 : 출애굽기, 레위기, 민수기
제3부 미래의 삶 : 신명기

이와 같은 3부 구성은 '하나님 나라'의 관점에서도 적용되는 구성이다. 하나님의 절대적인 주권 아래에서 언약 백성들의 삶과 약속의 땅이란 측면에서 모세 오경을 보면, 다음과 같이 설명할 수 있다.

제1부 그 씨와 그 땅(밭)의 준비 : 창세기
제2부 그 씨의 성장과 완성 : 출애굽기, 레위기, 민수기
제3부 그 땅의 완성 : 신명기

하나님 나라의 관점에서, 제1부는 하나님이 주권적으로 하나님의 백성과 약속의 땅을 준비하시는 이야기가 나온다. 여기서 언약 백성은 '아브라함의 씨'로 준비되며, 약속의 땅은 '가나안'으로 상징되는 젖과 꿀이 흐는 곳으로 예비된다. 언약적인 측면에서 이 두 가지는 아브라함 언약 안에서 준비된다.

제2부는 하나님의 주권적인 섭리를 통하여 창세기에서 이미 준비된 그 씨(언약 백성)가 그 밭(언약의 땅)으로 향하는 이야기가 등장한다. 여기서 언약 백성들은 하나님 앞에서 때론 좌절하고, 때론 헌신하며

성장하여, 언약 백성의 모습을 구비하게 된다. 다시 말해서 출애굽기-레위기-민수기는 언약 백성이 완성되어 가는 과정을 다루고 있다.

제3부 신명기는 그 언약 백성과 그 땅의 삶을 다룸으로 그 땅의 의미를 완성하고 있다. 또한 모세 오경은 베리트, 곧 언약의 측면에서도 대단히 중요한 언약들을 다루고 있다. 예를 들어, 창세기에서는 아담 언약, 노아 언약, 아브라함 언약을 다루고 있으며, 출애굽기에서는 시내 산 언약을 다루고 있다. 이 시내 산 언약을 '호렙 산 언약'이라고도 한다(신 5:2). 그리고 민수기에서는 하나님의 평화의 언약, 곧 영원한 제사장 직분의 언약(민 25:12-13)을 다루고 있다. 또한 민수기에서는 '영원히 변하지 않는다'란 의미에서 소금 언약이란 표현을 사용한다. 그리고 신명기에서는 모압 언약을 다룬다.

신명기는 이 집의 대들보(crossbeam)로 기둥들과 지붕을 연결하는 역할을 한다. 다시 말해, 창세기부터 민수기까지의 사상은 신명기에 그 하중이 그대로 전해진다. 그리고 신명기는 이것을 네 개의 기둥과 연결하여 전체 지붕을 네 개의 기둥에 그 하중을 분배하여 안정감을 준다. 여기서 성경의 네 개의 기둥이란 '역사서', '시가서', '지혜서', '선지서'를 말한다. 모세 오경과 성경의 네 기둥 사이의 관계를 교회 건축으로 비유적으로 표현할 수 있다.[8)]

---

8) 최초의 교회 건물은 현재 터키 아래에 위치한 시리아에 있는 '두라 유로포스' (Dura-Europos)에서 발견되었다. 이후 콘스탄티누스 1세(Constantinus I)가 기독교를 공인하고 건축한 '성 소피아' (Hagia Sophia) 사원이다. 이 건물은 기존 로마 건축에서 벗어난 새로운 건축 양식으로 새 시대를 상징하며, 이후 교회 건축은 이 소피아 양식을 유지한다. 이 건축의 특징은 지붕 상당을 돔(dome) 형식으로 둥근 지붕을 사용한다. 그리고 건물 전체는 '건물' 과 아트리움(Atrium, 건물 앞에 있는 뜰이나 마당)으로 구성되어 있다. 건물 내부는 모두 세 부분으로 구성되어 있는데, ① 나르텍스(Narthex), 교회 예배 처소 앞에 있는 넓은 홀로 세례를 받을 준비 과정에 있는 사람이나 범죄하여 참회 중에 있는 사람들이 예배드리던 곳이다. 사실상 성찬에 참여할 수 있는 사람들이 머무는 곳이다. ② 네이브(Nave), 교회 예배당의 회중석으로

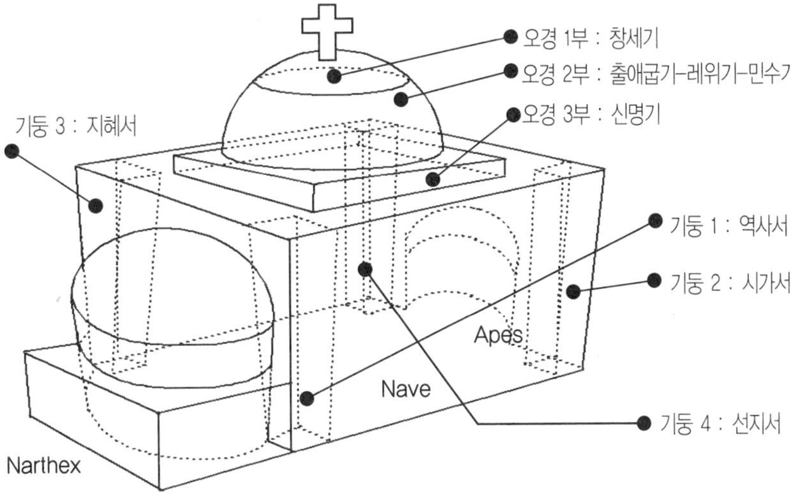

회중들이 말씀과 성찬을 받기 위해서 있는 회중석(Nave)을 지탱하며, 언약의 말씀과 회중들을 연결시키는 것이 성경의 네 개의 기둥, 곧 역사서, 시가서, 지혜서, 선지서이다. 여기서 모세 오경에 대한 이해는 네 기둥의 이해로 이어지며, 이 이해는 하나님의 말씀과 성찬을 받는 회중들의 삶에 가장 중요한 일이다.

이제 3부로 구성되어 있는 모세 오경에 대해 간략하게 살펴보자.

실질적으로 성찬에 참여할 수 있는 성도들이 예배드리던 곳을 말한다. 이 회중석으로는 성도들이 자유롭게 이동할 수 없었기에 좌우에 별도의 공간을 두어 성찬에 참여하도록 하였다. 이 공간을 측랑(側廊, Aisle)이라고 한다. 그리고 ③ 아페스(Apes), 곧 성찬을 거행하는 곳으로 일종의 제단 있는 곳을 의미한다. 이후에 교회 건축은 십자형으로 발전하였으며, 그 결과 제단 앞에서 십자 형태의 공간이 생기게 되었다. 이 공간을 트랜셉트(transept) 즉 좌우의 날개 부분으로 익부(翼部)라고 하거나 수랑(袖廊)이라고 한다. 참고로 셉트는 동쪽에 두며, 입구(아트리움)는 서쪽에 배치하였다.

(1) 모세 오경 제1부, 과거의 역사를 다룬 창세기 : 하나님 나라의 백성과 땅이 준비됨

창세기 전체의 구체적인 구조를 보면, 12장을 기점으로 크게 두 부분으로 나누어 설명한다. 먼저 창세기 1-11장을 초기의 역사(the primeval history)란 의미에서 '원역사'(原歷史)라 하고, 12장 이후는 이스라엘 족장의 역사(the patriarchal history)를 다루고 있기 때문에 '족장사'(族長史)라고 한다.

이를 좀더 세분하면, 모두 네 부분으로 구별할 수 있다. 그 첫 번째 부분은 창세기 1-3장으로 인류의 절대적 과거를 다루고, 이어지는 두 번째 부분은 4-11장으로 전체 인류적 관점에서 이야기하며, 그 중심에 노아 언약이 있다. 세 번째 부분은 창세기 12-48장으로 선택적 관점에서 이야기하며, 그 중심에 아브라함 언약이 있고, 끝으로 창세기 49-50장은 절대적인 미래를 다루고 있다.

과거 (창 1-3장)	인류적 관점 (창 4-11장)	선택적 관점 (창 12-48장)	미래 (창 49-50장)

시간적으로 절대적인 과거를 다루고 있는 첫 번째 부분(창 1-3장)은 인간의 이성이나 논리적인 증명이 불가능한 역사 이전의 역사를 다루고 있으며, 여기서 하나님 나라의 백성은 타락하고 부패하여 주님의 주권에 대항하는 존재 편에 서게 된다. 결국 그의 백성은 그 땅에서 추방되어 하나님 나라는 보존된다. 하지만 백성이 없는 국가란 있을 수 없다. 하나님은 그의 백성을 주권적으로 다시 회복(구원)하실 것을 약속(아담 언약)해 주시어 인류 구원의 역사가 시작된다. 여기서 하나

님은 언약이란 방편으로 구원을 선물로 주시는데, 이것이 아담 언약으로 인류의 구원에 대한 메시아의 첫 약속을 주셨다.

창세기 4-11장의 내용을 보면, 타락 이후의 인류는 지속적으로 부패하고 타락하여 하나님의 신(Spirit)이 인간과 함께할 수 없게 되었고(창 6:3), 이에 하나님은 전 인류와 전 생명을 심판하신다. 하지만 이 가운데 하나님의 사랑 깊은 언약으로 노아 언약이 있으며, 이 언약 역시 전 세계적인 언약으로 주신다. 인류 뿐 아니라 모든 동물까지 노아 언약으로 구원을 받는다.

창세기 12-48장은 그 내용이 급격하게 변한다. 언제나 언약이 변화하면 성경의 내용도 변화하는데, 창세기의 경우 그 기준이 12장이다. 창세기 12장을 기준으로 가장 큰 변화는 전 인류를 대상으로 했던 내용이 12장을 기점으로 오직 아브라함, 곧 선택된 하나님의 백성으로 국한된다. 특히 전 인류를 대상으로 한 노아 언약과는 다르게 아브라함 언약은 오직 아브라함의 씨, 아브라함에게 약속의 땅이라는 핵심적인 내용을 다루고 있다.

그리고 이것은 이후에 "아브라함과 다윗의 자손 예수 그리스도의 세계"(마 1:1)로 이어짐으로 본질적으로 하나님의 백성(그 씨)과 그 영토(그 밭)의 이야기는 메시아에 대한 준비로 이어진다. 분명한 것은 하나님의 백성인 아브라함의 후손과 가나안이라는 약속의 땅이 여기서 준비된다는 점이다.

하나님 나라의 백성(그 씨)과 영토(그 밭)가 완벽하게 준비되었음을 상징적으로 나타내는 것이 아브라함의 후손이 가나안을 떠나 이집트로 들어갔고, 이미 이집트에 있던 요셉과 그의 가족을 합하여 모두 70명이 이집트에 머물게 되었다는 내용이다(창 46:27; 출 1:5). 선택받은 구별된 하나님의 백성 70명이 준비되었으며, 아브라함에게 약속하신 대로 이방의 객이 되어 400여 년(창 15:13) 만에, 4대만이 다시 약속의 땅으로 돌아올(창 15:16) 준비가 된 것이다.

창세기 49장은 절대적인 미래를 다루고 있다. 우선 49장 1절을 보면, 야곱은 열두 아들들에게[9] '후일에 당할 일'(what will happen to you in days to come, NIV)이라 하여 아들들의 미래를 다루고 있음을 분명히 한다. 이 미래에서 장자 르우벤은 그 장자의 자격이 파탈되고, 둘째 레위와 셋째 시므온은 공동체에 참예하지 못하게 된다(창 49:3-6). 이에 유다는 장자의 권능을 받으며, "치리자의 지팡이"(창 49:10)를 얻음으로 다윗 언약을 예비하게 되며, 오실 메시아를 준비하게 된다. 이것은 12지파의 미래이며 아주 먼, 절대적인 미래에 오실 유다 지파의 메시아를 준비하고 있다.

(2) 모세 오경 제2부, 현재 역사를 다룬 출애굽기, 레위기, 민수기 : 하나님 나라의 백성이 완성됨

창세기에서 하나님 나라의 백성은 아브라함의 씨로 준비되었으며, 영토의 문제는 약속의 땅으로 준비를 끝냈다. 이제 출애굽기-레위기-민수기에서는 준비된 하나님 백성이 언약적인 삶을 위하여 출발하고, 성장하여 완성되는 현재의 삶을 다루고 있다. 하나님 백성으로 완성되는 현재적 삶을 이해하기 위해서 출애굽기-레위기-민수기

---

9) 야곱의 12아들과 야곱의 예언은 이후에 이스라엘 12지파가 형성되는 기초가 된다. 야곱의 12아들은 르우벤, 시므온, 레위, 유다, 단, 납달리, 갓, 아셀, 잇사갈, 스불론, 요셉, 베냐민이다. 이들 가운데 레위는 이후 제사장 지파로 12지파에서 제외되고, 대신에 요셉의 두 아들 므낫세와 에브라임이 12지파에 속하게 된다. 결국 이스라엘 12지파는 르우벤, 시므온, 유다, 단, 납달리, 갓, 아셀, 잇사갈, 스불론, 베냐민, 므낫세, 에브라임이다.

사이의 짜임새를 보면 보다 쉽게 이해할 수 있다.

<table>
<tr><td>① 출 1:1-9
(과거)</td><td colspan="2">② 출 1:10-18:27
(아브라함 언약의 이행 시작)</td><td colspan="2">③ 출 19-40장
(시내 산 언약)</td></tr>
<tr><td rowspan="3">출
40:1, 17
(성막을
세움)
2년 1월
1일</td><td colspan="2">④ 레 1-27장
(성막 중심의
언약 백성의 삶)</td><td>⑤ 민 1:1-6:27
(하나님의 군대 계수 1)
2년 2월 1일(민 1:1)</td><td rowspan="3">⑨ 민
10:11-
(출발)
2년 2월
20일
(민 10:11)</td></tr>
<tr><td colspan="2">⑥ 민 7:1-8:26
(헌물과 레위인 정결)
성막을 세운 이후(민 7:1)</td><td>⑦ 민 9:1-14
(두 번째 유월절)
2년 1월 14일(민 9:3)</td></tr>
<tr><td colspan="3">⑧ 민 9:15-10:10
(성막에 임재하여 언약 백성을 이끄시는 하나님)
성막을 세운 날(민 9:15)</td></tr>
<tr><td colspan="2">⑨ 민 10:11-19:22
(출발과 도착)</td><td colspan="2">⑩ 민 20:1-33:56
(모압 땅에 도착, 군대 계수 2)
40년이 지난 1월(민 20:1)
40년 5월 1일(민 20:26, 33:38)</td><td>⑪ 민 34:1-36:13
(미래에 관한 일)</td></tr>
</table>

출애굽기-레위기-민수기는 창세기와 같은 짜임새로, 과거-현재-미래를 다루고 있으며 특히 언약 백성의 현재적 삶에 강조점을 두고 있다. 창세기가 언약 백성의 과거의 삶을 강조했다면, 여기서는 현재적 삶이 주된 관심사로 등장한다.

먼저 출애굽기를 보면, 모두 세 부분으로 구성되어 있다.

① 출애굽기는 창세기에서 준비된 언약 백성 70인에 관한 짧은 과거의 기록으로 시작한다(출 1:1-9).

② 출애굽기 1장 10절부터 18장까지에서 아브라함 언약의 이행이 시작되었음을 설교한다. 하나님은 약속하신 바를 스스로 성취하시는 분이기에 이제 아브라함의 언약을 이행하신다.

③ 출애굽기 19-40장은 시내 산에 도착하여 언약 백성이 하나님과

새로운 관계 형성을 위해 시내 산 언약(호렙 산 언약)을 받는 내용이 나온다. 시내 산 언약에서 성막에 관한 규례가 주어지고, 출애굽 2년 1월 1일에 성막을 세운다(출 40:2, 17).

성막을 중심으로 한 언약 백성들의 현재적 삶은 세 가지 문제를 수반하게 되며, 성경은 이 세 가지 문제를 그대로 반영한다. 다시 말해서, 일반적으로 시간의 순서에 따라서 배열하는 단순한 구조가 아니라 성막에서 모든 시간, 곧 모든 것들이 시작된다.

④ 그 첫 번째 문제가 바로 성막을 중심으로 한 언약 백성의 삶이다. 이 내용은 레위기에 구체적으로 기록되어 있다.

⑤ 성막에서의 삶을 다룬 이후에 성경은 이 삶을 전투적으로 수행할 하나님의 군대를 계수한다. 바로 제1차 하나님의 군대 계수이다(민 1:1–6:27). 이 계수가 시작된 날짜를 보면, 이집트(애굽)를 나온 이후 2년 2월 1일이다. 결국 레위기는 한 달 사이의 기록이라고 하겠다.

⑥ 제1차 하나님의 군대 계수 이후에 시간은 다시 성막으로 돌아와 시작한다(민 7:1–8:26). 여기서 성경은 언약 백성의 진정한 삶의 방식으로 성막 중심의 삶을 이야기하고 있는 것이 분명하다. 민수기 7장 1절을 보면, 성막을 세우고 모든 기물과 기구들을 "구별한 날"이라고 했다. 출애굽 제2년 1월 1일에 성막을 세우고, 이어서 그것들을 구별하였으므로 1월 1일 이후의 기록이다. 여기서 성막을 중심으로 두 번째 문제를 다루고, 곧 언약 백성들의 헌물에 관한 것과 성막에서 봉사할 레위인에 관한 문제다.

이어서 ⑦ 민수기는 1월에 있는 절기, 곧 두 번째 유월절에 관한 기록을 한다. 1월에 성막이 세워졌으며, 그 성막을 중심으로 한 삶(레위기)과 그 삶을 살아갈 백성들이 계수되었다. 그리고 다시 1월을 기준으로 성막에 드리는 헌물과 성막의 봉사, 그리고 유월절을 다루고 있다. 이것은 시간적으로 반복하여 성막 중심의 언약 백성의 삶을 다루고 있는 것이다. 그리고 이제 세 번째 성막으로 다시 이야기를 시작한다.

⑧ 성막을 세운 날(민 9:15)에 하나님의 영광이 성막에 임하게 된다. 그리고 하나님의 임재 이후에 하나님은 그의 백성들을 이끄시어 약속의 땅으로 인도하셨다(출 40:34-38; 민 9:15-10:10).

⑨ 제2년 2월 20일(민 10:11), 드디어 출발이다.

언약 백성들은 곧이어 약속의 땅에 도착했으나 언약 백성의 "패역한 죄"(민 14:33), 곧 불신앙(unfaithfulness, NIV)으로 40년간 유리하게 된다. 하지만 성경은 이 40년간의 기록을 삭제하고 있다. 다시 말해서 민수기는 40년간의 광야 생활과는 전혀 무관하다. 성경에는 이 40년간의 광야 생활에 대해서는 오직 그들의 여정을 정리하는 33장에서 노정만을 기록하고 있을 뿐이다.

⑩ 40년이 흐른 뒤, 1월에 미리암이 죽었고(민 20:1), 얼마 후에 아론도 죽는다(민 20:26). 민수기 20장에서는 그저 1월이라는 표현만 쓰고 있으나, 40년 광야 생활을 정리하는 33장에서는 아론이 40년 5월 5일에 사망했다고 기록하고 있다(민 33:38). 미리암과 아론의 죽음은 40년이 흐른 뒤에 제1차 하나님의 군대 계수에 포함된 이들의 죽음을 의미한다.

이제 새로운 하나님의 군대를 계수한다. 계수의 결과는 인구 감소를 보인다.[10] 이것은 하나님의 백성을 완성하는 것이 수적인 증가와

10) 제1차에서는 603,550명이며(민 1:46), 제2차에서는 601,730명으로(민 26:51) 1,820명 감소하였다.

무관함을 보여준다. 1차 계수와 2차 계수에 다 포함된 인물은 여호수아와 갈렙뿐이다. 이 둘만이 "여호와를 온전히 순종하였음"(they have **wholly followed** the LORD, 민 32:12)으로 인해 두 번 다 계수함을 입는다. 다시 말해서, 하나님의 언약 백성이 된다는 것은 바로 '전적인 좇음'(whole followership), 곧 주님의 길을 뒤좇아 가는 삶을 말한다.

⑪ 민수기 34-36장은 가나안 땅에 들어가서의 언약 백성의 삶을 다루고 있는데, 이것은 모압 땅에 있는 이들에게는 분명한 미래적인 삶을 말한다.

창세기가 과거의 삶을 강조했다면, 출-레-민은 현재의 삶을 강조한다. 그러나 그 짜임새는 모두 과거-현재-미래라는 구조 가운데 이야기를 이끌어가고 있다. 또한 창세기에서 아브라함의 씨로 준비된 하나님의 언약 백성은 출-레-민에서 완성되어 간다. 그리고 이 완성의 의미는 수적인 증가를 의미하는 것이 아니라 하나님을 만남, 곧 회막을 중심으로 한 삶의 방식을 말하며, 또한 불신앙을 허락하지 않는다. 오직 하나님의 백성은 하나님의 말씀을 전적으로 좇을 것을 요구한다. 하나님의 언약 백성으로 거듭난다는 것, 그것은 온전한 좇음에 있다.

(3) 모세 오경 제3부, 미래 역사를 다룬 신명기 : 하나님 나라의 영토(땅)가 완성됨

창세기에서 하나님 나라의 백성은 아브라함의 씨로 준비되었으며, 영토의 문제는 약속의 땅으로 준비를 끝냈다. 그리고 출-레-민에서는 온전히 하나님의 말씀에 순종하고, 그의 길을 걷는 것으로 완성하였다. 이제 신명기에서는 하나님 나라의 영토(땅, 밭) 문제를 다룬다.

창세기나 출-레-민이 모두 과거-현재-미래라는 글의 짜임새 안에서 창세기는 과거의 모습을 강조했고, 출-레-민은 이제 이집트를 출발하여 약속의 땅 앞에 서 있는 언약 백성의 현재적 모습을 그리고 있다. 이에 대해 신명기는 그 짜임새에는 창세기나 출-레-민과 같이 과거-현재-미래라는 구조 안에서 미래적인 관점, 예언적인 관점에서 하나님 나라의 영토, 곧 약속의 땅(밭)의 완성을 다루고 있다. 신명기의 짜임새를 보면 다음과 같다.

① 가까운 과거	② 먼 과거	③ 모압 언약	④ 먼 미래	⑤ 가까운 미래
(신 1-3장)	(신 4:1-44)	(신 4:45-29:1)	(신 29:2-30)	(신 31-34장)

① 신명기 1-3장은 아주 가까운 과거 사건으로, 호렙 산에서 출발하여(민 10:11) 약속의 땅을 눈에 두고 가데스 바네아에서 보낸 정탐자에 대한 이야기(신 1:19, 22)를 비롯하여 최근 일들을 기록하고 있다. 하지만 ② 신명기 4장은 보다 먼 과거의 사건으로 바로 호렙 산(시내 산, 출 19장)에서 있었던 언약에 관한 이야기를 한다. 특히 두 개의 돌판에 기록된 언약(신 4:13)에 관해 말한다. ③ 모압 땅에서 세우신 언약의 말씀(신 29:1)이 4장 45절부터 시작한다. 이어서 ④ 신명기는 아주 먼 미래에 있을 일들에 대해 미래적인 것을 말한다. ⑤ 끝으로 아주 가까운 미래, 곧 약속의 땅에 대한 것이다.

신명기에서 의미하는 '약속의 땅'은 단순히 '가나안 땅'이라는 장소적인 성격을 넘어서 있다. 신명기에서 말하는 것은 '약속의 땅'에 들어가는 것이 문제가 아니라, 약속의 땅에서의 삶으로 '언약적 삶'을 살아야 한다는 것이다. 만일 언약적 삶에 실패할 경우 약속의 땅은 상실된다. 비록 가나안 땅에서 살아도 언약에 실패하면 약속의 땅의 상실로 이어진다. 하지만 언약의 삶을 살 경우, 약속의 땅은 영원히 언약 백성의 것이 된다.

> "여호와께서 너희로 인하여 내게 진노하사 나로 요단을 건너지 못하며 네 하나님 여호와께서 네게 기업으로 주신 그 아름다운 땅에 들어가지 못하게"(신 4:21).

약속의 땅을 얻는 것은 언약 백성이 언약적 삶을 살았을 경우에만 허락된다. 모세의 경우는 언약 백성들이 하나님 앞에서 실패함으로 약속의 땅에 들어가지 못하게 되었다. 또한 비록 약속의 땅에 들어갔다 해도, 언약적인 삶에 실패한다면 약속의 땅은 소실되고 만다.

> "네가 그 땅에서 아들을 낳고 손자를 얻으며 오래 살 때에 만일 스스로 부패하여 무슨 형상의 우상이든지 조각하여 네 하나님 여호와 앞에 악을 행함으로 그의 노를 격발하면 내가 오늘날 천지를 불러 증거를 삼노니 너희가 요단을 건너가서 얻는 땅에서 속히 망할 것이라 너희가 거기서 너희 날이 길지 못하고 전멸될 것이니라"(신 4:25-26).

결국 약속의 땅을 얻는 것은 언약 백성이 언약적인 삶을 살아감으로 결정되는 것이다. 하나님과 맺은 언약을 이행하면서 살아야만 하는 '언약적 삶'은 약속의 땅을 완성하는 유일한 방법이다.

> "내가 오늘날 천지를 불러서 너희에게 증거를 삼노라 내가 생명과 사망과 복과 저주를 네 앞에 두었은즉 너와 네 자손이 살기 위하여 생명을 택하고 네 하나님 여호와를 사랑하고 그 말씀을 순종하며 또 그에게 부종하라 그는 네 생명이시요 네 장수시니 여호와께서 네 열조 아브라함과 이삭과 야곱에게 주리라고 맹세하신 땅에 네가 거하리라"(신 30:19-20).

언약적 삶이란 하나님과 언약을 맺은 백성, 곧 하나님의 백성이자 언약을 맺은 백성이 그 언약을 이행하는 생활을 하는 것을 뜻한다.

여기서 '언약' 안에는 언약적 저주와 언약적 축복을 수반하고 있는데, 언약을 이행하는 삶에 대한 축복과 언약에 실패한 저주가 약속되어 있다. 결국 약속의 땅에 들어가는 것과 약속의 땅에 들어가서 지속적으로 그 땅에서 살 수 있는 것, 이 양자를 모두 가능하게 하는 것은 언약의 이행으로 약속의 땅을 완성하는 것이다. 약속의 땅을 완성하는 것은 그 땅에 들어가는 것만으로는 부족하다. 그 땅에서 지속적이며 영속적으로 거주하는 것이 더 중요하며, 그것을 완성하는 것이 바로 언약적 삶이다.

언약의 백성은 약속의 땅을 완성하기 위해서 자신 앞에 놓인 '생명과 죽음', '축복과 저주' 사이에서 생명을 택해야 한다. 마음을 다하여 하나님을 사랑하여 사랑으로 맺은 언약을 지켜야 한다. 하지만 언약 백성의 언약을 최종적으로 완성하는 것은 백성이 아니다.

> "네 하나님 여호와께서 네 마음과 네 자손의 마음에 할례를 베푸사 너로 마음을 다하며 성품을 다하여 네 하나님 여호와를 사랑하게 하사 너로 생명을 얻게 하실 것이며"(신 30:6).

하나님 나라의 주권자는 하나님 자신이시다. 그러므로 약속의 땅을 완성하는 언약적 삶을 최종적으로 완성하시는 분은 바로 하나님 자신이다. 하나님은 언약 백성의 마음에 할례를 베푸실 것이며, 마음의 할례를 받은 언약 백성은 하나님을 사랑하게 될 것이다. 하나님을 사랑하라는 것은 하나님의 명령인 동시에 그것을 성취하시는 분도 하나님이시다. 하나님이 그의 백성들로 하여금 하나님을 사랑하게 만드실 것이다. 왜냐하면 그들로 언약을 이행하게 만들어, 생명을 얻게 하기 위해서이다.

결론적으로, 신명기의 모압 언약 안에서는 네 가지 내용을 말하고 있다. 첫째, 약속의 땅은 언약적인 삶으로 완성된다. 그 땅에 들어갔다고 끝나는 것이 아니라 언약적 삶이 그 약속의 땅에 머물도록 한다. 언약의 실패는 약속의 땅을 상실하게 만든다. 둘째, 언약적 삶에는 언약을 이해한 것에 대한 축복과 실패와 좌절에 대한 저주를 수반한다. 셋째, 언약적 삶의 미래적 완성, 최종적 완성은 하나님 자신이 하신다. 하나님은 그의 백성들에게 생명을 주시기 위해 직접 마음의 할례를 베푸실 것이다. 그리고 이 마음의 할례는 믿음으로 그리스도 안에서 성취된다(롬 2:29). 끝으로, 신명기 언약, 곧 모압 언약에서 저주와 축복은 모두 하나님께 돌아오도록 말씀하시는 하나님의 영원한 사랑의 표현이다.

> "내가 네게 진술한 모든 복과 저주가 네게 임하므로 네가 네 하나님 여호와께 쫓겨 간 모든 나라 가운데서 이 일이 마음에서 기억이 나거든 너와 네 자손이 네 하나님 여호와께로 돌아와 내가 오늘날 네게 명한 것을 온전히 따라서 마음을 다하고 성품을 다하여 여호와의 말씀을 순종하면 네 하나님 여호와께서 마음을 돌이키시고 너를 긍휼히 여기사 네 포로를 돌리시되 네 하나님 여호와께서 너를 흩으신 그 모든 백성 중에서 너를 모으시리니"(신 30:1-3).

모압 언약은 하나님의 언약에 순종하고 이행하는 이들에게 축복을 약속하였으며, 언약에 불순종하고 불신앙하는 이들에게 저주를 약속했다. 하지만 그 깊은 곳에는 저주 또한 하나님의 사랑의 표현임을 알 수 있다. 신명기 30장 1-3절을 보면, 언약에 실패하여 저주를 받아 약속의 땅에서 쫓겨난 언약 백성이 하나님께서 약속하신 축복과 저주를 기억하고 하나님께 돌아온다면, 하나님은 그의 백성들을 다시 모으신다고 약속하였다. 곧 약속의 땅으로 들어갈 수 있는 것이다. 저주도 축복도 하나님을 사랑하기 위한 방편이며, 하나님에게 언약적 사랑을 가짐으로 약속의 땅은 완성된다.

"한 사람이 백성을 위하여 죽어서 온 민족이 망하지 않게 되는 것이 너희에게 유익한 줄을 생각지 아니하는도다 하였으니 이 말은 스스로 함이 아니요 그 해에 대제사장이므로 예수께서 그 민족을 위하시고 또 그 민족만 위할 뿐 아니라 흩어진 하나님의 자녀를 모아 하나가 되게 하기 위하여 죽으실 것을 미리 말함이러라"(요 11:50-52).

하나님의 저주, 곧 "그리스도께서 우리를 위하여 저주를 받은 바 되사 율법의 저주에서 우리를 속량하셨으니 기록된 바 나무에 달린 자마다 저주 아래 있는 자라 하였음이라"(갈 3:13; 신 21:23)고 성경은 말하고 있다. 곧 약속의 땅을 진정으로 완성하시는 분은 예수 그리스도이며, 하나님의 저주는 그의 백성을 버리는 것이 아니라 백성들에게 생명을 택하라는 하나님의 사랑 깊은 음성이며, 축복은 그 자체가 목적이 아니라 축복 역시 하나님께 돌아가야 할 시점을 암시하는 사랑 깊은 하나님의 질책인 것이다.

2) 역사서

창세기에서 준비된 언약의 백성(그 씨)과 언약의 땅(그 밭)은 이어지는 출-레-민과 신명기에서 완성에 관한 신학적인 의미를 설명한다. 언약 백성의 완성은 수적인 증가, 양적 부흥이 아니라, 하나님과의 만남 곧 회막을 중심으로 한 삶의 방식을 말한다. 또한 불신앙을 허락하지 않으며, 오직 하나님의 백성은 하나님의 말씀을 전적으로 좇을 것을 요구한다.

약속의 땅을 완성하는 것은 가나안이라는 장소에 들어가는 것을 의미하지 않는다. 약속의 땅의 완성은 언약적 삶을 살아가는 것으로,

<table>
<tr><td colspan="2">제1부
사사 시대의 역사
(수, 삿, 룻, 삼상 1:1-7:17)</td></tr>
<tr><td>제2부(A)
왕정 시대의 역사
(삼상 8:1-왕하)</td><td>제2부(B)
왕정 시대의 역사
(대상, 대하)</td></tr>
<tr><td colspan="2">제3부
회복 시대의 역사
(스, 느, 에)</td></tr>
</table>

언약을 이해한 것에 대한 축복과 실패와 좌절에 대한 저주를 수반한다. 하지만 본질적인 언약의 땅은 미래적 완성으로 메시아를 기다려야 하는 언약 백성의 삶을 말한다. 그리고 이제 이 언약 백성과 언약의 땅에 관한 역사가 시작된다. 곧 하나님 나라의 역사가 성경 역사서들에 기록되어 있다.

역사서는 모두 3부로 구성되어 있다. 제1부는 사사 시대의 역사를 이야기한다. 이 1부에 속하는 역사서로는 여호수아, 사사기, 룻기, 사무엘상(1:1-7:17)이다. 제1부에 이어지는 제2부에서는 왕정 시대의 역사를 기록했는데, 여기서는 두 가지 역사 서술 방식이 존재한다. 왜냐하면 역사서에 등장하는 다윗 언약으로 인해, 신명기의 모압 언약과 다윗 언약이라는 두 가지 언약에 두 가지 역사 서술 방식이 존재하기 때문이다. 제2부에 속하는 역사서로는 우선 모압 언약을 바탕으로 한 사무엘상(8:1)부터 열왕기하와 다윗 언약을 바탕으로 한 역대상과 역대하가 있다. 끝으로 제3부에서는 회복 시대의 역사로, 포로 기간 이후에 하나님 나라를 재건하는 재건의 역사이다. 이 3부에 속하는 역사서로는 에스라, 느헤미야, 에스더가 있다.

(1) 역사서 제1부, 사사 시대의 역사 : 여호수아, 사사기, 룻기, 사무엘상(1:1–7:17)

모세 이후에 사사 시대가 시작되어, 제1대 사사 여호수아로부터 마지막 사사 사무엘까지의 역사를 다루고 있다. 하나님은 당신의 주권적인 섭리 가운데 하나님 나라를 언약으로 이끌어 가신다. 여기서 중요한 것은 바로 **모압(세겜) 언약**으로 이 언약은 동시에 두 가지 성격을 가지고 있다. 하나는 저주와 축복이라는 언약적 삶에 대한 것이고, 다른 하나는 저주와 축복으로 인해 하나님께 돌아옴으로 하나님이 주시는 회복에 대한 것이다. 다시 말해서 언약 백성이 언약적인 삶을 살 경우 축복을 받으나, 언약적 삶에 실패하거나 좌절하는 경우에는 저주를 받는다. 세겜의 언약을 보면 보다 분명해진다(수 24:19–22).

> "여호수아가 백성에게 이르되 너희가 여호와를 능히 섬기지 못할 것은 그는 거룩하신 하나님이시요 질투하는 하나님이시니 **너희 허물과 죄를 사하지 아니하실 것임이라** 만일 너희가 여호와를 버리고 이방 신들을 섬기면 너희에게 복을 내리신 후에라도 돌이켜 너희에게 화를 내리시고 너희를 멸하시리라 백성이 여호수아에게 말하되 아니니이다 우리가 정녕 여호와를 섬기겠나이다 여호수아가 백성에게 이르되 너희가 여호와를 택하고 그를 섬기리라 하였으니 스스로 증인이 되었느니라 그들이 가로되 우리가 증인이 되었나이다"(수 24:19–22).

여호수아는 모세가 모압에서 시키는 대로 그리심(축복) 산과 에발(저주) 산이 있는 세겜에서 언약을 세운다(신 11:29, 27:12–13; 수 8:33, 24:1). 그래서 모압 언약과 세겜 언약을 하나로 묶어서 모압–세겜 언약이라고 한다. 이 언약에서 하나님은 언약을 지키지 못한 그의 백성의 "허물과 죄를 사하지 아니하실 것"이라 했고, 언약 백성은 스스로 증인이 되어 이 언약을 맺는다(수 24:22). 하지만 모압 언약에서는 분명히 회복을 약속하셨다(신 30:1-3).

모압-세겜 언약은 이중성, 곧 **'이미-아직'**의 긴장이라는 이중성을 가진다. 또한 여호수아서는 **'저주·축복-회복'**의 긴장으로 역사는 두 가지 서술 방식이 필요하게 된다. 먼저 '여호수아서'는 용서 없는 저주와 축복의 언약적 삶을 객관적으로 서술하고 있다. 다시 말해서, 언약 백성이 하나님의 말씀에 순종하며 약속하신 대로 언약적 축복으로 전쟁의 승리(신 28:7)를 얻는데, 그 대표적인 사건이 바로 여리고 성에 대한 승리이다(수 6:2).

하지만 언약에 실패한 언약 백성은 약속하신 대로 언약적 저주를 받아 전쟁에서 패배(신 28:25)한 이야기가 아이 성의 전쟁(수 7:4-5)이다. 물론 아간의 문제를(수 7:25-26) 해결했을 때 하나님은 모압에서 약속하신 대로 승리를 약속해 주셨다(수 8:1). 곧 회복의 사건으로 아이 성을 점령하게 된다(수 8:29).

여호수아서가 언약적 저주와 축복 그리고 회복의 긴장성을 다 이야기하고 있지만, 전체적으로 볼 때에 여호수아서는 언약을 비교적 잘 이행함으로 축복의 삶을 다루고 있다. 그 결과 회복의 사건은 아이 성에서 부각될 뿐 언약적 회복은 부각되지 못했다. 이에 모압 언약에서 약속하신 언약적 회복에 관한 관점에서 사사 시대의 역사를 다루고 있는 것이 바로 '사사기'이다. 여호수아서가 언약적 축복의 이야기라고 한다면, 사사기는 언약적 저주의 이야기이다. 그래서 사사기에서 강조되는 것은 바로 회복이다.

여호수아서는 언약 앞에서 바르게 선 언약 백성이 받은 **축복의 삶**을 다루고 있지만, 사사기는 언약 앞에서 좌절하고 실패한 언약 백성이 받는 **저주의 삶**을 다루고 있다. 하지만 하나님의 저주가 영원한 저주가 아니다. 축복·저주는 하나님께 돌아가야 할 시점임을 암시하는 것으로, 언약 백성의 회개는 중요한 역할을 감당한다. 약속한 대로 하나님께 돌아간다면 하나님은 모든 것을 회복해 주신다.

사사기가 이제 이 약속된 회복, 곧 언약적 회복을 이야기하면, 그 일꾼으로 사사가 등장한다. 사사는 실패한 하나님 백성들에게 다시금 하나님의 축복(평화)을 선물하는 것이 아니라, 하나님이 주시는 회복의 선물을 주기 위한 일꾼으로 등장한다. 사사가 모든 것을 회복시키는 것이 아니라 하나님이 회복시켜 주시는 것이다.

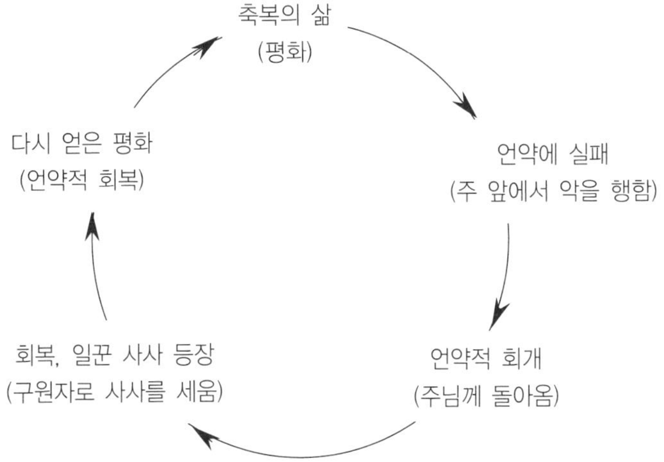

하나님의 일꾼인 사사가 있는 동안에 평화가 지속되는데, 때로는 이 평화가 30년(삿 10:2), 때로는 7년(삿 12:9), 8년(삿 12:14)간 지속된다. 하지만 사사가 죽고 난 빈 자리에 하나님의 백성은 다시금 하나님을 사랑하는 것, 곧 언약에 실패하게 된다. 언약의 실패는 곧 저주의 삶으로 이어지고, 저주의 삶 앞에서 하나님의 백성들은 다시금 하나님을 찾아 간구한다. 하나님은 약속대로 구원자를 보내주시고, 회복하시고, 평화를 주신다. 그리고 또 이렇게 역사는 지속적으로 반복된다.

이러한 반복된 하나님 백성의 삶은 자연스럽게 이 **반복의 고리**를 끊어야 한다는 것이 강조된다. 다시 말해서 사사기는 반복의 역사를 기록하면서, 완전한 회복, 참된 회복, 두 번 다시 반복되지 않는 참된 회복을 소망하게 한다. 그리고 이 소망은 이미 모압 언약에서 마음의 할례(신 30:6)를 하나님이 약속하신 바이다. 그러므로 언약 백성들은 마음의 할례를 베푸실 주님의 메시아, 참된 구원자를 소망하게 된다.

사사, 곧 구원자이자 참된 지도자가 있는 동안에는 언약 백성이 언약적 삶을 살아가면서 하나님의 축복과 평화를 누리고 살아간다. 하지만 사사가 없는 경우에는 전혀 다른 상황이 전개되며, 반복적인 타락과 회복이 지속된다. 결국 참된 지도자, 참된 구원자로서의 메시아 소망이 싹트게 된다.

한편, 사사기의 끝에는 부록처럼 베냐민 지파의 이야기가 등장한다. 이 이야기를 보면, 언약 공동체 안에서 베냐민 지파가 개별 행동을 하여 나머지 열한 지파와 갈등을 야기한다. 그리고 이 갈등은 내분으로 이어지고, 끝내는 전쟁이 발발한다. 하나님은 열한 지파의 대표로 유다 지파를 지목하시고, 이에 베냐민 지파와 유다 지파의 전쟁이 시작된다(삿 20:18). 이 전쟁에서 유다 지파가 선봉에서 두 번을 연이어 패하고, 세 번째에 승리를 얻는다.

전쟁의 결과로, 베냐민 지파 600명이 광야로 도망쳤고(삿 20: 47), 이스라엘은 베냐민의 모든 성읍과 가축과 만나는 사람들을 모두 칼로 쳐(삿 20:48), 베냐민 지파는 600명의 남자(씨)만 생존하게 되었다.

베냐민의 모든 여자(밭)가 죽었고(삿 21:16), 열한 지파는 자신의 딸을 베냐민 지파에 주지 않기로 맹세하였기에(삿 21:1) 열두 지파 공동체는 완전히 해체 위기에 봉착하였다. 이에 실로에 있는 '여호와의 절기'에 여자들이 춤추러 나오면, 그들 가운데서 붙잡아 베냐민의 아내로 삼아 지파를 계승하게 하였다(삿 21:21). 그리고 이 베냐민 지파에서 사울이 출생한다(삼상 9:21). 사울은 스스로를 이스라엘 지파 가운데 가장 작은 베냐민 지파 사람이라고 말한다. 사사 시대 후반에서 베냐민은 남자 600명으로 새롭게 시작하는 가장 작은 지파였다.

사사기의 베냐민 이야기가 끝나고, 사사 시대에 있었던 유다 지파 이야기를 룻기에서 한다. 이것은 사사기에서 베냐민 지파 이야기를 특별하게 다루고 있는 것처럼, 사사 시대에 있었던 유다 지파의 이야기를 아주 특별하게 다루고 있다.

룻기의 특징은 베냐민 이야기와는 정반대로 유다 지파의 이야기로, 유다 지파의 한 가정에서 모든 남자들이 죽고 여자들(밭)만 생존한다. 그것도 이방 여인 룻과 그의 시모 나오미만 유다 땅에서 살아간다. 유다 지파에 속한 룻은 유다 지파 가운데 '기업 무를 자'인 보아스로 인해 오벳(다윗의 아버지인 이새의 아버지)을 출산한다. 여기서 보아스는 여리고 성에 살았던 이방 여인 라합의 아들이었으므로(마 1:5), 다윗의 조상들은 이방 여인(밭)으로 가계를 계승하고 있음을 알 수 있다. 메시아의 가문이 되는 유다 지파는 이미 이방을 품고 있었으며, 이는 이방 구원에 대한 구원자의 열망을 암시하고 있는 것이다. 남자(씨)만 살아남은 베냐민 지파 출신 사울과 여자(밭)만 살아남은 유다 지파의 한 가문 출신인 다윗은 다음 왕정 시대를 준비한다.

제1대 사사 여호수아 다음에 12명의 사사들이 사사기에 언급되었으며,[11] 이어서 사무엘상에서는 사사(삼상 4:18)이자 대제사장(삼상 1:9) 엘리와 더불어 마지막 사사 사무엘(삼상 8:1; 행 13:20)의 이야기를 한다. 여기서 아주 독특한 것은 역사의 새로운 시작을 다루고 있는 사무엘상 1장을 한 여자(밭)의 간구로 시작한다는 점이다. 사무엘의 어머니 한나의 기도로 시작하는 이 역사는 성경이 '여자의 후손'(아담 언약)이라는 거대한 물줄기를 그대로 이어가고 있음을 반영한다.

(2) 역사서 제2부, 왕정 시대의 역사 : A(삼상 8:1–왕하), B(대상, 대하)

사사 시대의 역사는 반복의 역사였다. 평화 → 언약 백성의 언약적 삶 실패 → 언약적 저주 → 돌아옴(회개) → 구원자 등장(사사) → 언약적 회복 → 회복된 평화 → 평화 → (지도자의 죽음) 언약 백성의 언약적 삶 실패…… . 이 지속적인 반복의 역사, 반복의 고리를 끊어버리기 위해서는 분명한 지도자가 지속적으로 필요함을 자각시키기에 충분했고, 사무엘 또한 사사 제도를 세습의 형태로 사사의 빈자리를 채우고자 한다(삼상 8:1).

사실 사사는 회복을 위한 구원자로 등장하지만 사무엘은 이제 세습이란 형태로 하나님의 백성들의 언약적 삶을 이끌고자 한다. 하지만 이것은 오히려 모압 언약에 약속된 '왕'에 대한 열망(신 17:14)을 자극했으며, 본격적으로 왕을 구한다.

왕의 제도에 따르면(신 17:14–20), 왕은 하나님의 언약의 말씀이

---

11) ① 옷니엘(삿 3:7–11) ② 에훗(삿 3:12–30) ③ 삼갈(삿 3:31) ④ 드보라(삿 4–5장) ⑤ 기드온(삿 6:1–8:32) ⑥ 돌라(삿 10:1–2) ⑦ 야일(삿10:3–5) ⑧ 입다(삿 10:6 12:7) ⑨ 입산(삿 12:8–10) ⑩ 엘론(삿 12:11–12) ⑪ 압돈(삿12:13–15) ⑫ 삼손(삿 13–16장)

기록된 율법서(모세 오경)를 복사하여 "평생에 자기 옆에 두고 읽어서 그 하나님 여호와 경외하기를 배우며 이 율법의 모든 말과 이 규례를 지켜 행해야"(신 17:19) 한다. 이 규례를 지킬 경우에만 왕위는 오래 유지될 수 있다(신 17:20). 이는 왕의 제도 또한 모압 언약의 성격을 그대로 반영하고 있는 것으로, 왕이 언약적 삶을 살 경우 축복으로 왕위를 보존하게 된다. 하지만 왕이 언약적 삶에 실패할 경우에는 저주를 받아 왕위를 보존하지 못하게 된다.

신명기의 약속대로 사무엘은 두 명의 왕을 세운다. 그리고 이 '왕'은 지속적인 세습의 성격을 수반하지 않는다. 오히려 모압 언약 가운데 언약적 삶을 요구받는 존재일 뿐이다. 하지만 사사와 왕의 차이점은 분명하다. 사사는 저주 이후에 회개에 대한 하나님의 회복을 위한 일꾼이라면, 왕은 저주 이전 곧 언약 백성이 언약적 삶에서 실패하기 이전에 율법을 평생 옆에 두고 그것을 실천하는 지도자이다.

결국 언약적 삶이 실패하기 이전에 언약적 삶을 살도록 강력하게 지도하는 지도자가 왕이다. 이러한 왕은 사무엘에 의해 두 명이 세움을 받는다. 하나는 씨를 상징하는 베냐민 지파의 사울이고, 다른 하나는 '여자의 후손'(밭)을 상징하는 유다 지파의 다윗이다. 이들의 분쟁에서 다윗이 사울을 죽일 기회가 있었으나 두 번이나 물러남으로 사사의 기록을 그대로 반영한다. 분명한 것은 밭으로 상징되는 다윗이 승리했다는 점이다. 밭(여자의 후손)이 승리를 한다. 승리한 다윗은 자원하는 마음으로 성전에 대한 소망을 가지고, 이로 인해 다윗 언약을 선물로 받는다(삼하 7장).

"나는 그 아비가 되고 그는 내 아들이 되리니 저가 만일 죄를 범하면 내가 사람 막대기와 인생 채찍으로 징계하려니와 내가 네 앞에서 폐한 사울에게서 내 은총을 빼앗은 것같이 그에게서는 빼앗지 아니하리라 네 집과 네 나라가 내 앞에서 영원히 보전되고 네 위가 영원히 견고하리라"(삼하 7:14-16).

다윗 언약은 영원히 다윗과 그 가문을 버리지 않겠다는 약속이다. 비록 사울처럼 언약에 실패해도 그를 버리시지 않을 것에 대한 약속이다. 물론 모압-세겜 언약도 이행되어야 한다. 그러므로 하나님은 여전히 언약적 저주·축복을 유지하시는데, 그것을 인생의 채찍으로 표현하시어 모압 언약에서 회복의 성격을 더욱 강화하신다. 다시 말해서 이미 모압 언약에 포함되어 있는 회복의 성격(신 30:1-4), 인생의 채찍(신 29:1)을 영원한 용서의 성격으로 더욱 부각시키신다. 모압-세겜 언약과 다윗 언약을 도표로 나타내면 다음과 같다.

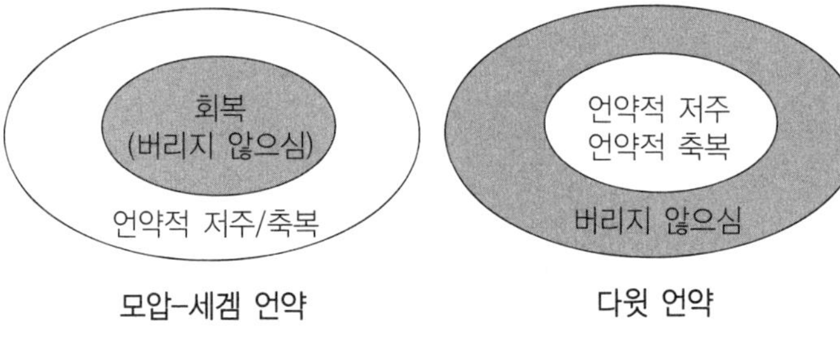

모압-세겜 언약에서는 언약적 삶이 가장 부각되었으나, 그 중심에는 하나님이 그의 백성들을 버리지 않고 회복시키실 뿐 아니라 먼 미래에 베푸실 마음의 할례까지 예비하신다. 반면에, 다윗 언약은 영원히 버리시지 않겠다는 모압-세겜 언약의 중심부 내용이 보다 강조된 언약이다. 다윗 언약은 다윗 가문의 영원한 존속을 이야기하지만, 그 중심에는 여전히 언약적 삶에 대한 요구가 있다. 여기서 한 가지, 다윗이 왕이 되는 것은 이미 창세기에서 예비된 것으로 유다에게서 이스라엘의 통치자가 나올 것이 준비되어 있었다(창 49:10).

> "홀이 유다를 떠나지 아니하며 치리자의 지팡이가 그 발 사이에서 떠나지 아니하시기를 실로가 오시기까지 미치리니 그에게 모든 백성이 복종하리로다"(창 49:10).

창세기에서 준비된 것이 역사 안에서 실현되고 있다. 그리고 이 역사는 두 언약, 모압-세겜 언약과 다윗 언약을 중심으로 두 편의 역사 서술 방식이 존재한다.

① 제2부 A역사서(삼하-왕하)는 모압-세겜 언약을 중심으로 왕들은 언약적 삶 가운데 왕위를 유지하거나 실패한다. 또한 이 역사는 '여자의 후손'의 관점에서 여인(밭)을 중심적으로 다룬다.

예컨대, 솔로몬은 많은 아내를 두어 모압-세겜 언약에 실패한다(신 17:17; 왕상 11:1-5). 뿐만 아니라 아내로 얻은 많은 이방 여인들로 인해 우상 숭배에까지 도달하여, 시내 산 언약을 파기한다(출 20:4). 그 결과 왕국은 북쪽의 이스라엘과 남쪽의 유다로 분열하게 된다.

북 이스라엘은 영원한 다윗 언약을 얻지 못했기에 모압-세겜 언약으로 언약적 삶에 대한 축복과 실패에 대한 저주가 임하며, 동시에 창세기에 준비된 영원한 통치자의 홀이 없어 여러 지파에서 분쟁적으로 왕위를 취득한다. 반면에, 남 유다는 다윗의 왕위를 지속적으로 유지하여 다윗 언약이 성취됨을 보여준다. 뿐만 아니라 남 유다의 왕들이 언약적 삶에 실패해도 왕위는 유지된다. 단지 언약적 저주를 통하여 채찍으로 훈계받는다.

열왕의 역사에서 가장 특징적인 것은, 남 유다의 왕에 대한 소개에서 반드시 그의 어머니 이름이 등장하여 '여인의 후손', 곧 씨와 밭의 분쟁에서 밭의 승리를 다루고 있는 역사 서술 방식이다. 반면에, 북 이스라엘 역사에서 어머니의 이름은 삭제된다.

언약적 삶에 실패한 북 이스라엘은 B.C. 8세기(대략 722년경)에 앗수르에 의해 멸망하게 된다. 곧 마음의 밭에 실패하고, 패망의 길을 걷는다. 이후 남 유다 역시 언약적 삶의 실패로 B.C. 6세기(대략 586년경)에 바벨론(느부갓네살)에 의해 패망의 길을 걷는다. 그러나 모압-세겜 언약 가운데는 회복이 숨겨져 있다. 곧 하나님의 백성에 대한 재건과 회복의 약속 가운데 잠시 인생의 채찍으로 교훈을 얻게 되어 포로 생활을 하게 된다.

② 제2부 B역사서(대상, 대하)는 다윗 언약을 중심으로 유다 왕들의 역사를 기록하고 있다. 특징적인 것은, 북 이스라엘에 관한 그 어떤 언급도 없다는 점이다.

예컨대, 엘리야나 엘리사에 대해 짧은 언급도 없다. 사실 역대상하는 포로 생활 이후에 왕정 시대의 역사를 사울 왕부터 다시 기록한 것으로, 모압-세겜 언약의 관점이 아니라 다윗 언약의 관점에서 다윗 가문을 중심으로 기록한 역사책이다. 다시 말해서 사무엘상하, 열왕기상하가 '언약의 그 밭'을 중심으로 기록한 것이라면, 역대상하는 '언약의 그 씨', 곧 다윗의 씨를 중심으로 기록한 것이다.

역대기에서는 신명기에서 다루어진 '약속의 땅'의 개념, 곧 언약적인 삶에 성공했는가 좌절했는가를 보다 중요한 문제로 다룬다. 곧 '언약의 씨'의 문제로 출-레-민에서 다루어진 문제인 언약 백성의 완성 문제를 다룬다. 그래서 역대기에서 다윗 가문의 왕들에게 언약 백성으로, 하나님의 만남 곧 성막을 중심으로 한 삶의 방식을 말한다. 또한 불신앙을 허락하지 않으며, 오직 하나님의 백성은 하나님의 말씀을 선석으로 좇을 것을 요구한다. 특히 역대기서에서는 사무엘서나 열왕기서에 없는 씨의 계보들이 등장하여, 성전 중심의 언약 백성에 대한 신앙 문제와 하나님 말씀의 추종자(followership)가 되는 문제를 다룬다.

역사서 A와 B의 차이점을 잠시 살펴보면, 다윗의 인구 조사 문제에서 역사서 A에 속하는 사무엘하에서는 하나님이 약속을 지키지 않는 다윗을 치려고 인구 조사를 하게 하셨다(삼하 24:1). 다윗은 자원하는 마음으로 성전을 건축할 것을 약속하였고, 이에 하나님은 언약을 선물로 주셨다. 하지만 다윗은 성전을 세우지 않고, 하나님은 진노하시어 인구 조사를 하는 죄를 범하게 하셨다(삼하 23:10). 사실 하나님 나라에서 인구 조사는 불신앙을 의미한다. 왜냐하면 아브라함 언약에서 하나님의 백성은 별처럼(창 15:5; 삼하 23:3) 많을 것이라고 약속하셨으므로 그렇게 믿어야 하기 때문이다.

여기서 문제가 되는 것은 다윗이 약속을 이행하지 않는 문제다. 결국 인구 조사의 문제는 다윗이 성전의 터가 될 아라우나(오르난)의 타작마당을 구입함으로 성전의 기초를 잡게 된다(삼하 24:21-25). 이후 솔로몬은 모리아 산에 있던 오르난의 타작마당에 성전을 세운다(대하 3:1).

반면에, 역사서 B에 속하는 역대기에서는 하나님이 하신 일이 아니라 사탄이 다윗을 대적하여 한 일로 기록하고 있다(대상 21:1). 다시 말해서 다윗이 성전의 언약을 이행하지 못한 것이 아니라, 사탄의 길을 좇아 불신앙에 빠진 것을 의미한다. 물론 역사의 진행은 사무엘하와 같다. 이 일로 다윗은 오르난(아라우나)의 타작마당을 구입하고, 그곳에서 단을 쌓고 번제와 화목제를 드렸다. 하지만 사무엘하에는 없는 내용이 역대기에 기록되어 있다.

> "옛적에 모세가 광야에서 지은 여호와의 장막과 번제단이 그 때에 기브온 산당에 있으나 다윗이 여호와의 사자의 칼을 두려워하여 감히 그 앞에 가서 하나님께 묻지 못함이라"(대상 21:29-30).

역대기 역사는 다윗이 성막 중심의 삶에서 실패했음을 기록하고 있다. 그가 오르난에 단을 쌓은 것은 성막 중심의 삶에 실패했고, 그래서 하나님의 칼이 두려웠기 때문이다. 다시 말해서 역대기는 언약적 삶의 실패를 다루고 있는 것이 아니라 성막 중심의 삶에서 실패했고, 그래서 사탄의 길을 걷게 된 다윗 이야기를 하고 있는 것이다.

창세기에서 준비된 그 씨와 그 밭의 이야기는 출-레-민에서 그 씨의 성격을 다루었으며, 신명기에서 그 밭에 관해 이야기했다. 이후 역사는 이 두 가지 측면에서 역사를 두 번 기록한 것이다.

(3) 역사서 제3부, 회복의 역사 : 에스라, 느헤미야, 에스더

북 이스라엘의 멸망과 남 유다의 멸망, 곧 하나님 나라의 백성들은 하나님 앞에서 실패하게 된다. 하지만 백성의 실패가 하나님 나라의 위기이거나 하나님의 실패를 의미하는 것은 아니다. 북 이스라엘과 남 유다의 실패는 인간의 실패이지 결코 하나님의 실패가 아니며, 하나님 나라에 그 어떤 영향력을 주진 않는다. 단지 이들의 실패는 인간들을 교육하기 위한 것이며, 하나님의 절대적 주권은 모든 것을 회복하신다. 위기가 아니라 더 완성된 하나님 백성을 만나게 된다.

하나님은 멸망과 더불어 회복을 이미 약속하셨으며, 주님의 약속은 반드시 역사 안에서 실현된다. 결국 북 이스라엘과 남 유다의 멸망은 하나님의 뜻이다. 결코 하나님 나라의 위기가 아니다. 이제 하나님은 모든 것을 회복하신다. 그리고 이 회복의 역사는 모두 세 단계로 이루어진다.

제1단계; 하나님은 출-레-민에서 다루어진 회막 중심의 삶(**성전 중심의 삶**)을 회복하신다. 이 회복을 위하여 제1차 포로 귀환이 있고, 이 귀환으로 **스룹바벨 성전**이 세워진다. 솔로몬 성전보다 더 영광스러운 성전이 세워졌으며(학 2:9), 이 성전을 중심으로 재건된 성전 중심의 공동체가 다시 일어나게 된다. 이어서 하나님은 신명기에 다루어진 **언약적 삶**을 회복하신다. 곧 제2단계 회복의 역사다.

제2단계; 에스라를 중심으로 **언약의 말씀 운동**이 다시 일어난다. 언약 말씀에 익숙한 에스라(스 7:6)는 "여호와의 율법을 연구하여 준행하며 율례와 규례를 이스라엘에게 가르치기로 결심"(스 7:10)하여 본격적인 제2차 포로 귀환이 이루어지고, 제2단계 회복이 이루어진다.

제3단계; 제3차 포로 귀환으로 시작된 성벽 축조에 관한 회복의 역사이다. 이미 성전 중심의 삶(그 씨)과 언약적 삶(그 밭)을 회복한 하나님 백성들에게 이제 필요한 것은 이것들을 지켜낼 성벽(울타리)이다. 울타리를 통해서 그 씨와 그 밭을 지킨다는 것은 울타리를 튼튼하게 만든다는 의미보다는 지키고자 하는 파수(standing)의 성격을 가진다. 그것을 지키고 서 있지 않는다면 성벽은 의미가 없다.

> "이스라엘을 지키시는 자는 졸지도 아니하고 주무시지도 아니하시리로다"(시 121:4).

'지키고 서 있음', 곧 파수는 성전 중심의 삶(그 씨)과 언약적 삶(그 밭)에서 가장 중요한 문제다. 회복된 하나님의 백성에게 파수의 실패는 또다시 모든 것의 실패를 의미한다. 그리고 이 파수의 성격을 한 여인에 의해 보여주시는데, 참된 파수자가 하나님이시며 그분은 졸지도 아니하시고 주무시지도 아니하시며, 오직 하나님의 백성을 지키고서 계심을 말한다. 바로 역사서 에스더다.

베냐민 자손인 에스더(에 2:5-7)는 페르시아 왕 아하수에로의 왕비가 된다(에 2:16-17). 다윗의 후손 스룹바벨과 대제사장 여호수아가 귀환한 제1차 포로 귀환이 페르시아 왕 고레스(재위 B.C. 546-529년) 원년에 이루어졌고, 에스라의 귀환인 제2차 포로 귀환은 아닥사스다 왕 때이다. 이 아닥사스다(Artaxerxes) 왕은 페르시아 왕 아르타크세르크세스(롱기마누스, Longimanus) 1세(재위 B.C. 465-424년)로 아하수에로의 아들이다. 그리고 제3차 포로 귀환 때 성벽을 재건하기 위해서 온 느헤미야는 아닥사스다 왕 제이십년 기슬르월에 수산궁에 있었다(느 1:1).

그러므로 에스더는 시간적으로 보면, 제2차 포로 귀환 이전의 사건을 다루고 있는 것이다. 하지만 역사서 끝부분에 에스더가 위치하는 것은, 성경은 시간 순서대로 배열하는 방식보다는 신학적인 의미 순서로 배열되는 것을 선호하기 때문이다. 곧 에스더의 주된 신학적인 내용은 하나님의 백성을 지키시는 하나님이다. 곧 참된 파수자이신 하나님을 말하는 것이다.

모든 것의 회복이 이루어졌으며, 이 회복을 지키는 참된 파수자는 하나님이시다. 그러므로 회복된 언약 백성은 더 이상 하나님과의 만남의 삶(성전 중심의 삶)과 하나님과의 관계적인 삶(언약적 삶)에서 좌절하거나 실패하지 않는다. 이것이 구약 역사의 끝이며, 이제 신약에서 성자 하나님과 성령 하나님이 그의 백성들을 직접 지켜주신다. 곧 보혜사와 또 다른 보혜사가 오신다(요 14:16).

3) 시가서

역사서가 하나님 나라의 역사를 다루었다면, 시가서와 지혜서는 하나님 나라의 삶을 다루고 있는 책이다. 하나님 나라의 삶에는 두 가지 방식이 존재하는데, 하나는 하나님의 언약 백성으로 약속된 씨, 곧 출-레-민에서 다루어진 회막(the Meeting tent, 레 1:1) 혹은 성전 중심의 삶이다. 하나님과의 만남을 다루고 있는 '그 씨'의 삶은 모세에게 주어진 회막, 솔로몬과 스룹바벨에게 주어진 성전 중심의 삶을 말한다.

바로 시가서들로 아가서, 시편, 예레미야애가가 여기에 속한다. 이들 시가서들은 전형적으로 예배를 위한 찬양으로 성전 중심적 삶에 부합되는 노래들이다. 특히 부부 언약을 다루고 있는 시내 산 언약의 영향으로, 하나님을 만나는 것, 그 만남 안에 있는 하나님과 그의 백성의 사랑, 그리고 하나님의 거룩과 그의 백성의 순결(성결, 거룩)은 시가서에서 가장 중심적인 관심사다.

다른 하나는 하나님 나라의 삶으로 '그 밭'에 관한 삶, 바로 언약적 삶이다. 곧 모압-세겜 언약에 따른 것으로 언약적 저주·축복 그리고 회복에 관한 것이다. 하나님과 맺은 언약 앞에서 약속의 땅, 곧 '그 밭'은 언약적 삶을 살아야 하며, 그 모습은 잠언, 욥기, 전도서인 지혜서에 잘 반영되어 있다.

'그 씨'의 문제, 곧 회막(성전) 중심적 삶은 부부 언약인 시내 산 언약(출-레-민)에 기초하기 때문에, 여기서 사랑 안에서 남편(하나님)과 그의 아내(하나님의 백성·공동체·교회) 사이의 관계가 중요한 요소가 된다. 남편과 그의 아내의 관계는 모두 3단계로 확장되고 있는

데, **제1단계**는 **만남**이다. 하나님(남편)과 그의 언약 백성(아내) 사이에 사랑이 고백되고, 그 고백 가운데 만남이 이루어진다. 이에 관한 성경이 바로 노래 가운데 노래인 '아가'(雅歌)서다.

제2단계는 남편과 아내의 **부부 생활**이다. 이에 속하는 성경이 '시편'으로, 사랑하여 결혼했으나 이 삶 가운데는 때론 기쁨이, 때론 슬픔이 있다. 아내가 남편의 헌신적 사랑에 대해 찬미하고 찬양한 노래가 있고,[12] 아내가 남편에게 하소연하는 탄원의 노래도 있다.[13] 남편에 대한 감사의 노래가 있는가 하면,[14] 부부 언약에 대한 맹세를 확인하는 노래도 있다. 다시 말해서 신혼 때를 추억하는 것과 같다. 뿐만 아니라 남편이 아내에게 들려주었던 지혜로운 말들을 추억하며 아내가 부른 지혜의 노래도 있다.

제3단계는 **이별과 재회에 대한 노래**이다. 바로 예레미야의 '애가'(哀歌), 곧 슬픔의 노래이다. 아내는 남편이 아닌 다른 남자(우상)와 사랑에 빠지고(호 2:5-8), 남편은 아내의 마음을 잡았지만 끝내 간음을 범한다. 이에 남편은 집을 떠난다. 곧 하나님의 백성들의 간음으로 하나님은 당신의 영광을 두었던 성전에서 떠나신다(겔 10:18). 아내는 떠난 남편을 그리워하며 슬피 애가를 노래한다. 하지만 남편의 사랑은 헤세드, 곧 사랑하겠다고 언약하신 것이니, 그 약속을 지키실

---

12) 찬양시 : 시편 8, 29, 33, 65, 67, 100, 103-105, 111, 113, 114, 135, 145-150편과 성전 찬양대의 노래(46, 48, 76, 84, 87, 122편)와 왕에 대한 찬양 노래(47, 93, 96-99편) 등이 있다.

13) 탄원시 : 민족적 하소연-시편 44, 74, 79, 80, 83(90), 137편; 개인적 하소연-시편 3, 5, 7, 13, 17, 22, 25-27, 31, 35, 38, 39, 42, 43, 51, 55, 57, 59, 77, 88, 123, 140-143편 등이 있다.

14) 감사시 : 6, 13, 22, 28, 30, 31, 41, 54, 55, 56, 61, 63, 64, 69, 71, 86, 94, 102, 120, 130편 등이 있다.

것이다. 다시 말해서 다시 돌아올 것이다. 이제 슬픔의 애가는 다시 돌아오길 간구하는 간절한 아내의 마음을 노래했으며, 아내의 간절함에 남편이 다시 돌아올 것에 대한 확신의 노래로 이어진다.

만남-관계-이별과 재회에 대한 소망은 출애굽기에서 남편의 손을 잡고 이집트를 떠나 남편의 집, 곧 회막으로 이끌리는 만남의 노래가 있으며(렘 31:32), 회막 안에서 어떻게 해야 할지를 다루고 있는 레위기처럼 시편은 하나님과 그의 백성의 관계를 노래한다. 뿐만 아니라 이별과 재회의 노래는 민수기에서 가나안 앞에서 실패한 언약 백성과 모압 땅에 도착하여 약속의 땅을 소망하는 내용과 짝을 이루고 있다. 이를 정리하면 다음과 같다.

시가서 제1부 : 사랑의 만남-아가서
시가서 제2부 : 관계 유지-시편
시가서 제3부 : 이별과 재회에 대한 소망-애가

(1) 시가서 제1부, 사랑의 만남 : 아가서

아가서는 하나님(신랑)과 그의 백성(신부)의 만남을 다루고 있으며, 이 만남에서 신부는 많은 어려움 중에 신랑과의 사랑을 지키며, 신랑을 "나의 사랑하는 자요 나의 **친구**"(This is my lover, this my **friend**, NIV, 아 5:16)라고 고백한다. 여기서 **우정**(friendship)은 아주 강렬한 사랑으로 승화되어 고백된다. 곧 "사랑은 죽음같이 강하고 투기는 음부같이 잔혹하며 불같이 일어나니 그 기세가 여호와의 불과 같으니라"(아 8:6)고 고백된다. 하나님과 그의 백성 사이에 이루어지는 사랑의 힘은 죽음같이 강하다. 아니, 죽음보다 더 강렬한 사랑을 나눈다. 목숨을 걸고 하는 언약적 사랑(헤세드)이며, 사랑할 것을 자신의 목숨을 걸고 언약(베리트)하였다. 아가서는 이것을 '친구'라고 부른다.

> "이제부터는 너희를 종이라 하지 아니하리니 종은 주인의 하는 것을 알지 못함이라 너희를 **친구**(friends)라 하였노니 내가 내 아버지께 들은 것을 다 너희에게 알게 하였음이니라"(요 15:15).

사랑의 가장 깊은 관계는 서로가 서로를 앎으로 친구가 되는 것이다. 그리고 예수님은 "사람이 친구를 위하여 자기 목숨을 버리면 이에서 더 큰 사랑이 없나니 너희가 나의 명하는 대로 행하면 곧 나의 친구라"(요 15:13-14)고 말씀하셨다. 곧 십자가 사건을 사랑으로 규정하시며, 그 십자가의 사랑이 분명한 것은 친구를 위해 죽기 때문이다. 남녀의 사랑은 변화할 수 있으나, 친구의 사랑은 한결같이 변화하지 않는다(A friend loves at all times, 잠 17:17).

> "남편 된 자들아 이와 같이 지식을 따라 너희 아내와 동거하고 저는 더 연약한 그릇이요 또 생명의 은혜를 유업으로 함께 받을 자로 알아 귀히 여기라 이는 너희 기도가 막히지 아니하게 하려 함이라"(벧 3:7).

사도 베드로는 남편들에게 자신의 아내를 생명의 은혜(the grace of life)를 함께 받을 동역자로 알고 함께하라고 권면한다. 분명한 것은 남편과 아내 사이에 친구, 동역자 관계를 유지하는 것은 신약 성도들의 삶과 교회 안에 있는 사랑의 방식이다. 이것은 하나님이 그의 백성을 사랑하는 방식인 동시에 교회가 하나님을 사랑하는 방식이기도 하다. 곧 친구 됨이다. 친구인 아내를 위해 죽으신 거룩한 신랑 되신 예수 그리스도는 그 죽음으로 자신의 사랑을 보여주셨다. 이제 교회는 순교적 소망 가운데 신랑에 대한 친구 됨을 한 걸음 다가서게 된다. 아내는 남편이 하는 일과 남편의 의도, 생각, 그리고 남편의 감정도 알아야 한다. 그리고 이는 성경 가운데 충분히 그의 백성들이 알 수 있도록 기록해 두셨다.

(2) 시가서 제2부, 사랑의 관계 유지 : 시편

시편은 성경의 모든 시를 묶은 시집이 아니다. 시편 이외에도 성경 안에 얼마든지 시들이 있다. 예컨대, 출애굽기(출 15:1-18)에는 모세의 찬송시가 있으며, 사무엘상 2장(삼상 2:1-10)에는 한나의 찬송시가 있다. 이사야(사 38:10-20)나 요나(욘 2:2-9)도 시를 노래했다. 성경에 등장하는 시와 시편의 차이는 예배(liturgy)에 사용되는 노래라는 점이다.

시편은 회막 중심의 삶을 노래한 것이며, 그 가운데 하나님과 그의 백성 사이의 다양한 삶의 문제를 다루고 있다. 그래서 시편은 무조건 하나님을 찬양만 하는 것이 아니다. 하나님에 대한 감사가 있다면 자신의 억울함을 노래에 담아 예배 안에서, 회막(성전) 안에서 하소연하는 노래도 있다(탄원시). 뿐만 아니라 미래에 있을 예언적인 노래가 있는가 하면, 언약적 노래도 있다.

> 여호와를 경외하며 그 도에 행하는 자마다 복이 있도다
> 네가 네 손이 수고한 대로 먹을 것이라 네가 복되고 형통하리로다
> 네 집 내실에 있는 네 아내는 결실한 포도나무 같으며 네 상에 둘린 자식은 어린 감람나무 같으리로다
> 여호와를 경외하는 자는 이같이 복을 얻으리로다
> 여호와께서 시온에서 네게 복을 주실지어다
> 너는 평생에 예루살렘의 복을 보며 네 자식의 자식을 볼지어다
> 이스라엘에게 평강이 있을지로다 (시 128:1-6)

독일 교회의 개혁을 이끌었던 루터(Martin Luther, 1483-1546)는 이 시편 128편을 읽고 마음에 감동을 받아 찬송가 한 곡을 만들었는데,

루터가 만든 여러 찬송가 가운데 가장 아름다운 찬송가이다.[15)]

시편 128편은 언약적 축복을 노래한 것으로 경건한 자가 받을 축복에 대한 선언이 1연(stanza, 128:1)에 등장한다. 이어지는 2연에서는 축복의 구체적인 상황을 세 가지로 설명한다(128:2-4). 첫 번째 축복은, 자신의 수고에 대한 정당한 대가를 받는 것이다.

> "너희 수고가 헛될지라 땅은 그 산물을 내지 아니하고 땅의 나무는 그 열매를 맺지 아니하리라 너희가 나를 거슬러 내게 청종치 않을진대 내가 너희 죄대로 너희에게 칠 배나 더 재앙을 내릴 것이라"(레 26:20-21).

자신이 흘린 땀방울과 그 수고에 대해 적당하게 그 대가를 먹는 것은 이미 하나님께 순종하는 삶을 살았다는 것을 뜻한다. 불신앙으로 하나님의 말씀을 청종하지 않는다면, 하나님은 그 수고에 대가가 없게 하신다고 약속하셨다.

> "사람이 먹고 마시며 수고하는 가운데서 심령으로 낙을 누리게 하는 것보다 나은 것이 없나니 내가 이것도 본즉 하나님의 손에서 나는 것이로다"(전 2:24).

이 세상에서 수고한 대가로 먹고 마시며 즐기는 일만큼 사람에게 좋은 일은 없다(A man can do nothing better than to eat and drink and find satisfaction in his work, NIV). 물론 이것은 하나님의 손에 있는 것이다.

두 번째 축복은, 아내에 대한 축복이며, 마지막은 자식들에 대한 축복이다. 성경의 기록을 보면, "어진 여인(A virtuous woman, KJV)[16)]은 그 지아비의 면류관이나 욕을 끼치는(shame) 여인은 그 지아

---

15) 루터가 만든 찬송가는 Wohl dem, der in Gottes Furcht steht.

16) 히브리어 원문에 따르면, "어진" 에 해당하는 히브리어 '하일' (חַיִל)은 사전적으로 '강

비로 뼈가 썩음 같게 하느니라"(잠 12:4)고 했다. 아내를 잘못 얻는 것은 뼈가 썩는 고통과도 같은 것은 저주다. 반면에, "자식은 여호와의 주신 기업이요 태의 열매는 그의 상급"(시 127:3)이다.

시편 128편은 이제 3연에서 성전 중심의 삶을 언급한다. 곧 하나님의 복은 시온에서 나온다. 시온은 다윗이 점령한 후 '다윗 성'이라 하였다(삼하 5:7). 이것은 예루살렘의 동남 구릉, 기드론 골짜기와 듀로브온 골짜기 사이에 융기해 있는 구릉을 가리키는데, 처음에는 이 구릉을 '시온'이라 불렀다(왕상 8:1). 솔로몬이 다윗 성의 북쪽 높은 구릉에 성전을 세우고서부터 이 성전의 구릉을 '시온 산'이라고 불렀다. 곧 시온(산)은 성전이 있는 곳을 말한다. 거룩한 신랑(하나님)과 그의 신부(교회)는 회막(성전)을 중심으로 교제를 유지한다. 그리고 시편은 이것을 회막 중심에서 예배적 찬송으로 사용된 노래들이다.

(3) 시가서 제3부, 이별과 재회에 대한 소망 : 애가

신랑(하나님)과 신부(하나님의 백성)는 시내 산에서 부부의 언약을 맺었다. 이 언약은 사랑과 순결(거룩)을 약속한 것으로, 부부 관계에서 가장 중요한 문제이다. 하지만 신부는 간음했고 신랑에 대한 사랑의 약속을 배신했으나, 신랑은 신부를 기다리며 돌아올 것을 강권했다. 하지만 끝내 떠난 신부, 텅 빈 가정(회막·성전)은 더 이상 의미가 없었다.

언약 백성이 없는 성전은 더 이상 성전으로서의 의미가 없는 것이다.

함' (strength, power), 능력(efficiency), 부(wealth), 군대(army)의 의미를 가진 단어이다. 성경에서 말하는 여인상은 어려움과 고난 속에서 강하게 자신의 자리를 지키고 감내하는 여인을 말한다.

회막(the Meeting tent, 성전)은 하나님의 임재의 처소인 동시에 하나님 백성의 처소로 하나님과 그의 백성이 만나는 곳(meeting-place)이다. 하나님의 임재가 중요한 것처럼 언약 백성이 하나님 앞에서 있는 것 또한 중요하다. 하지만 언약 백성은 간음으로 회막의 삶에 실패했고, 회막은 그 존재적 가치를 상실했다. 이내 끝까지 기다리겠다고 약속한 신랑(하나님)은 깨달음을 주기 위해서 잠시 동안의 이별을 결정하고, 그 가정(회막)을 떠났다(겔 10장).

아무도 없는 집, 적막함만이 가득한 성전은 끝내 파괴되었고(왕하 25:13-17; 렘 52:13- 23), 신부는 헐벗어 멸망하게 되었다. 이것은 모압 언약에서 부부 언약을 갱신하며 한 하나님과 그의 백성의 약속이다.

> "네가 모든 것이 풍족하여도 기쁨과 즐거운 마음으로 네 하나님 여호와를 섬기지 아니함을 인하여 네가 주리고 목마르고 헐벗고 모든 것이 핍절한 중에서 여호와께서 보내사 너를 치게 하실 대적을 섬기게 될 것이니 그가 철 **멍에**를 네 목에 메워서 필경 너를 멸할 것이라"(신 28:47-48).

모압에서 약속하신 바 그대로, 언약 백성의 성전 중심적 삶에 대한 실패는 곧 멸망을 의미했으며, 질곡의 멍에를 메게 되었다(렘 28:14).

> "사람이 젊었을 때에 멍에를 메는 것이 좋으니 혼자 앉아서 잠잠할 것은 주께서 그것을 메우셨음이라"(애 3:27-28).

멍에를 메우신 분은 하나님이시며, 하나님은 그의 백성과 언약하신 바 그대로 이행하신 것이다. 이제 신부(하나님의 백성)는 자신의 멍에를 깨닫고(애 1:14) 슬피 운다. 하지만 하나님은 떠나신 성전(겔 10장)으로 다시 돌아오시어 영원한 처소로 삼으셨다(겔 43:1-7). 예레미야애가는 하나님과의 이별을 슬퍼하는 노래이며, 자신의 멍에를 괴로워하는 노래이다. 특히 시난날 하나님과 함께했던 행복한 순간들에 대한 기억은 현재의 참혹을 더욱 고통스럽게 한다. 하지만 언약은 회개에 대해 용서가 있으며, 떠나신 하나님이 돌아오실 소망이 있다.

> "이는 주께서 영원토록 버리지 않으실 것임이며 저가 비록 근심케 하시나 그 풍부한 자비대로 긍휼히 여기실 것임이라 주께서 인생으로 고생하며 근심하게 하심이 본심이 아니시로다"(애 3:31–33).

하나님은 그의 백성을 영원히 버리시지 않는다(the Lord will not cast off for ever, KJV, 애 3:31). 우리 하나님은 자비하시며, 은혜로우신 분이다(출 34:6). 언약 백성이 '성전적 삶'에서 실패했기에 사랑하는 신부, 그의 백성에게 근심(grief, KJV, 애 3:32) 곧 슬픔을 주셨으나, 하나님의 본심은 자비(헤세드)하시다. 사랑하기로 약속했기에 끝까지 그 약속을 지키신다.

예레미야애가는 인생이 당하는 고생(애 3:33)에 대한 한탄의 노래가 아니다. 애가는 '언약의 씨'로 성전 앞에서 삶(성전 중심의 삶)에 대해 실패한 언약 백성이 받는 고충은 당연한 것이며, 이미 약속된 바이다. 그럼에도 슬픈 비가(悲歌), 애가(哀歌)를 부르는 것은 현재의 고충 때문이 아니라, 하나님과 함께했던 그 옛 추억이 하도 그리워 가슴 가득한 슬픔을 노래한 것이다. 특히 성전의 파괴는 감당할 수 없는 슬픔이다.

하나님은 제단을 버리셨으며, 성소를 미워하셨다(애 2:7). 제사장들과 선지자들이 바로 성소에서 죽음을 당했으며(애 2:20), 끝내 성소가 파괴되었다(애 4:1). 언약의 씨로 성전 중심의 삶을 살아야 할 하나님의 백성에게 성전의 파괴는 더 이상 언약의 씨, 성전 중심의 삶이 불가능한 것임을 의미한다. 이것이 슬픔이다. 하지만 회복이 약속되어 있으며, 그것은 절대적 주권자이신 하나님이 하신다. 그래서 애가에는 회개의 노래가 없다.

성전적 삶을 살고 싶어도 성전이 없어 그리 살 수 없다는 것은, 이제 하나님의 자비에 의해 절대적인 전능자의 손으로 성전이 재건될 것을 소망할 뿐이다. 그리고 그 성전에 하나님의 임재가 있으며, 그 임재를 기뻐하는 그의 백성의 임재가 더불어 있어야 한다. 애가는 하나님이 주권적으로 임재하시는 "여호와 삼마"(THE LORD is THERE, 겔 48:35)에 대한 약속을 갈구하는 노래다.

4) 지혜서

시가서와 지혜서는 하나님 나라의 삶을 다루고 있는 책으로, 시가서는 출-레-민에서 다루어진 회막(the Meeting tent, 레 1:1) 혹은 성전 중심의 삶을 노래한 것이다. 반면에, 지혜서는 신명기에서 이야기한 '언약적 삶'에 관한 것이다. 창세기에서 예비된 '그 씨'와 '그 밭'의 성격에서 출-레-민은 '그 씨'의 완성으로 회막(성전) 중심의 삶으로 다루었으며, 하나님 나라의 백성들은 성전에서 사랑하는 하나님을 만나고('아가'), 성전 앞에서 때로는 승리에 대한 감사를 노래하고, 때로는 좌절과 실패에 대한 위로를 하소연하기도 한다('시편').

하지만 언약 백성들의 삶인 성전적 삶의 지속적인 실패는 결국 성전의 존재 가치를 무의미하게 만들었으며, 그것은 성전에 임재하신 하나님의 영광이 성전을 떠나고, 끝내 성전이 파괴된다. 성전 중심의 삶 자체가 불가능해졌으며, 인간의 어떤 노력, 그 어떤 회개도 회복할 수 없는 상태에 놓였고, 이 슬프고 기막힌 상황에서도 하나님은 영원히 버리시지 않는다. 그의 절대적인 주권으로 헤세드, 곧 사랑하겠다하신 약속을 스스로 성취하신다('애가').

한편, 창세기에서 예비된 '그 씨'와 '그 밭'의 성격에서 신명기는 '그 밭'의 완성으로 언약적 삶을 이야기하고, 이 언약적 삶 가운데 중심적인 언약이 바로 모압-세겜 언약이다. 곧 언약의 이행·불이행이 이미 언약한 저주·축복을 결정하며, 동시에 주권적인 회복(용서)을 다루고 있다. 신명기에서 말하는 '약속의 땅'(그 밭)의 완성은 언약적 삶이며, 이 삶을 위한 지혜, 이 삶의 모습은 '잠언', '욥기', '전도서'에 그대로 반영되었다.

지혜서는 모두 3부로 구성되어 있다. 이것은 한 인간이 성장하는 것처럼 '언약적 삶'을 살아가기 위해서 지혜가 성장하는 모습을 발견할 수 있다.

먼저 **지혜서 제1부**를 보면, 지혜는 어린아이에게 가르침을 주는 것과 같은 방식으로 원리, 원칙적인 삶의 방식들을 말한다. 이것은 철저하게 신명기에서 말하는 모압-세겜 언약을 그대로 반영하고 있다. 다시 말해서, 모압-세겜 언약에서 말한 것처럼 언약의 이행·불이행은 곧 미리 약속된 축복·저주를 삶에 그대로 반영하게 된다. 언약 백성이 언약적 삶을 살 경우 약속된 축복을 받으며, 언약적 삶에 실패할 경우 미리 약속된 저주를 그대로 받는다. 여기서 예외적 상황, 곧 '용서'란 없다(not forgive, KJV, 수 24:19). 이처럼 예외 규정이 없이 원리적이며 원칙적인 삶이 그대로 반영된 지혜가 '잠언'으로, 하나님께 순종하고 열심히 노력한다면 반드시 좋은 결과를 얻을 수 있다. 선한 이들은 반드시 복을 받으며, 악은 하나님께 저주를 받는다.

지혜서 제2부인 '욥기'는 잠언에 대한 예외적 상황을 다루고 있다. 이것은 흡사 어린아이에게 원칙적인 것을 교육했었는데, 예컨대 '교통신호를 잘 지키면 사고를 당하지 않는다'고 교육했었는데, 교통신호를 잘 지킨 사람이 사고를 당하고 교통법규를 위반한 사람이 안전한 것을 알게 된다. 다시 말해서, 어린아이에게 가르치는 것은 원칙적이며 원론적인 입장에서 말한 것이다. 그러나 현실의 상황은 다르다. 현실에는 예외성이 있으며, 그 예외성을 다루고 있는 지혜가 바로 욥기이다. 원칙이 통하지 않는 세상에 대한 방황하는 청년의 지혜다. 하지만 사실상 이것은 모압 언약에 있는 하나님의 주권적인 회복에 관한 예외적인 삶을 다루고 있는 것이다. 이 회복의 예외성은 이후에 다윗 언약으로 보다 명확하게 구체화된다. 그러므로 욥기는 다윗 언약의 관점을 가지고 있다.

지혜서 제3부는 이제 깊은 연륜이 있는 노인의 지혜에 도달한다. 언약적인 원칙을 이미 배웠으며, 그 예외성도 자각한 후에 이제는 삶의 가장 깊은 곳에 도달하는 노인의 지혜를 말하는 책이 바로 '전도서'이다. 전도서는 세상 모든 것이 의미 없이 헛된 것이라고 말한다. 아니, 보다 엄밀하게 말한다면, '잠언'에서 말하는 언약의 원칙적인 것이나 '욥기'에서 말한 예외성은 지혜의 깊은 곳에서 무의미하다는 것이다. 예컨대, 교통법규를 지키면 사고를 당하지 않는다는 가르침이나, 교통법규를 지켜도 세상의 주관자의 허락으로 사고를 당할 수 있다는 교훈은 모두 헛된 것들이다.

언약적 측면에서 말하며, 모압-세겜 언약에서 말하는 순종·불순종이 축복·저주를 결정한다는 '잠언' 형식의 가르침도 무의미한 것이다. 또한 언약적 축복·저주에 대해 주권자이신 하나님께서 순종하는 이에게 불행을 주실 것이며, 불순종하는 이에게 축복을 주실 수도 있다. 모압 언약에는 예외적 성격이 있으며, 그것은 하나님 나라의 절대적인 주권자이신 하나님의 결정 사항이라는 '욥기'의 지혜도 무의미한 것이다. 그럼 인간에게 의미 있는 것이란 무엇인가?

"해 아래는 새것이 없다"(there is nothing new under the sun, NIV, 전 :9). 언약적 삶은 언약을 원리, 원칙적인 방식으로 대한 것(잠언)과 더불어 언약의 예외성(욥기)이 있다. 하지만 언약적 삶에서 가장 중요한 것은 그 언약을 그저 지키는 것이다. 다시 말해서, 교통사고를 피하기 위해 교통법규를 지키는 것이 아니며, 교통법규를 지켜도 예외적으로 사고를 당할 수 있는 것에 고민하지도 않는다. 이러한 세상일들은 모두 이미 있었던 것들이다. 즉 인간의 삶에서 새것이란 없다. 언약적 삶은 인간의 삶, 곧 축복받은 삶·저주받은 삶이 문제가 아니라, 언약(베리트) 그 자체가 가장 중요한 의미를 가지는 것이다.

언약적 삶이란 바로 하나님과의 관계를 말하며, 이것은 언약적 삶에서 가장 기본적인 원론이다. 언약적 삶이란 축복·저주 혹은 회복의 삶 그 자체가 아니라, 하나님과의 관계 그 자체가 기본적이며 가장 원론적인 것이다. '전도서'는 가장 기본적인 것, 가장 원론적인 것을 말하며, 여기서 인간의 축복된 삶·저주받은 삶은 차후의 문제이자 헛된 것이다. 본질은 관계 그 자체다. 문제는 언약 그 자체다. 결국 역사서나 시가서와 더불어 지혜서 또한 언약적인 관점에서 다루어지고 있는 것이다.

지혜서 제1부 : 어린아이의 지혜-원리, 원칙적인 삶의 방식:잠언
지혜서 제2부 : 방황하는 청년의 지혜-원칙의 붕괴:욥기
지혜서 제3부 : 삶의 깊이 있는 노인의 지혜-보다 깊이 있는 원칙적 방식:전도서

(1) 지혜서 제1부, 어린아이의 지혜 : 원리, 원칙적인 삶의 방식–잠언

언약적 삶을 살아가는 성도들에게 필요한 것은 지혜(wisdom/wise man)로, 이것은 학식(learning)과 삶의 방침(guidance, NIV)을 포함한다(잠 1:5). 성경에서 말하는 지혜는 생활에서 체험되고 경험된 사건들에서 얻어지는 삶의 지혜, 일상에 대한 관찰을 통해서 얻은 삶의 방침, 깊은 사고 체계로 얻은 것, 철학적 사상 등을 다 포함하는 포괄적인 성격을 가진다.

> "내가 증왕에 게으른 자의 밭과 지혜 없는 자의 포도원을 지나며 본즉 가시덤불이 퍼졌으며 거친 풀이 지면에 덮였고 돌담이 무너졌기로 내가 보고 생각이 깊었고 내가 보고 훈계를 받았었노라 네가 좀더 자자, 좀더 졸자, 손을 모으고 좀더 눕자 하니 네 빈궁이 강도같이 오며 네 곤핍이 군사같이 이르리라"(잠 24:30-34).

잠언 24장을 보면, 어떤 사람이 길을 걷다가 한 포도원 밭을 보게 되었는데, 그 포도원은 가시덤불이 무성하고 잡초가 지면을 덮었으며 울타리가 무너져 있었다. 이에 이 사람은 깊은 생각에 잠겼고, 하나의 훈계(instruction)를 얻는다. 곧 '좀더 자자, 좀더 졸자'고 게으름뱅이로 살아간다면 가난뱅이가 되는 것을 막을 길이 없다는 교훈을 받는다. 이 깨달음에 대해 성경은 분명한 하나의 원칙을 제시해 준다. 바로 게으름은 가난한 삶의 보증수표라는 것이다.

본문에서 '게으른 자'와 '지혜 없는 자'를 동일시하며, 게으른 자가 얻는 것은 가난뿐임을 분명히 한다. 그리고 이 게으름의 대가로 얻는 가난은 군대처럼 막을 길이 없는 확실한 미래의 삶이다. 이에 반해, 잠언은 성실히 일하는 자는 지혜로운 자이며 부귀를 얻게 될 것임을 확실히 단언한다. 여기에는 분명한 원칙이 있다. 지혜로운 자는 성실하며, 성실은 부귀를 약속하지만, 어리석은 자는 태만하며 게으른 자로 그에게는 성실이 없다. 게으름의 대가는 가난뿐이다. 이러한 원칙은 언약적 삶에서 가장 기본적인 것들을 말하고 있다.

잠언은 일상에 얻는 체험적인 지혜로 여기에는 언약적 삶을 잘 반영하고 있다. 곧 언약적 삶에 성실하게 산다면 축복을 얻고, 언약적 삶에 불성실하게 산다면 저주받은 삶을 살게 된다. 이 원칙은 흔들림 없이 잠언 전체에 흐르고 있다. 거리에 있는 작은 '개미'(잠 6:6, 30:25)에게서도 배움(learning)이 있는데, 개미를 통하여 성실한 삶, 미래에 있을 고난과 어려움을 대비하는 삶의 지혜를 말하기도 하며(잠 6:8, 30:25), 개미는 이끄는 자도 없고, 감시·감독하는 사람도 없으며, 강제적으로 시키는 사람도 없으나(no guide, overseer, or ruler), 스스로 일한다(잠 6:6-7).

'성실함'과 '자원함'으로 일하는 것은 지혜자의 모습이다. 잠언은 개미뿐 아니라 이 땅에서 가장 작은 동물들에게서도 많은 것을 배운다(잠 30:24-28). 인생의 겨우살이를 준비하는 개미로부터 시작하여 반석 사이에 집을 두는 너구리(cony)가 있다. 왕(king)은 없지만 모두가 앞을 향하는 메뚜기도 있으며, 사람 손에 잡힐 수도 있는데 왕의 궁정을 살아가는 도마뱀에게서도 배우는 것이 있다.

일상을 통하여 얻는 지혜는 선한 존재에 대한 축복과 악한 존재의 멸망을 이야기한다. 잠언이 말하는 악인은 지혜가 없는 사람으로, 훈계와 교훈을 받지 못하는 사람으로 등장한다(잠 5:22-23).

> "악인은 자기의 악에 걸리며 그 죄의 줄에 매이나니 그는 훈계를 받지 아니함을 인하여 죽겠고 미련함이 많음을 인하여 혼미하게 되느니라"(잠

5:22-23).

악인은 자기의 악으로 고통을 받는다. 하지만 잠언이 말하고자 하는 것은 악인은 훈계를 받지 않는다는 것이다. 악인이 죽은 이유는 악을 행했기 때문이 아니라, 훈계를 받지 못했기에 악에서 돌이키지 못해서 죽는 것이다. 이것은 지혜 없는 자이며 미련한 자의 모습으로 등장한다. 일상에서 얻는 교훈들을 배우고, 자신이 체험한 것들에서 훈계를 받으며, 주변의 작은 것들을 관찰함으로 자신을 훈계하여 자신의 길을 지휘한다. 배우고(learning) 지휘(guidance)하는 것에 관한 내용이 잠언이다. 이것은 세상의 원리이며, 삶의 원칙이다. 성실함과 자원함은 축복된 삶을 약속하며, 게으름과 나태함은 저주를 약속한다. 하지만 악인은 지혜가 없어 교훈을 받지 않으며 훈계를 멸시한다. 게으름과 나태함 속에서 훈계를 받지 못하는 지혜 없는 사람은 끝내 멸망당하게 된다. 결국 지혜가 있는가 없는가가 훈계를 받는 것에 좌우된다.

> "여호와를 경외하는 것이 지식의 근본이어늘 미련한 자는 지혜와 훈계를 멸시하느니라"(잠 1:7).

하나님을 경외하는 것이 지식의 시작이며, 언약적 삶의 시작이다. 신명기에서 하나님은 언약의 말씀을 지켜 행하지 아니하고 하나님을 경외하지 아니하면, 재앙을 극렬하게 하시고 그 재앙이 크고 오래될 것이라고 하셨다(신 28:58). 또한 약속의 땅에서 언약 백성이 해야 할 일에 관해서 하나님은 분명하게 말씀하셨다.

> "곧 백성의 남녀와 유치와 네 성 안에 우거하는 타국인을 모으고 그들로 듣고 배우고 네 하나님 여호와를 경외하며 이 율법의 모든 말씀을 지켜 행하게 하고 또 너희가 **요단을 건너가서 얻을 땅**에 거할 동안에 이 말씀을 알지 못하는 그들의 자녀로 듣고 네 하나님 여호와 경외하기를

배우게 할지니라"(신 31:12-13).

언약적 삶은 어린 자녀들에게 하나님 경외하기를 가르쳐야 한다. 이것은 모든 언약적 삶의 기초이며, 근본이며, 원리·원칙이다. 이것을 배우며, 지혜가 있어 훈계를 받게 된다. 하지만 하나님을 경외하지 못하면 훈계를 받지 않으며, 훈계가 없는 곳에 지혜도 없다. 지혜가 없는 사람, 곧 악인은 그 악으로 저주와 재앙을 받게 된다. 아비의 훈계를 받지 않는 것은 이미 하나님이 그 자녀를 죽이기로 결심한 것임을 의미한다(삼상 2:25). 대제사장이자 사사였던 엘리의 자녀들은 불량자들(worthless men)로 아비의 충고를 듣지 않는 것으로 기록되어 있으나, 성경은 이미 하나님께서 그들을 죽이기로 뜻하셨기에 그들이 훈계를 받지 않았음을 말한다.

언약적 삶은 언약을 지켜야 하는 삶을 의미한다. 언약을 지켜 하나님께 순종하면 축복을, 불순종하면 저주를 받는다. 이러한 원리와 원칙을 배워야 언약을 지킬 수 있다. 혹여 언약을 지키지 않을 경우라도 훈계를 받는다면, 돌이켜 언약 앞에 설 수 있게 된다. 하지만 지혜가 없어 훈계를 받지 못하면 언약 앞에서 좌절하게 된다.

(2) 지혜서 제2부, 방황하는 청년의 지혜 : 원칙의 붕괴-욥기

어린아이에게 원칙을 가르쳐야 하듯이, 언약적 삶에서 원리·원칙을 말하는 것이 잠언이기에 잠언은 어린아이가 배워야 할 지혜, 지혜의 시작이 되는 것이다. 성실과 자원함은 부를 약속하며, 게으름과 나태함은 가난을 약속한다. 땀 흘려 노력하는 사람은 선한 열매를 얻지만, 땀의 위대함을 배우지 못한 이들은 악한 열매를 먹게 된다.

지혜 있는 사람은 훈계를 받고, 성실하게 자원하여 땀 흘려 노력한다. 하지만 미련한 자는 지혜가 없어 훈계를 멸시하며, 게으름과 나태함 속에서 땀 흘려 노력하지 않고 타인의 것을 도적질하고자 한다. 미련하여 훈계를 받지 않기에 돌이키지도 않고 고집스럽게 그 길을 가다 졸지에 망한다(잠 29:1). 이 모든 것은 하나님에 대한 경외심에서 시작한다. 하나님을 경외하는 것이 복의 근원이며, 축복의 시작이다. 하나님을 경외하지 않는 미련한 자들은 가난하고 하찮은 삶을 살아가게 된다. 이것은 언약적 삶의 원칙이자 시작이다.

> "여호와의 미워하시는 것 곧 그 마음에 싫어하시는 것이 육칠 가지니 곧 교만한 눈과 거짓된 혀와 무죄한 자의 피를 흘리는 손과 악한 계교를 꾀하는 마음과 빨리 악으로 달려가는 발과 거짓을 말하는 망령된 증인과 및 형제 사이를 이간하는 자니라"(잠 6:16-19).

하나님은 미워하시는 것이 있어서, 반드시 악한 자를 심판하신다(전 3:18). 하지만 세상은 조금 다르다.

> "세상이 악인의 손에 붙이었고 재판관의 얼굴도 가리어졌나니 그렇게 되게 한 이가 그가 아니시면 누구이뇨"(욥 9:24).

하나님은 이 세상을 악인의 손에 주셨다. 욥은 외친다. "어찌하여 악인이 살고 수를 누리고 세력이 강하냐"(욥 21:7). 하나님을 경외하는 이에게 축복이 약속되어 있으며, 악인에게는 저주가 약속되어 있으나, 이 땅, 이 세상에서 선한 자는 고난을 받고, 악한 자는 부와 명성을 얻는다. 이제 잠언에서 배운 원칙은 욥기에서 방황하게 된다. 욥의 지혜는 예외성, 곧 의인의 고난도 하나님의 뜻임을 말하는 것이다.

하나님은 언약에 신실하시기에 언약을 지키신다. 다시 말해서, 언약적 삶의 원리와 원칙은 유지된다. 순종에 대한 축복, 불순종에 대한 저주의 원칙은 변하지 않으며, 하나님을 경외하는 이에게 임하시는 축복과 어리석게 하나님이 없다고 말하는 자에 대한 저주는 분명하다. 왜냐하면 하나님의 눈은 "어디서든지 악인과 선인을 감찰"(잠 15:3)하시기 때문이다.

잠언이 모압-세겜 언약에 대해 원칙적인 측면을 이야기했다면, 욥기는 모압-세겜 언약에 있는 하나님의 주권적이며 절대적인 회복을 이야기하고 있다. 그래서 예외적인 지혜이며 세상 지혜와는 다른 지혜이다. 바로 순종하는 이들이 당하는 저주이며, 불순종하는 이가 받는 축복도 하나님의 주권적인 뜻임을 배우는 것이다. 곧 세상은 하나님의 뜻 안에 있다.

> "그리스도를 위하여 너희에게 은혜를 주신 것은 다만 그를 믿을 뿐 아니라 또한 그를 위하여 고난도 받게 하심이라"(빌 1:29).

하나님은 은혜를 베푸시면서 고난도 주신다(벧전 5:9). 이 고난은 주권적이며 하나님의 뜻이다. 특히 욥의 지혜는 회복을 위한 메시아와 매우 중요한 관계를 맺고 있다. 만일 욥의 지혜가 없다면, 그리스도의 십자가 사역도 없다. 잠언의 지혜, 곧 원리·원칙적인 지혜에 따르면, 하나님은 선한 자와 하나님을 경외하는 자에게 고난을 주시지 않는다. 고난은 자신의 죄의 열매이며, 하나님께 의지하고 회개한다면 하나님은 모든 것을 용서해 주신다.

> "하나님이 어찌 심판을 굽게 하시겠으며 전능하신 이가 어찌 공의를 굽게 하시겠는가 네 자녀들이 주께 득죄하였으므로 주께서 그들을 그 죄에 붙이셨나니 네가 만일 하나님을 부지런히 구하며 전능하신 이에게 빌고 또 청결하고 정직하면 정녕 너를 돌아보시고 네 의로운 집으로 형통하게 하실 것이라 네 시작은 미약하였으나 네 나중은 심히 창대하리라"(욥

8:3-8).

욥의 고난에 대해 잠언의 지혜는 분명하게 말한다. 수아 사람 빌닷은 욥이 받는 고난의 원인을 죄로 다루고 있으며, 돌이켜 지금의 고난을 통하여 훈계와 교훈을 얻고 지혜롭게 하나님께 돌아가야 한다고 말한다. 빌닷은 회개로 청결한 삶과 정직함을 요구하고, 이것은 축복의 길임을 분명하게 말한다. 잠언의 언약적 삶을 교육하고 있다. 회개는 비록 작은 일이며, 주님께 돌아가는 마음은 눈에 보이지 않는 미약한 시작이지만, 언약적 삶에서 이 돌이킴은 분명한 축복의 약속으로 인도할 뿐 아니라 그 나중의 창대함을 이야기한다.

하지만 욥의 입장은 분명하다. 이 세상을 악인의 손에 주신 것은 하나님 자신이라고 말한다(욥 9:24). 곧 주 예수 그리스도와 믿는 성도들의 고난은 하나님의 주권적인 뜻이다. 만일 성경에 욥의 지혜가 없다면, 주께서 고초 당하신 십자가의 고난은 스스로의 죄로 인한 고초이며, 스스로의 죄에 대한 하나님의 징계이고 경책(discipline)이 된다.

> "볼지어다 하나님께 징계받는 자에게는 복이 있나니 그런즉 너는 전능자의 경책을 업신여기지 말지니라 하나님은 아프게 하시다가 싸매시며 상하게 하시다가 그 손으로 고치시나니 여섯 가지 환난에서 너를 구원하시며 일곱 가지 환난이라도 그 재앙이 네게 미치지 않게 하시며 기근 때에 죽음에서, 전쟁 때에 칼 권세에서 너를 구속하실 터인즉 네가 혀의 채찍을 피하여 숨을 수가 있고 멸망이 올 때에도 두려워 아니할 것이라"(욥 5:17-21).

데만 사람 엘리바스는 잠언의 지혜로 하나님의 징계에서 교훈받는 것을 축복이라고 말한다. 그러니 예수님과 성도들 역시 고난 당하는 것은 스스로의 죄이며 하나님의 징계이니, 회개하고 하나님의 훈련(discipline)으로 고난을 받으라는 것이다. 하지만 욥의 지혜는 전혀 다른 것을 말한다. 욥은 의인이며, 의인에게 고난을 주시는 것은 전능자의 뜻으로 인간이 판단할 문제가 아니다. 주 예수 그리스도께서는 흠 없고 점 없는 온전하신 분(벧전 1:19)으로 스스로 원하신 고초이며, 전능자의 뜻이었다.

> "저는 우리 죄를 위한 화목 제물이니 우리만 위할 뿐 아니요 온 세상의 죄를 위하심이라"(요일 2:2).

그리스도의 고초는 세상 죄를 위하여 받으신 고초(요 1:29)이므로 잠언의 지혜로 이해할 수 없다. 이것은 이미 모압-세겜 언약에서 약속하신 바이며, 모든 것의 주권적인 예외성을 둔 것이다(신 30:6). 하나님은 모든 것을 당신의 목적에 따라 주권적으로 경영하신다(욥 42:2). 하나님은 욥과 대화를 끝내시고, 욥의 친구인 데만 사람 엘리바스에게 말씀하셨다.

> "내가 너와 네 두 친구에게 노하나니 이는 너희가 나를 가리켜 말한 것이 내 종 욥의 말같이 정당하지 못함이니라"(욥 42:7).

욥과 그의 세 친구의 논쟁에서 하나님은 욥의 주장이 옳다고 직접 결정하셨으며, 세 친구의 주장, 곧 잠언의 지혜에 머물러 있는 것에 대해 진노하셨다. 그리고 이 진노를 해결하기 위해서 하나님은 욥의 중보적 위치를 확립하신다. 곧 욥이 그의 세 친구들을 위해서 번제와 기도(중보)를 올려야만 하나님의 진노를 피할 수 있게 하셨다.

> "그런즉 너희는 수송아지 일곱과 숫양 일곱을 취하여 내 종 욥에게 가서 너희를 위하여 번제를 드리라 내 종 욥이 너희를 위하여 기도할 것인즉 내가 **그를 기쁘게 받으리니** 너희의 우매한 대로 너희에게 갚지 아니하리

라 이는 **너희가 나를 가리켜 말한 것이 내 종 욥의 말같이 정당하지 못함이 니라**"(욥 42:8).

하나님은 욥의 번제와 중보에 대해 '그를 기쁘게 받을 것'이라고 말씀하셨는데, 하나님이 받으시는 것은 욥 자신이다. 또한 욥의 중보를 통해 우매한 세 친구들의 가르침에 대한 저주를 피할 수 있게 된다. 그리고 욥은 세 친구의 중보 사역을 감당한 이후에 영광을 얻는다. 곧 중보 이후에 모든 것을 회복할 뿐 아니라 갑절을 얻는다(욥 42:10).

잠언의 지혜가 잘못된 것은 아니다. 언약적 삶에서 순종에 대한 축복, 불순종에 대한 저주는 원칙이며 원리적으로 적용된다. 하지만 이것은 인간의 성실성과 자원성, 인간의 땀방울을 노래한 것으로 이해한다면, 그것은 언약적 삶이 아니라 세상적인 노력형 인간을 말한 것이다. 잠언의 시작은 하나님을 경외하는 것이다. 경외하는 하나님께서는 전능하시며, 스스로 모든 것을 당신의 선한 목적에 따라 직접 경영하신다.

하나님은 자신의 목적, 당신의 백성을 구원하시기 위해 독생 성자 예수 그리스도의 중보적 사역을 예비하셨으며, 흠 없고 점 없는 하나님의 어린양이신 예수 그리스도께서는 아무 죄도 없으시지만 성부 하나님께서는 그에게 고초를 주셨다. 주권적이며 절대적인 하나님의 권능이며, 구원 사역이다. 그리스도의 고초와 성도들이 당하는 고초에 대해 잠언의 지혜를 적용하는 것에 진노하셨다.

(3) 지혜서 제3부, 삶의 깊이 있는 노인의 지혜 : 보다 깊이 있는 원칙적 방식–전도서

잠언의 원칙적 지혜와 욥의 예외적 지혜, 모압–세겜 언약을 그대로 반영한 언약 백성의 언약적 삶을 다루고 있다. 특히 잠언이 모압–세겜 언약에 충실하다면, 욥은 모압-세겜 언약에서 말한 미래적인 회복, 언약적 회복을 강조하고 있다. 그리고 역사서에서 이 미래적 회복은 다윗 언약으로 강화되었기에 욥은 다윗 언약의 성격이 강하다.

어린아이에게 원칙을 교육하듯이, 언약적 삶을 살아가는 하나님의 백성들도 원칙을 먼저 배우게 된다. 다시 말해서, 교회에 입교한 초신자가 먼저 배워야 할 것은 예배, 기도, 중보 등과 같은 것들이 아니다. 가장 먼저 배워야 할 것은 원칙이다. 바로 개미와 같은 성실함과 감시자 없이도 그 성실을 잃어버리지 않는 지혜를 배워야 한다. 순종, 불순종에 대한 축복, 저주의 언약적 관계를 배우며, 이 모든 것은 하나님을 경외함으로 시작해야 한다.

곧 신앙을 시작점으로 성실을 배워야 예배가 성실해진다. 또한 성실히 기도하게 되며, 세상에 대한 그리스도의 증인으로 성실하게 증거하며 복음을 전하게 된다. 하지만 성실을 배우지 못한다면, 예배와 기도는 언약적 저주와 축복의 순환 속에 빠지게 된다. 그 옛날 사사 시대처럼 그렇게 된다. 잠언으로 성실함을 배웠다면, 이제 성도의 고난을 배워야 한다. 욥의 지혜로 예외성을 배워야 한다. 하나님은 주권적으로 세상을 통치하시며, 모든 것은 하나님의 목적에 부합되어 간다. 다시 말해서, 언약적 삶을 인간 중심적으로 인간의 땀방울에 대한 찬양으로 이어지는 것을 금하게 한다.

언약 백성이 언약을 지키고, 이행하고, 언약 안에서 살아가는 노력으로 축복을 받는다. 반면에, 언약을 어기고, 좌절하고, 언약에서 벗어나 살아간다면 저주를 받는다. 그러므로 축복과 저주는 인간의 노력과 땀방울의 결과이며, 그래서 인간이 하나님을 의지하여 최선의 노력을 다한다면 모든 축복을 향유할 수 있다는 사고는 하나님의 진노를 사게 한다. 실질적으로 언약을 달성하게 하는 분은 하나님 자신이시다.

> "너는 마음을 다하고 성품을 다하고 힘을 다하여 네 하나님 여호와를 사랑하라"(신 6:5).

> "네 하나님 여호와께서 네 마음과 네 자손의 마음에 할례를 베푸사 너로 마음을 다하며 성품을 다하여 네 하나님 여호와를 사랑하게 하사"(신 30:6).

잠언은 분명히 인간의 노력을 인정한다. 하지만 그것은 원칙이다. 언약적 삶을 최종적으로 이루시는 분은 하나님의 절대주권이다. 이것이 욥의 지혜다. 하지만 원칙적인 어린아이의 지혜인 잠언과 방황하는 청년의 예외성 깊은 욥기에 비해, 삶의 깊이 있는 또 다른 지혜가 있다. 곧 전도서의 지혜다.

> "전도자가 가로되 헛되고 헛되며 헛되고 헛되니 모든 것이 헛되도다"(전 1:2).

세상 모든 것은 '의미 없는 것'(meaningless, NIV, 전 1:2)이다. 전도서의 지혜는 죽음에 직면한 존재, 곧 노인의 지혜를 다루고 있다.

> "지혜자나 우매자나 영원토록 기억함을 얻지 못하나니 후일에는 다 잊어버린 지 오랠 것임이라 오호라 지혜자의 죽음이 우매자의 죽음과 일반이로다 이러므로 내가 사는 것을 한하였노니 이는 해 아래서 하는 일이 내게 괴로움이요 다 헛되어 바람을 잡으려는 것임이로다"(전 2:16-17).

전도자(the Preacher, KJV, 전 1:1)는 이제 지혜 그 자체에 대한 회의적 접근을 시도한다. 특히 죽음 앞에서 지혜자와 우매자의 차이는 없으며, 언약적 삶에 성실했던 사람과 언약적 삶에 실패한 자의 차이는 존재하지 않는다. 언약적 축복과 언약적 저주 사이에서 죽음은 어떤 차별이 없이 동일하다.

결국 전도자는 자신이 살아 있는 것 자체를 무의미하게 받아들인다. 그래서 전도자는 "내가 사는 것을 한하였노니", 곧 전도자는 생명이 싫다(I hated life, KJV, 전 2:17)고 말한다. 살아 있는 것 자체가 무의미한 것(meaningless, NIV)으로 헛된 일(vanity, KJV)이다. 지혜를 얻는 것도 의미가 없으며, 세상의 예외적인 상황도 실질적으로는 큰 의미가 없는 것이다. 죽음은 이 모든 것을 아무 의미 없는 것으로 만든다.

> "나 전도자는 예루살렘에서 이스라엘 왕이 되어 마음을 다하며 지혜를 써서 하늘 아래서 행하는 모든 일을 궁구하며 살핀즉 이는 괴로운 것이니 하나님이 인생들에게 주사 수고하게 하신 것이라"(전 1:12-13).

이스라엘 왕인 전도자(솔로몬)는 지혜로 모든 일을 관찰하고 의미를 찾았지만, 얻은 것은 상처(sore, KJV)뿐이었다. 왜냐하면 하나님이 사람에게 괴로운 일을 주시어 고생시키신다는 것을 알기 때문이다. 그래서 이 세상에서 빛(지혜)과 어둠(우매)도 일반이며(전 2:13-14), 평생을 근심하며 수고하는 것이 슬픔뿐이다(전 2:23).

> "사람이 먹고 마시며 수고하는 가운데서 심령으로 낙을 누리게 하는 것보다 나은 것이 없나니 내가 이것도 본즉 하나님의 손에서 나는 것이로다"(전 2:24).

세상 모든 것이 무의미한 일이며 헛된 일로 바람을 잡는 일이므로, 모든 것을 포기하려는 허무주의(nihilism)[17]를 역설하는 것이 아니다. 오히려 죽음 앞에서, 무의미한 것들 앞에서 삶의 의미를 추구하고

---

17) 모든 사물이나 현상은 존재하지 아니하고 인식되지도 아니하며 또한 아무런 가치도 지니지 아니한다고 주장하는 사상적 태도를 허무주의라고 한다. '불교' 나 '노장 철학' 그리고 서양의 소피스트에서도 보이며, 철학 사상으로 현대 철학자 가운데 니체(F. Nietzsche, 1844-1900)는 허무주의자로 유명하다.

있다. 바로 '……보다 나은 것이 없다'(nothing better than……, NIV)는 전도자의 지혜가 있다.

먼저, 전도자는 일상적인 것보다 좋은 것이 없음을 말한다. 사람이 먹을 수 있는 것, 마실 수 있는 것, 그리고 땀 흘려 자신의 노동을 하는 가운데 자신의 영혼(soul)을 즐겁게(good) 만드는 것보다 좋은 것이 없다. 왜냐하면 이것까지 하나님의 손으로부터 나온 것이기 때문이다. 인간의 일생은 하나님 안에 있는 것이다. 전도자는 세상 모든 것이 하나님의 뜻과 목적에 따라 결정됨을 말한다. 곧 하나님의 주권을 말하면서 다시금 인간이 먹고 마시는 일은 하나님께 속한 일이기에 잠언에서 말하는 원칙적인 삶을 이야기한다.

잠언에서의 원리와 원칙이 전도서에서 다시 등장하지만 전도자는 잠언과는 다른 지혜, 다른 원리·원칙을 말하고 있다. 잠언에서는 순종·불순종이 축복과 저주를 결정했기에, 언약 백성은 언약적 삶을 위해 성실함으로 언약을 이행하고 하나님의 말씀에 순종하며 살아야 한다. 하지만 전도자는 축복과 저주가 인생에서 큰 의미가 없음을 말할 뿐 아니라, 바람을 잡는 것처럼 헛된 일임을 이야기한다. 여기서 진정한 언약적 삶이란 축복·저주의 문제가 아니라, 하나님의 주권을 인정하는 삶에 있는 것이다. 축복을 받기 위해서 순종하는 것이 아니다. 잠언에서처럼 부를 위하여 성실함이 요구되는 것이 아니라, 부의 헛됨을 알고 오직 성실함으로만 하나님의 주권을 말한다.

욥의 예외적 지혜, 하나님이 절대적 주권으로 의인에게도 시련을 주심에 관한 지혜는 전도자에게도 그대로 반영된다. 하지만 전도자는 욥과는 다른 주권을 이야기한다. 욥이 말하는 하나님의 절대적 주권으로 의인이라도 고난을 받을 수 있지만, 전도자에게 이 문제는 죽음 앞에서 의인의 죽음이나 악인의 죽음에 차이가 없다.

그러므로 고난을 받는 것이나 고난에서 회복되는 것이 의미가 있는 것이 아니라, 언약 백성이 언약적 삶을 살아가는 그 자체가 의미가 있는 것이다. 곧 자신의 노동을 하는 가운데 자신의 영혼을 즐겁게 만드는 것보다 좋은 것이 없다. 그러니 언약적 삶은 하나님의 절대적 주권 아래에서 약속을 지킨다는 것, 그 자체가 의미 있는 것이다. 언약적 삶을 통하여 얻는 축복·저주 그리고 회복은 언약적 삶의 진정한 목적이 아니다. 진정한 목적은 언약적 삶을 살아가는 그 자체에 의미가 있는 것이다. 하나님과 언약을 맺는 것, 그것만이 유일한 의미다.

> "하나님이 모든 것을 지으시되 때를 따라 **아름답게** 하셨고 또 사람에게 영원을 사모하는 마음을 주셨느니라 그러나 하나님의 하시는 일의 시종을 사람으로 측량할 수 없게 하셨도다 사람이 사는 동안에 기뻐하며 선을 행하는 **것보다 나은 것이 없는** 줄을 내가 알았고 사람마다 먹고 마시는 것과 수고함으로 낙을 누리는 것이 하나님의 선물인 줄을 또한 알았도다"(전 3:11-13).

세상 모든 것이 하나님의 의도(purpose)대로 창조되었기에 그 의도된 목적이 이루어져 하나님의 기쁨이 될 때가 있으며(전 3:1),[18] 그때를 아름답다고 한다. 그래서 전도자는 세상 모든 것이 아름답게 창조되었다고 말한다. 그리고 사람의 마음에 '영원함'을 주셨기에 사람은 그 영원함을 추구하게 되어 있다. 단지 인간은 이 일이 언제 시작되었으며, 언제 끝날지 알 수 없다. 하나님은 세상 모든 것을 당신의 기쁨 가운데 창조하셨기에 그 창조하신 것을 보시고 '좋았다'(good)라고

18) 전도서 3장 1절에서 '목적'으로 번역된 단어의 원어 곧 히브리어는 '헤페쯔'(חֵפֶץ)인데, '즐거움', '기쁨'을 뜻하는 단어다. 곧 본문에서는 세상 모든 것이 하나님의 기쁨이 될 때가 있다는 것이다. 이에 KJV에서는 '목적'(purpose)이라고 번역했다.

말씀하셨다(창 1:4). 이 '좋았다'는 표현에는 하나님의 기쁨이 표현되어 있으며, 세상 모든 것이 하나님의 기쁨이 되는 것이 하나님의 의도, 하나님의 목적이다.

언약적 삶이란 하나님의 기쁨이 되는 삶이며, 이 삶 안에는 영원함에 대한 사랑이 있다. 바로 구원에 관한 소망으로 모압 언약의 성취(신 30:6)에 사랑이 숨겨진 것이다. 하지만 이 구원의 역사가 언제 시작되었으며, 언제 마무리될지 인간은 알 수 없다. 왜냐하면 하나님이 일의 시종을 사람으로 하여금 측량할 수 없게 하셨기 때문이다(전 3:11).

언약적 삶은 순종의 대가인 '축복'을 위해서 살아가는 삶도 아니고, 불순종의 대가로 받을 불행과 저주에 대한 두려움 속에 살아가는 삶도 아니다. 이것은 잠언과 다른 원칙을 세우는 것이다. 곧 언약적 삶은 하나님의 창조적 목적을 이루는 것으로 하나님의 기쁨이 되는 것이다. 그리고 그런 삶이 바로 아름다운 삶이다. 뿐만 아니라, 언약적인 회복을 위해서 절대적 주권 앞에 앉아 기다리는 삶도 언약적 삶이 아니다. 욥처럼 병든 몸으로 앉아 하나님을 만날 것을 기다리는 삶이 아니기에 전도서는 욥의 지혜와도 다르다.

전도서는 절대적 주권 앞에서 기뻐하며(happy) 선(good)을 행하는 것이다. 이 모든 것을 주님이 절대적이며 강권적인 주권으로 이루실 것을 알지만, 살아가는 날 동안에 행복하게 선을 행하는 것이다. 먹을 수 있는 것이 행복이며, 마실 수 있는 것이 행복이고(전 8:15), 일할 수 있는 것이 행복이기에, 그 일을 통하여 기쁨(good)을 얻는 것보다 좋은 것이 없는 것이다. 기뻐하며 자신의 소명을 감당하는 것, 그것이 언약적 삶이다. 평온하게 먹고 마실 수 있는 것은 하나님의 은총이다.

5) 선지서

선지서는 인간 인체의 폐(肺)에 비유할 수 있다. 허파가 신선한 공기를 새롭게 주입하여 기능을 감당하는 것처럼, 선지서는 하나님의 백성에게 하나님과 맺은 언약을 보다 신선하게, 보다 풍부하게 해석하는 기능을 감당한다. 이 신선한 공기는 선지서를 다른 성경과 조금 다른 시각에서 하나님의 언약을 보게 만든다.

예컨대 역사서의 열왕기를 보면, 아람 왕 벤하닷(Benhadad)[19]이 이끄는 군대가 사마리아를 포위했고, 이로 인하여 사마라아 성은 기근이 들었다(왕하 6:24-25). 이 기근으로 부모가 자식을 잡아먹는 끔찍하고 참담한 광경이 일어났고(왕하 6:28-29), 이에 이스라엘 왕(요람)은 선지자 엘리사를 죽일 것을 맹세하며(왕하 6:31), "이 재앙이 여호와께로부터 나왔으니 어찌 더 여호와를 기다리리요"(왕하 6:33)라고 말한다. 분명히 이 재앙은 단순히 아람 왕의 침공에서 비롯된 것이 아니라 하나님으로부터 나온 것임이 분명하다. 하지만 왜 하나님은 이러한 재앙을 당신의 백성에게 내리셨는가? 그것은 언약 때문이다.

> "그 다리 사이에서 나온 태와 자기의 낳은 어린 자식을 가만히 먹으리니 이는 네 대적이 네 생명을 에워싸고 맹렬히 쳐서 곤란케 하므로 아무것도 얻지 못함이리라"(신 28:57).

하나님과 그의 백성은 순종하지 않는 것에 대해 서로 멸망을 약속했

---

19) 아합의 아들 요람(여호람)과 동시대의 사람이다(왕하 3:1, 6:24, 8:28). KJV는 헬라어 성경(LXX)에 따라서 '시리아의 왕' 으로 번역하였고, NIV에서는 히브리어 성경(MT)에 따라서 '아람 왕' 으로 번역하였다. 이러한 번역의 차이는 '아람' 사람들의 집합체가 요단강 유역과 팔레스타인 지역에서부터 티그리스(힛데겔), 유프라테스(유브라데) 강 유역까지 광범위하게 분포되어 거주했기 때문이다.

고(신 28:45), 그 언약 가운데 자식의 고기를 먹는 내용이 담겨 있다(신 28:53-57). 이 재앙과 저주는 하나님으로부터 나온 것이지만, 하나님이 이러한 저주를 내리신 이유는 그의 백성이 순종하지 않았기 때문이다. 아합의 아들 요람은 하나님 보시기에 악을 행한 왕이었고(왕하 3:1-3) 순종하지 않는 왕으로, 이미 약속된 저주가 임한 것이다. 이처럼 역사서는 언약이 역사 안에서 실현됨을 이야기한다. 반면, 선지서는 역사 안에서 언약이 그대로 반영될 것을 미리 알고, 선포하는 기능을 감당한다.

선지서는 현재의 삶, 곧 언약 백성의 현재적 삶을 관찰하여 보아, 언약에 부합되면 언약에 따라서 축복받을 것임을 확신할 수 있게 한다. 하지만 현재의 삶이 언약에서 벗어나 하나님께 순종하지 않는다면, 저주 또한 축복만큼이나 확실하게 임할 것을 미리 알 수 있다. 이렇게 '언약'은 현재적 삶의 언약적 반성을 통하여 미래적인 삶을 예언할 수 있으며, 미래를 먼저 알 수 있게 한다. 곧 언약은 예언적 기능을 담고 있다. 왜냐하면 하나님의 언약은 반드시 실현되기 때문이며, 그 언약의 내용은 언약 백성들이 알 수 있도록 성경에 기록되어 있기 때문이다.

역사서와 시가서 그리고 지혜서가 언약 백성의 삶을 다루었다면, 선지서는 그 언약 백성의 삶을 반성하는 것이며, 이 반성을 통하여 미래를 예측하는 것이다. 하나님이 주신 언약은 반드시 역사 안에서 성취되기 때문에 언약적 순종 또는 불순종은 축복 또는 저주를 예측하여 선포할 수 있으며, 이 저주와 축복의 선포 앞에서 돌이켜 하나님께 돌아간다면(신 30:1-2) 미래를 충분히 바꿀 수도 있음을 의미한다.

다시 말해서 현재의 삶을 언약 안에서 반성한 결과가 불순종의 삶이라면, 이것은 분명히 저주가 기다리고 있음을 미리 알 수 있다. 하지만 회개하고 순종의 삶으로 돌이킨다면 언약은 축복을 약속한다. 그래서 선지서는 먼저 언약 앞에서 현재의 삶을 반성한다. 그리고 그 결과가 불순종일 경우, 불순종과 범죄에 대한 질타를 아끼지 않으므로 언약 백성들이 돌이켜 하나님께 돌아와 순종할 것을 이야기한다. 그리고 하나님께 돌아왔을 경우의 축복과 회복을 이야기한다.

이것은 모압-세겜 언약에 충실한 것으로, 선지서는 언약 안에서 하나님 백성의 죄를 질타하고, 언약 공동체의 부조리함에 대해 외치는 목소리이며, 썩어 뭉개진 영혼에게 맑은 공기를 제공해 준다. 선지서는 하나님 백성의 죄를 깨닫도록 그들의 범죄 사실, 공동체의 부조리한 현실을 의사의 메스처럼 날카롭게 지적한다. 뿐만 아니라 현재의 삶으로 인해 받을 미래의 저주를 언약 앞에 담담히 선포한다. 하지만 언약은 주권적인 회복을 포함하고 있기에 선지서는 이 회복을 보다 신선하고 풍부하게 새로운 해석을 도입한다. 곧 절대적 주권에 따르는 하나님의 회복시키심을 선포한다.

예컨대, 예레미야 선지자는 주권적 회복자이신 메시아에 대한 새 언약에 대해 선포한다(렘 31:31). 이미 회복은 언약에 있었으나 그 회복은 신선한 공기처럼 더욱 풍부하게 하나님 백성의 소망으로 다가선다. 선지자 이사야의 경우는, 이새의 줄기와 뿌리(사 11:1)라는 이중적 표현 가운데 메시아가 이새의 후손(줄기)이지만 본질상 이새의 근본(뿌리)이 되심을 선포한다. 아울러 이사야는 우리의 질고와 슬픔을 감당하시는 메시아를 선포한다. 하나님의 주권적 회복자이신 메시아는 하나님 백성의 허물과 죄악으로 인해 찔리고 징계를 받으신다(사 53:4-5). 회복자로 인하여 하나님의 백성은 평화를 누리고 고침을 받는다(사 53:4).

선지서는 단순하게 하나님 백성의 죄를 질타하고, 언약 공동체의 부조리함에 대해 외치는 목소리가 아니다. 선지서의 질타는 언약적인 회복을 위한 하나님의 사랑이며, 저주를 피하기 위한 하나님의 진실함을 나타내는 외침이다. 언약적 사랑과 언약적 진실함으로 하나님은 당신 백성의 죄를 질타하시어 그들을 버리시지 않았음을 자각시키고 계시며, 또한 이미 약속한 언약적 회복을 위한 신선하고 새로운 공기를 주입해 주신다. 곧 메시아에 대한 약속이며, 영원히 버리시지 않겠다 하신 다윗 언약이다.

선지서는 언약으로 세 가지 성격을 수반하고 있다.

첫째, 모압-세겜 언약 안에서 백성의 현재적 삶을 언약(말씀) 안에서 반성하고, 그 반성을 통하여 언약적 저주와 언약 축복이 가지는 예언적 성격으로 하나님 백성의 죄를 질타하고, 언약 공동체의 부조리함에 대해 선포하는 것이다. 이러한 이유에서 선지서는 대부분 왕국의

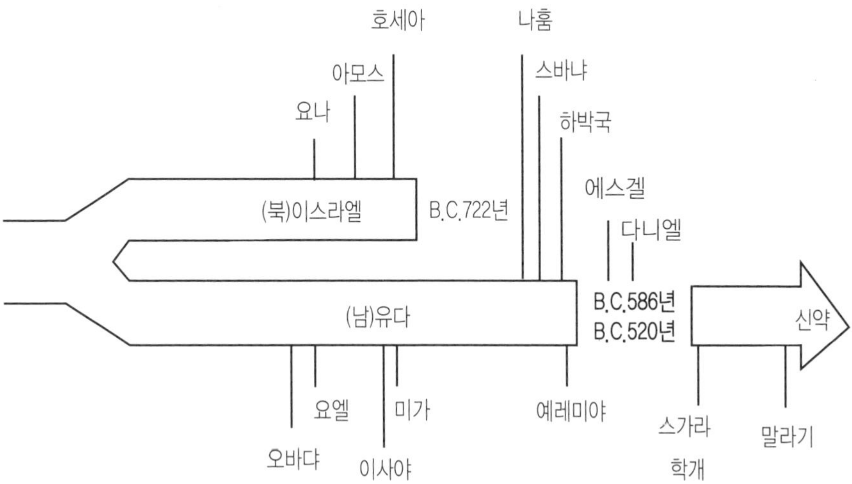

멸망 시기에 등장하고 있다.

그림에서 볼 수 있는 것처럼 솔로몬 이후 분열된 북쪽의 이스라엘과 남쪽 유다, 이 두 나라는 각기 B.C. 722년경에 북 이스라엘이 멸망했고, B.C. 586년경에 남 유다가 멸망했다. 이 멸망 시기와 선지서의 기록 연대를 비교해 보면, 북 이스라엘이 멸망하는 시점에서 기록된 선지서로는 요엘, 오바댜, 호세아, 아모스, 요나, 이사야, 미가 등 7권이 있다. 또한 남 유다가 멸망하는 시점에서 기록된 선지서로는 나훔, 스바냐, 하박국, 예레미야, 다니엘, 에스겔 등 6권이 있다. 끝으로 구약의 마지막 시기에 기록된 선지서로는 학개, 스가랴, 말라기 등 3권이 있다.

이 도표를 중심으로 선지서의 기록 시기를 기점으로 선지서를 3부로 나누어 생각할 수 있다.

제1기 선지서 : 북 이스라엘 멸망을 기점으로 한 7권의 선지서

제2기 선지서 : 남 유다 멸망을 전후로 한 6권의 선지서

제3기 선지서 : 왕국의 재건을 위한 귀환 이후 3권의 선지서

둘째, 선지서가 가지는 두 번째 성격은 시내 산 언약 안에서 성전 중심의 공동체에 대한 붕괴를 선포한다. 선지서는 모압-세겜 언약 안에서 하나님 백성의 마음밭에 관한 것으로 언약 백성의 현재적 삶을 반성하는 것인 동시에, 출-레-민에서 다루었던 시내 산 언약 안에서 성전 중심의 공동체에 대한 반성을 통해 성전의 의미를 새롭게 재해석한다. 하나님의 영광이 언약 백성 가운데 있는 회막에 임재하셨으며(출 40:34-35; 민 16:42), 이것은 시온 산성에 아름답게 세워진 성전에 임재하심으로 이어졌다(시 30편). 하나님의 임재가 임하는 시온

성전에 대한 확고한 신앙은 영원한 시온 사상(Zionism)으로 자리하게 되었다.

성전 중심의 확고한 공동체는 영원한 성전과 영원히 함께하신 하나님에 대한 흔들림 없는 신앙심을 보였다. 시온의 영광(시 102:16)으로 집약되는 성전 중심의 공동체, 예배 중심의 공동체는 오직 성전과 예배만을 이행할 뿐 언약적 삶을 지탱하지 못한다. 씨(성전 중심의 삶)가 아무리 좋은 것이라 해도 밭(언약적 삶)에 따라서 그 결과는 다른 법이다.

길가에 뿌려진 씨, 곧 악한 마음에 뿌려진 씨는 열매를 맺을 수 없으며, 돌밭에 뿌려진 씨 역시 열매를 기대할 수 없다. 다시 말해서 언약의 말씀을 듣고 처음에는 기뻐하나 고난과 핍박을 견디지 못하고 곧 넘어지는 사람도 있다. 가시떨기에 뿌려진 씨는 세상살이 걱정과 재물에 대한 소유욕으로 언약의 말씀이 열매를 맺지 못한다. 오직 좋은 땅에 뿌려진 씨, 곧 언약의 말씀을 듣고 깨닫는 사람에게 열매가 자연스럽게 주어지게 된다(마 13:3-23).

결국 성전 중심(씨), 예배 중심의 삶에는 언약적 삶(밭)이 요구되며, 시온 사상은 언약적 삶 가운데 참된 시온의 영광을 소망하게 하는 것이다. 하지만 언약적 삶(밭)이 없는 시온 사상, 성전 중심 사상으로 인해 하나님은 성전을 붕괴시키어 그 의미를 새롭게 재해석하신다.

성전 붕괴를 위해 하나님은 당신의 영광을 성전에서 거두어들이신다(겔 10:19). 하나님의 영광이 없는 성전, 그것은 그저 하나의 건물일 뿐 거룩한 곳이 아니다. 하나님의 영광이 영원히 함께하실 것으로 믿었던 건물의 성전은 하나님의 영광이 떠나심으로써 세상의 건물처럼 아무것도 아닌 것이 되었다.

그리고 하나님의 일꾼인 바벨론 왕 느부갓네살로 하여금 시온을 황무하게 하셨다(렘 25:9). 시온은 파괴되었으며, 성전은 불탔고, 거룩한 성 예루살렘은 약탈당했으며, 하나님의 백성들은 하나님의 도움을 받지 못하고 포로가 되었다(B.C. 586년경, 왕하 24-25장; 대하 36:5-21; 렘 39장, 52장). 뿐만 아니라 하나님의 백성들이 도움을 청했던 이집트로 인해 고난을 당한다(겔 29:19).

셋째, 선지서는 언약의 새로운 이해를 시도한다. 이것은 '밭'으로 상징되는 언약적 삶에 대한 반성과 '씨'로 상징되는 성전의 파괴로 언약이 이제 새로운 국면에 접어들어 간다. 곧 이 모든 것을 부흥[20]시키실 회복자 메시아에 대한 소망이 하나님 백성 마음 깊은 곳에 자리잡게 하는 언약적 회복이다. 이 언약적 회복은 전적인 하나님의 주권 아래에 있다. 다시 말해서 하나님의 언약 백성을 이끄시는 하나님의 뜻이며, 성도의 견인(perseverance)[21]이다.

> "이스라엘이여 네 백성이 바다의 모래 같을지라도 **남은 자**만 돌아오리니 넘치는 공의로 훼멸이 작정되었음이라"(사 10:22).

이사야는 하나님의 백성들이 아브라함에게 약속한 바와 같이 하늘의 별처럼, 바다의 모래처럼 많을지라도 오직 '남은 자'만이 하나님께

---

20) 하박국의 기도 가운데 있는 이 "부흥"(revive, 합 3:2)으로 번역된 단어는 원어적 의미에서 '살다', '회복하다' 등의 뜻을 가진 단어다. 다시 말해서 하박국은 성전에 임재하신 '하나님의 영광'(합 2:20)을 노래하며, 회복을 기도한 것이다. 성전의 파괴는 성전의 참된 의미, 곧 하나님 영광의 임재 처소임을 분명히 하고 있으며, 오직 하나님만이 모든 것을 회복시키심에 대한 믿음이다.

21) 김성욱 교수에 따르면, 선지서의 내용들이 이스라엘의 범죄를 지적하는 것 같지만 그 이면에는 하나님의 은혜를 선명하게 보여주는 성도의 견인으로 설명한다. 이러한 이해는 선지서를 그 누구보다 가장 분명하게 설명하는 것이며, 하나님의 주권적인 은혜와 구원 사역을 성경 안에서 단절됨 없이 설명한 것이다. 본 글은 선지서를 죄에 대한 질타를 넘어선 성도의 견인으로 이해한 김성욱 교수의 입장 안에 있음을 밝힌다.

돌아오게 된다고 했다. 하나님의 공의로운 심판이 이미 결정되었으며, 그것을 깨닫고 언약 앞에서 흔들림 없이 참고 인내하는 견인(堅忍)한 남은 자만이 구원과 축복을 받는다. 이처럼 노아 홍수에서 8명(벧후 2:5)이 남아 구원을 얻었으며, 여호수아와 갈렙은 광야에서 죄로 인해 죽은 자들 가운데 남은 자였다(민 14:29-30). 바알에게 무릎 꿇지 않은 7천 명의 남겨진 자(왕상 19:18)가 있었다.

여호와를 찾고 선을 구하는 자가 남은 자(사 10:20, 17:5-6, 30:17)이며, 겸손히 주를 찾는 자(습 2:3, 3:12-13)가 남은 자이다. 이 스알야숩,[22] 곧 '남은 자는 돌아오리라'란 이름을 가진 자들은 언약 앞에서 저주와 축복의 때에 하나님을 찾으며, 언약적 삶을 겸손히 살아가는 예배자이다. 하지만 본질적으로 이 스알야숩, 곧 '남은 자'는 주권적으로 하나님이 남겨 두신 것(사 1:9)이다.

> "그런즉 이와 같이 이제도 은혜로 택하심을 따라 남은 자가 있느니라"(롬 11:5).

선지서의 내용이 회복, 곧 성도의 견인이며, 이 회복과 성도들을 견인하게 하신 분은 하나님 자신이다. 하나님의 은혜로 성도는 예배적으로 실패하지 않기 위해서 바알에게 무릎 꿇지 않으며, 겸손히 언약적 삶과 예배적 삶을 살아간다. 고난과 환난 그리고 유혹 가운데에서 굳건히 참고 견디어 낸다.

언약 백성들이 언약적 삶에 실패하고 예배적 삶에서 좌절하여 하나님의 공의로운 심판으로 언약적 저주가 임할 때, 그때가 바로 하나님이 그의 백성들을 찾고 계심을 알고 깨달아 언약 앞에 서서 그 저주를

22) 이사야의 장남(사 7:3). 스알야숩(שְׁאָר יָשׁוּב)은 '남은 자가 돌아오리라'는 뜻으로 선지서 이사야의 중요한 메시지 가운데 하나다.

온몸으로 참고 견디어 내는 남은 자가 있다. 언약적 저주로 땅은 황무해져 산과 들에 있던 나무와 풀들이 말라 죽고, 강바닥도 거북 등껍질처럼 갈라지는 갈증과 기근 속에서도, 흔들림 없이 참고 인내하다가 끝내는 땅바닥에 쓰러지고 마지막 숨을 다하는 그 순간까지 하나님을 의지하는 남은 자, 그 남은 자에게 단비가 임하며 약속된 푸른 초장이 회복된다.

(1) 제1기 선지서 : 북 이스라엘 멸망을 기점으로 한 7권의 선지서

제1기 선지서는 역사적으로 하나님이 북 이스라엘을 심판하시기 이전에 보내신 여러 선지자들의 기록을 말한다. 이에 해당하는 선지서로는 요엘, 오바댜, 호세아, 아모스, 요나, 이사야, 미가 등 7권으로 제1기 선지서에 해당한다.

이들 선지서 제1부는 어린아이에게 말을 하는 부모의 심정으로 말씀하신 것처럼 특별한 회개를 촉구하지 않으신다. 오히려 주님의 사랑을 그대로 표현하신다. 다시 말해서, 회개를 회복의 조건으로 삼지 않으신다. 흡사 어린아이가 잘못을 했을 경우, 그 부모가 반드시 아기의 회개를 요구하지 않는 것처럼 제1기 선지서들은 하나님의 조건 없는 용서가 등장한다.

북 이스라엘은 성전을 소유하지 못했기에 예배를 위해서 남 유다에 가서 예배드려야 하는 상황이었고, 이에 이스라엘 왕 여로보암은 금송아지 둘을 만들어 하나는 '벧엘'에 두었고, 다른 하나는 '단'에 두어 예루살렘 성전에서 예배드리는 것을 막았다(왕하 12:25-30). 북 이스라엘은 성전이 없는 것으로 예배적 삶과 언약적 삶을 동시에 상실하게 되었고, 이것이 죄가 되어 멸망의 길을 걷게 되었다.

이에 선지서들은 공동체의 죄와 부조리함을 단호하게 선포한다. 하지만 조건 없는 하나님의 주권적인 회복들이 이어지며, 남은 자에 대한 하나님의 계획이 선포된다. 곧 성도의 견인에 대한 선지자들의 메시지가 이어진다. 언약에 실패한 언약 백성들은 언약의 저주를 감당하고, 하나님의 회복을 참고 기다려야 한다. 이것은 새로운 건설이며, 회복이다. 이 주권적인 회복에서 범죄한 인간들의 회개나 노력은 아무 소용없다. 오직 은혜 가운데서, 하나님의 사랑 안에서 성취된다.

제1기 선지서의 가장 큰 특징은 공동체의 범죄를 질타하던 선지자가 급격하게 회복을 노래한다는 점이다. 예를 들어 호세아서 11장을 보면, 1-7절에 백성들의 범죄에 대한 고발이 등장한다. 하지만 곧이어 8절부터는 하나님의 용서와 사랑이 급격히 선포된다.

> "에브라임이여 내가 어찌 너를 놓겠느냐 이스라엘이여 내가 어찌 너를 버리겠느냐 내가 어찌 너를 아드마[23]같이 놓겠느냐 어찌 너를 스보임같이 두겠느냐 내 마음이 내 속에서 돌아서 나의 긍휼이 온전히 불붙듯 하도다"(호 11:8).

용서는 하나님 안에 있는 긍휼이 불붙듯이 일어남으로 이루어지고 있다. 여기선 그 어떤 회개를 요구하지 않는다. 반면에 호세아 4장은 이스라엘의 범죄에 대해 나열하고 있으며, 이어지는 5장은 하나님이 내리시는 언약적 저주가 나열된다.

> "내가 내 곳으로 돌아가서 저희가 그 죄를 뉘우치고 내 얼굴을 구하기까지 기다리리라 저희가 고난을 받을 때에 나를 간절히 구하여 이르기를

23) 아드마와 스보임은 소돔과 고모라(창 10:19, 14:2)에 인접한 도시로, 호세아는 하나님이 결코 당신 백성들을 소돔과 고모라처럼 버리시지 않음을 이야기하고 있는 것이다.

> 오라 우리가 여호와께로 돌아가자 여호와께서 우리를 찢으셨으나 도로 낫게 하실 것이요 우리를 치셨으나 싸매어 주실 것임이라"(호 5:15-6:1).

하나님의 저주는 분명한 목적을 가지고 있는데, 그것은 하나님의 백성이 범죄했기에 그에 응당한 저주를 받는다는 것을 말하는 것이 아니라, 하나님이 그의 백성들이 죄를 뉘우치고 하나님께 돌아오기를 기다리시는 것이다. 이것은 모압 언약(신 30:1-3)을 그대로 반영하고 있는 선지자의 언약적 예언이다. 아모스를 보면, 하나님은 용서(암 7:1-6)와 심판(암 7:7-9)을 동시에 말씀하신다. 여기서 심판의 대상은 실질적으로 하나님의 백성이 아니라 우상을 섬기는 이스라엘의 성소, 곧 벧엘과 단으로 상징되는 우상에게 예배드리는 예배 공동체에 대한 심판이며, 이를 주도한 여로보암의 집에 집중되어 있다.

> "주께서 가라사대 내가 다림줄을 내 백성 이스라엘 가운데 베풀고 다시는 용서치 아니하리니 이삭의 산당들이 황폐되며 이스라엘의 성소들이 훼파될 것이라 내가 일어나 칼로 여로보암의 집을 치리라 하시니라"(암 7:8-9).

하나님은 이스라엘에 대해 용서하지 않겠다고 말씀하셨고, 공의의 심판은 이미 정해졌다. 오직 하나님이 그의 백성으로 합당하게 여겨서 '남은 자'가 누구인지 더욱 분명하게 세상에 증명되는 순간만이 남았다. 한편, 심판의 도구로 등장하는 것은 앗수르(Assyria)다.

선지서 요나는 앗수르의 수도 니느웨(Nineveh)에 파송되어 그들을 회개로 이끈다(욘 3:7-10; 마 12:41). 요나서에 의하면, 하나님은 "좌우를 분변치 못하는 자" 곧 이방인에 대한 구원 계획을 말씀하셨는데, 동시에 이것은 하나님 나라 백성에 대한 사랑을 더 강렬하게 표현한 것이다. 이방의 좌우를 분별치 못하는 이들도 사랑하시는 하나님께서, 그의 백성들이 좌우를 분별하지 못했다고 사랑하지 않으신 것이 아님을 말하는 것이다. 곧 하나님의 공의의 심판 가운데 사랑이 있음을 말한다.

회개한 앗수르는 이후 이스라엘을 심판할 도구로 등장한다(왕하 15:29). 실제적으로 앗수르의 왕 디글랏빌레셀(Tiglath-pileser)에 의해 이스라엘 백성들이 앗수르의 포로로 끌려간다(왕하 15:29). 하지만 앗수르는 도구였을 뿐이다.

> "이러므로 주 내가 나의 일을 시온 산과 예루살렘에 다 행한 후에 앗수르 왕의 완악한 마음의 열매와 높은 눈의 자랑을 벌하리라"(사 10:12).

'이방 구원'과 이방이 도구로 쓰임 받은 이후에 '버림'이 되는 것은 서로 상충된 것이 아니다. 사도 바울은 자신이 복음을 전파한 이후에 "자기가 도리어 버림이 될까 두려워함"으로 죽기까지 하나님께 복종할 것을 말하고 있다(고전 9:27). 곧 앗수르에 대한 구원 계획과 그들에 대한 심판 역시 언약적 관계에 있는 것이다. 하나님께 죽기까지 순종하는 언약 백성과 죽기까지 예배적 삶을 살아가는 하나님의 백성, 곧 성도의 견인이 요구되는 것이다.

(2) 제2기 선지서 : 남 유다 멸망을 전후로 한 6권의 선지서

제2기 선지서는 제1기 선지서와 다른 입장을 보여주고 있는데, 제1기 선지서가 어린아이에 대한 부모의 심정(호 11:3)으로 성도의 견인을 이야기했다면, 제2기 선지서는 어느 정도 성장한 청년에게 대하듯이 보다 단호함을 보인다. 이에 해당하는 선지서로는 나훔, 스바냐, 하박국, 예레미야, 다니엘, 에스겔로 모두 6권이다.

제2기 선지서는 기록한 장소를 기준으로 크게 두 부분으로 구별할 수 있는데, 먼저 나훔, 스바냐, 하박국, 예레미야는 남 유다에서 활동했던 선지자들의 책이다. 다른 하나는 에스겔과 다니엘인데, 이미 북 이스라엘의 멸망으로 포로 생활하던 선지자들로서 포로지에서 기록한 특징을 가지고 있다. 선지서 나훔의 경우는 하나님의 종이었던 니느웨의 멸망을 말하고 있다. 여기서 "여호와는 노하기를 더디 하시며 권능이 크시며 죄인을 결코 사하지 아니하시느니라"(나 1:3)고 언약적인 선포를 한다.

> "여호와께서 그의 앞으로 지나시며 반포하시되 여호와로라 여호와로라 자비롭고 은혜롭고 노하기를 더디하고 인자와 진실이 많은 하나님이로라 인자를 천대까지 베풀며 악과 과실과 죄를 용서하나 형벌 받을 자는 결단코 면죄하지 않고 아비의 악을 자여손 삼사 대까지 보응하리라"(출 34:6-7).

하나님은 노하기를 더디 하시는 분이며, 그 헤세드(인자)를 천대까지 베풀어 악과 과실과 죄를 용서하신다. 하지만 형벌을 받을 자에게 용서하심이란 없다. 이미 아몬을 숭배하고 있던 니느웨는 형벌을 받을 자가 된 것이다(나 3:8). 그리고 이제 새로운 하나님의 도구인 바벨론 왕 느부갓네살이 앗수르와 유다를 멸망시킬 것이다(렘 25:9, 50:7). 이에 선지자 하박국은 악인이 의인을 괴롭게 하며 세상에 정의가 없음을 쟁변한다(합 1:4). 욥의 지혜에서처럼, 선지자 하박국은 하나님을 향해 외친다.

> "주께서는 눈이 정결하시므로 악을 참아 보지 못하시며 패역을 참아 보지 못하시거늘 어찌하여 궤휼한 자들을 방관하시며 악인이 자기보다 의로운 사람을 삼키되 잠잠하시나이까"(합 1:13).

방황하는 청년처럼 하나님께 외치던 욥에게 전능하신 하나님의 권능에 대한 지혜를 말씀하신 것처럼(욥 38-41장), 선지자에게 성도의 견인을 말씀하신다.

> "이 묵시는 정한 때가 있나니 그 종말이 속히 이르겠고 결코 거짓되지 아니하리라 비록 더딜지라도 기다리라 지체되지 않고 정녕 응하리라 보라 그의 마음은 교만하며 그의 속에서 정직하지 못하니라 그러나 의인은 그 믿음으로 말미암아 살리라"(합 2:3-4).

하나님의 묵시(the vision, KJV)는 하나님이 정하신 주권적인 때가 있으며, 이것은 결코 거짓이 아니다. 하나님은 노하기를 더디 하시는 분이기에 "비록 더딜지라도 기다리라"(합 2:3)고 말씀하신다. 성도는 그 견인, 곧 참고 인내함으로 "의인은 그 믿음으로 말미암아 살리라"(the just shall live by his faith, 합 2:4)고 말씀하신다. 선지자 스바냐는 하나님의 날, 곧 심판의 날에 관해 말한다(습 1:14-18). 세상 모든 것을 멸절하실 그날(습 1:4)에 하나님은 '남은 자'를 숨겨두신다. 곧 하나님 앞에서 언약적 삶을 살아가는 언약 백성들에게 하나님을 찾으며 공의와 겸손을 구하라고 외친다.

> "여호와의 규례를 지키는 세상의 모든 겸손한 자들아 너희는 여호와를 찾으며 공의와 겸손을 구하라 너희가 혹시 **여호와의 분노의 날에 숨김**을 얻으리라"(습 2:3).

하나님께서 숨기신다. 인간은 스스로 하나님의 심판 앞에 설 수 없으며, 하나님의 심판 날을 견딜 수 없다. 오직 하나님께서 주권적으로 그 구원할 자를 숨기시어, 남은 자를 만드시는 것이다. 제1기 선지서와 제2기 선지서의 가장 큰 차이점은 제1기 선지서들이 언약적 삶과 예배적 삶에 대한 회복을 이야기했나면, 제2기 선지서는 언약적 삶과 예배적 삶에 대한 참된 회복을 위하여 주권적으로 하나님이 시온을 파괴하실 것을 말하고 있다. 곧 하나님이 "아름답고 묘한 딸 시온"(렘 6:2)을 멸절하신다는 것이다.

하나님의 백성들은 하나님의 영광이 임재하시는 시온이 멸망하지 않을 것이라는 강한 신념을 가지고 있었다(시 50:2). 그러나 이러한 강한 예배적 삶에 대한 확신과 신앙은 오히려 하나님 백성들의 언약적 삶을 타락시키는 계기가 되었다.

> "대저 내가 너희 열조를 애굽 땅에서 인도하여 낸 날에 번제나 희생에 대하여 말하지 아니하며 명하지 아니하고 오직 내가 이것으로 그들에게 명하여 이르기를 너희는 **내 목소리를 들으라** 그리하면 나는 너희 하나님이 되겠고 너희는 내 백성이 되리라 너희는 나의 명한 모든 길로 행하라 그리하면 복을 받으리라 하였으나"(렘 7:22-23).

시내 산 언약에서 하나님은 번제나 희생을 말씀하지 않으셨다. 오직 언약을 지킨다면 "너희가 내게 대하여 제사장 나라가 되며 거룩한 백성이 되리라"(출 19:6, 6:7)고 말씀하셨다. 다시 말해서 예배적 삶(씨)과 언약적 삶(밭) 가운데 중심이 되는 것은 언약적 삶, 곧 하나님의 목소리에 순종하는 것이다. 하지만 철저한 예배적 삶을 언약적 삶과 동일시하여 예배는 있으나 순종이 없는 삶을 산 하나님의 백성에게, 이제 예배의 처소 곧 시온에 대한 신앙은 하나님께 불순종하는 기점이 되어 있다. 예배를 드리지만 순종하지 않는 하나님의 백성에게서 하나님은 그의 영광을 거두어 가신다.

하나님의 영광이 없는 시온의 성전은 인간에게 또 하나의 다른 건물일 뿐이다. 예배는 장소의 문제가 아니다. "하나님은 영이시니 예배하는 자가 신령과 진정(in spirit and in truth, KJV)으로 예배"(요 4:24)

해야 한다. 영적 예배, 곧 그것은 언약적 삶을 견인 가운데 살아가는 것이다.

> "그러므로 형제들아 내가 하나님의 모든 자비하심으로 너희를 권하노니 너희 몸을 하나님이 기뻐하시는 거룩한 산 제사로 드리라 이는 너희의 드릴 영적 예배(this is your spiritual act of worship, NIV)니라"(롬 12:1).

우리의 몸, 우리의 삶을 하나님이 기뻐하실 거룩한 헌물로 드리는 것이 가장 합당한 예배가 되는 것이다. 실질적으로 언약적 삶과 예배적 삶은 분리되지 않는 하나의 삶이어야 한다. 하지만 시온 성전으로 인하여, 예배적 삶만이 참된 삶으로 오인되었고, 이에 하나님은 시온을 파괴하시어 참된 예배를 재건하시고자 한다. 바로 에스겔 성전(겔 40-48장)이다. 그리고 이 에스겔 성전에서는 하나님의 영광이 가득하며(겔 43:5), 흠 없는 헌물들(겔 46:4)이 봉헌된다. 참된 예배로 흠 없는 성도의 삶(빌 2:15)이 봉헌된다.

(3) 제3기 선지서 : 왕국의 재건을 위한 귀환 이후 3권의 선지서

제3기 선지서는 포로 귀환과 더불어 시작된 하나님의 말씀으로 학개, 스가랴, 말라기 등 3권이 이에 속한다. 이 선지서는 비유로 말하면, 노인에게 전하는 메시지와 같다. 제1기 선지서에서 하나님의 주권적인 회복과 견인에 대해 이야기했다면, 제2기 선지서에서는 참된 회복을 위한 시온의 파괴와 언약적 삶의 회복을 위한 성도의 견인을 이야기했다. 제1기는 어린아이의 잘못을 질타하는 부모의 심정으로 주권적인 회복을 이야기하시지만, 제2기 선지서에서는 시온의 파괴와 악인을 종으로 쓰시는 것 등에 대한 의구심을 품은 청년에게 대하시듯이 언약적 삶의 회복을 말씀하신다.

그리고 이제 제3기 선지서에서는 주권적인 회복, 시온의 파괴에 대한 재건을 넘어서 보다 본질적인 소망을 다루고 있다. 흡사 죽음을 눈앞에 둔 노인에게 주시는 소망처럼 강렬한 구원의 사역을 다루신다. 곧 메시아에 대한 소망이다. 물론 모든 선지서 안에는 메시아에 대한 예언들로 가득하다. 단지 제3기 선지서는 메시아의 언약적 직분과 관련하여 다른 선지서와의 차이점이 분명하게 존재하고 있다. 선지서 학개는 메시아의 왕의 직분에 대한 메시지를 제시하고 있다. 곧 다윗의 후손 스룹바벨에 대한 영광을 이야기한다.

> "너는 유다 총독 스룹바벨에게 고하여 이르라 내가 하늘과 땅을 진동시킬 것이요 열국의 보좌를 엎을 것이요 열방의 세력을 멸할 것이요 그 병거들과 그 탄 자를 엎드러뜨리리니 말과 그 탄 자가 각각 그 동무의 칼에 엎드러지리라 나 만군의 여호와가 말하노라 스알디엘의 아들 내 종 스룹바벨아 나 여호와가 말하노라 그날에 내가 너를 취하고 너로 인을 삼으리니 이는 내가 너를 택하였음이니라 만군의 여호와의 말이니라"(학 2:21-23).

다윗의 후손 스룹바벨(마 1:12-13; 눅 3:27)은 하나님이 모든 보좌를 엎으실 때 취함을 받을 왕으로 예언되었다. 이것은 이어지는 메시아의 왕적 사역을 예표하는 것이며, 다윗의 후손에 대한 다윗 언약의 유지를 보여주고 있는 것이다. 한편 스가랴에서는 대제사장의 사역을 예언하고 있다(슥 6:10-14).

> "먼 데 사람이 와서 여호와의 전을 건축하리니 **만군의 여호와께서 나를 너희에게 보내신 줄을 너희가 알리라** 너희가 만일 너희 하나님 여호와의 말씀을 청종할진대 이같이 되리라"(슥 6:15).

예수아(=여호수아, 슥 6:11; 스 2:2)는 성전을 건축함으로 하나님이 예수아를 보낼 줄을 알 것이라고 예언되었다.

> "예수께서 대답하여 가라사대 너희가 이 성전을 헐라 내가 사흘 동안에 일으키리라 유대인들이 가로되 이 성전은 사십육 년 동안에 지었거늘 네가 삼 일 동안에 일으키겠느뇨 하더라 그러나 예수는 성전 된 자기 육체를 가리켜 말씀하신 것이라"(요 2:19-21).

성전으로 오신 예수 그리스도께서는 참된 하나님의 영광이 임재하신 성전으로 사흘 만에 다시 성전을 세우셨다. 이것만으로 스가랴에서 예언된 대로, 예수는 하나님이 보내신 것임을 알 수 있다(요 8:18, 42). 역사적으로 예수아는 스룹바벨과 더불어 스룹바벨 성전을 재건한 인물이기도 하다. 다시 말해서, 선지서는 삼중의 시각이 존재한다. 첫째, 현재의 역사적 사건에 대한 시각이며, 둘째는 하나님이 계획하시는 미래에 있을 사건에 대한 예언이다. 셋째는 과거 사건에 대한 은유(metaphor)로 역사적으로 과거 사건은 현재 혹은 미래와 결부된 은유적 사건으로 표현된다. 이 셋째에 속하는 것이 마지막 선지서 말라기로 메시아의 선지자 사역에 대한 예언이다.

> "보라 여호와의 크고 두려운 날이 이르기 전에 내가 선지 엘리야를 너희에게 보내리니 그가 아비의 마음을 자녀에게로 돌이키게 하고 자녀들의 마음을 그들의 아비에게로 돌이키게 하리라 돌이키지 아니하면 두렵건대 내가 와서 저주로 그 땅을 칠까 하노라 하시니라"(말 4:5-6).

하나님의 날이 임하기 이전에 엘리야가 먼저 세상에 와야 했으며, 유대인들도 이 점을 분명히 알고 있었다. 그래서 서기관들도 메시아보다 엘리야가 먼저 와야 함을 말했다(마 17:10). 이에 예수님은 "엘리야가 과연 먼저 와서 모든 일을 회복하리라"(마 17:11)고 말씀하심으로 말라기의 예언이 성취되었음을 이야기하신다.

"내가 너희에게 말하노니 엘리야가 이미 왔으되 사람들이 알지 못하고 임의로 대우하였도다 인자도 이와 같이 그들에게 고난을 받으리라 하시니 그제야 제자들이 예수의 말씀하신 것이 세례 요한인 줄을 깨달으니라" (마 17:12-13).

엘리야가 이미 세상에 왔으나 이것을 깨닫는 사람이 없었다. 예수님은 세례 요한이 엘리야임을 말씀하시지만, 이를 받아들이는 이가 없기에 "만일 너희가 즐겨 받을진대 오리라 한 엘리야가 곧 이 사람이니라" (마 11:14)고 이미 말씀하셨다. 하지만 마태복음 17장에서 세례 요한이 엘리야임을 깨닫게 된다. 여기서 엘리야는 실제적 역사 인물을 의미하는 것인지 아니면 상징적인 의미에서 사용하신 것인지 명확히 구별하기 어려워진다.

하지만 예수님은 은유적으로 사용하지 않고 실질적으로 말씀하고 계시며, 과거의 사건에 대한 실질적 사건으로 이해해야 한다. 왜냐하면 엘리야가 상징적으로 이해된다면, 여호와의 임재 역시 상징이 되며, 예수 그리스도도 상징적인 의미로 이해될 수 있기 때문이다. 세례 요한은 메시아의 사역을 준비하기 위해서, 말라기에 약속하신 대로 메시아보다 먼저 왔으며 그의 사역을 충실하게 감당한다. 그리고 구약의 "모든 선지자와 및 율법의 예언한 것이 요한까지"(마 11:13)이며, 이제 새로운 선지자 사역이 시작된다. 곧 예수 그리스도의 사역이며, 이는 "보라 여호와의 크고 두려운 날"(말 4:5), 곧 하나님의 임재를 의미한다.

제3기 선지서는 메시아의 삼중직(三重職) 곧 왕, 제사장, 선지자의 직분을 예언하고 있으며, 메시아의 성전 됨을 말씀한다.

3. 메시아 찬양 노래, 성경 : 5대 제도(규례)

성경을 이해하기 위해서 하나님과 그의 백성이 세운 5가지 언약을 보았다. 이 5대 언약에는 첫째, 족장 언약(주종 관계), 둘째, 시내산 언약(부부 관계), 셋째, 모압-세겜 언약(부부 관계 갱신, 이미-아직의 긴장 관계), 넷째, 다윗 언약(부자 관계), 다섯째, 새 언약(하나됨의 관계)을 통하여 하나님과 그의 백성들이 점점 언약 가운데 친밀하게 관계 발전을 하고 있음을 보았다.

또한 구약 전체를 장르별로 구별하여 5개 부분으로 성경 내용을 살펴보았다. 첫째, 모세 오경(토라)에서는 ① 창세기에서 하나님 나라의 씨와 밭이 준비됨을 이야기했고, ② 출-레-민에서는 '그 씨'가 완성되어 가는 과정, 곧 성전 중심의 예배적 삶을 말했다. 반면에 ③ 신명기는 '그 밭', 곧 하나님 백성의 언약적 삶과 주권적 회복에 대해 이야기했다.

둘째, 역사서는 ① 사사 시대 ② 왕정 시대 ③ 재건의 시대로 구별하여 하나님 나라의 역사를 볼 수 있었다.

셋째, 시가서는 ① 하나님과 그의 백성의 만남을 노래한 아가서, ② 하나님과 그의 백성의 삶을 노래한 시편 ③ 이별과 재회에 대한 소망을 노래한 예레미야애가를 보았다.

넷째, 한편 지혜서에서는 ① 원리·원칙적인 지혜를 다룬 잠언과 ② 예외적 상황, 곧 의인에 대한 하나님의 주권적 고난에 관한 욥의 지혜를 보았다. 그리고 ③ 세상 삶에 대한 헛됨과 하나님 백성으로 살아가는 삶에 대한 진정한 의미를 고민한 전도서가 있었다.

다섯째, 구약의 마지막인 선지서는 ① 북 이스라엘 멸망 이전에 활동했던 선지자들의 글로, 하나님의 주권적인 회복을 노래하며 남은 자에 대한 성도의 견인을 노래한 제1기 선지서가 있다. ② 남 유다의 멸망을 기점으로 활동했던 제2기 선지자들의 글은, 참된 회복을 위한 성도의 견인이 더 강력하게 표출된다. 곧 시온을 파괴하는 극단적인 처방을 통하여 참된 회복과 성도의 견인을 노래한다. ③ 제3기 선지서들은 포로 귀환을 기점으로 활동한 선지자들의 글로, 주권적인 회복과 성도의 견인을 넘어 미래적인 메시아의 삼중직을 노래한다. 곧 왕이신 메시아, 대제사장이신 메시아, 새로운 선지자, 그리고 하나님의 임재를 의미하는 성전 되신 메시아를 노래한다.

이제 구약성경을 위한 메시아의 찬양에 관하여 다섯 가지 제도를 확인함으로써 구약에 대한 이야기를 마무리하고자 한다. 구약에서는 다섯 가지 특별한 제도가 존재한다. 이것은 제3기 선지서에서도 언급한 바와 같이 ① 왕의 제도 ② 대제사장 제도 ③ 선지자 제도 ④ 성전에 대한 제도이다. 이 네 가지는 모두 메시아와 직접적으로 관계하고 있기에 이들에 대한 이해는 구약에 대한 이해를 폭넓게 만들어 준다. 끝으로 구약에는 ⑤ 3대 절기와 메시아를 위한 고엘 제도가 있다. 여기서 고엘 제도에 관한 이해는 메시아에 대한 필수적 이해를 요구하는 내용이지만, 많은 성도들이 성경에서 이 제도를 발견하지 못한 아쉬움이 많다.

1) 왕의 제도

(1) 선물로 주신 왕의 약속

하나님 나라에서 왕은 오직 하나님의 왕 되심을 고백할 뿐 인간 왕을 허락하지 않는다. 다시 말해서 하나님 나라의 통치자는 하나님 자신이며, 인간은 그의 백성이다. 그러므로 성경에서는 기본적으로 인간 왕에 대한 개념이 존재하지 않는다. 그러나 이 왕의 제도는 하나님이 주권적으로 허락하신 선물이다(신 17:14-20).

하지만 인간 왕은 반드시 '하나님께서 택하신 자'(신 17:15)이며 아브라함과 이삭과 야곱의 후손이어야 한다. 또한 평생 동안 하나님의 말씀을 곁에 두고 읽어서 그 하나님 여호와 경외하기를 배우며 이 율법의 모든 말과 이 규례를 지켜 행해야 했다(신 17:19). 만일 왕이 이렇게 하나님의 말씀을 곁에 두고 "그의 마음이 그 형제 위에 교만하지 아니하고 이 명령에서 떠나 좌로나 우로나 치우치지 아니하리니 이스라엘 중에서 그와 그의 자손의 왕위에 있는 날이 장구하리라"(신 17:20)고 약속하셨다.

하나님 나라에 첫 왕으로 등장한 인물은 여룹바알의 아들 아비멜렉이다(삿 9:6). 사사기의 말처럼, 이들에게는 왕이 없으므로 자기의 소견대로(삿 17:6) 왕을 뽑았다. 이것은 왕의 규례에서 벗어난 것이며, 신명기에서 약속한 바와 다른 것이다. 왕은 하나님이 택하신 사람이어야 한다. 이 의미는 왕은 세습적인 제도가 아님을 의미한다. 하지만 언약적 삶을 통하여 세습도 가능하게 말씀하셨다. 문제는 언약적 삶이었다. 그러나 사사 시대에는 하나님이 선택한 사람이 아니라 인간 스스로 왕을 선출하였다.

하나님 나라에서 하나님만이 주권자이시며 통치자로, 왕이 없었던 것은 아니다. 하지만 사사기에서는 왕이 없었다고 말함으로써 하나님이 선물로 주신 왕의 제도를 갈망하게 만들고 있다. 사사 시대는 역사의 순환이 반복되었던 시기였다. 하나님의 백성들은 지도자인 사사가 있는 날 동안에는 평화롭게 살았으나, 사사가 죽고 난 이후에는 범죄의 길을 걸었고 이에 대해 언약적 저주가 임했다.

저주 앞에서 회개한 백성에게 구원자 사사를 주셨으며, 평화를 회복해 주셨지만, 이내 사사의 빈 자리가 생기며 역사는 또 한 번의 반복을 되풀이하고 있었다. 결국 하나님의 백성들은 분명한 지도자를 요구했으며, 이것은 왕에 대한 요구로 이어진다. 왜냐하면 사사나 왕은 모두 하나님이 선택한 사람이어야 하기 때문이다.

세겜에서 스스로 왕이 된 아비멜렉은 결국 죽음을 당하고 역사는 반복하고 있었다. 이에 마지막 사사 사무엘의 아들이 사사의 직분을 세습한다(삼상 8:1-2). 사사가 세습 직분이 아님에도 불구하고 사무엘의 아들들이 사사가 되었으며, 이 역시 사사기의 특징인 왕이 없으므로 자기의 소견대로 사사의 직분을 세습했음을 알 수 있다. 스스로 왕이 되고, 사사가 되었으나, 모두 실패하게 된다. 이에 하나님의 백성들은 하나님이 약속하신 왕을 줄 것을 요구한다.

(2) 인간 왕의 신학적 의미

하나님 나라에 왕이 없는 것이 아니다. 하나님이 주권자이시며 통치자로 왕 되심은 분명한 사실이다. 그러나 이것을 인간들은 자신들의 지도자로 인간 왕을 약속에 따라 구한다. 이것을 하나님은 허락해 주신다. 하지만 이 허락은 두 가지 중대한 신학적인 문제를 수반하고 있다. 첫 번째는 하나님의 왕 되심에 대한 문제다.

> "여호와께서 사무엘에게 이르시되 백성이 네게 한 말을 다 들으라 그들이 너를 버림이 아니요 **나를 버려 자기들의 왕이 되지 못하게 함**이니라"(삼상 8:7).

인간 왕을 세운다는 것은 하나님이 하나님 나라의 통치권을 상실했다는 의미가 아니라, 이제 왕이 하나님의 대리자로 직접적 통치가 아니라 왕에 의한 섭정이 시작되었음을 의미한다. 다시 말해서, 인간 왕이 있기 이전에는 하나님이 직접 통치하셨으나, 인간을 세움으로 하나님의 나라는 인간 왕에 의해 간접적 통치로 들어가게 되었음을 의미한다. 그래서 인간 왕을 구하는 것은 바로 하나님을 버리는 행위이며 죄에 해당한다(삼상 12:19). 하지만 하나님은 자신을 버리는 당신 백성들의 간구를 약속에 따라 들어주신다. 언약에 신실하신 하나님이기에 약속하신 왕을 주신다.

인간 왕에 가지는 두 번째 신학적인 문제는, 간접 통치에 따르는 하나님의 백성의 간구 문제이다.

> "그날에 너희가 너희 택한 왕을 인하여 부르짖되 그날에 여호와께서 너희에게 응답지 아니하시리라"(삼상 8:18).

인간 왕이 세워지는 날부터 그 왕으로 인하여 하나님은 당신 백성의 '부르짖음'에 대해 응답하지 않을 것을 말씀하신다. 이에 하나님의 백성들은 이것을 받아들이고 인간 왕을 구한다(삼상 8:19). 이 언약적 관계로 인해 성경의 내용은 급격하게 변화를 반영한다. 곧 인간 왕이 세워진 이후로 성경은 하나님 백성의 죄악을 논하지 않는다. 반면에, 왕의 죄가 중요한 문제로 부각된다.

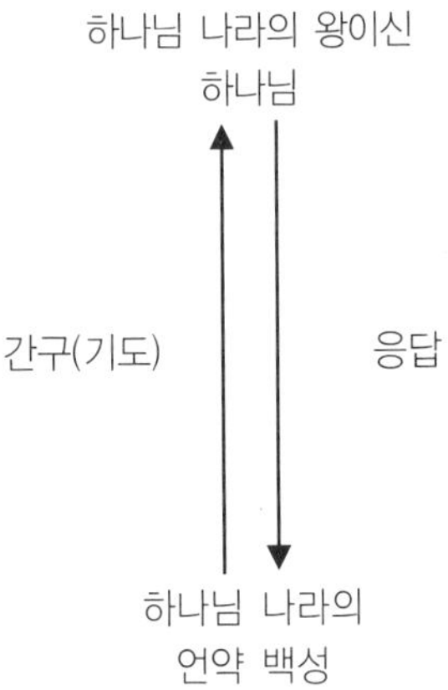

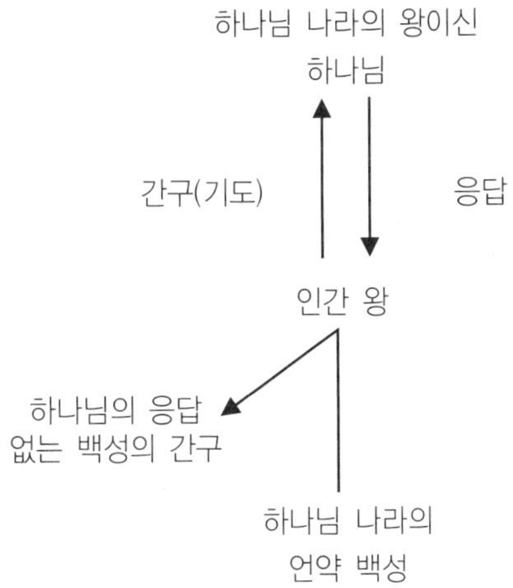

인간 왕이 없을 때에는 하나님의 언약 백성들의 부르짖음은 하나님께 상달되어 응답을 얻었다(삿 2:18, 3:9, 15, 6:7–8, 15:18). 하지만 인간 왕을 세움으로 하나님 백성의 부르짖음에는 응답이 없어진다. 반면에, 왕의 간구를 하나님께서 응답하신다(왕하 13:4). 이러한 간구와 응답의 문제는 사무엘상 8장 이후에서 하나님 백성의 죄의 언급이 점차적으로 사라지고, 왕의 범죄를 중점적으로 언급하는 형태로 성경의 서술 방식 자체에 변화가 생긴다.

이제 왕이 하나님 앞에서 언약적 삶과 예배적 삶을 충실하게 살아간다면, 하나님의 언약적 축복이 왕과 그의 백성에게까지 미치게 된다. 하지만 왕이 범죄한다면 언약적 저주는 왕 뿐만 아니라 하나님의 백성에게까지 미치게 된다. 다시 말해서, 하나님의 백성이 언약적 삶과 예배적 삶을 충실하게 살아도, 그 왕이 아합 왕같이 다윗의 길을 걷지 않는다면 하나님의 언약적 저주로 인해 견인의 삶을 살아야 한다. 반대로, 하나님의 백성이 언약적 삶과 예배적 삶에서 실패하고 하나님께 범죄했다 해도, 왕이 다윗의 길을 걷는다면 언약적 축복을 경험하게 된다.

이제 문제는 왕이다. 백성의 삶이 문제가 아니라, 인간 왕의 삶이 중점적으로 다루어진다. 그리고 하나님 백성의 마음에는 다윗의 길을 걷는 절대적인 왕에 대한 소망을 자연스럽게 품게 된다. 곧 왕이 메시아에 대한 소망을 꿈꾸게 된다. 왜냐하면 인간 왕이 다윗의 길로 걷는다면(왕상 3:14), 그 백성의 연약함은 문제가 되지 않기 때문이다. 하지만 인간 왕이 다윗의 길에서 벗어나게 된다면, 하나님 백성의 모든 경건한 삶에 응답 없는 저주가 임하게 된다.

결국 왕이 모든 것을 좌우하며, 성경은 인간 왕들의 실패를 기록하고 있다. 인간 왕의 실패에 대한 성경의 기록은 하나님 백성의 마음에 참된 왕, 참된 메시아인 왕을 소망하게 만든다. 이 왕은 하나님과 그의 백성 사이에 낀 존재로 중재적·중보적 사역을 감당하게 된다.

(3) 인간 왕으로 오신 메시아 : 언약 백성의 구원

> "종려나무 가지를 가지고 맞으러 나가 외치되 호산나 찬송하리로다 주의 이름으로 오시는 이 곧 이스라엘의 왕이시여 하더라"(요 12:13).

예수 그리스도께서는 인간 왕으로 세상에 오시었다. 이 왕은 예언자의 말처럼 "기록된 바 시온 딸아 두려워 말라 보라 너의 왕이 나귀 새끼를 타고 오신다"(요 12:15) 함과 같이, 왕은 공의로우며 구원을 베풀며 겸손하게 세상에 오시었다(슥 9:9). 예수 그리스도께서는 스스로 왕이라 말씀하시며(요 18:37), 진리를 위해 세상에 오시었다고 말씀하셨다.

> "우리 주 예수 그리스도 나타나실 때까지 점도 없고 책망받을 것도 없이 이 명령을 지키라 기약이 이르면 하나님이 그의 나타나심을 보이시리니 하나님은 복되시고 홀로 한 분이신 능하신 자이며 만왕의 왕이시며 만주의 주시요"(딤전 6:14-15).

하나님의 왕권은 그리스도 안에서 세상에 나타내신 바가 된다. 언약 백성으로 세상에 숨기운 자로, 환란 속에서 남은 자로 두신 하나님의 백성들은 기약한 때가 되었을 때 예수 그리스도의 나타나심을 보게 될 것이다. 그리고 그때 하나님은 홀로 전능하신 분으로, 만왕의 왕이시며 만주의 주이심을 세상에 나타내실 것이다.

메시아의 왕적 사역에서 가장 중요한 것은, 예수 그리스도의 왕적 사역으로 인해 그의 백성이 가지고 있는 연약함이 구원에 문제 되지 않는다는 사실이다. 심판은 왕의 행위로 결정된다. 우리 왕이신 예수 그리스도는 하나님 앞에서 흠도 없고 점도 없는 어린양(벧전 1:19)으로, 약속된 축복이 왕으로 임하실 것이다. 그리고 그의 백성들은 자신의 행위가 아니라 오직 왕의 행위로 그 축복에 참여하게 될 것이다. 이것이 메시아를 준비하신 하나님의 왕의 약속이다.

한편, 인간 왕으로 인해 응답을 잃어버린 그의 백성의 부르짖음은 이제 왕이신 메시아, 예수 그리스도의 이름을 통하여 보다 분명하게 하늘에 상달됨을 말한다.

> "너희가 내 이름으로 무엇을 구하든지 내가 시행하리니 이는 아버지로 하여금 아들을 인하여 영광을 얻으시게 하려 함이라"(요 14:13).

메시아 예수 그리스도로 인하여 백성의 부르짖음은 회복되었다. 하지만 실질적으로 하나님 백성의 기도가 하나님께 직접적으로 상달되는 것은 아니다. 이제 성도의 간구에 성령 하나님께서 직접 간구하신다.

> "이와 같이 성령도 우리 연약함을 도우시나니 우리가 마땅히 빌 바를 알지 못하나 오직 성령이 말할 수 없는 탄식으로 우리를 위하여 친히 간구하시느니라"(롬 8:26).

성령 하나님의 간구와 더불어 왕이신 성자의 기도가 함께한다. 여기서 성령의 간구를 말하고 있는 로마서에서 사용된 "간구"(intercession, KJV)는 중재하심을 의미한다. 또한 로마서 8장 34절에서 성자의 간구 역시 중재를 의미한다.

> "누가 정죄하리요 죽으실 뿐 아니라 다시 살아나신 이는 그리스도 예수시니 그는 하나님 우편에 계신 자요 우리를 위하여 간구하시는 자시니라"(롬 8:34).

성자 하나님과 성령 하나님은 우리의 간구를 중재하신다. 이것이 왕의 규례이다. 곧 하나님과 인간 사이에 있는 인간 왕은 중보적 성격을 가진다.

2) 대제사장 제도

대제사장 제도에도 두 개의 규례가 있다. 하나는 아론의 반차를 따르는 대제사장 제도이고, 다른 하나는 멜기세덱의 반차를 따르는 대제사장 제도이다. 먼저 아론의 대제사장 직분을 살펴보고, 그 다음으로 멜기세덱의 대제사장 제도를 확인해 보자.

(1) 아론의 대제사장 직분 1 : 저주받은 레위 가문을 축복으로

야곱이 이삭과 리브가의 품을 떠날 때 벧엘에서 서원을 한다. 이 벧엘 서원에서 야곱은 ① 자신의 길을 지켜주시고, ② 먹을 양식과

③ 입을 옷을 주시고, ④ 평안히 아비 집으로 돌아가게 하신다면, ⑤ 여호와께서 나의 하나님이 되실 것이라고 서원하였다. 또한 ⑥ 자신이 세운 이 돌이 하나님의 전이 될 것이며, ⑦ 하나님께서 자신에게 주신 모든 것에서 십분의 일을 반드시 하나님께 드리겠다고 서원하였다.

그리고 이 모든 것은 성취되었으나, 야곱은 벧엘에 단을 쌓는 대신 세겜에 단을 쌓고 '엘엘로헤이스라엘'(하나님, 이스라엘의 하나님)이라 하였다. 야곱이 단을 쌓았으나 이것은 언약을 성취한 것이 아니었으며, 이제 하나님은 침묵하신다. 이 침묵 가운데 야곱의 딸 디나가 수치를 당하고(창 34:2), 이에 레위와 시므온이 복수를 한다. 두 아들이 복수를 하고 돌아온 것에 대해 야곱 가문의 멸망에 대해 말하고, 레위와 시므온은 가족을 위하여 살인한 것에 대해 정당성을 주장한다(창 34:31).

야곱 가문의 멸망은 곧바로 노예 생활을 의미한다. 왜냐하면 하나님은 아브라함에게 그의 후손들의 400여 년 동안의 노예 생활을 약속하셨으며, 4대만 돌아올 것을 말씀하셨기 때문이다. 이러한 위기의 순간에 하나님은 단호하게 벧엘 서원을 지킬 것을 요구하신다(창 35:1). 언약에 신실하신 하나님임을 성경은 분명하게 말씀하고 있다. 그리고 레위와 시므온은 이 일로 야곱에게 저주와 같은 예언을 듣게 된다. 곧 "시므온과 레위는 형제요 그들의 칼은 잔해하는 기계로" 흩어짐을 예언한다(창 49:5-6).

가족을 위해서 살인했던 레위는 이제 하나님을 위해서 가족을 살인하여 저주를 축복으로 바꾼다. 곧 모세가 시내 산에 있는 동안 황금 송아지를 숭배했던 하나님의 백성에 대해, 레위가 그 가족들을 살인한다.

"레위 자손이 모세의 말대로 행하매 이날에 백성 중에 삼천 명 가량이 죽인 바 된지라 모세가 이르되 각 사람이 그 아들과 그 형제를 쳤으니 오늘날 여호와께 헌신하게 되었느니라 그가 오늘날 너희에게 복을 내리시리라"(출 32:28-29).

레위 지파는 하나님께 헌신(consecrate, KJV)함으로 축복을 받게 되었다. 이러한 헌신적 레위 지파는 아론의 손자 비느하스에 의해 절정에 이른다. 곧 비느하스는 하나님의 질투심으로 레위 지파에 평화의 언약을 얻어낸다.

"여호와께서 모세에게 일러 가라사대 제사장 아론의 손자 엘르아살의 아들 비느하스가 나의 질투심으로 질투하여 이스라엘 자손 중에서 나의 노를 돌이켜서 나의 질투심으로 그들을 진멸하지 않게 하였도다 그러므로 말하라 내가 그에게 나의 **평화의 언약**을 주리니 그와 그 후손에게 **영원한 제사장 직분의 언약**이라 그가 그 하나님을 위하여 질투하여 이스라엘 자손을 속죄하였음이니라"(민 25:10-13).

아론의 손자 비느하스는 하나님이 죄를 미워하시고 죄에 대해 분노하시는 마음, 그 열정으로 살인하여 평화의 언약을 선물로 받는다. 그리고 이 언약에 따라서 대제사장 제도는 레위 지파 가운데 아론의 후손, 곧 비느하스의 후손에 의해 세습적인 지위를 얻는다.

(2) 아론의 대제사장 직분 2 : 축복받은 레위 가문을 저주로

세습적 대제사장 제도는 사사 시기에 대대적인 위기에 봉착하게 된다. 사사 시대에는 왕이 없으므로 자기의 소견(삿 17:6, 21:25)대로 행동했으며, 그 결과 스스로 왕이 된 아비멜렉이 나타났고, 스스로 대제사장이 되어 스스로 에봇을 만들어 입는 경우까지 등장하였다.

에브라임 산지의 미가란 사람은 에봇과 산당을 만들고 자신의 아들을 스스로 제사장으로 삼았다. 이후에 레위 사람이 생업을 위해서 미가 개인의 제사장으로 봉직한다(삿 17:10). 이후에 이 레위 사람은 더 많은 돈을 받고 단 지파의 제사장으로 옮긴다(삿 18:20).

또한 엘리는 사사(삼상 4:18)이자 대제사장(삼상 1:3, 2:11)이었으나, 아들에 대한 지나친 애정으로 하나님의 예배를 멸시하였다. 레위 지파가 가족을 희생하고 하나님께 헌신한 것과 다르게, 엘리는 하나님보다 가족을 더 중요하게 대했다(삼상 2:29). 한편, 아론의 손자 비느하스는 하나님의 질투심으로 살인했으나, 엘리의 아들 비느하스는 불량자였다(삼상 2:12, 1:3).

> "너희는 어찌하여 내가 나의 처소에서 명한 나의 제물과 예물을 밟으며 네 아들들을 나보다 더 중히 여겨 내 백성 이스라엘의 드리는 가장 좋은 것으로 스스로 살찌게 하느냐 그러므로 이스라엘의 하나님 나 여호와가 말하노라 내가 전에 네 집과 네 조상의 집이 내 앞에 **영영히 행하리라 하였으나 이제 나 여호와가 말하노니 결단코 그렇게 아니하리라** 나를 존중히 여기는 자를 내가 존중히 여기고 나를 멸시하는 자를 내가 경멸히 여기리라"(삼상 2:29-30).

대제사장 엘리와 그의 아들 비느하스로 인하여 대제사장 제도는 급격한 변화를 겪는다. 곧 세습적인 대제사장 제도에 대해 하나님은 이제 하나님을 존중히 여기는 자를 존중히 여기실 것을 말씀하신다.

> "내가 **나를 위하여 충실한 제사장**을 일으키리니 그 사람은 내 마음, 내 뜻대로 행할 것이라 내가 그를 위하여 견고한 집을 세우리니 그가 나의 기름 부음을 받은 자 앞에서 영구히 행하리라 네 집에 남은 사람이 각기 와서 은 한 조각과 떡 한 덩이를 위하여 그에게 엎드려 가로되 청하노니 내게 **한 제사장의 직분을 맡겨 나로 떡 조각을 먹게 하소서** 하리라 하셨다 하니라"(삼상 2:35-36).

하나님은 하나님을 위한 '충실한 제사장'을 세우실 것을 말씀하신다(삼상 2:35). 대신에 대제사장 가문인 아론의 가문은 생계유지를 위한 밥벌이 제사장으로 몰락하게 된다(삼상 2:36). 여기서 '충실한 제사장'은 레위 지파에 국한되지 않고, 하나님의 뜻대로 행하는 자로 지목된다. 일차적으로는 사사 사무엘이 에봇을 입음으로 대제사장 제도는 레위 지파에 국한되지 않게 된다(삼상 2:18).

> "그 제사장 중에는 모세와 아론이요 그 이름을 부르는 자 중에는 사무엘이라 저희가 여호와께 간구하매 응답하셨도다"(시 99:6).

하나님의 제사장 가운데 모세와 아론이 있으며, 하나님의 이름을 부르는 사람 가운데 사무엘이 있으니, 이 세 사람이 하나님께 간구하면 하나님께서 응답하셨다. 사무엘은 레위 지파는 아니었으나 에봇을 입고 제사를 드렸으며(삼상 16:2), 모세와 아론과 더불어 하나님께 응답받은 사람이었다. 이렇게 하나님은 하나님의 마음에 합한 이를 제사장으로 쓰기로 결정하셨다. 사무엘처럼 레위 지파가 아니면서도 에봇을 입고 제사장의 역할을 한 인물이 있다. 바로 유다 지파의 다윗이다(대상 15:27). 다윗은 제사장만이 먹을 수 있는 진설병의 떡을 먹기도 했다(삼상 21:4-6; 마 12:3).

모세나 사무엘 그리고 다윗은 메시아의 삼중직(왕, 제사장, 선지자)의 그림자로 나타나며, 특히 제사장 제도와 관련하여 사무엘은 에브라임 지파이며, 다윗은 유다 지파로 대제사장 제도가 레위 지파에 국한된 것이 아니라, 하나님의 마음에 합한 선택된 사람임을 분명히 하고 있다. 그리고 궁극적으로 유다 지파에서 대제사장으로 오신 메시아를 준비한다. 곧 하나님의 마음에 합한 자이며, 하나님의 뜻을 행할 자, 곧 대제사장으로 모신 메시아 예수 그리스도를 준비한다.

비느하스에게 약속하신 영원한 제사장 직분(민 25:10-13)은 그대로 유지하신다. 한 번 약속하신 것을 파기하지 않으시는 하나님은 언약의 갱신을 통하여 그 신학적인 의미를 바꾸신다. 곧 영원한 레위 가문의 세습적인 제사장 제도는 그대로 유지하신다. 하지만 이제 그 의미는 생계유지를 위한 밥벌이 제사장일 뿐이다.

실질적으로 레위 가문의 대제사장은 이후에 몇 명 언급되지 않는다. 솔로몬을 도와주었던 사독, 요아스의 개혁에 성전을 수리했던 여호야다, 율법책을 발견한 힐기야 등이 언급되지만 그 역할은 미미하다. 뿐만 아니라 포로 귀환 이후에도 레위에게 주신 언약은 지속적으로 언급되고 있으나(말 2:4-5), 언약이 파기되었음을 선언하신다.

> "너희는 정도에서 떠나 많은 사람으로 율법에 거치게 하도다 나 만군의 여호와가 이르노니 너희가 레위의 언약을 파하였느니라"(말 2:8).

공식적으로 아론에게 주어진 제사장의 언약, 비느하스(아론의 손자)에 의해서 얻은 평화의 언약은 비느하스(엘리의 아들)로 인해 생계유지형 제사장으로 전락했으며, 결국 말라기에서 그 언약은 파기되었다.

> "나 여호와가 이같이 말하노라 너희가 능히 낮에 대한 나의 약정과 밤에 대한 나의 약정을 파하여 주야로 그때를 잃게 할 수 있을진대 내 종 다윗에게 세운 나의 언약도 파하여 그로 그 위에 앉아 다스릴 아들이 없게 할 수 있겠으며 내가 나를 섬기는 레위인 제사장에게 세운 언약도 파할 수 있으리라"(렘 33:20-21).

언약은 하나님이 주신 선물이다. 하나님은 전능하시어 언약을 스스로 파기할 수도 있는 분이시다. 하지만 하나님은 언약을 신실하게 이행하시며 영원히 지키심을 성경은 말한다. 실질적으로 언약을 파기하는 것은 언약 백성이며, 그 언약을 더욱 친밀하게 이행하시면서 이끌어 가시는 분은 하나님 자신이시다.

(3) 멜기세덱 대제사장 직분 : 하나님의 마음에 합한 대제사장

하나님은 하나님 마음에 합한 대제사장을 일으킬 것을 말씀하셨다(삼상 2:35). 이는 메시아를 준비하는 하나님의 섭리이며, 이미 창세기에서부터 예비된 바이다. 창세기에서는 거룩한 하나님의 대제사장 멜기세덱이 등장한다.

> "**살렘 왕 멜기세덱이 떡과 포도주**를 가지고 나왔으니 그는 **지극히 높으신 하나님의 제사장**이었더라 그가 아브람에게 축복하여 가로되 천지의 주재시요 지극히 높으신 하나님이여 아브람에게 복을 주옵소서 너희 대적을 네 손에 붙이신 지극히 높으신 하나님을 찬송할지로다 하매 아브람이 그 얻은 것에서 십분 일을 멜기세덱에게 주었더라"(창 14:18-20).

살렘의 왕이며 지극히 높으신 하나님의 제사장인 멜기세덱은, 아브람(아브라함)을 축복하며 떡과 포도주를 주었다. 이에 아브라함은 십일조로 답례한다. 창세기의 이 기록은 평화의 왕이시며 하나님의 제사장에 관한 언급이지만 이 이상에 대한 언급은 없다. 이후에 다윗은 "여호와께서 내 주에게 말씀하시기를"(시 110:1)이라고 메시아에 대해 예언하면서, 주님이신 하나님 이외에 또 다른 주님이 계심을 말한다. 다시 말해서, 메시아는 다윗의 후손이 아니라 다윗보다 먼저 계신 분임을 의미한다.

> "가라사대 그러면 다윗이 성령에 감동하여 어찌 그리스도를 주라 칭하여 말하되 주께서 내 주께 이르시되 내가 네 원수를 네 발 아래 둘 때까지 내 우편에 앉았으라 하셨도다 하였느냐 다윗이 그리스도를 주라 칭하였은즉 어찌 그의 자손이 되겠느냐 하시니"(마 22:43-45).

메시아는 다윗의 주로 고백되고 있으며, 이는 성부 하나님 외에 또 다른 주님임을 말한다. 그리고 다윗이 성령에 감동되어 이 메시아(그리스도)가 바로 멜기세덱의 반차를 좇아 영원한 제사장임을 고백한다(시 110:4).

> "그리로 앞서 가신 예수께서 멜기세덱의 반차를 좇아 영원히 대제사장이 되어 우리를 위하여 들어가셨느니라"(히 6:20).

> "이 멜기세덱은 살렘 왕이요 지극히 높으신 하나님의 제사장이라"(히 7:1).

> "아비도 없고 어미도 없고 족보도 없고 시작한 날도 없고 생명의 끝도 없어 하나님 아들과 방불하여 항상 제사장으로 있느니라"(히 7:3).

멜기세덱은 '하나님의 아들과 같은'(like the Son of God, KJV, 히 7:3) 존재이다. 여기서 '방불하다'란 헬라어는 '아포모이오오'(ἀφομοιόω)로 '복사하다', '복제하다'란 뜻이다. 곧 멜기세덱은 하나님의 아들을 복사한 것으로 예수 그리스도의 그림자이다.

실질적으로 예수님은 "아브라함이 나기 전부터 내가 있느니라"(요 8:58)고 말씀하셨다. 뿐만 아니라 "너희 조상 아브라함은 나의 때 볼 것을 즐거워하다가 보고 기뻐하였느니라"(요 8:56)고 말씀하시어, 아브라함이 예수의 날 곧 그리스도를 보았다고 말씀하신다. 이에 유대인들은 예수님의 나이가 "아직 오십도 못 되었는데 아브라함을 보았느냐"(요 8:57)고 반문했다. 다시 말해서 예수님은 아브라함을 만나셨다.

3) 선지자 제도

구약의 '예언자' 혹은 '선지자'라는 용어는 히브리어로 '나비'(נָבִיא,

Nabi), 신약의 헬라어로는 '프로페테스'(προφήτης, ProPhetes)를 사용하고 있다. 여기서 '나비'는 히브리어 사전에서는 '말하는 사람'(speaker), '대언자'(spokesman), '예언자'(prophet)의 뜻을 가진다. 헬라어 '프로페테스'의 사전적인 의미는 '신성한 계시를 선포하다'(proclaim a divine revelation)란 뜻으로 '선포자' 혹은 '포고자'(proclaimer)를 의미한다.

다시 말해서, 신성한 계시의 '해설자' 혹은 '설명자'(interpreter of the divine revelation)란 뜻이다. 헬라어의 프로페테스는 히브리어의 나비와 같은 뜻으로 신성한 계시를 선포하는 선포자로 말하는 사람이며, 대언자의 성격을 가진다. 뿐만 아니라 프로페테스는 단순히 대언의 성격을 넘어서 그에 따르는 해설자 혹은 설명자(통역자)를 칭한다.

히브리어 '나비'와 헬라어 '프로페테스'는 복술(卜術)처럼 미래의 일을 예언하는 성격이 아니라, 하나님의 말씀을 대언하는 것, 혹은 하나님의 말씀을 해설하는 것을 의미한다. 이 같은 의미에서 우리는 성경의 선지자에 대해 분명한 두 가지 잘못된 견해를 가지고 있다. 하나는 미래의 사건을 미리 알고 말해 주는 사람이라고 이해하는 견해이고, 다른 하나는 사회적인 변화, 사회적인 변역을 위해 투쟁하는 사회 운동가나 사회 개혁가로 이해하는 견해이다.[24]

선지자는 하나님의 말씀을 선포하는 선포자이며, 그 말씀을 해설, 설명하는 설명자이며, 설교자이다. 선지자는 하나님의 말씀의 대언자로, 그 말씀을 강론하는 사람이다. '예언자'란 번역은 우리가 가지고

---

24) 박준서, "구약 예언자 연구", 《구약성서 연구(1-4)》(서울: 연세대학교연합신학원, 1992), p. 173.

있는 오해를 고착화시킬 수 있는 요소가 있으므로 '선지자'보다는 바람직하지 못한 번역이라고 하겠다. 그러므로 본 글에서는 '예언자'와 의미상 크게 다르지 않는 '선지자'란 번역을 사용하여, 우리가 범하는 오해를 조금이나마 줄이고자 한다. 물론 선지서에는 미래의 사건에 대한 구체적인 일들이 예언되어 있는 것이 사실이다. 하지만 이것은 언약 안에서 주어진 언약적 축복과 언약적 저주를 바탕으로 한 것이며, 그 구체적인 적응은 하나님의 뜻이며, 선지자는 그 언약과 구체적인 역사 사이의 해설자로 등장한다.

(1) 선지자 제도의 준비 : 선지자 아브라함(창 20:7)

성경 전체에서 창세기는 모든 것의 기원을 다루고 있으며, '선지자'에 대한 개념에 있어서도 결코 예외는 아니다. 선지자, 곧 '나비'라는 히브리어가 처음으로 등장하는 곳이 바로 창세기 20장 7절이다.

> "이제 그 사람의 아내를 돌려보내라 그는 **선지자**라 그가 너를 위하여 기도하리니 네가 살려니와 네가 돌려보내지 않으면 너와 네게 속한 자가 다 정녕 죽을 줄 알지니라."

본문을 보면, 아브라함이 남방으로 이사하여 그랄에 머물게 되었다. 이곳에서 아브라함은 자기 아내 사라를 그랄 왕 아비멜렉에게 보냈고, 이에 주님은 아비멜렉에게 직접 말씀하셨다(창 20:7). 여기서 주님은 아브라함을 '나비'라고 칭하신다. 그리고 그 나비 아브라함이 기도를 하면 살고, 기도를 하지 않으면 죽는다고 엄포하셨다. 여기서 '기도하다'(pray, KJV, NIV, ASV)로 번역된 단어는 히브리어 '파랄'(פָּלַל)로, 사전적으로는 '사이에 끼다'(intervene), '……의 사이에 끼우다'(interpose)란 뜻을 가진 단어다. 그래서 일반적으로 '개입하다', '중재하다', '판단하다'(삼상 2:25)로 번역한다. 이러한 파랄의 의미에서 창세기 20장 7절은 문법적으로 히트파엘형(강조 동사 재귀형)을 사용하고 있다.

다시 말해서 '중재자'인 아브라함이 스스로 아비멜렉을 위하여, 주님과 아비멜렉 사이에 끼어들 경우에 아비멜렉은 살 수 있다. 이러한 능동적인 자기 개입성으로 인해 파랄의 히트파엘형은 대부분 기도로 번역한다. 다시 말해서 '기도'는 능동적으로 개입하는 것을 의미한다.

성경은 아브라함의 삶을 개입하는 자로 묘사하고 있다. 예를 들어 롯이 전쟁 포로가 되었을 때에도 아브라함이 개입하였으며, 소돔과 고모라가 멸망했을 때에도 아브라함은 하나님의 사역에 개입하여 롯을 돕는다. 이러한 아브라함의 개입성을 아비멜렉을 통하여 하나님은 보다 분명하게 하신다. 바로 선지자 아브라함이다. 선지자의 기본적인 개념은 아브라함의 경우처럼 하나님과 다른 이들(롯이나 아비멜렉) 사이에 끼어들어 있는 존재, 개입하는 존재를 의미한다.

(2-1) 선지자 제도의 완성 1 : 하나님의 영에 의한 선지자의 완성(출-레-민)

① 대언자인 '나비' : 출애굽기 7장 1절

'나비'에 대하여 목회자나 학자들 사이에 이견이 존재하는 것이 사실이다. 그리고 대부분의 목회자들과 일부의 학자들은 '나비'의 번역 가운데 '예언자'(prophet)란 의미로 인해 예언적인 성격을 강조하고 있는 것이 사실이다. 하지만 구약의 나비가 사용된 용례를 보면,

그 의미는 예언자가 아니라 '대언자'란 뜻을 분명히 하고 있다.

> "여호와께서 모세에게 이르시되 볼지어다 내가 너로 **바로에게 신이 되게** 하였은즉 네 형 아론은 **네 대언자**가 되리니"(출 7:1).

하나님은 모세에게 분명히 말씀하시길, 모세는 이집트 왕 파라오에게 엘로힘(אֱלֹהִים)이 되는 것을 허락하셨다. 여기서 성경은 모세에게 엘로힘, 곧 '하나님'이란 단어를 사용하고 있다.[25] 사실 히브리어에서 엘로힘은 고유명사가 아니라 일반 보통명사로 어디에나 사용 가능한 명사이다. 그래서 '이방의 신들'(삿 10:16; 삼상 7:3)을 말할 때에도 엘로힘을 사용한다. 모세는 하나님 되는 것을 주님께 허락받았다.[26]

모세는 자신의 입이 뻣뻣하고 혀가 둔하다는 이유로 자신의 소명을 거부했고(출 4:10), 이에 주님은 모세의 '대언자'로 형 아론을 지목하셨다(출 7:1). 여기서 '대언자'(prophet, KJV, NIV, ASV, RSV)는

---

25) 히브리어 성경에서 사용하고 있는 이 엘로힘은 고유명사가 아니다. 그래서 '이방의 하나님'과 '이스라엘의 하나님' 곧 교회 공동체가 믿고 고백하는 하나님 사이의 구별을 위하여, 번역 성경들은 몇 가지 방법으로 이 양자를 구별한다. 먼저 한글 성경에서는 엘로힘을 '하나님'과 '신'으로 구별하고 있는데, 이것은 영어 성경의 영향으로 보인다. KJV에서는 엘로힘을 '하나님'(God)과 '신'(god) 혹은 '신들'(gods)로 구별하여, 독자들에게 도움을 주고 있다. 출애굽기 본문과 관련해서도, KJV는 모세에게 '신'(god)으로 의역하여 오해의 요소를 제거하고자 했다. NIV에서는 '하나님처럼'(like God)으로, ASV와 RSV에도 '하나님처럼'(as God)으로 의역하고 있다. 하지만 구약 히브리어 원문에서는 전치사를 사용하지 않았다. 우리가 사용하는 '하나님'이란 용어는 신앙고백으로 고착화된 고유명사이므로, 구약의 엘로힘이나 신약의 테오스와는 다른 단어이다. '하나님'(God)은 신학 용어이며, 신앙고백의 대상이 되시는 인격적인 주님을 말한다.

26) '인간이 하나님이 되는 것', 이것을 '하나님 됨' 혹은 '신화'(神化)라고 한다. 교부들은 출애굽기에 근거하여 주님을 믿는 성도들은 '하나님이 됨'을 믿었다. 여기서 '신화'란 인간이 신성(神性)에 동참하는 것을 말한다. 다시 말해서 인간이 주님의 보혈로 영원한 생명을 얻어 하나님의 속성인 영원성에 동참하게 된다. 곧 영원성은 하나님의 속성이며, 인간이 영생한다는 것은 바로 이 하나님의 속성에 참예하는 것을 뜻하며, 곧 하나님의 속성 안에서 하나님이 되는 것을 의미한다. 그래서 교부들은 영생을 '신화'로 다룬다. 하지만 현대 교회에서는 이것을 신화(神化)라고 하지 않고, 성화(聖化)라고 한다.

히브리어 원문에서 나비(נָבִיא), 원문 그대로 '네비에카'(נְבִיאֶךָ)로 기록되어 있다. 곧 '너(모세)의 나비'다.

이것을 '예언자'로 번역하면, 아론은 모세(하나님)의 예언자란 의미가 된다. 하지만 아론은 미래 사건에 대해 그 어떤 예언도 하지 않는다. 단지 충실하게 창세기(창 20:7)에서 말한 '나비'의 본래적 의미대로 모세(하나님)와 이집트 왕 파라오(사람) 사이에 개입하여, 하나님의 말씀을 대언하고 해설하는 자로 서 있다. 또한 이것은 다른 사람이나 주님의 나비가 아니라 모세의 나비가 되는 것이다. 곧 모세만의 예언자, 선지자가 되는 것이다. 이것을 도표로 그리면 다음과 같다.

도표 A는 하나님인 모세와 나비인 아론의 관계를 보여준다. 아론에게 모세는 주님의 말씀을 전해 주는 사람으로 말씀의 역할을 감당한다. 반면에, 아론은 이집트 사람(대표성을 가진 이집트의 왕 파라오)에게 주님의 말씀을 선포하는 나비, 곧 '선지자'다. 여기서 선지자의 주된 사명은 미래를 예언하는 것이 아니라, 오직 하나님의 대언자로 말씀을 선포하는 역할을 감당하는 것이다.

물론 아론이 대언자로 예언적인 성격이 완전히 없는 것은 아니다.

예를 들어, 아론은 메뚜기 떼가 내일 온다고 예언했으며(출 10:4), 이는 성취된다. 하지만 여기서 아론이 예언했다는 사실보다는 그가 주님의 말씀을 대언했다는 사실이 더 크게 부각되고 있음을 기억할 필요가 있다.

도표 B를 보면, 이후의 선지자의 기능을 확실하게 볼 수 있다. 곧 선지자는 하나님의 말씀을 그의 언약 백성 혹은 이방인(선지자 요나)에게 대언하는 대언자(선포자)의 성격을 가진다. 여기서 예언의 성격은 주님이 미래에 하실 일에 대한 것으로, 결코 개인적이며 사적인 예언을 수반하지 않는다. 구속사적인 주님의 전체 섭리 가운데 미래에 있을 주님의 계획이 있다면, 선지자는 그것을 대언할 뿐이다.

결국 창세기에서 선지자가 주님과 인간 사이에 낀 존재, 개입한 존재로 준비되었고, 출애굽기에서는 그 낀 존재인 선지자는 주님의 말씀을 세상에 선포하는 사람이자, 그 말씀을 대언하는 사람이다.

② 하나님의 영을 받은 '나비' : 민수기 11장 29절

'나비'란 용어는 창세기에 한 번, 출애굽기에 한 번 사용된다. 그리고 민수기에서는 두 번을 사용한다. 그 내용을 보면, 민수기 11장은 하나님의 백성들이 먹는 문제(육신의 정욕)로 이집트의 삶을 동경하게 된다(민 11:5). 이에 주님은 진노하셨고, 모세는 자신에게 맡겨진 "책임이 심히 중하여 나(모세) 혼자는 이 모든 백성을 질 수 없나이다"(민 11:14)라고 간구한다. 이에 주님은 70장로를 선출하신다. 그리고 이렇게 말씀하셨다.

> "내가 강림하여 거기서 너와 말하고 네게 임한 **신을 그들에게도 임하게 하리니** 그들이 너와 함께 백성의 짐을 담당하고 너 혼자 지지 아니하리라"(민 11:17).

주님은 70장로들에게 주님의 '루아흐'(רוּחַ, Spirit) 곧 모세에게 임한 그 영을 임하게 하여, 모세의 일을 담당하도록 하신다. 여기서 특징적인 것은 모세에게 임한 동일한 하나님의 영이 70장로에게 임한다는 사실이다. 그리고 하나님의 영이 임할 때 일정 기간 동안 70장로들은 '예언'을 하게 된다.

> "여호와께서 구름 가운데 강림하사 모세에게 말씀하시고 그에게 임한 신을 칠십 장로에게도 임하게 하시니 신이 임하신 때에 그들이 **예언을 하다가 다시는 아니하였더라**"(민 11:25).

민수기 본문에 사용된 '예언하다'란 동사는 '나바'(נָבָא)로, 이 '나바'에서 선지자의 뜻을 가진 명사 '나비'가 파생되었다. 하나님의 영이 임하여 예언을 하는 것은 '선지자'를 의미하는 가장 중요한 징표의 역할을 한다. 예컨대, 사무엘은 사울에게 기름을 부어 지도자로 삼으면서(삼상 10:1), 하나님의 영이 사울에게 임하여 예언할 것을 말했다(삼상 10:6). 이 징조는 하나님이 사울과 함께하심을 의미한다(삼상 10:7). 또한 이것이 사울이 선지자임을 의미한다(삼상 10:11).

선지자에 대한 이해에서 가장 중요한 것은 예언이 아니라 하나님의 영이 임재했다는 사실이며, 이것은 민수기에 언급된 것과 동일한 개념이다. 70장로들은 하나님의 영으로 일정 기간 동안 예언을 했고, 이 모습을 본 여호수아는 모세에게 이런 일을 금할 것을 권한다(민 11:28). 하지만 모세의 입장은 사뭇 다르다. 모세는 오히려 이러한 현상이 모든 하나님의 백성에게 일어나길 원한다.

> "모세가 그에게 이르되 네가 나를 위하여 시기하느냐 **여호와께서 그 신을 그 모든 백성에게 주사 다 선지자 되게 하시기를 원하노라**"(민 11:29).

모세의 이 말 가운데 선지자의 의미가 명백해진다. 곧 하나님이 당신의 성령을 주신 사람이 선지자가 되는 것이다. 또한 모세는 하나님이 그의 모든 백성에게 하나님의 영을 주시어 모든 백성이 선지자가 되었으면 한다. 이후에 하나님은 만민에게 하나님의 영을 주실 것을 약속하시고(욜 2:28), 실질적으로 오순절 날에 성취해 주신다(행 2:16).

선지자는 창세기에서 주님과 인간 사이에 낀 존재이며 개입하는 존재로 준비되었으며, 이것이 출애굽기에서는 주님의 말씀을 인간에게 대언하는 선포자(설교자)이며 해설자로 그 의미가 구체화된다. 그리고 민수기에서 이 대언자 개념에 '하나님의 영'이라는 가장 중요한 요소가 등장한다. 결국 '선지자'는 하나님이 주신 성령을 받아서, 주님과 인간 사이에 끼어 하나님의 말씀을 인간에게 대언, 선포(설교), 해설하는 사람을 의미한다. 물론 일정 기간의 예언이 포함되어 있다.

'나비'란 단어는 민수기에 2번 등장하는데, 이 가운데 첫 번째 등장하는 것이 민수기 11장이고, 두 번째 등장하는 본문이 민수기 12장 7절이다. 이 본문에 따르면, 언약 백성 가운데 선지자가 있어 이상(in a vision, KJV)으로 하나님을 알려 주시고, 꿈(in a dream, KJV)으로 말씀하셨다. 물론 모세에게는 그렇게 하지 않으셨는데, 그 이유는 모세는 하나님의 집에 충성됨이라고 말씀하셨다(민 12:7). 여하튼 선지자는 꿈과 이상을 통해 하나님을 알게 되고, 예언을 하기도 한다.

(2-2) 선지자 제도의 완성 2 : 하나님의 대언자로서 선지자의 완성 (신명기)

출-레-민에서 '선지자'란 사람(그 씨)에 초점을 두고 선지자 개념을 완성했다. 곧 하나님의 영을 받아서, 하나님과 인간 사이에서 하나님의 말씀을 인간에게 선포하는 사람으로, 일정 기간 예언을 한다. 이제 신명기는 선지자에 대한 개념의 바탕(밭)을 제공한다. 곧 참된 선지자의 판단 기준을 제공해 주며, 보다 본질적으로는 참된 선지자로서의 메시아를 언급한다.

① 참 선지자의 구분, 곧 선지자 개념의 바탕(밭)의 완성 : 신명기 13장

일반적으로 '예언'은 선지자를 판단하는 기준으로 작용할 수 있다. 이에 성경은 선지자 개념에 대해 다시 한번 더 되풀이하여 언급한다.[27]

> "너희 중에 **선지자**나 **꿈꾸는 자**가 일어나서 이적과 기사를 네게 보이고 네게 말하기를 네가 본래 알지 못하던 **다른 신들을 우리가 좇아 섬기자** 하며 이적과 기사가 그 말대로 이룰지라도 너는 그 선지자나 꿈꾸는 자의 말을 청종하지 말라 이는 너희 하나님 여호와께서 너희가 마음을 다하고 성품을 다하여 너희 하나님 여호와를 사랑하는 여부를 알려 하사 너희를 시험하심이니라"(신 13:1-3).

신명기 13장을 보면, 언약 백성 가운데 선지자나 꿈꾸는 자가 있어서 이적(sign)과 기사(wonder)를 행하고, 그 이적과 기사가 그들 말대로 실제로 이루어진다 해도 중요한 것은 아니다. 여기서 중요한 것은 언약

---

27) 신명기(申命記, Deuteronomy)는 '제2', 혹은 '두 번째'를 의미하는 'deutero' + 학(學) 혹은 법(法)을 의미하는 'nomy'가 결합한 단어로, '두 번째 법'(Deuteronomy)이란 뜻이다. 한자로도 '거듭', '되풀이할' 신(申) + '명령' 명(命)이 결합하여, '되풀이한 명령'이란 뜻을 가진다.

적 삶이다. 이적이나 기사 혹은 미래에 대한 예언이 아니라 하나님과의 언약이다. 선지자와 꿈꾸는 자들이 이적과 기사를 통하여 언약 이외의 '또 다른 엘로힘' 곧 성경에 기록된 주님 이외의 '또 다른 하나님'을 섬기자고 한다면 이것은 시험이다. 언약 백성이 언약적 삶 가운데 마음을 다하고 성품을 다하여 하나님을 사랑하는지 알려 하신 것이다. 하나님은 하나님이 하신 말씀을 "지켜 행하고 그것에 가감하지 말라"(신 12:32)고 하셨다.

선지자를 판단할 때 기적과 이사, 예언의 성취가 아니라, 참된 선지자를 판단하는 기준은 언약의 말씀이다. 하나님의 말씀이 모든 것의 바탕이며 표준이 된다. 결코 이적과 기사는 중요한 역할을 하지 않는다. 그래서 '언약'을 파기하도록, 다른 하나님이나 우상 숭배로 이끄는 선지자나 꿈꾸는 자를 모두 죽이라고 말씀하신다(신 13:5).

> "너는 그를 좇지 말며 듣지 말며 긍휼히 보지 말며 애석히 여기지 말며 덮어 숨기지 말고 너는 용서 없이 그를 죽이되 죽일 때에 네가 먼저 그에게 손을 대고 후에 뭇백성이 손을 대라"(신 13:8-9).

언약에서 벗어나도록 인도하는 선지자에 대해 그 어떤 자비나 용서를 허락하지 않는다. 선지자는 언약 안에 있으며, 하나님의 말씀 가운데 서 있어야 한다. 미래를 예언하고, 기적과 이사를 행한다 해도 중요한 것이 아니며, 참 선지자는 언약의 말씀 가운데 서 있어 하나님의 대언자로 사역을 감당한다. 하나님은 언약 공동체 안에서 길흉에 관해 말하는 예언자들(observers of time, KJV)이나 점쟁이들(diviners)을 용납하지 않으신다(신 18:14). 참 선지자는 하나님의 말씀의 대언자이며 선포자의 사역을 하지, 미래에 있을 길흉이나 개인적인 점을 치는 자가 아니다. 이러한 자들은 언약 공동체에서 그 존재 자체를 허락하지 않는다.

② 참 선지자로서의 메시아 : 신명기 18장

하나님은 메시아 곧 구원자로 참 선지자 한 명을 예비하신다. 모세는 메시아 '예수 그리스도'에 관해 다음과 같이 말했다.

> "내가 그들의 형제 중에 **너와 같은 선지자** 하나를 그들을 위하여 일으키고 내 말을 그 입에 두리니 내가 그에게 명하는 것을 그가 무리에게 다 고하리라"(신 18:18).

하나님은 모세와 같은 선지자 한 명(행 3:22-23)을 예비하셨으며, 이는 구원자 예수 그리스도를 의미한다(행 3:20-21). 하나님이 약속하신 '한 선지자'는 그 입에 하나님의 말씀이 있어서 하나님의 백성에게 하나님의 말씀을 선포할 선지자다. 실질적으로 하나님은 하나님의 말씀을 '모세의 입'에 두셨고(출 4:15, 13:9), 또 다른 선지자의 입에 하나님의 말씀을 두실 것을 약속하셨다. 이로 인하여 모세는 아론과 세상(파라오)에 대해 하나님이 되었고, 아론은 모세의 선지자(대언자)가 되었다. 이러한 구도는 구약의 선지자들이 가지는 일반적인 특징을 그대로 반영한다(아래 그림 참조). 구약의 선지자들은 하나님의 말씀에 대한 대언자이며, 언약 백성들에게 하나님의 말씀을 선포한다.

모세는 다른 선지자와는 다른 선지자이다. 그는 '하나님'으로(출 7:1) 메시아의 그림자 역할을 감당한다. 선지자(대언자) 아론이나 구약의 다른 선지자와는 전혀 다른 선지자이며, 하나님은 또 다른 모세와 같은 선지자를 약속하셨다. 이 선지자는 모세가 하나님이 되었던 것처럼 '하나님'이어야 한다.

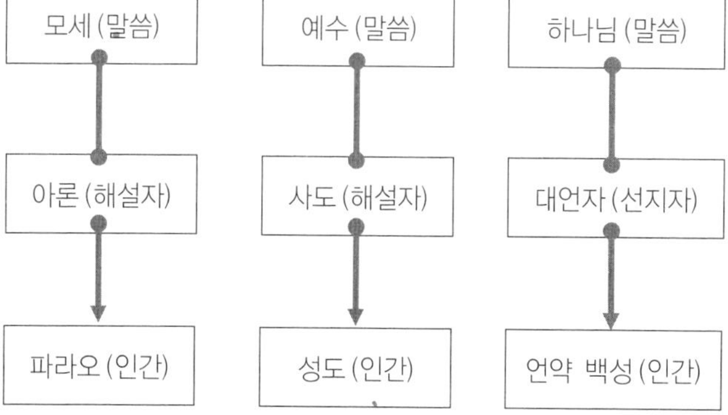

위의 그림에서처럼, 예수님은 하나님이시며 하나님의 말씀(요 1:1)이시다. 그리고 메시아로서 참 선지자이신 예수님께는 사도, 곧 '아포스톨로스'(ἀπόστολος)가 있었다. 이들 사도는 주님의 대리자, 대언자가 있어, 이들은 성도들에게 하나님의 말씀 곧 복음을 전한다. 그리고 이 선지자는 이스라엘 백성 가운데에서 일어날 것이다. 왜냐하면 하나님이 이러한 약속을 주신 것은 바로 호렙 산(시내 산) 언약 때문이다.

> "이것이 곧 네가 총회의 날에 호렙 산에서 너의 하나님 여호와께 구한 것이라 곧 네가 말하기를 **나로 다시는 나의 하나님 여호와의 음성을 듣지 않게 하시고** 다시는 이 큰 불을 보지 않게 하소서 두렵건대 내가 죽을까 하나이다 하매 여호와께서 내게 이르시되 그들의 말이 옳도다"(신 18:16-17).

시내 산 언약에서 하나님의 백성들은 하나님이 직접적으로 말씀하시는 것을 거부했고, 중보자 모세를 세워 대신 하나님의 말씀을 전할 것을 요구했다(출 20:19). 이에 하나님은 "너의 중 네 형제 중에서"(신 18:15), "그들의 형제 중에"(신 18:18) 모세와 같은 선지자, 곧 중보자를 세우실 것을 약속하셨다. 다시 말해서 시내 산 언약 백성 가운데 모세와 같은 선지자가 일어남을 뜻한다. 성자 하나님 예수 그리스도께서는 시내 산 언약과 모압 언약에서 약속하신 바로 그 메시아, 곧 약속하신 선지자이시다. 이 참 선지자는 그 입에 하나님의 말씀이 있으며, 그 자신이 하나님이시다. 하나님이 약속하신 그대로 성취되었다.

하지만 신명기는 또 다른 언급을 하여, 메시아로서의 참 선지자에 대한 제한을 분명히 하고 있다.

> "그 후에는 이스라엘에 모세와 같은 선지자가 일어나지 못하였나니 모세는 여호와께서 대면하여 아시던 자요"(신 34:10).

모세와 같은 선지자가 시내 산 언약 백성 가운데에서 일어날 것이지만, 그것이 이스라엘 백성을 의미하는 것은 아니다.[28] 여기서 메시아는 이중적인 성격을 수반한다. 모압-세겜 언약이 이중적 성격('이미'-'아직'의 긴장 관계)을 가지고 있기 때문에, 메시아인 한 명의

---

28) 이슬람 학자인 아흐메드 데에다트(Ahmed Deedat)는 히텐 목사(Rev. Hiten)의 종교 강의에 참석했던 일들을 기록한 책(*What the Bible says about Muhammad : peace be upon him*, trans. by Sana〈2006〉, pp. 9-15)에서, '모세와 같은 선지자' 에 대한 이슬람의 입장을 기록하고 있다. 이 책에서 아흐메드는 3가지 점에서 모세와 예수의 차이점을 지적하고 있다. 첫째, 모세는 정상적인 부모의 결혼 관계에서 출생했다. 그러나 예수는 동정녀로 출생했으므로 모세와는 다르다. 이슬람은 예수의 동정녀 수태와 죽음 그리고 부활을 믿고 있다. 그러나 무하마드는 아버지와 어머니가 있기에 모세와 예수는 다르지만, 모세와 무하마드는 같다고 주장한다. 둘째, 모세는 아내를 두었으며 그것도 많은 아내를 두었으나, 예수는 결혼하지 않았다. 하지만 무하마드는 여러 명의 아내를 두었으며, 모세처럼 자녀들을 두었다. 그러므로 예수가 아니라 무하마드가 하나님이 약속하신 선지자라는 것이다. 셋째, 무하마드는 죽었으며 모세도 죽었다. 결코 부활하지 않았다. 하지만 예수는 부활했으며, 이것은 예수가 모세와 같은 선지자가 아님을 의미한다고 주장한다. 모슬렘들은 성경에 기록된 '보혜사' 를 무하마드로 이해한다. 세례자 요한이 예수를 예비했으며, 예수는 보혜사(무하마드)를 예비한 선지자이며, 모세에게 약속한 모세와 같은 선지자는 바로 무하마드라는 것이다. 코란은 예수를 믿을 것을 가르치고 있으며, 예수는 모세의 율법에 약속한 최종적 선지자를 예비한 존재로 가르친다. 하지만 이슬람의 주장은 대단히 육적인 논증을 근거로 하고 있다. 다시 말해서 정상적인 부모를 두고, 많은 아내와 많은 자녀를 둔 사람으로 죽은 사람이 모세와 같은 선시사라면, 세상의 모든 사람이 선지자가 된다. 하지만 하나님은 단 한 명의 선지자로, 하나님이 되었던 모세와 같은 선지자, 곧 하나님이신 선지자를 약속하셨다.

선지자는 언약 백성으로 이스라엘 백성 가운데에서 나올 것이지만, 그는 이스라엘 백성이 아니다. 그는 하나님이시다.

"이새의 줄기에서 한 싹이 나며 그 뿌리에서 한 가지가 나서 결실할 것이요"(사 11:1).

선지자 이사야의 말에 따르면, 메시아는 이새의 줄기에서 나온다. 곧 다윗의 후손이다. 하지만 동시에 메시아는 이새의 줄기가 아니라 그 뿌리에서 나온다. 곧 다윗의 후손이 아니다. 언약 백성 가운데 유다 지파에 속한 예수 그리스도는 '다윗의 후손'과 '다윗의 후손이 아닌 것' 사이에 긴장성을 가지고 있다. 예수님은 "다윗이 그리스도를 주라 칭하였은즉 어찌 그의 자손이 되겠느냐"(마 22:45) 하시며, 다윗의 후손이 아님을 말씀하셨다. 곧 다윗보다 먼저 계신, 이새의 뿌리이다. 하지만 "아브라함과 다윗의 자손 예수 그리스도"(마 1:1)이기도 하시다. 약속하신 참 선지자는 이스라엘 백성이지만, 이스라엘 백성이 아니시다. 그는 이스라엘 백성의 왕이시며, 이스라엘 백성을 창조하신 전능하신 하나님이시다.

선지자 하나님의 이름을 빙자하여 말을 하면 죽음을 당한다(신 18:20). 그럼 약속하신 메시아인 참 선지자를 어떻게 알 수 있는가? 이에 대해 하나님께서는 분명한 기준을 두셨다.

"네가 혹시 심중에 이르기를 그 말이 여호와의 이르신 말씀인지 우리가 어떻게 알리요 하리라 만일 선지자가 있어서 여호와의 이름으로 말한 일에 **증험**도 없고 **성취함**도 없으면 이는 여호와의 말씀하신 것이 아니요 그 선지자가 방자히 한 말이니 너는 그를 두려워 말지니라"(신 18:21-22).

예비하신 모세와 같은 한 명의 선지자를 구별하는 방법은 '증험'과 '성취함'에 있다. 여기서 증험과 성취함이란 메시아로서의 선지자의 말이 실제 역사 안에서 일어나야 하며(happen, NKJV), 또한 말한 그대로 되는 것(come to pass, NKJV)을 말한다. 곧 메시아의 말이 역사 안에서 성취됨을 의미한다. 예수 그리스도께서는 성경의 말씀으로 응하게 하려고(요 19:28) 죽기까지 사역하셨으며, 모든 것을 다 이루셨다(요 19:30).

(3) 메시아의 삼중직 : 카리스마적 직분과 세습 직분-사무엘

성경에서 사무엘의 사역은 대단히 중요하다. 바로 메시아의 삼중직인 왕의 제도와 제사장 제도 그리고 선지자 제도에서 사무엘은 가장 중심적인 사역을 감당한다.

먼저 메시아의 삼중직에서 선지자 사무엘(삼상 3:20)은, **첫째, 언약 백성에게 카리스마적인 인간 왕을 세운다(삼상 8장).**

여기서 왕과 선지자의 관계 문제가 파생한다. 사무엘은 하나님이 선택하신 왕, 곧 카리스마적[29] 왕을 세운다(삼상 8장). 왕의 제도는 세습적 제도가 아니라[30] 오직 하나님이 택하신 백성으로, 사울과 다윗이 등장한다. 여하튼 선지자가 왕을 세움으로 선지자가 왕의 권위를 결정하는 사람, 곧 왕위 옹립자(king-maker)로 등장한다. 하지만 사무엘은 사울이 자신을 죽일 것에 대해 걱정하기도 한다(삼상 16:1-2). 또한 사무엘은 선지자의 권한으로 왕 사울을 버리신 주님의 뜻을 전하고 새로운 왕인 다윗을 옹립한다. 이러므로 선지자는 왕을

---

29) 카리스마(charisma) : '하나님의 은혜', 혹은 '성령의 은사'를 의미한다(롬 1:11). 성경에서 말하는 헬라어 '카리스마'(χάρισμα)는 인간의 어떤 공로도 없이 하나님이 주권적으로 주시는 선물, 은총, 은혜 등을 의미한다.

30) 왕의 세습적 형태는 다윗 언약으로 형성된 것으로, 다윗 언약 이전에 왕의 제도는 카리스마적 왕이었다.

옹립하지만 왕권 위에 있지 않으며, 왕권에 독립된 지위를 가진다.

둘째, 언약 백성에게 대제사장 제도를 카리스마적으로 갱신한다 (삼상 2:30-36).

인간 제도의 문제는 세습적 형태에서 등장한다. 초기의 카리스마적인 사사 제도는 세습적인 성격을 가질 위험성이 있었으며(기드온의 아들 아비멜렉이 왕이 됨, 삿 9:6), 실질적으로 사무엘은 사사의 직분을 자기 아들에게 세습하지만(삼상 8:1) 문제를 야기한다. 제사장 제도는 아론과 그의 손자 비느하스 이후로 세습되었으며, 이 세습은 제사장 엘리 때 이전부터 문제를 야기하고 있었다. 특히 대제사장 엘리의 자녀들은 주님의 예배를 멸시했으며, 이에 주님은 세습적 제사장이 아니라 하나님이 선택하신 카리스마적인 새로운 대제사장을 결정하신다. 곧 지파를 초월한 카리스마적 대제사장을 예비하신다(삼상 2:30). 세습 제도에 대한 인간적인 한계성이 문제점으로 등장하면서 새로운 방법, 곧 선지자의 카리스마적 전환(charismatic turning point)이라는 방법이 사용된다.

셋째, 사무엘은 선지자에 대한 개념을 확대하여 전문적인 선지자 단체를 구성한다.

사무엘 이후에 "선지자의 무리"(삼상 10:5, 10, a group of prophets, NKJV; a procession of prophets, NIV)가 본격적으로 활동하기 시작한다. 이 전문적인 집단(group)은 선지자를 쉽게 양산했으며, 선지자 생도(the sons of the prophets, 왕하 2:3)가 존재하기도 했다.

선지자가 쉽게 양산되었음을 보여주는 것이 사울의 경우다. 사울이 다윗을 잡으려고 사자를 보낼 때에 "하나님의 신이 사울의 사자들에게 임하매 그들도 예언"(삼상 19:20)하였다. 물론 사울 자신도 이 선지자

무리에 들어옴으로 예언하게 되었으며(삼상 19:24), "사울도 선지자 중에 있느냐"('Is Saul also among the prophets?', 삼상 19:24)라는 속담을 만든다. 사실 이 속담은 사울이 처음 왕으로 기름 부음을 받을 때에도 등장하는 속담으로, 그때 "여호와의 신이 크게 임하리니 너(사울)도 그들과 함께 예언을 하고 변하여 **새사람**이 되리라"(삼상 10:6)고 했다. 여기서 사울은 하나님의 영으로 다른 사람(a different person, NIV)이 될 것을 약속 받았지만, 그는 선지자가 되어 부정적인 측면에서 다른 사람이 되었다.

사무엘상 10장 12절에서 "그들의 아비가 누구냐"("who is their father?", KJV, NIV)라고 질문한다. 이러한 질문은 사무엘상 19장 20절에서 "사무엘이 그들의 수령으로 선 것"(Samuel standing there as their **leader**, NIV)과 관련하여, 이미 사무엘은 선지자 그룹의 지도자(leader)로 기록되어 있다. 실질적으로 사무엘 이후에 '선지자들의 아들'(sons of prophets)이란 개념이 성경에서 사용되고 있다. 예컨대, 엘리사는 엘리야를 아버지라고 부르고 있으며(왕하 2:12), 아모스 선지자는 자신을 선지자의 아들이 아님을 밝힌다(암 7:14).

사무엘에 의해 형성된 선지자 그룹, 곧 이 선지자 그룹은 누구나, 주님의 백성으로 누구나 말씀의 지도자가 될 수 있음을 의미한다. 그리고 이렇게 쉽게 선지자가 될 수 있음으로 인해 선지자가 사회적으로 높은 지위를 소유하지 못하게 된 것으로 보인다. 그러나 다윗 언약 가운데 세습적인 왕의 제도와 카리스마적인 제사장을 꿈꾸며, 여전히 세습적인 제사장 제도가 유지되었다. 그리고 이러한 세습적 형태에는 인간적인 위험성이 잠재하고 있으며, 이제 선지자는 가장 낮은 지위에서 가장 높은 두 지도자(왕, 제사장)들에게 경각심을 주며, 하나님 백성을 언약 가운데로 인도하는 책무를 감당하게 된다.

하지만 쉽게 양산된 선지자는 참 선지자와 거짓 선지자의 구별 문제를 수반하게 된다. 최종적으로 참된 왕, 참된 제사장, 참된 선지자 곧 메시아에 대한 소망으로 이어진다. 사무엘 이후에 형성된 언약적 삶과 예배적 삶의 지도자들은 메시아의 삼중직에 대한 예표적 성격으로 긴장의 상호 관계를 유지한다.

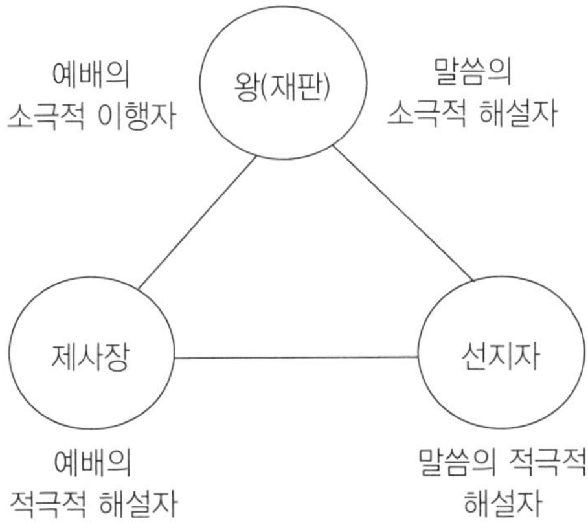

제사장은 성전(회막) 중심의 삶, 예배 중심적 삶을 적극적으로 주도한다. 왕은 예배적 삶에서 소극적으로 이행하는 인물로 등장한다. 물론 메시아의 예표적 성격을 가지는 다윗의 경우는 왕인 동시에 제사장으로 예배에 적극적인 삶을 보이지만, 왕정 시대의 다른 왕들은 예배적 삶에 소극적 이행자로 등장한다. 사실 이러한 소극적 이행자로서의 삶은 결국 예배적 삶 자체에 실패하게 만들기도 한다.

여하튼 제사장은 언약 백성의 성전 중심, 예배 중심의 삶을 주도적으로 이끄는 지도자로, 세습적 성격을 가진다. 하지만 레위 지파 내부적

요인, 곧 가족과 하나님 사이의 갈등으로 때론 가족을 희생하고 하나님께 헌신하기도 하지만, 때론 가족을 위해서 하나님의 예배를 멸시하기도 했다. 여기서 예배 중심의 삶이 하나님께 헌신된 삶이며, 하나님 중심적 삶이라는 것이 강조된다.

이에 하나님은 카리스마적 제사장을 별도로 예비하셨으며, 이 카리스마적 제사장 멜기세덱의 반차로 메시아를 준비한다. 참 구원자이신 메시아(그리스도)께서는 제사장으로 그의 언약 백성을 하나님 중심 생활로 이끄는 지도자로 오실 것이며, 예수 그리스도께서 제사장으로 세상에 오셨다.

선지자는 예배적 삶에서 다소 거리를 두고 있으며, 오히려 언약적 삶에 대한 반성을 촉구하는 사역을 감당한다. 강한 예배적 삶에 대한 신앙은 그릇된 시온 사상을 양산했으며, 그 결과 언약적 삶이 없는 예배만이 남게 되었고, 이에 하나님은 시온을 붕괴시키심으로 언약적 삶에 대한 강한 열망을 선지자들을 통해 그의 백성들이 알기를 원하셨다. 그래서 선지자는 예배 중심의 삶에 대한 적극적인 반성을 촉구하며, 언약적 삶이 없는 예배적 삶의 무의미성을 강조한다.

이렇게 선지자는 예배적 삶에는 소극적이지만, 반대로 언약적 삶에는 적극적인 성격을 가진다. 그리고 언약 백성의 대표자이며 하나님과 언약 백성의 중보자인 왕에 대해 언약적 삶을 촉구한다. 이에 왕은 언약적 삶에 소극적인 이행자로 등장한다.

한편, 선지자는 처음부터 카리스마적 직분으로 오직 하나님이 선택하신 사람만이 할 수 있었다. 하지만 사무엘 이후에는 말씀을 가르침으로 말씀 가운데 선지자 생도들이 양산되었으며, 하나님의 영이 그의 백성들에게 임하는 은총이 확대되어 선지자 사이에 세습적인 요소를 가지게 되었다. 특히 하나님은 언약적 삶에 실패한 왕에게 언약적 저주를 주기 위해서 선지자들에게 거짓 영을 허락하신다(왕상 22:20-23). 그리하여 선지자 사이에 심판의 도구로 사용되는 거짓 선지자와 구원의 도구로 사용되는 참 선지자의 구별 문제가 등장한다. 하나님의 사자가 거짓 영을 전할 수 있는 상황에서 참 선지자를 구별하는 방법은 오직 한 가지, 곧 언약의 말씀(성경)으로 제한을 받는다.

참 선지 메시아(그리스도)께서는 성경에 약속하신 모세와 같은 선지자로, 오직 그의 말씀에 하나님의 말씀을 전하며, 하나님으로서 그의 백성을 언약적 삶을 살도록 하나님의 말씀을 가르치는 선지자이다. 사무엘이 그의 생도들을 가르친 것과 같이, 메시아는 그의 백성을 하나님의 말씀으로 가르치신다.

왕은 예배적 삶과 언약적 삶의 핵심을 이룬다. 왕의 승리는 언약 백성 전체의 승리로 이어지며, 왕의 실패는 전체 언약 백성의 실패를 의미한다. 비록 왕이 예배적 삶에서 제사장의 인도함을 받아야 하고, 언약적 삶에서 선지자의 가르침을 받아야 하지만, 그는 언약 백성 전체를 대표하는 대표적 성격을 가진다. 왕은 예배에서 소극적으로 제사장의 인도함을 받음으로 예배적 삶을 살 수 있으며, 선지자의 가르침에 귀를 기울임으로 언약적 삶을 살 수 있게 된다.

이러한 왕은 처음에는 카리스마적 성격으로 오직 하나님이 택하신 사람만이 할 수 있었다. 하지만 유다의 축복(창 49:10)과 다윗은 성전에 대한 자원함(삼상 7:1-3)으로 세습적인 왕위를 보장받는다. 이후에 세습적인 왕위는 예배적 삶과 언약적 삶의 실패로 이어지고, 하나님은 참 왕을 예비하신다. 곧 이새의 가지인 동시에 이새의 뿌리, 근원이 되시는 메시아(그리스도)를 준비하신다.

히브리어 '메시아'는 헬라어로 '그리스도'를 의미한다. 그리스도는 흔히 '기름 부음을 받은 자'란 의미로 이해되지만, 이것은 문자적인 의미이며 성경 안에서 언약 백성에게 그리스도(메시아)는 '기름 부음을 받은 자'란 의미가 아니다. 메시아는 단순하게 기름 부음을 받은 사람이 아니라, 언약 백성의 대표자인 왕이며, 언약 백성을 하나님 중심적 삶, 예배 중심적 삶, 성전으로 인도할 참 제사장을 의미한다.

메시아(그리스도)는 선지자로서 그 입에 하나님의 말씀이 있는 분, 곧 하나님의 말씀으로서 그의 언약 백성에게 하나님의 말씀을 가르치고, 백성들의 삶을 말씀 가운데 반성케 하여 언약적 삶을 달성하실 분이다. 그리스도는 왕이시며, 제사장이시며, 선지자이시다. 그는 제사장으로 오직 하나님께 참된 예배자인 진리이며(요 4:23), 그는 선지자로 하나님의 말씀(요 1:1)이시다. 그는 예배적 삶과 언약적 삶을 성취하시며, 그의 승리는 그의 백성의 승리가 된다. '기름 부음 받은 자'라는 개념의 메시아(그리스도)는 왕을 중심(삼상 24:6)으로 한 메시아의 삼중직을 예비하는 단어다.

4) 성전 제도

성전의 이미지는 창세기로부터 시작한다. 하나님은 에덴의 동쪽에 '동산'을 창설하셨고(창 2:8), 창조하신 사람을 동산에 두어 일하며 돌보게 하셨다(to work it and take care of it, NIV, 창 2:15).[31)]

---

31) 개역성경에서는 "다스리며 지키게 하셨다"로 번역하고 있다. 히브리어 원문을 보면 '아바드'(עָבַד)와 '솨마르'(שָׁמַר)가 사용되었고, 아바드는 '일하다'(work)란 의미로, '경작하다'(창 2:5), '섬기다'(출 4:23), '종사하다'(민 4:37) 등으로 번역한다. 창세기 2장 15절과 관련해서 KJV는 아바드를 '그것(동산)을 가꾸다'(to dress it)로 번역하고 있다. 솨마르는

이 동산에서 네 개의 강이 갈라졌고, 그 첫 번째 강은 비손(Pison) 강으로 성경 전체에서 창세기에 단 한 번 등장하는 단어다. 그래서 성경은 이 비손에 대해서는 보다 상세한 정보를 제공해 주고 있는데, 우선 비손 강에는 정금과 베델리엄 그리고 호마노가 있다.

베델리엄은 성경에서 두 번 등장하는 단어로, 민수기에서는 만나를 설명할 때 사용하여 '진주'(민 11:7)로 번역하고 있다.[32] 신명기에 따르면, "만나를 네게 먹이신 것은 사람이 떡으로만 사는 것이 아니요 여호와의 입에서 나오는 모든 말씀으로 사는 줄을 너로 알게 하려 하심이니라"(신 8:3)고 기록하고 있다. 여기서 '만나'는 하나님의 말씀을 의미하는데, 그 생김새가 비손 강에 있던 베델리엄처럼 생겼다고 한다.

비손 강에는 정금(good gold)과 더불어 호마노(onyx)도 있다. 이 호마노는 구약성경에서 11번 등장하고, 이 가운데 출애굽기에 7번 등장하는데, 모두 대제사장의 옷과 관련하여 사용되었으며 역대상(대상 29:2)에서도 성전과 관련하여 사용하였다.[33] 또한 에스겔에서는 이 호마노를 "하나님의 동산"(겔 28:13)과 관련하여 사용했으며, 욥은 지혜의 귀함을 여러 가지 보석에 비유하면서 호마노(수마노, 욥 28:16)란 단어를 사용한다. 욥기를 제외하면 호마노는 성전과 관련한 이미지 안에서 사용되고 있다.

비손 강에 대해 자세한 설명을 하고 있는 것과 대조적으로, 두 번째부

'지키다' (keep)란 의미다.

32) KJV는 번역하지 않고 베델리엄(bedellium)을 그대로 사용한다. NIV는 창세기에서는 '나무의 진' (aromatic resin)으로 번역하고 있다. 공동번역에서는 "브돌라라는 향료" 로 번역하고 있는데(창 2:12), 민수기에서는 그냥 "브델리움" 으로 번역했다.

33) 출 25:7, 28:9, 20, 35:9, 27, 39:6, 13.

터 네 번째 강까지는 강의 이름만 언급되고 있다. 두 번째 강인 기혼(Gihon) 강은 창세기를 제외하면 성경에 5번 등장하고, 이 가운데 솔로몬이 왕이 된 강(왕상 1:33, 38, 45)으로 3번 언급되고 있다. 히스기야 왕은 기혼 강을 실로암 연못과 연결시켰으며(대상 32:30), 므낫세 왕은 기혼 서쪽에 성벽을 쌓았다(대하 33:14).

세 번째 강은 힛데겔로 티그리스(Tigris, NIV) 강이며, 마지막 강은 유브라데 곧 유프라테스 강을 말한다. 세 강의 대략적인 위치를 알고 있으니, 결국 동산을 찾기 위해서 가장 중요한 강은 비손 강이라 하겠다. 그런데 이 비손 강의 보석들은 바로 성전의 이미지를 반영하고 있다.

동산의 또 다른 특징은 바로 생명나무가 있고, 이 나무를 그룹들 곧 케루빔(Cherubim)이 화염검(a flaming sword)으로 지키고 있다. 동산은 하나님이 임재하신 장소였으며, 하나님이 그의 백성 아담을 만나셨던 곳이다. 그러나 아담의 범죄로 인해 더 이상 아담은 동산을 지키는 파수꾼이 아니라 동산에 들어갈 수 없는 존재가 되었다. 반면에, 케루빔이 동산 동쪽에서 동산을 지키는 파수꾼으로 서 있게 되었다. 동산에는 정금과 하나님의 말씀을 의미하는 만나와 관련한 베델리엄이 있으며, 대제사장과 관련한 호마노도 있다. 물줄기 하나가 여기서 나와 세상을 덮으며, 케루빔이 화염검으로 생명나무를 지키고 있는 곳이다.

(1) 하나님과 그의 백성이 만나는 '만남의 장소': 모세의 회막

성막(the tabernacle)은 히브리어로 천막(tent)을 의미하며, 정식 명칭은 회막(the tent of meeting, NIV, 출 33:7), 곧 하나님과 그의 백성이 만나는 만남의 장소를 의미하고, 예배 중심의 삶을 위해서 회막은 성경 안에서 가장 중요한 기능을 감당하는 것 가운데 하나다.

성막의 제도를 보면, 하나님의 백성이 이집트를 출발하여 3개월 만에 시내 산에 도착(출 19:1)하여 하나님께 시내 산 언약을 받는다. 이때 회막에 대한 규례들이 포함되어 있었으며, 모세는 하나님의 말씀대로 이집트를 나온 지 2년째 되는 1월 1일 회막을 세웠다(출 40:2, 17). 회막에 대한 상세한 내용을 보면 다음 그림과 같다.[34)]

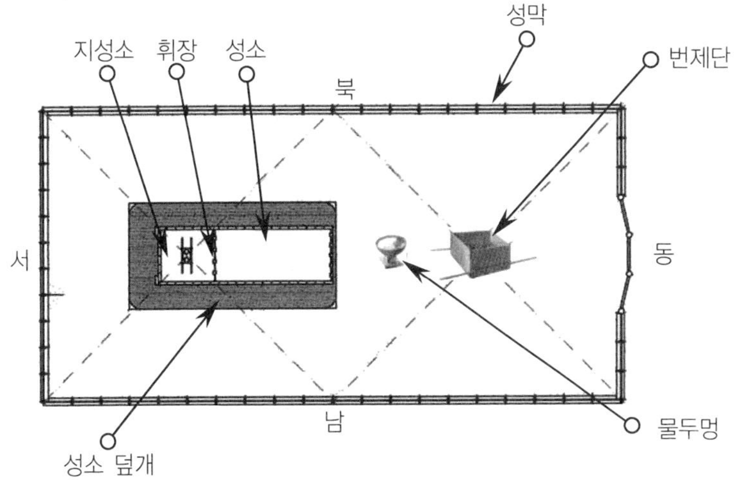

회막 입구는 동쪽에 위치한다. 아담이 동산 동쪽으로 쫓겨났고, 그곳에 케루빔(그룹)이 동산을 지키고 있는 것처럼 회막의 입구는 동쪽에

34) 회막을 수학적으로 살펴보면 재미있는 것들을 발견할 수 있다. 먼저 서쪽 폭이 50규빗으로 기둥을 10개 세운다(출 27:12). 동쪽 폭은 50규빗으로 기둥을 각각 3개 세우고 그 중앙에 입구를 만든다(출 27:13). 남쪽과 북쪽은 100규빗으로 기둥을 20개 사용한다(출 27:9-11). 결국 회막은 한 변의 길이가 50인 정사각형 두 개를 붙여 놓은 모양이 되며, 한쪽 정사각형의 중앙에 번제단이 놓이고, 다른 쪽 정사각형 중앙에 언약궤(법궤)를 놓는다. 결국 번제단과 언약궤가 놓인 위치는, 피타고라스 정리($a^2 \times b^2 = c^2$)에 따라 계산하면, 먼저 $C=50\sqrt{2}$이고, $50\sqrt{2}$의 중앙에 위치하므로 번제단과 언약궤는 정확하게 $25\sqrt{2}$에 위치하게 된다. 곧 끝이 없는 영원성을 상징하는 위치($\sqrt{2}$)에 놓이는 것이다.

위치하며 제사장들은 회막 동쪽에서 회막을 지킨다(민 3:38). 회막 입구에 들어서면 **번제단**이 위치하며, 번제단 다음에 **물두멍**이[35] 있다. 물두멍을 지나면 **성소**(the holy place)와 **지성소**(the most holy place) 사이에 **휘장** 혹은 앙장(veil or curtain)이 가로막혀 있다.

성소는 덮개로 덮였는데, 제일 밖에는 해달 가죽(검은색)을 사용하며, 그 안쪽에 붉은 물을 들인 숫양의 가죽(붉은색)으로 덮는다(출 26:14, 36:19, 39:34). 그리고 다시 그 안쪽으로 염소털로 만든 앙장(흰색, 출 26:7)을 덮는데, 그 안쪽으로는 케루빔을 정교하게 수를 놓은 앙장을 덮는다(출 26:1–6). 결국 케루빔, 흰색 앙장, 붉은색 앙장, 검은색 앙장으로 성소를 덮는다. 이것은 성소를 케루빔이 지키고 있음을 상징한다. 실질적으로 아론의 두 아들 나답과 아비후는 하나님께서 허락하신 불 이외에 다른 불을 사용했다가 불이 하나님 앞에서 나와 이들을 삼켜 죽인다(레 10:1–2). 화염검이 성소를 지키고 있으며, 제사장은 회막에 접근하는 속된 사람(layman, NIV, 민 3:38)을 죽여 회막을 지킨다.

번제단(the Altar)은 언약 백성이 하나님께 드리는 5대 제사가 행해지는 곳이다. 첫 번째 제사인 **번제**(the burnt offering)는 죄를 속죄하기 위한 제사로(레 1:4), 자신의 죄에 대해 용서를 구하는 회개의 예배 성격을 가진다. 번제가 회개의 성격을 가지므로 희생 제물에게 안수하고,[36] 죽여서 가죽을 벗기고 각을 뜨는 일은 모두 예배자가 한다.

---

35) '물두멍' (laver)에서 '두멍' 이란 순우리말로 ① 물을 많이 담아 두고 쓰는 큰 가마나 독을 의미한다. 두멍은 때로 ② 깊고 먼 바다를 비유적으로 이르는 말에 사용한다.

36) '안수' 는 전가시키는 것으로, 자신의 죄를 희생 제물에게 전가시키기 위해서 예배자가 직접 안수한다(레 1:4). 예배자는 희생 제물에게 자신의 죄를 전가시키고, 그것을 자신이 직접 죽임으로써 죄의 참혹함을 경험하게 된다. 만일 죄가 전가되지 않는다면 하나님 앞에서 자신이 죽인 그 희생 제물처럼 자신이 죽게 될 것이기에, 번제는 또한 예배자에게 소망을

제사장은 예배자가 정리한 희생 제물에서 피를 받아 단 주변에 뿌리고, 단에 불을 붙여 희생 제물을 다 태운다.

두 번째 제사는 **소제**(the cereal offering)다. 번제가 죄와 관련하여 회개의 예배였다면, 소제는 기억하고 기념하는 것으로 감사 예배를 의미한다. 번제가 죄를 도말하는 성격으로 희생 제물을 모두 다 태우는 것과는 반대로, 소제는 기념을 위한 한 줌의 곡식만을 태운다. 특히 5대 제사 가운데 하나님은 소제를 "지극히 거룩한 것"(It is a most holy part of the offerings, NIV, 레 2:3)이라 하여, 회개의 예배보다 감사의 예배를 더 소중히 생각하심을 보여준다.

세 번째 제사는 **화목제**(the peace offering)로, 번제와 대단히 유사한 형식으로 진행된다. 예컨대, 예배자는 희생물에 안수하고 자신이 직접 잡는다. 하지만 번제와 다른 점은 희생 제물을 모두 다 태우는 것이 아니라 익혀서 먹는다는 것이다(레 3:16–17). 단지 생명을 상징하는 기름과 피는 먹을 수 없고(창 9:4–6), 생명의 주인 되신 하나님께 기름을 다 태워 향기가 되게 한다(레 3:3–6). 이때 내장 가운데 콩팥(레 3:4)을[37] 기름과 함께 태워야 화목제로 아름다운 향기가 된다.

화목제는 하나님과 죄인이 관계를 평화롭게 다시 맺는 것을 의미한

준다 하겠다.

37) 콩팥(kidney)에 해당하는 히브리어 '킬야' (כִּלְיָה)는 신체 기관을 의미한다. 하지만 시편 26편 2절을 보면, 다윗은 "여호와여 나를 살피시고 시험하사 **내 뜻**과 **내 마음**을 단련하소서" 라고 말한다. 여기서 '뜻' (my heart, NIV)으로 번역한 단어의 히브리어는 '킬야' 이다. 사실 킬야는 성경 안에서 '콩팥' 이외에 '마음' (욥 19:27; 렘 12:2), '심장' (렘 11:20), '뜻' (시 26:2; 잠 23:16–잠언에서 '속뜻' 의 의미로 사용), '허리' (욥 16:13)로 번역된다. 히브리인들은 콩팥에 인간의 감정(emotion)과 애정의 감정 혹은 성질(affection)이 자리한다고 보았다. 하나님이 화목제에 기름과 함께 바치도록 요구하신 것은 바로 예배의 뜻(의지)과 예배의 감정(emotion)이다. 다시 말해서 이제 죄를 범하지 않고 오직 하나님에 대한 사랑을 요구하신 것이다.

다. 다시 말해서 번제는 죄를 회개하고 용서받는 예배라면, 화목제는 그 용서 이후에 관계 회복을 위한 예배로 평화의 예배다. 그래서 화목제는 제사장이 "단 위 불 위에 있는 나무 위 번제물 위에"(레 3:5) 화목제물을 익히는 것이다. 그리고 이 화평의 음식으로 제사장과 예배자가 함께 애찬을 나눔으로 회복의 축제적 성격을 가진다.

네 번째 제사 **속죄제**(the sin offering)는 죄에 관한 회개의 예배로 번제와 같은 성격이다. 하지만 번제와 차이점이 있다면, 죄를 범하였으나 "스스로 깨닫지 못하다가 그 범한 죄를 깨달으면" 속죄제를 드리는 것이다(레 4:13-14). 부지중에 범한 죄(레 4:27)이므로 실질적으로 번제보다 더 엄격한 처벌을 받는다. 번제는 스스로 죄를 범했다는 사실을 즉각적으로 깨달았기에 번제를 드린 것이고, 이것은 그가 하나님의 말씀을 그 마음에 두고 스스로를 경계했다는 의미이다. 하지만 하나님의 말씀을 범하였음에도 불구하고(레 4:13) 그것을 알지 못했다는 것은 그 마음에 하나님의 말씀이 없었다는 의미가 된다. 하나님의 말씀이 그 심중에 있는가 없는가란 측면에서 속죄제는 번제보다 더 엄격한 처벌을 요구한다.

속죄제를 드리는 방식은 화목제와 같은 방식(레 4:10)으로 드려진다. 희생 제물은 다 태우지 않고 기름과 콩팥만을 구별하여 태우고, 남은 제물은 익혀서 먹어야 한다. 이것은 축제가 아니다. 희생 제물에 전가한 죄를 다시금 예배자로 먹게 함으로써 스스로 죄를 먹는 것이 되며, 이것은 그 심중(콩팥)에 죄가 그저 그대로 있게 됨을 의미한다. 이러한 방법은 시내 산에서 있었던 황금 송아지 사건 때와 같은 방식이다. 그때 모세는 송아지를 가져 불살라 부수어 가루를 만들었고, 이 가루를 물에 뿌려 이스라엘 사손에게 마시게 했다(출 32:20). 속죄제를 통해 죄를 용서받았지만, 죄를 범한 것을 자신이 다시 먹음으로 죄를 범한 것을 잃어버리지 않게 한다는 의미가 있다.

마지막 제사는 **속건제**(the guilt offering)이다. 이 속건제는 번제와 속죄제처럼 회개의 예배적 성격을 가지며, 더 엄밀하게 말하면 죄로 인한 피해 보상에 관한 예배이다(레 5:13, 15-19). 죄를 범하면 먼저 속죄제를 드리고, 그 이후에 번제를 드린다(레 5:9-10). 이것은 속죄제가 번제에 비해 더 과중한 죄이기 때문이다. 속죄제와 번제가 끝나고 제사장에게 속건제 제물을 드리며,[38] 제사장은 보상액을 받고 그를 위해 속죄한다. 결국 5대 제사 가운데 제사장이 주도적으로 드리는 제사는 속건제뿐이다. 사람이 범죄하여 피해가 발생하면 피해를 입은 사람에게 그에 합당한 보상을 해야 한다(출 21장 참조). 하지만 동시에 하나님께도 보상을 해야 한다. 이것은 세상 모든 것의 주인이 하나님임을 확인하는 매우 중요한 예배다.

예를 들어, 한 사람이 어떤 물건을 훔쳤다고 하자. 이 경우에 도적질로 인한 피해가 발생하고, 그에 따라서 이 사람은 주인에게 보상해야 한다. 하지만 더 본질적으로 그 물건의 본래 주인인 하나님께도 보상을 해야 한다. 그 물건은 본래 하나님의 것이었으며, 하나님께서 그 물건을 사람에게 맡기신 것이다. 그러므로 도적질은 바로 하나님의 물건을 훔친 것이기에 하나님께 보상해야 하는 것이다. 속건제는 세상 모든 것의 참 주인이 하나님임을 고백하는 고백의 예배다.

---

38) 속건제 제물, 곧 범죄에 의해 피해를 본 것에 대한 보상액=피해액+$\frac{1}{5}$(레 5:16).

[5대 제사]

• 죄와 관련한 제사(예배)

① 속죄제: 하나님의 말씀에 무지함(죄를 먹음)

② 번제 : 죄에 대한 회개

③ 속건제 : 세상 모든 것은 주님의 것

④ 화목제 : 속죄 이후에 관계 회복을 위한 결단

• 죄와 무관한 제사(예배)

⑤ 소제 : 기억하는 것에 대한 감사

성경의 5대 제사(예배)는 죄와 관련하여 4가지 제사가 있고, 이 가운데 ① 속죄제는 하나님 말씀에 무지함에 관한 것으로, 스스로 죄를 먹어 말씀을 잃어버리지 않게 한다. 예배에서 가장 중요한 것은 바로 하나님 말씀이며, 말씀이 있어야 회개도 있을 수 있다. ② 번제는 자신의 죄에 대한 회개의 예배이다. ③ 속건제는 죄의 용서와 더불어 세상 모든 것의 참 주인이 하나님임을 고백하는 고백의 예배이며, ④ 화목제는 회개와 그에 따르는 용서 이후에 회복된 하나님과의 관계에서 축제적인 애찬을 나눔으로써 다시 한번 언약적 삶을 결단하는 결단의 예배다. ⑤ 소제는 삶의 기억들, 기념할 것들에 대한 감사 예배로, 모든 예배 가운데 가장 거룩한 예배다.

예배는 죄를 용서받는 것만 있는 것이 아니라, 감사가 있어야 한다(소제). 그 감사와 더불어 화평의 결단(화목제), 세상의 통치자이시며 주권자이신 하나님에 대한 신앙 고백(속건제), 회개가 있다(번제). 이 모든 것은 말씀을 알고 있어야 함을 의미한다(속죄제).

물두멍(laver)은 성소(회막)와 번제단 사이에 위치하며, 제사장들이 성소(회막)에 들어가기 전에 씻는 곳으로(출 30:18-20) 회막문

어귀에서 봉사하는 여인들의 거울로 만들었다(출 38:8). 본래 예배 때 외적으로 단장하는 것은 아니다(출 33:5-6). 하나님의 백성은 겸손(modesty)과 관대함(decency), 예의 바름(propriety)으로 자기를 단장하고 땋은 머리와 금이나 진주나 값진 옷으로 하지 말아야 한다(딤전 2:9).

성경은 죄와 부정을 구별하고 있는데, 먼저 죄는 번제(회개)를 요구하지만, 부정은 번제를 드릴 필요가 없다. 왜냐하면 시간이 지남과 더불어 씻음을 통해 다시 정결해지기 때문이다(레 15장). 번제단에서 죄의 문제를 다루었다면, 물두멍에서는 정결의 문제 곧 정한 것과 부정한 것을 다룬다. 특히 물두멍은 여인의 거울로 만들었으므로 제사장은 그 거울에 자신을 비추고 부정을 씻어야 한다.

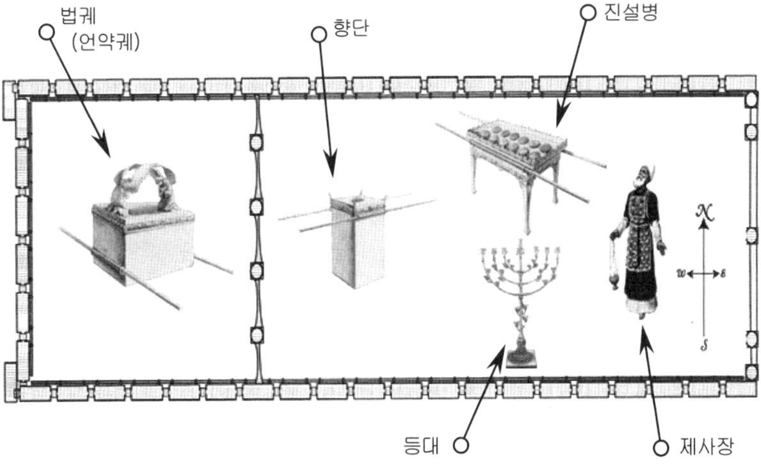

성소에는 제사장을 기준으로 하여 오른쪽(북쪽)에 **진설병 상**(the showbread on the table)을 놓는다. 제사장은 고운 곡식을 취하여

병(餠)을 만들고, 이 순결한 상(the pure gold table) 위에는 두 줄로 한 줄에 여섯씩 진설하고, 정결한 유향을 그 매 줄 위에 두어 기념물로 삼는다(레 24:4-7). 진설병은 소제의 성격처럼 곡식으로 하나님께 기념(a memorial)하기 위한 것이다. 곧 감사의 성격을 가지는 것으로 12지파가 하나님께 드리는 작은 감사를 상징한다. 이 진설병은 매 안식일에 여호와 앞에 진설하며, 영원히 해야 하는 영원한 언약이다(레 24:8).

하나님에 대한 영원한 감사를 표현한 진설병의 맞은편, 곧 남쪽에는 등잔을 받치는 **등대**(lampstand)가 위치하여(출 26:35) 앞을 비추어야 한다(민 8:2-3). 곧 진실 어린 성도의 감사에 항상 빛이 비추고 있어야 하며, 대제사장은 아침부터 저녁까지 이 불이 꺼지지 않도록 관리해야 한다(레 24:2-4). 이 등대는 모두 7개로 꽃과 꽃받침 그리고 줄기의 모양을 하고 있으며, 꽃은 살구꽃(almond, KJV, NIV)으로 장식한다(출 25:31-37). 살구꽃이 상징하는 것은 '하나님이 하신 말씀 모든 것을 하나님이 그대로 이루심'(렘 1:11)을 뜻한다. 곧 하나님은 빛으로 성도의 진실된 감사를 지켜보시며, 당신께서 하신 말씀을 스스로 다 이루심을 뜻한다. 하나님의 말씀이 이루어짐은 어떤 말씀을 가리켜 언급한 것인가? 그것은 다윗 왕권에 대한 하나님의 성취를 뜻하는 것이다.

> "그가 내게 일러 가로되 여호와께서 스룹바벨에게 하신 말씀이 이러하니라 만군의 여호와께서 말씀하시되 이는 힘으로 되지 아니하며 능으로 되지 아니하고 오직 나의 신으로 되느니라"(슥 4:6).

선지자 스가랴는 순금 등대의 7개의 빛을 보고 무슨 의미인지 묻는다. 이에 천사가 스룹바벨의 왕권(슥 4:6)이 하나님의 성령으로 됨을 말해 준다. 스룹바벨 앞에서 산들이 평지가 될 것이며, 스룹바벨이 성전을 세웠으니 성전을 완공할 것이며, 그때에 "만군의 여호와께서 나를 너희에게 보내신 줄을 네가 알리라"(슥 4:9)고 하였다.

예수 그리스도께서는 스스로 원하신 수난이 다가오자, "지금 내가 나를 보내신 이에게로 가는데"(요 16:5) 하시며 십자가 대속 사역을 말씀하셨다. 제자들은 성자 하나님 예수 그리스도께서 성부로부터 오셨음과 성부께서 성자를 보내셨음을 믿었다(요 17:8, 21). 이것은 성전 되신 그리스도(요 2:21), 아니 성전보다 더 크신 분(마 12:5-6)이신 그리스도께서 성전을 헐고 사흘 만에 다시 세움으로 스룹바벨의 예언을 성취한 동시에, 성부 하나님께서 성자 하나님 예수 그리스도를 보냈음을 알게 되었다. 이 모든 것에 성령 하나님께서 함께하신다.

7개의 빛은 세상을 감찰하시는 '하나님의 눈'(the eyes of the LORD)이며, 다림줄(plummet) 곧 언약 백성의 삶을 판단하는 기준(암 7:7-8)은 스룹바벨의 손에 있다. 곧 용서와 사랑의 언약인 다윗의 언약 가운데 성자 하나님 예수 그리스도의 손안에 성도의 심판이 있으며, 천사는 이것이 기쁨이라고 말한다(슥 4:10). 하나님의 눈동자 곧 세상의 빛은 세상을 감찰하시지만, 결코 버리시지 않으며 영원히 함께하실 것을 약속해 주신 다윗 언약(삼하 7장) 그 가운데 다림줄이 있다. 회막의 등불은 사랑의 빛이며, 성도의 진실된 감사를 감찰하시는 빛이다.

성소의 서쪽, 곧 언약궤(법궤) 앞에 마주 보게 놓는다. 그리고 그 향단과 언약궤 사이를 휘장으로 가로막는다. 이 **향단**(an altar to burn incense on), 곧 분향을 위한 제단은 하나님께 거룩한 곳으로, 오직 이 단(altar)에만 1년 1회 속죄의 피로 속죄한다(출 30:10). 다윗은 자신의 기도가 분향이며, 하나님께 손을 드는 것을 저녁 제사(시 141:2)

라고 찬송한다.

실질적으로 대제사장이 성전에 분향할 때 모든 하나님의 백성은 기도한다(눅 1:10). 성도가 기도하면 케루빔은 그 성도의 기도를 금 대접에 담아(계 5:8), 보좌에 앉으신 하나님께 올린다(계 8:3-4). 그리고 천사는 향단의 불을 땅에 쏟는데, 이때 뇌성과 음성과 번개와 지진이 일어난다(계 8:5). 하나님은 향기로운 성도의 기도를 가장 중요하게 생각하신다.

언약궤(민 10:33; 신 10:8) 혹은 법궤(레 16:2)는 세 부분으로 구성되었으며, 그 안에 세 가지 물건을 보관한다(히 9:4).

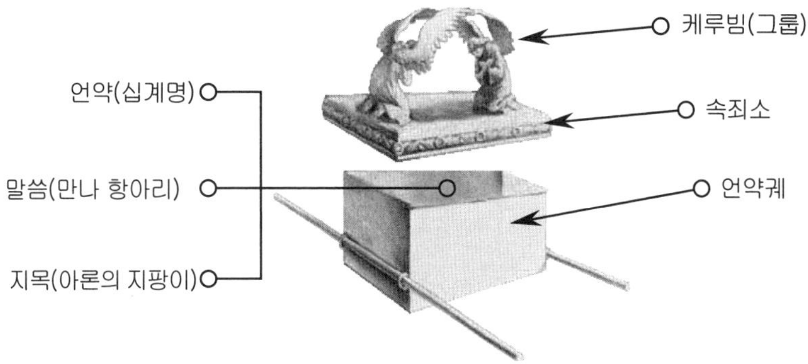

궤(the ark) 위에는 속죄소를 올리고, 이 속죄소는 케루빔 둘과 붙여서 만든다(출 25:17-20). 케루빔은 속죄소를 보게 만들어야 하며, 이 궤 안에는 하나님이 주신 언약의 증거판을 넣는다(출 25:21). 그래서 이 궤의 이름을 **증거궤**라고 한다(출 25:22). 하나님은 증거궤 위의 속죄소, 두 케루빔 사이에서 그의 백성을 만나주시며, 말씀하신다(출 25:22). 이 증거판은 언약서(출 24:7) 혹은 언약의 말씀(출 34:28)으

로 불리지만, 모두 십계명(출 34:28)을 의미하는 것이다.

십계명은 단순한 율법적인 계명이 아니라, 언약 가운데 있는 계명을 말한다. 그래서 사도 바울은 "네 아버지와 어머니를 공경하라 이것이 약속 있는 첫 계명이니 이는 네가 잘되고 땅에서 장수하리라"(엡 6:2-3; 출 20:12)고 말했다. 여기서 '약속 있는 첫 계명'이란 언약 안에 있는 첫 계명이란 뜻으로, 사도 바울은 제1계명을 부모 공경으로 다루고 있다. 사실 부모 공경은 제5계명으로서 제1계명은 "너는 나 외에는 다른 신들을 네게 있게 말지니라"(출 20:3)인데, 사도 바울은 제1계명을 언약으로 믿었으며, 구체적인 계명은 제5계명부터 설명하고 있다. 하나님은 그의 백성에게 언약을 선물로 주셨다.

언약궤에는 언약 증거판, 곧 십계명과 더불어 썩지 않는 **만나를 담은 항아리**를 보관한다(출 16:33-34). 이 만나는 에덴동산에 있던 베델리엄처럼 생겼으며(민 11:7), 하나님의 언약 백성들이 육체적인 문제로 살아가는 것이 아니라 하나님의 말씀 안에서 살아가야 함을 지적한다(신 8:3).

언약궤에 들어가는 마지막 물건은 **아론의 지팡이**다(민 17:3, 10). 레위 지파 가운데 고라를 중심으로 한 일당들이 하나님께서 '택하신 자들', 곧 소명 받은 자들을 선동하여 당을 짓고 모세와 아론에 대항했다(민 16:1-3). 문제는 레위 지파의 고라는 제사장의 직분을 탐내었으며(민 16:10), 고라와 함께한 르우벤 지파의 다단과 아비람은 왕의 직분을 탐내고 있었다(민 16:13). 이에 모세는 오직 하나님께서 주권적으로 소명 받은 이들을 사용하심을 언급하면서, "거룩한 자가 누구인지 보이시고 그 자를 자기에게 가까이 나아오게 하시되 곧 그가 택하신 자를 자기에게 가까이 나아오게 하시리니"(민 16:5)라고 말하고는 분향드릴 것을 말했다.

하나님은 제사장으로 택하지 않은 고라에 대해 땅의 입을 벌리게 하시고, 땅으로 하여금 고라에 속한 사람과 그들의 물건을 삼키게 하셨다(민 16:32). 이어서 분향하던 250명을 태워 죽이신다. 그리고 12족장에게 12개의 지팡이에 각기 이름을 기록하게 하고, 그것을 회막 안 증거궤 앞에 놓게 하셨다(민 17:2-4). 그리고 하나님은 분명하게 "내가 택한 자의 지팡이"(민 17:5)에 싹이 날 것을 말씀하셨고, 다음날 아론의 지팡이에 "움이 돋고 순이 나고 꽃이 피어서 살구 열매가 열렸다"(민 17:8). 살구의 의미는 '하나님이 말씀하신 모든 것을 하나님이 그대로 이루심'(렘 1:11)이라는 뜻으로, 인간이 노력하고 얻는 것이 아니라 하나님이 주권적으로 선택하신 것을 뜻한다. 하나님은 구원하신 당신의 백성을 스스로 선택하셨으며, 주권적으로 스스로 이루신다.

성소의 3가지 물건			지성소(언약궤) 안의 3가지 물건	
감사	진설병	o——o	썩지 않는 만나	말씀
지켜보심	등대의 7개의 빛 (살구꽃)	o——o	아론의 지팡이 (살구 열매)	지목하심
기도	분향	o——o	십계명	언약

성소에는 성도들이 드리는 참(true) 감사와 향기로운 기도 그리고 하나님의 주권적 통치를 인정하고 고백하는 사랑의 빛이 밝게 빛나고 있으며, 지성소에는 성도의 감사한 마음에 일용할 양식으로 하나님의 거룩하고 진리(true)가 되시는 말씀을 주신다. 성도가 고백하는 하나님의 주권적인 통치는 오직 주님 스스로 말씀하시며, 스스로 성취하신다. 하나님은 선택하신 백성을 이끄는 전능자이시다. 성도들의 작은 빛은 하나님이 선택하시고 지목하셨기에 빛이 되는 것이다. 이에 성도

는 향기로운 기도를 올리고, 하나님은 언약을 하사(Royal Gift)하신다.

지성소는 **속죄소**(the mercy seat) 곧 하나님의 자비의 처소로, 하나님이 그의 백성을 만나 주시는 곳인 동시에, 모든 죄를 용서해 주시는 은총의 처소이다. 성막의 번제단은 죄인이 스스로 희생 제물을 바쳐야만 속죄가 되었다. 결국 번제단의 죄 사함은 인간의 행위가 내재한 회개에 대한 응답이다. 하지만 속죄소의 죄 사함은 인간의 그 어떤 행위나 그 어떤 침입을 허락하지 않는, 오직 하나님의 주권적인 죄 사함이 이루어지는 곳이다.

곧 1년 1회(유대 달력 기준으로 7월 10일) 이스라엘 민족의 죄를 용서(레 16:34)하시는 속죄일(레 23:27, 25:9)로, 안식일 가운데 안식일(레 16:31, 큰 안식일)이다. 이날의 성패는 오직 대제사장에게 달려 있다. 그가 속죄일의 예배에 성공하면 모든 하나님의 백성이 죄를 용서받는다. 하지만 그가 실패하면 모든 성도의 죄가 그저 그대로 있게 된다.

대제사장은 먼저 세마포를 입는다. 이 세마포는 "성도들의 옳은 행실"(계 19:8)을 의미하며, 대제사장은 바로 자기 스스로 먼저 옳은 행실을 해야만 한다. 타인을 가르치기 이전에 먼저 세마포를 입어야 한다. 하얀 세마포 위에서 청색으로 된 에봇 받침 겉옷을 입는다(출 28:31, 39:22).

머리 패
(황금 패에 "코데쉬 라야훼" 곧
'여호와께 거룩'이라고 기록)

견대
(호마노에 12지파를 기록)
• 우림
• 둠밈
흉패
(12개의 보석에 12
지파 이름을 기록)
에봇
세마포
(흰색)
에봇 받침 겉옷
(청색 옷, 금방울, 석류 장식)

이 옷의 특징은 하단에 석류 장식을 달았고, 그 석류 사이사이에 황금 방울을 달았다(출 28:31-34, 39:25-26). 방울 소리는 대단히 중요한 역할을 감당하는데, 곧 아론이 하나님을 섬기기 위해 성소에 들어갈 때 "소리가 들릴 것이라 그리하면 그가 죽지 아니하리라"(출 28:35)고 약속하셨다. 다시 말해서 방울은 대제사장이 죽었나 죽지 않았나를 확인하는 도구가 아니라, 연약함을 가진 인간 대제사장이기에 방울은 대제사장의 생명을 구해 주는 것이다.

> "율법은 약점을 가진 사람들을 제사장으로 세웠거니와 율법 후에 하신 맹세의 말씀은 영원히 온전케 되신 아들을 세우셨느니라"(히 7:28).

방울은 인간인 대제사장의 연약함을 표현한 것으로, 방울 소리를 듣고 스스로 경계를 삼는 것이며, 하나님은 연약한 인간 대제사장의 약점을 방울 소리로 관용을 베푸신 것이다. 하지만 메시아(그리스도)는 하나님의 아들이라 약점도 없으시며 흠도 없으신 분으로 단번에 성소에 들어가셨다(히 9:12).

청색 받침 겉옷 위에 에봇을 입는다. 이 에봇은 금실과 청색, 자색, 홍색실과 가늘게 꼰 베실로 공교히 짜서 만들며(출 28:6), 대제사장은 모든 사역에 이 에봇을 입는다. 에봇은 대제사장의 상징이며, 오직 대제사장만이 이 에봇을 입을 수 있다. 중요한 것은 이 에봇 자체가 아니라, 에봇을 입는 이유이다. 대제사장이 에봇을 입는 이유는 바로 견대와 흉패를 에봇 위에 입어야 하기 때문이다(출 28:7).

대제사장은 반드시 견대를 에봇 위에 착용해야 한다. 이 견대는 호마노 둘을 취하여, 나이 순서대로(출 28:10) 6지파씩 기록한 것이다(출 28:7-14). 이 의미는 대제사장은 하나님의 언약 백성을 도장에 새김처럼 호마노 보석에 새기고, 자신의 두 어깨에 언약 백성들을 메고 하나님이 계신 지성소로 이끌어 가는 것이다(출 28:12). 하나님은 대제사장의 두 어깨에 당신의 언약 백성을 감당하게 하셨다.

대제사장은 호마노 견대와 더불어 흉패를 견대에 같이 메야 한다(출 28:15-28). 이 흉패는 12개의 보석에 12지파의 이름을 기록한 것으로 나이 순서가 아니라 줄의 순서에 따라 이름을 기록한다.[39] 대제사장은 하나님의 언약 백성을 이끌고 성소에 들어갈 때 어깨에 메어 그 백성을 감당할 뿐 아니라, 하나님의 소유이자 하나님의 보석(a peculiar treasure, KJV, 출 19:5)인 언약 백성을 마음에 품고 하나님께 들어가야 한다.

대제사장은 흉패 안에 우림과 둠밈을 두고 있다(출 28:30). 이 둘이 정확하게 무엇을 의미하는지 알 수 없으나, 하나님의 뜻을 물을 때 사용한다(삼상 28:6). 하지만 회막과 관련하여 하나님은 다음과 같이 말씀하신다.

> "너는 우림과 둠밈을 판결 흉패 안에 넣어 아론으로 여호와 앞에 들어갈 때에 그 가슴 위에 있게 하라 아론이 여호와 앞에서 이스라엘 자손의 판결을 항상 그 가슴 위에 둘지니라"(출 28:30).

대제사장의 심판은 오직 그 마음, 곧 사랑 가운데 있는 것이다. 하나님의 보석에 대한 대제사장의 사랑의 심판을 상징한다 하겠다.

---

39) 12개의 보석은 ① 홍보석(유다), 황옥(잇사갈), 녹주옥(스불론), ② 석류석(르우벤), 남보석(시므온), 홍마노(갓), ③ 호박(에브라임), 백마노(므낫세), 자수정(베냐민), ④ 녹보석(단), 호마노(아셀), 벽옥(납달리)이다. 배열 순서는 민수기 2장에서 기록된 대로 회막을 기준으로 동쪽에서 시계 방향으로 유다(동), 르우벤(남), 에브라임(서), 단(북) 지파 순서에 따른 것이다. 대제사장의 흉패는 나이에 따른 것이 아니며, 3개가 1줄로 4줄이 있으므로 민수기 순서에 의존하였다. 12지파는 각기 다른 보석에 이름을 새김으로, 하나님이 당신 백성을 보석처럼 그 마음에 품으심을 가르쳐 주고 있다. 뿐만 아니라 각각의 보석은 그 나름대로 가치가 있는 것이기에 하나님은 그의 백성을 있는 그대로 사랑하심을 알 수 있다.

대제사장은 **머리 패**(면류관, diadem)를[40] 세마포 관에 청색 끈으로 묶어 패를 이마에 있게 한다(출 28:36-37). 이 패에는 '하나님께 거룩'(HOLINESS TO THE LORD)[41]이라고 도장에 새김같이 새겨져 있는데, 이 패를 대제사장의 이마에 묶어 전면에 있게 한다(출 28:38). 이 면류관의 의미는 하나님의 백성이 하나님께 예물을 드릴 때 범할 수 있는 죄에 대한 속죄를 뜻한다. 다시 말해서, 하나님의 백성이 예배 중에 범하는 죄는 모두 대제사장이 감당하는 것으로, 이 면류관으로 인해 하나님 백성은 예배 중에 범하는 죄로부터 자유하게 된다.

모세는 시내 산에서 보았던 것(히 8:5), 그것을 그대로 만들어 회막을 완성하자(출 40:17, 33), 하나님의 영광이 성막에 충만하여 모세조차 회막에 들어갈 수 없을 정도였다(출 40:34-35). 이제 이 회막을 중심으로 12지파 공동체, 곧 예배 중심의 공동체를 완성한다.

회막은 예배 공동체 정중앙에 위치하여 하나님이 늘 그의 백성과 함께하셨다. 그리고 회막 가까이 동편은 제사장들이 지키고, 나머지 지역은 레위 지파가 회막에서 봉사했다.[42] 예배 공동체는 동쪽에는 유다를 중심으로 잇사갈과 스불론(민 2:3-9), 서쪽은 에브라임, 므낫세, 베냐민(민 2:18-24), 북쪽은 단, 아셀, 납달리(민 2:25-32), 남쪽은 르우벤, 시므온, 갓(민 2:10-16)을 중심으로 십자가 형태로 배열되었으며, 이 형태로 약속의 땅까지 진군하였다. 그리고 이 예배 공동체 안에서 협력(partnership) 관계는 중요한 문제로 등장한다.[43]

---

40) 면류관은 왕관(crown)과 다른 형태의 제왕의 관으로 끈으로 묶는 형식을 취한다.

41) 한글 성경은 "여호와께 성결"로 번역하였다.

42) 회막은 예배의 중심에 있으며, 전체 공동체는 정사각형 안에서 십자가의 형태 구조로 행동하였다. 특히 회막의 위치는 정사각형의 중앙($\frac{a}{2}\sqrt{2}$)에 위치하여 하나님의 영원성을 그대로 반영하고 있다.

43) 12지파 공동체에서 12란 숫자는 몇 가지 의미를 가지고 있는 것으로 보인다. 먼저 12는

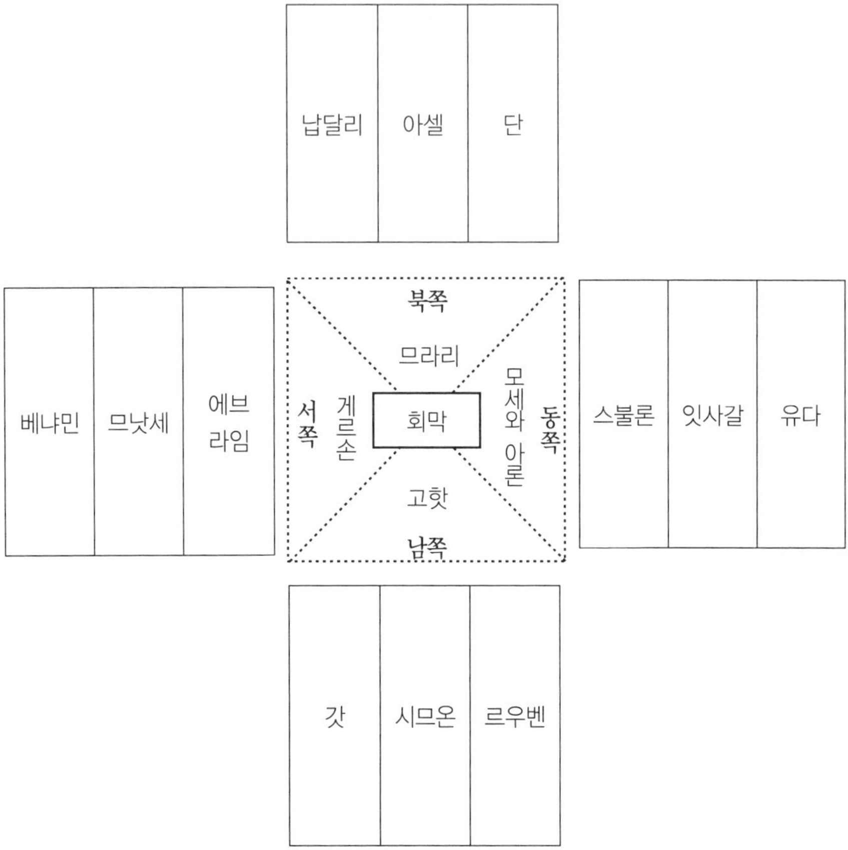

6의 배수이며, 6은 완전수를 의미한다. 아우구스티누스는 6의 약수(1, 2, 3, 6) 가운데 자신(6)을 제외한 나머지 수의 합(1+2+3=6)이 자기 자신임을 설명하면서 6이 완전함을 상징한다고 하였다. 또한 그는 하나님이 6일 동안 창조했다는 의미는 그 창조가 완전했음을 의미하는 것으로 보았다. 다른 한편으로 12(=6+6)는 정육면체가 가지는 12개의 선분이다. 다시 말해서 십자형으로 배열된 12지파 공동체는 정육면체를 만들고 있어, 전체적으로 하나의 공동체라는 협력(partnership)을 보여준다.

(2) 영원히 함께할 시온의 영광 : 다윗 언약과 솔로몬의 성전

솔로몬의 성전은 모세의 회막과 그 신학적인 의미와 기본 구조에 있어서 완전히 동일하다. 다시 말해서 성경이 말하는 성전은 하나님이 완전하게 창조하셨던 에덴에 있던 그 동산의 이미지를 그대로 반영하고 있는데, 먼저 성전은 베델리엄도 있고 호마노도 있으며, 성전의 모든 금은 정금이다. 케루빔이 동산 동쪽을 지키고 서 있었듯이 이 성전의 출입구는 동쪽에 위치하며, 그 입구에는 자신의 죄에 대해 용서를 간구하는 하나님 백성이 출입한다.

회개와 감사가 드려지는 번제단을 지나면, 맑은 샘인 물두멍이 있어 깨끗이 씻고 동산 안(성소)으로 들어갈 수 있다. 물론 이곳은 하나님이 선택하신 사람들의 출입이 허락되는 곳으로, 인간이 어떤 노력으로도 들어갈 수 없는 곳이다. 성전이 에덴이라면 성소는 동산의 이미지를 그대로 반영한다. 뿐만 아니라 성전 중심의 삶을 살아가는 하나님의 백성은 십자형 대형으로 약속의 땅으로 진행한다. 이와 더불어 성전 역시 십자형으로 기물들을 배열하고 있다.

성도는 근심함으로 회개를 해야 하고(고후 7:9), 그에 합당한 정결한 생활을 해야 한다(빌 1:27). 여기서 가장 거룩한 것은 바로 '감사'다. 곧 자신의 삶에 기념할 것들이 있고, 이렇게 기념할 수 있게 해주신 하나님께 감사하는 것이다. 뿐만 아니라 성도의 삶에 항상 향기로운 기도가 있어야 하며, 주님께 대한 감사가 있어야 한다. 이 감사는 특별히 감사할 것이 있어 드리는 감사 예배와는 다르게 반드시 해야 하는 감사, 곧 기념할 것이 있든 없든 모든 일에 감사해야 한다(살전 5:18).

이 모든 것은 세상의 빛 되신 주님의 주권적인 것임을 믿고 고백해야 한다. 이 믿음이 마음의 빛으로 어두운 성소를 항상 밝게 비추일 것이다. 이러한 성도에 대해 하나님은 오직 언약 위에 있는 죄 사함 그리고 동산의 입구를 지키는 케루빔 사이에 그의 백성을 만나 주신다(출 25:22; 민 7:89).

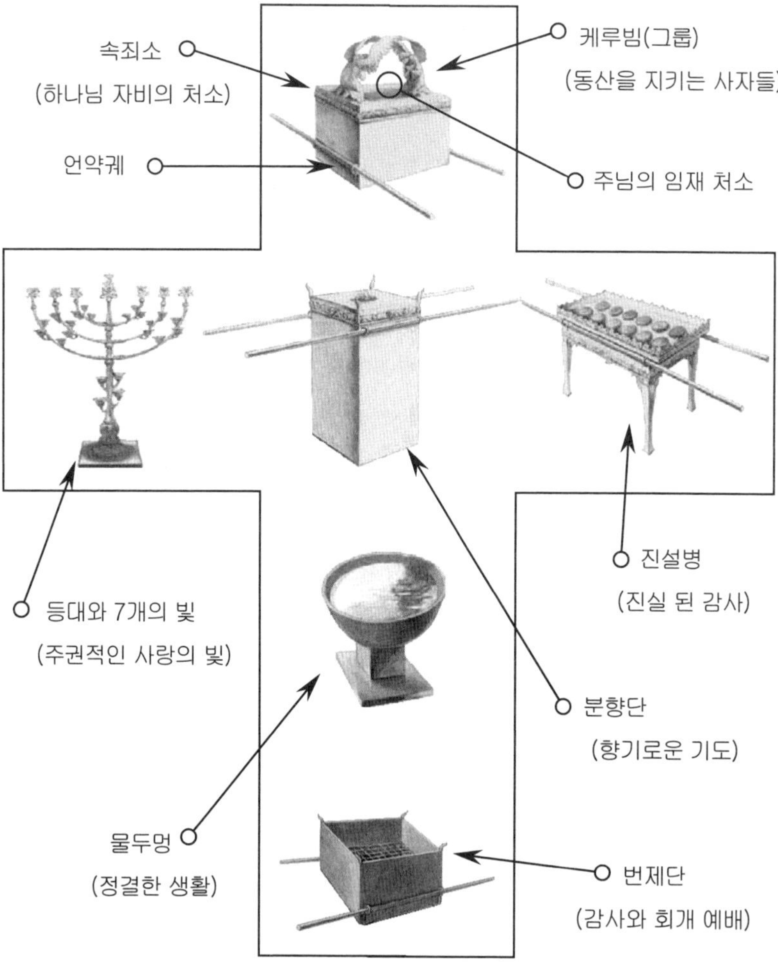

하나님은 언약 위에서 죄 사함을 두셨다. 그리고 이 죄 사함 위에서 에덴에 있던 동산에서처럼 그의 백성들을 만나주신다. 그러므로 이 속죄소의 죄 사함은 번제단의 용서와는 전혀 다른 하나님의 주권적인 사역이며, 오직 선택받은 이들만을 위한 것이다. 그리고 이 모든 것은 오직 대제사장만이 이 사역을 감당한다.

대제사장이신 주 예수 그리스도께서는 그 마음에 하나님의 보석을 품고, 어깨에 하나님 백성을 메고, 사랑의 심판 가운데 휘장 안으로 들어가셨다. 그리고 이후로 하나님을 만날 수 있도록 휘장은 사라졌으며, 이제 성도들은 오직 대제사장이신 예수 그리스도 안에서 은혜의 보좌 앞에 담대히 나아갈 수 있게 되었다(히 4:16). 성전은 그리스도의 사역이며, 그리스도의 예표이며, 성도의 삶에 대한 가르침이다. 예배 중심적 삶은 성도에 대한 하나님의 뜻이며, 이것은 성전 되신 예수 그리스도 중심의 삶을 의미한다.

솔로몬의 성전과 모세의 회막에 차이점이 있다면, 그것은 유동성과 고정성의 차이다. 회막은 이동이 가능한 형태로 주어졌으며, 실질적으로 회막은 끝없이 이동하며, 그에 따라서 언약 백성의 삶도 이동하게 된다. 하지만 하나님은 다윗의 자원하는 마음 가운데 성전을 허락하셨다. 그리고 그 고정된 성전 안에 하나님의 영광이 임하셨다. 이제 하나님이 시온을 건설하시고 그 영광 중에 나타나셨으므로(시 102:16) 영원한 시온에 대한 꿈을 꾸게 한다.

솔로몬의 성전은 시온에 대한 강한 믿음을 자아낸다. 다시 말해서 다윗 언약 가운데 임마누엘하신 하나님에 대한 열망이 예배로 반영되었다. 이제 다윗 언약에서 주신 바를 솔로몬의 성전을 통하여 회막의 모든 것 위에 영원히 임마누엘하신 하나님, 시온의 영광이 역사 안에 성취되었다. 이제 한 번 택하신 하나님의 백성은 영원토록 버리지 않으신다.

> "여호와께서 이 전에 대하여 다윗과 그 아들 솔로몬에게 이르시기를 내가 이스라엘 모든 지파 중에서 택한 이 전과 예루살렘에 내 이름을 영원히 둘지라"(왕하 21:7).

솔로몬 성전은 고정식으로 천막이 아니라 건물의 형식을 취하며, 이 건물은 규모 면에서 회막의 확대라고 할 수 있다. 고정적 성전은 다윗 언약을 상징한다. 하나님이 택하신 백성은 결코 버리지 않으신다. 모세는 회막 시대의 인물이었으며, 하나님은 "모세에게 이르시되 누구든지 내게 범죄하면 그는 내가 내 책에서 지워버리리라"(출 32:33)고 말씀하셨고, 결국 모세는 약속의 땅에 들어가지 못했다(신 32:52, 34:4). 하지만 솔로몬의 성전은 임마누엘이신 하나님이며, 시온의 영광을 뜻한다.

구조적인 측면에서 솔로몬 성전의 가장 큰 특징은 성전 입구에 있는 큰 두 기둥이라 하겠다. 이 두 기둥에서 오른쪽은 '야긴'(Jachin)이고 왼쪽은 '보아스'(Boaz)로 백합꽃과 석류로 아름답게 장식되어 있다(왕상 7:18 이하). '야긴'은 '그가 세우다'란 뜻이며, '보아스'는 '유력자' 곧 '힘 있는 자'란 의미로 '권능자, 그가 세웠다'란 뜻이다. 성전을 지탱하고 성전을 세운 것은 권능자이신 하나님이시다.

솔로몬은 성전을 크게 건축하고자 했었다. 그 이유는 "우리 하나님은 모든 신보다 크심"(대하 2:5)이기 때문이다. 솔로몬의 마음에 절대적 하나님에 대한 강한 믿음이 있었고, 그 마음을 성전 안에 담고자 했었다. 그리고 그 크신 하나님의 전을 세울 수 없음을 잘 알고 있기에 솔로몬은 이 큰 성전을 그저 작은 분향을 위한 단(분향단)으로 인식하고 있었다.

> "누가 능히 하나님을 위하여 전을 건축하리요 하늘과 하늘들의 하늘이라

도 주를 용납지 못하겠거든 내가 누구관대 어찌 능히 위하여 전을 건축하리요 그 앞에 분향하려 할 따름이니이다"(대하 2:6).

솔로몬에게 성전은 분향의 단, 곧 기도의 처소였다. 솔로몬이 얼마나 하나님의 주권을 강조했는지 알 수 있는 부분이 있다. 바로 등대다. 하나님의 주권적인 사랑의 빛을 상징하는 등대와 7개 빛은 회막에는 1개가 있었으나, 성전에는 남쪽에 5개, 북쪽에 5개가 있어 가운데 있는 성도의 감사를 의미하는 진설병을 비추도록 하였다(왕상 7:49).

모세의 회막과 솔로몬의 성전이 가지는 구조적인 차이점 가운데 물두멍이 있다. 솔로몬은 이동 가능한 물두멍 10개를 만들어 북쪽에 5개, 남쪽에 5개를 놓았으며(왕상), 바다(the Sea of cast metal, 왕상 7:23이하; 대하 4:2이하)에서 물을 운반할 수 있게 하였다.[44] 특히 이 바다의 받침은 12마리의 황소로 사방에 3마리씩 놓았다. 커다란 번제단과 내소(지성소)에 별도로 제작한 케루빔은 회막과 차이를 보이지만 기본적인 성격은 동일하다.

또한 솔로몬 성전에 있는 다락방(골방, 왕상 6:5 이하)은 회막에는 없었던 것이다. 회막에는 없었으나 성전에 있는 것이 또 하나 있는데, 그것은 계단이다(왕상 10:5; 대하 9:4). 하나님은 회막에 층계를 허락하지 않으셨으나(출 20:26), 솔로몬 성전에는 계단이 생겼다. 이것은 솔로몬 성전의 성격을 잘 반영하는 것으로, 이 성전은 자원하는 마음에서 시작되었다. 그러므로 하늘 식양과 더불어 하나님 백성의 자원성이 덧입혀진 것으로 계단은 이 자원성을 잘 반영하고 있다.

---

44) '바다' 는 육지와 대립하는 개념이지만, 우리말에서 '바다' 는 또 다른 뜻이 있다. 곧 바다는 썩 너른 넓이로 무엇이 많이 모여 있는 곳이란 의미가 있다. 그래서 물이 없어도 대단히 넓은 곳에 이 용어를 붙인다. 예를 들어, 달 표면에 있는 넓은 곳을 '고요의 바다' 라고 한다.

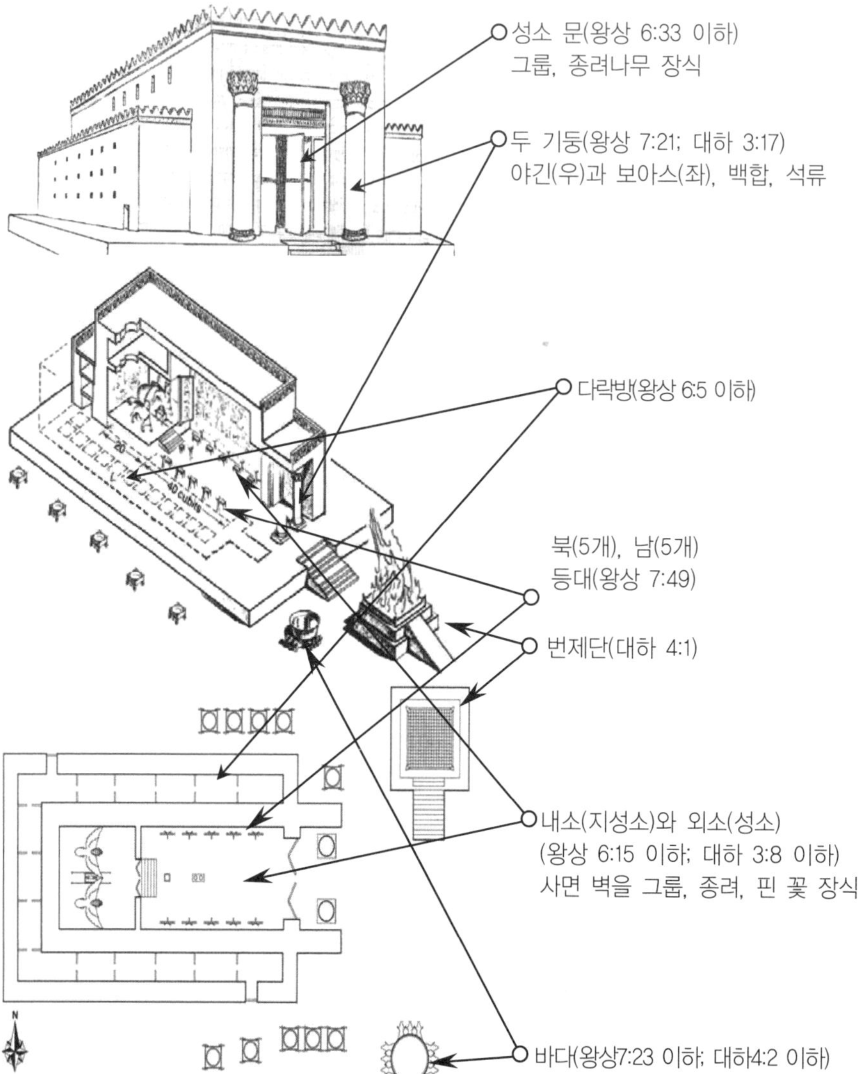
성소 문(왕상 6:33 이하)
그룹, 종려나무 장식
두 기둥(왕상 7:21; 대하 3:17)
야긴(우)과 보아스(좌), 백합, 석류
다락방(왕상 6:5 이하)
북(5개), 남(5개)
등대(왕상 7:49)
번제단(대하 4:1)
내소(지성소)와 외소(성소)
(왕상 6:15 이하; 대하 3:8 이하)
사면 벽을 그룹, 종려, 핀 꽃 장식
바다(왕상7:23 이하; 대하4:2 이하)
백합화 장식, 황소 12받침

또한 성전에는 내소(지성소)와 외소(성소) 외에 성전 외문이 있는 곳에 낭실(porch, 현관)을 별도로 두었으며,[45] 내소와 외소의 사면 벽에는 케루빔과 종려나무 그리고 아름답게 핀 꽃으로 장식하였다(왕상 6:15이하).[46] 솔로몬이 지속적으로 사용하고 있는 이미지는 기둥과 바다에 장식된 백합화와 성소의 내소와 외소에 장식된 종려나무와

---

45) 솔로몬의 성전은 회막과 다르게 3구획으로 나누어진 구조를 가지고 있다. 곧 내소, 외소, 그리고 별도의 낭실이다. 이러한 3구획 구조는 이후에 교회 건축에도 영향을 주었던 것으로 보여진다. 4세기 교회 건축물 가운데 '성 소피아'(Hagia Sophia) 사원과 중세의 거의 대부분의 교회 건축이 3구획으로 구별되어 있다. 곧 첫 번째 구획은, 성전의 '낭실'에 해당하는 곳으로, 교회 건축에는 '나르텍스'(Narthex)가 있다. 이 나르텍스(낭실)는 교회 예배 처소 앞에 있는 공간으로 세례를 받을 준비 과정에 있는 사람이나 범죄하여 참회 중에 있는 사람들이 예배드리던 별도의 공간이다. 사실상 성찬에 참여할 수 있는 사람들이 머무는 곳이다. 두 번째, 성전의 외소(성소)에 해당하는 곳이 교회의 '네이브'(Nave)다. 이 네이브는 교회 예배당의 회중석으로 실질적으로 성찬에 참여할 수 있는 성도들이 예배드리던 곳을 말한다. 예수 그리스도의 대속 사역으로 휘장이 없는 교회에는 성소에 회중이 모여 담대히 보좌 앞으로 나아갈 수 있는 구조를 가지고 있다. 끝으로 세 번째, 성전의 내소(지성소)에 해당하는 곳으로 교회에는 '아페스'(Apes)가 있다. 이 아페스는 성찬의 떡과 잔이 나누어지는 곳으로 교회의 제단에 해당하는 곳이다.

46) 성전의 내소와 외소를 수학적인 측면에서 보면, 외소는 높이가 30규빗이며, 너비 20규빗이고, 길이 60규빗이다(삼하 6:2). 이 가운데 내소(지성소)가 높이 20규빗이고, 너비 20규빗, 길이 20규빗(삼하 6:20)이므로 실질적으로 외소의 높이 30규빗 가운데 10규빗이 여분이 있음을 알 수 있다. 내소(지성소)는 회막과 같이 정육면체를 유지하고 있다. 또한 솔로몬 성전의 특징인 계단으로 인해 10규빗이 계단으로 사용되었음을 알 수 있다. 10규빗(대략 4.56m)에 계단 1개의 높이를 32.6cm 정도 만들면 모두 14개의 계단을 만들 수 있는 공간이 된다. 성경에 내소와 외소 사이에 계단에 대한 언급은 없으나 구조적 측면에서 있었음이 분명하다. 한편, 외소의 한 점 A에서 점 B까지의 거리를 구하면($X^2=30^2+\langle 60^2+20^2\rangle$) 70규빗이고, 점 A에서 점 C까지의 거리를 구하면($X^2=40^2+30^2$) 50규빗이 나온다. 결국 성소의 숫자들을 모두 합하면(10+20+30+40+50+60+70=280) '280'이란 숫자가 나온다. 280(=28×100)에서 숫자 28을 히브리어로 표현하면 '코아흐'(כֹּחַ), 곧 '능력'(신 8:17-18)을 의미한다. 성소는 능력의 원천이란 의미로 이해될 수 있다. 또한 숫자 14를 히브리어로 표현하면 '다윗'(דָּוִד)이 되는데, 따라서 28(=14+14)은 다윗, 다윗으로 이해할 수도 있다. 다른 측면에서 성소 밖의 계단이 14개, 내소와 외소 사이의 계단이 14개를 상징하는 것일 수도 있다.

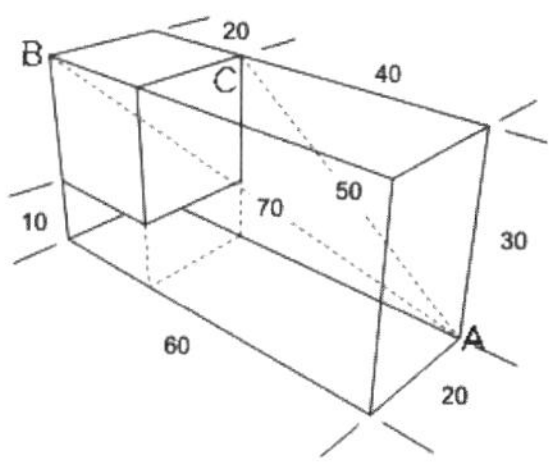

활짝 핀 꽃 그리고 기둥의 석류이다. 여기서 백합화는 솔로몬이 하나님께 받은 모든 축복과 그에 따르는 성도의 영광을 상징한다(눅 12:27). 종려나무는 왕이신 메시아를 마중하는 것과 관련 있으며(요 12:13; 계 7:9), 석류는 기둥에 모두 100개가 있고, 이 가운데 96개만 보였다고 한다(렘 52:20-23). 숫자 '96'을 히브리어로 표현하면 '짜브'(צו), 곧 명령을 의미한다.

> "여호와께서 그들에게 말씀하시되 **경계**에 **경계**를 더하며 **경계**에 **경계**를 더하며 교훈에 교훈을 더하며 교훈에 교훈을 더하고 여기서도 조금, 저기서도 조금 하사 그들로 가다가 뒤로 넘어져 부러지며 걸리며 잡히게 하시리라"(사 28:13).

선지자 이사야는 이곳저곳에 조금조금씩 하나님의 경계(명령)와 교훈(측량)이 있어 결국 쓰러지고 좌절하여 포로가 됨을 말하고 있다. 하지만 하나님의 경계(명령)는 이미 성전에 주렁주렁 알알이 열린 석류처럼 속을 다 보여주고 있으나 아무도 듣는 백성이 없다. 하나님은 "전에 그들에게 이르시기를 이것이 너희 안식이요 이것이 너희 상쾌함이니 너희는 곤비한 자에게 안식을 주라 하셨으나 그들이 듣지 아니하였으므로"(사 28:12)라고 말씀하셨다.

석류는 성전 기둥에서 알알이 익은 안식(the rest)이며, 그 마음에 답답함을 가지고 하나님을 찾는 이들에게 주시는 상쾌함(the refreshing), 곧 속시원함이 있는 곳이다. 하지만 성전은 파괴되었고 기둥은 무너졌기에 석류의 이미지는 사실상 구약에 한정되어 있다. 신약에서 석류처럼 주렁주렁 알알이 달린 포도가 그 이미지를 대신한다.

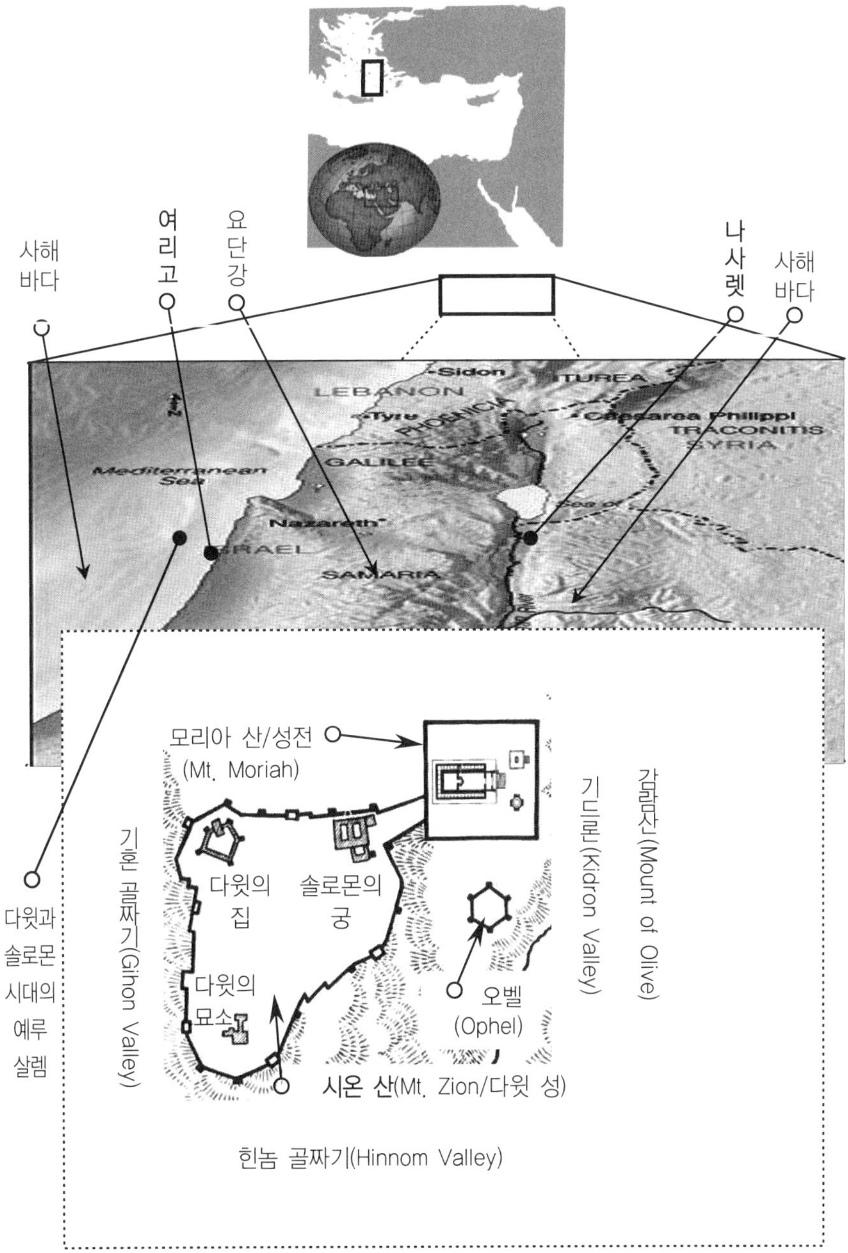
사해 바다
여리고
요단강
나사렛
사해 바다
Sidon
LEBANON
ITUREA
Tyre
PHOENICIA
Caesarea Philippi
TRACONITIS
SYRIA
GALILEE
Mediterranean Sea
Nazareth
SAMARIA
모리아 산/성전 (Mt. Moriah)
감람산(Mount of Olive)
기드론(Kidron Valley)
기혼 골짜기(Gihon Valley)
다윗의 집
솔로몬의 궁
다윗의 묘소
오벨 (Ophel)
시온 산(Mt. Zion/다윗 성)
힌놈 골짜기(Hinnom Valley)
다윗과 솔로몬 시대의 예루살렘

솔로몬 성전이 주는 새로운 의미는 그 고정성, 곧 시온의 영광과 영원한 임마누엘에 있다. 이것은 성전의 터보다도 분명한 의미를 가지며, 회막에 없었던 새로운 개념이라 하겠다. 아니, 성전 이전의 메시아에 대한 단편적인 것들이 솔로몬의 성전으로 흘러들어 샘을 이루고, 이 샘은 곧 메시아(그리스도)로 이어지고 있다. 그래서 솔로몬의 성전은 그 기물보다는 장소에 더 많은 이해가 필요하다.

위의 지도에서 예루살렘을 보면, 성전은 모리아 산에 있으며(대하 3:1), 이 성전이 있는 곳과 솔로몬의 궁이 연결되어 있다. 솔로몬의 궁은 다윗 성 곧 시온 산(대상 11:5)에 있어서(왕상 3:1) 성전을 항상 바라볼 수 있었다. 시온 산은 하나님께서 "복을 명하셨나니 곧 영생" (시 133:3)을 명하신 곳이다.

성전 동쪽에는 기드론 골짜기가 있는데, 이 기드론은 '평민의 무덤'이 있는 곳이자(렘 26:23), 메시아 약속의 장소이다(렘 31:40). 후에 선지자의 예언에 따라서 예수님은 이곳 기드론(요 18:1) 곧 겟세마네(마 26:36; 눅 14:32)에서 가룟 유다의 손에 팔리신다. 기드론 골짜기를 지나면 감람산(the Mount of Olives)이 있다. 기드론 골짜기를 흐르는 물줄기는 시온 산 남쪽에 있는 힌놈 골짜기와 만나게 된다.

힌놈 골짜기는 예루살렘 남쪽(수 15:8)에 위치하여 우상 숭배의 온상이 되었던 곳(왕하 23:10)으로, 예레미야는 이곳을 '살육의 골짜기'(the valley of slaughter, 렘 7:32)라고 칭했다. 힌놈의 골짜기를 히브리어로 말하면, '게 힌놈'(גֵּי הִנֹּם)이라 하고, 신약 시대에는 이곳을 게엔나(Gehenna, gevenna)로 칭했다. 이 게엔나는 '지옥'으로 번역하는 곳(마 5:22; 막 9:43), 우상 숭배와 시온 성의 쓰레기를 태우는 쉼 없이 티오르는 불이 있던 곳이다.

그리고 시온 산 서쪽에는 기혼 골짜기가 있어 기혼 강이 흐르는 곳으로 솔로몬이 왕이 되었던 곳이다(왕하 1:33). 히스기야 왕은 기혼 물줄기를 다윗 성, 곧 시온으로 흐르게 하여 실로암과 연결하였다(대하 32:30).

솔로몬의 성전은 **모리아 산**에 건축되었다(대하 3:1).

이곳은 아브라함이 하나님의 사랑을 표현하기 위해 그 아들 이삭을 희생 제물로 바친 곳이다(창 22장). 아브라함은 이삭과 함께 모리아 산을 오르면서 "아들아 번제할 어린 양은 하나님이 자기를 위하여 친히 준비하시리라"(창 22:7)고 말했다. 여기서 '어린 양'은 이삭을 의미한다. 이러한 마음에 대해 하나님은 아브라함이 하나님을 경외함을 알았다고 말씀하시면서(창 22:12), 미리 준비한 제물을 아브라함에게 주신다. 이에 아브라함은 '**여호와 이레**', 곧 하나님의 산에서 보게 될 것(In the mount of the LORD it shall be seen, KJV, 창 22:14)이라고 하였다. 이 말은 하나님의 산, 모리아에서 하나님이 하나님의 희생 제물을 친히 준비하실 것임을 의미한다.

또한 하나님은 아브라함에게 "네 씨로 말미암아 천하 만민이 복을 얻으리라"(창 22:18)고 말씀하신다. 곧 아브라함으로 온 세상이 하나님의 축복을 받는 것이 아니라, 아브라함의 씨로 말미암아 온 세상이 축복받을 것이라고 하셨다. 아브라함의 씨(후손) 예수 그리스도를 하나님은 모리아에서 미리 예비하고 계신 것이다. '여호와 이레'는 모리아 산에서 메시아를 예비함을 뜻하는 것이다. 그리고 이 모리아 산에 솔로몬은 성전을 건축했다.

솔로몬의 성전은 **타작마당**에 건축되었다(대하 3:1).

다윗은 하나님께 전을 건축하고자 하는 자원하는 마음을 보인다.

이 자원함에 하나님은 기쁨 가운데 언약을 하사하셨으며(삼하 7장), 이 언약대로 다윗은 많은 축복을 얻었다. 성경은 다윗이 얻은 많은 승리를 이야기할 뿐 아니라(삼하 8-10장), 밧세바로 인한 범죄를 기록하고 있다(삼하 11장). 이 범죄에 대해 성경은, 하나님은 언약하신 대로(삼하 7:14) 다윗을 버리지 않고 아버지처럼 인생의 채찍으로 징계하신다고 기록하고 있다(삼하 12-21장). 이 징계 가운데 하나님은 솔로몬을 예비하셨으며, 솔로몬에게 "여디디야"(삼하 12:25), 곧 하나님께서 사랑하시는 자란 이름을 하사해 주셨다. 채찍 가운데 사랑이 있음을 알았던 다윗은 대적의 손과 사울의 손에서 구원함을 얻은 날에, 하나님은 나의 반석이요 요새시며 건지시는 자라고 찬양한다(삼하 22:2; 시 18:2). 하지만 다윗은 스스로 자원한 성전을 건축하지 못한다.

스스로 자원한 마음으로 약속한 하나님의 전을 세우지 못한 다윗에 대하여, 하나님은 사탄으로 하여금 다윗의 마음을 자극하게 하시는 것을 허락하신다(삼하 24:1; 대상 21:1; 욥 1:12 참조). 이에 다윗은 인구 조사라는 죄를 범하고 스스로 자책하여 회개한다(삼하 24:10). 하나님은 다윗을 버리지 않으시고, 그에게 7년 기근이나 3개월간 대적에게 쫓겨 다님이나 3일 동안의 온역 가운데 택할 것을 말씀하신다(삼하 24:13). 이에 다윗은 셋 중 하나를 택하는 대신에 하나님의 자비를 택한다.

> "다윗이 갓에게 이르되 내가 곤경에 있도다 여호와께서는 긍휼이 크시니 우리가 여호와의 손에 빠지고 내가 사람의 손에 빠지지 않기를 원하노라"(삼하 24:14).

다윗은 하나님의 긍휼을 택하였으며, 아울러 사람의 손에 빠지지 않기를 원했다. 이는 다윗이 대적의 손에 쫓겨남을 거부한 것이며, 다른 둘 중 **하나님의 사랑 가운데 하나님이 주권적으로 심판**하실 것을 요구한 것이다. 이에 하나님은 3일 온역을 택하시고 사자를 보내어, 다윗으로 하여금 여부스 사람 아라우나의 타작마당을 구입하게 하신다(삼하 24:17).[47] 그리고 이 타작마당에 솔로몬이 성전을 건축하게 된다.

성전은 아브라함을 통하여, 하나님의 산에서 구원의 희생 제물을 하나님이 직접 미리 예비하셨으며, 또한 아브라함의 후손을 통한 세상 모든 이들에게 베푸실 축복이 약속된 곳이다. 뿐만 아니라 성전은 하나님께서 심판하심의 의미가 있다. 하나님의 사랑 가운데 하나님의 주권으로 심판하시며, 채찍 가운데 사랑이 있음을 의미한다. 곧 하나님은 심판 가운데 구원의 반석이시며, 요새시며, 건지시는 분이시다.

솔로몬의 성전은 아주 특별한 날에 봉헌되었다. 곧 **대속죄일에 성전을 봉헌한다.** 솔로몬은 자신의 궁을 30년 동안 건축하고(왕상 7:1),[48] 성전은 솔로몬이 왕이 된 이후 4년 시브월[49]에 시작하여 11년 불월 곧 8월에[50] 완공했다(왕상 6:37-38). 왕궁은 30년 동안 건축하고 성전은 7년 만에 완공한 것으로, 솔로몬이 자신의 궁전에 더 많은 노력을 한 것으로 오인할 수 있다.

---

47) 사무엘하 24장 17절에서는 '아라우나'(Araunah)로 표기하였으나 후대에 기록된 역대하 3장 1절에서는 여부스 사람 오르난(Ornan)으로 표기하고 있다. 두 이름은 동일 인물을 지칭하는 것이다.

48) 역대하 8장 1절에서는 20년 동안 성전과 왕궁을 완공했다고 한다.

49) 시브(Ziv)월은 '꽃의 달'(the month of flower)을 의미하며 유대 달력으로 2월(왕상 6:1)에 해당한다. 서방 달력 곧 그레고리력(Gregory曆)으로는 4-5월경을 말한다. 참고로 그레고리우스(Gregorius)에 의한 서방 달력은 1582년에 로마 교황 그레고리우스가 기존의 달력 곧 율리우스력과 현실적인 차이점을 인정하고 태양력을 기준으로 고친 것으로, 현재 일반적으로 사용하고 있는 달력이다.

50) 불월(the month of Bul)은 유대 달력으로 8월이며, 그레고리력으로 11-12월에 해당한다. 히브리어 '불'은 '생산물'이란 뜻을 가진 단어로 불월은 수확의 계절이었음을 알게 한다.

하지만 이 기간으로 알 수 있는 것은, 실질적으로 솔로몬이 자신의 궁이 아니라 성전에 더 많은 노력을 기울였다는 사실이다. 성전의 준비는 이미 다윗 때부터 시작된 일이며(대상 22:5, 28:2; 행 7:26), 특히 다윗은 이미 성전의 돌들을 다듬어 준비했으며(대상 22:2), 못으로 사용할 철과 기물들을 위한 놋, 백향목 등(대상 22:1-5)을 준비했다. 다시 말해서, 솔로몬 7년 동안 이미 예비되고 준비된 재료들을 가지고 조립하였던 것이다.

이에 반하여, 다윗과 솔로몬은 자신의 궁을 위해서는 그 어떤 준비도 하지 않았다. 즉 이미 다 준비된 재료를 가지고 성전을 조립하는 기간만 7년이 걸린 것이며, 그 재료의 준비 기간은 다윗 일평생의 일이었다. 반면에, 자신의 집을 위해서는 그 어떤 준비도 하지 않는다. 왜냐하면 다윗은 하나님의 집을 짓고, 하나님은 다윗의 집을 짓기 때문이다(삼하 7:11). 곧 하나님의 성전과 다윗의 영원한 왕권(삼하 7:13)을 서로 약속한 것이다. 아무 준비 없이 작은 궁전을 건축하는 데 30년이 소모되었다는 것은 그만큼 다윗과 솔로몬이 성전 중심의 삶을 살았음을 뜻한다.

솔로몬은 완공된 성전의 낙성식을 하지 않았으며, 하나님의 영광도 임하지 않았다. 그리고 다시 1년이 지난 에다님월[51] 곧 7월 절기에 언약궤를 메고 성전으로 향한다(왕상 8:1-5). 그리고 봉헌 예배를 드린다. 7월에 있는 절기를 보면, 먼저 7월 1일은 안식일로 나팔을 불어 이날을 기념하고 모임을 가지고, 하나님께 화제를 드린다(레 23:24). 솔로몬이 이날 절기에 하나님께 바친 화제에 대해 성경은 기록할 수

51) 에다님월(the month of Ethanim)은 '비가 풍족한 달', '물이 흐르는 달' 이란 뜻으로, 유대 달력으로 7월(왕상 8:2)을 가리킨다. 그레고리력으로 9-10월에 해당한다.

없을 만큼 많았다고 쓰고 있다(왕상 8:5).

이어서 나팔절이 지난 7월 10일은 '**속죄일**'이다. 이날은 대제사장이 휘장 안으로 들어가 하나님의 모든 택하신 백성들의 죄를 사해 주시는 날이다(레 23:27-32). 이 절기에는 스스로 겸비하여 거룩한 모임을 가지며 하나님께 화제의 예배를 드려야 한다. 5일간의 금식과 예배가 끝난 7월 15일은 초막절로, 7일간 초막에서 살아야 한다. 7일 동안 거룩한 모임을 가지며 하나님께 향기로운 화제를 드린다. 그리고 제8일째는 가장 큰 모임으로, 모든 하나님 백성들의 모임을 가지며, 화제를 드린다.

결국 7월 한 달은 오직 하나님께 예배드리는 달이며, 그 중심에 죄 사함을 갖고 대제사장이 휘장 안으로 들어가는 달이다(민 29:1 이하 참조). 특히 초막절은 속죄함이 있는 속죄일 다음에 곧이어 행하는 절기로, 이는 하나님께서 당신 백성들을 이집트의 노예 생활에서 인도하여 내던 때를 영원히 기억하게 하려는 것이다(레 23:42-43). 이는 메시아께서 죄의 종(롬 6장)이던 주의 백성을 인도함을 의미하며, 이 인도하심 이전에 메시아의 대제사장적 사역으로 휘장 안에 들어가신다.

유대 달력 7월에 솔로몬은 성전 낙성식을 하여 성전을 하나님께 봉헌하였고(왕상 8:63), 제사장들이 언약궤를 지성소가 있는 내소 안에, 새로이 만든 케루빔의 날개 아래에 두었다(왕상 8:6). 이 궤 안에는 모세가 시내 산(호렙 산)에서 받은 언약의 증거판 이외에 아무것도 없었다고 한다(왕상 8:9). 이는 솔로몬에게 다른 무엇보다도 언약이 가장 중요했음을 반증하는 것이며, 특히 영원히 버리시지 않겠다는 다윗 언약은 다른 무엇보다도 소중한 언약이라 하겠다. 내소에 언약궤를 두고 제사장들이 성소에서 나오니 하나님의 영광이 성소에 임하셨다(왕상 8:10-11). 이제 성전은 하나님께서 그의 백성에 대한 주권적인 용서와 영원히 함께하시고 버리시지 않음을 상징하는 곳이 되었다.

모리아 산에서 예비된 축복과 희생 제물이라는 물줄기는 이제 성전에서 발원하여 세상으로 흐르게 되었다. 또한 타작마당에서 이루어지는 하나님의 공의의 심판과 그 가운데 당신 백성에 대한 자비하시며 은혜로우시며 노하기를 더디 하시며 인자와 진리(출 34:6)가 풍부하신 심판이 있다. 이 물줄기도 성전에서 발원하여 이제 세상 전체에 흐르게 한다. 뿐만 아니라 하나님께서 택하신 백성에 대한 주권적인 용서와 이 일을 위한 대제사장의 사역이란 물줄기 역시 성전에서 비롯된다.

성전 주변에 흐르는 세 물줄기처럼, 모리아 산과 감람산 사이를 흐르며 예수 그리스도께서 대제사장의 사역을 감당하기 위하여 가룟 유다의 손에 팔리신 곳인 기드론 물줄기처럼, 성전은 대속죄일에 봉헌되었다. 살육의 골짜기이며 지옥이 있는 힌놈의 골짜기는 타작마당의 심판을 보여주며, 시온 성(다윗 성)을 지나 실로암으로 흐르는 기혼 강은 아브라함의 축복과 '여호와 이레'를 세상에 베푼다.

성전에는 베델리엄도 있고 호마노와 수많은 정금이 있으며, 석류와 핀 꽃이 만발하고, 종려나무가 무성한 **동산**(garden)이다. 이 성전에서 아브라함의 씨(후손)를 베푸실 하나님의 축복의 강인 기혼 강이 흘러나오고, 타작마당의 엄한 심판과 그 가운데 자비한 사랑이 흘러나오고 있다. 뿐만 아니라 하나님의 주권적인 대속 사역, 곧 메시아가 하실 참 대제사장의 사역이 흘러넘치고 있다. 마지막으로 이 성전에는 바다가 있고 물두멍으로 성도들을 깨끗이 씻기는 물이 흐르고 있다. 성전은 하나님의 임재가 있으며, 케루빔이 동편에서 화염검을 두루 돌며 지키고 서 있는 천국이다. 예수님은 바로 이 성전이시다(요 2:21).

모세의 회막은 하나님을 만나는 것을 의미한다. 그래서 그 이름도 회막(the tent of meeting)이다. 하지만 솔로몬에서 성전은 분향단, 곧 기도의 처소이다(대하 2:6). 곧 **성전은 기도하는 집**(사 56:7; 마 21:13; 막 11:17; 눅 19:46)으로 회막보다 구체적인 의미로 성도들을 만나고 있다. 실질적으로 솔로몬은 성전 낙성식에서 일곱 가지(7=6+1) 기도를 한다. 이것은 솔로몬이 얼마나 지혜로운지를 보여주는 가장 대표적인 사례다.

하나님의 백성들이 인간 왕을 구하자 하나님은 그들의 간구에 응답하지 않을 것을 말씀하셨고(삼상 8:18), 이에 백성들은 그래도 인간 왕을 요구했다(삼상 8:19-20). 이후로 성경은 하나님 백성이 아니라 인간 왕, 곧 하나님의 백성에 대한 대표성을 가지는 왕에 대한 이야기를 기록하고 있다. 하나님 백성이 언약 앞에 잘살아도 왕의 실패는 곧 저주를 의미하며, 백성이 비록 실패해도 왕의 승리는 백성의 축복으로 등장한다.

그리고 성경은 열왕들의 실패를 기록하고 있다. 하지만 열왕들의 실패는 오히려 언약 백성들의 마음속에 소망으로 꽃을 피운다. 곧 참된 인간 왕, 언약에 흠 없는 인간이며 왕인 메시아에 대한 소망을 언약 백성 마음에 심어주고 있다. 하나님은 그들 백성의 간구를 듣지 않기로 약속하셨으며, 언약에 신실하신 하나님은 그 약속을 지키신다. 이에 대하여 인간 왕인 솔로몬은 성전을 기도의 처소로 만드는 지혜를 보인다. 인간 왕인 그는 모두 7가지 기도를 간구하고(왕상 8:31-50), 이 간구에 응답받는다(왕상 9:3). 물론 이 응답은 다윗 언약 안에 있으며 동시에 하나님은 '다윗의 길'과 '다윗의 길이 아닌 것'으로 저주와 축복을 양분하신다. 곧 모압-세겜 언약을 다윗 언약 속에 두신다(왕상 9:4-9).

솔로몬의 7개 기도를 보면, 6개는 '만약'(if)으로 시작하고 1개는 '만약'을 사용하지 않았다. 그 기도 내용을 구체적으로 보면, ① 만약 언약 백성이 그 이웃에게 죄를 범하여 성전으로 맹세할 것을 요구받고 맹세한다면 하나님께서 판단하여 주실 것을 간구한다(왕상 8:31-32).

②, ③ 만약 언약 백성이 하나님께 죄를 범한다면 그리고 그에 따르는 언약적 저주를 받아 회개하여 성전에서 간구한다면 용서하여 주실 것을 간구한다. 첫 번째 기도가 이웃에 관한 내용이라면 두 번째와 세 번째는 하나님에 대한 내용으로, 솔로몬은 인간이 범할 수 있는 두 가지 죄에 대한 용서를 성전과 결부시키고 있다. 인간이 범하는 죄는 단 두 가지뿐이다. 사람에게 행하는 범죄와 하나님께 범한 죄이고, 이제 이 용서는 성전과 기도 안에서 하나가 되었다. 두 번째 기도와 세 번째 기도의 차이는 언약적 저주의 차이로 두 번째는 저주로 포로 생활 곧 종살이를 하는 경우이며(왕상 8:33-34), 세 번째는 비로 상징되는 자연 현상에 대한 하나님의 심판이다(왕상 8:35-36).

④ 만약 언약 백성이 죄와 무관하게(왕상 8:37-41) 자연 재앙이나 질병에 의한 재앙을 받을 경우 성전에서 기도하면 응답하여 주실 것을 간구한다.

⑤ 다섯 번째에는 '만약'이란 문구를 사용하지 않는다. 대신에 이방인이 하나님에 관하여 듣고 알게 되었고, 그로 인해 성전을 찾아와 기도한다면 응답해 주실 것을 간구한다(왕상 8:42-43). 이 다섯 번째 기도의 중요성은 바로 성전을 '만민의 기도하는 집'이 되길 원한 솔로

몬의 기도이며, 동시에 하나님께서 이 기도를 허락하셨다는 점이다.

성전은 처음 낙성식을 할 때부터 세상 만민을 위한 집이며, 온 세상을 위한 기도의 처소였다. 이것은 성전이 모리아 산에 세워진 이유이며, 아브라함의 씨(후손)가 베푸실 은총을 반영하고 있는 것이다. 이방인의 기도에 '만약'이란 표현을 사용하지 않는 것은 이 일이 반드시 그렇게 될 것임을 반영하는 것이다.

⑥ 만약[52] 언약 백성이 싸움을 할 때 성전에서 기도하면 승리를 주실 것을 간구한다(왕상 8:44-45).

⑦ 솔로몬은 모든 인간은 죄를 짓지 않고 살 수 없음을 인정한다. 그래서 만약 언약 백성이 죄를 범하여 종살이를 한다면, 그 종살이 가운데 성전을 향하여 기도한다면, 응답하여 주실 것을 간구한다.

결국 성전에서만 기도의 응답이 있게 된다. 그것이 죄로 인한 것이나 아니면 죄와 무관한 것이라도 성전에서의 기도에 대해 하나님은 응답해 주신다. 그리고 이 안에는 만민을 위한 기도의 처소로 이방 구원에 대한 하나님의 열망을 반영하고 있다. 기도한다는 것은 곧 하나님을 만났다는 의미이며, 하나님과의 만남은 오직 성전 안에서만 이루어진다. 성전이 없으면 기도도 존재하지 않는다.

신약성경을 보면 예수님은 많은 이들의 병을 고쳐 주셨다. 특히 헤롯 성전에서 주님의 치유 사역이 빈번하게 언급되었다. 신약성경이 이처럼 치유 사역에 초점을 두고 있는 이유는 바로 성전 때문이다. 솔로몬의 경우, 질병에 걸린 주의 백성이 성전에서 기도하면 응답해 주실 것을 약속하셨다. 그러나 헤롯 성전에서 기도하는 이들은 응답을

52) 열왕기상 8장 44절과 46절에 대하여 한글 성경에서는 번역하지 않았으나, 히브리어 원문에는 있으며 영어 성경(KJV)에서는 이를 번역하고 있다.

받지 못하고, 예수님께서 그들을 치유하신다. 이는 곧 예수님이 성전 이심을 말하는 것이다.

> "너희가 내 이름으로 무엇을 구하든지 내가 시행하리니 이는 아버지로 하여금 아들을 인하여 영광을 얻으시게 하려 함이라"(요 14:13).

하나님은 그의 백성이 구하는 간구를 듣지 않으신다. 오직 성전에서 하는 간구만이 응답을 받으며, 이는 이방인이라도 그 응답이 약속되어 있다. 그러므로 성전이 없으면 기도도 없으며, 성전이 없으면 하나님을 만날 수도 없다. 그러나 성전인 예수 그리스도는 참 성전이시기에 언약 백성은 오직 그리스도의 이름(성전 안에서, 성전을 향하여) 안에서 기도한다.

(3) 이미-아직의 긴장 관계 속에 있는 성전 : 스룹바벨 성전과 에스겔 성전

아브라함 언약에서 아브라함은 '자신의 씨'에 대해 믿음으로 답했고(창 15:6), '약속의 땅'에 대해서는 "주 여호와여 내가 이 땅으로 업을 삼을 줄을 무엇으로 알리이까"(창 15:8)라고 말하여 보다 확고한 증표를 요구했다. 이로 아브라함은 언약을 선물 받았으며, 성경은 '씨'와 '땅'(밭)이라는 두 가지 흐름을 가진다.

이후 출-레-민에서는 하나님 백성의 씨의 완성에 대한 신학적 의미를 말씀하셨고, 신명기에서는 하나님의 땅(밭)에 대한 완성을 가르쳐 주셨다. 곧 성전(회막) 중심의 삶과 언약적 삶이라는 두 가지 흐름은 성경에 도도히 흐른다. 여기서 솔로몬 성전은 하나님의 영광이 시온에 고정되어 있으며, 하나님께서 영원히 그의 백성 가운데 계심을 의미한다. 곧 임마누엘 되신 하나님이심을 뜻했다.

솔로몬 성전에 하나님의 영광이 고정된 임재성의 강한 신앙 속에 시온에 대한 영원한 믿음이 자리하게 되었다. 곧 유대인들이 가지는 시온의 영광이며, 믿음이다. 하지만 이 믿음은 언약적 삶에 대한 실패로 이어졌다. 하나님의 백성들은 예배가 모든 것의 중심이었으며 예배만 있다면 모든 것이 허용되는 듯 착각하기 시작했고, 하나님과의 약속된 삶은 점점 설 곳을 잃었다. 결국 "예배만 드리면 됐지!"라고 말하며 삶은 뒤따르지 않았다.

이러한 문제점은 언약적 삶 가운데에서도 발견된다. 다시 말해서 언약적 삶만 살아간다면 예배는 중요하지 않다고 판단하고, 예배를 멸시하게 된다. 예배를 중시하여 삶을 멸시하는 성도가 있는가 하면, 삶을 중시하여 예배를 멸시하기도 한다. 하지만 이 두 가지는 성도에게 동시에 중요한 것이다. 예배를 위하여 제사장이 있다면, 삶을 위한 선지자가 있다. 시온에 대한 강한 믿음으로 삶이 무시되는 상황에서 하나님은 선지자들을 보내시어 언약적 삶을 요구하신다. 순종이 예배나 예배의 헌물보다 선한 것임을 분명히 하신다(삼상 15:22).

> "여호와께서 말씀하시되 너희의 무수한 제물이 내게 무엇이 유익하뇨 나는 숫양의 번제와 살진 짐승의 기름에 배불렀고 나는 수송아지나 어린 양이나 숫염소의 피를 기뻐하지 아니하노라 너희가 내 앞에 보이러 오니 그것을 누가 너희에게 요구하였느뇨 내 마당만 밟을 뿐이니라 헛된 제물을 다시 가져오지 말라 분향은 나의 가증히 여기는 바요 월삭과 안식일과 대회로 모이는 것도 그러하니 성회와 아울러 악을 행하는 것을 내가 견디지 못하겠노라"(사 1:11-13).

성도들의 허다한 제물은 하나님께 무슨 의미가 있는가? 세상과 그 안에 있는 모든 것들이 하나님의 것이다(시 50:9-13). 선지자 이사야는 성전에서 '언약적 삶'이 없는 '예배 중심의 삶'에 대해 성전의 마당만 밟을 뿐이라고 전한다(사 1:12). 예배를 위해 모이는 날과 그 모임 자체, 예배 중심적 삶에서 악이 행해지는 것은 하나님의 뜻이 아니다. 하지만 시온에 대한 강한 믿음은 '예배 중심적 삶'과 '언약적 삶' 사이에 거리가 발생하였다. 이에 하나님은 시온에 대한 믿음을 파괴시키심으로써 다시금 예배 중심의 삶과 언약적 삶을 묶으신다.

하지만 강한 시온에 대한 믿음, 곧 하나님의 영광이 임재한 곳이 인간의 손에 의해 파괴되는 것은 있을 수 없는 일이란 강한 믿음은 언약적 삶과 더 큰 거리감을 준다. 하나님의 영광은 이미 성전에서 떠났고(겔 10:19), 성전은 그저 하나의 건물임을 자각하지 못한다.

하나님은 시온에 대한 믿음을 파괴하시기 위해서 70년 동안의 종살이를 말씀하시고(렘 25:11), 70년 이후에 다시 바벨론을 벌하실 것을 약속하셨다(렘 25:12). 그리고 70년 후에는 하나님의 백성들이 다시 약속의 땅으로 돌아올 것이다(렘 29:10). 이것은 하나님의 주권적인 사역이며 정한 기한이다. 결코 백성들의 회개나 삶의 변화에 따르는 하나님의 응답이 아니다. 70년은 주권적인 하나님의 인도하심이며, 성도의 견인(堅忍)이 요구될 뿐이다.

다니엘은 예레미야를 통하여 견인 가운데 하나님의 말씀 앞에서 언약적 삶을 살 것을 결단한다(단 9:2). 한편 하나님은 에스겔을 통하여 회복될 성전의 모습을 보여주신다(겔 40장 이하 참조).

에스겔 성전은 성소는 길이 40규빗이고, 폭이 20규빗이며(겔 41:2), 지성소는 길이와 폭이 각 20규빗(겔 41:4)으로 솔로몬 성전과 동일한 규모이다. 솔로몬 성전과 같이 골방 30개가 있는데, 차이점은 성전이 아니라 성전 외벽에 위치한다는 점이다(겔 41:5). 골방과 더불어 에스겔 성전 사면 모퉁이에는 부엌이 별도로 위치하여 성전에서 봉사하는 레위인들이 성도들의 헌물을 삶는 곳이다(겔 46:23-24). 제사장들의 별도의 부엌에서는 속건제와 속죄제 그리고 소제를 관리한다(겔 40:19). 성전 바깥 사면에는 동문(겔 40:6), 북문(겔 40:20), 남문(겔 30:27)이 있으며, 안뜰에도 3개의 문이 있고(겔 40:28-37), 안뜰 동문으로 들어가면 번제단이 놓여 있다. 번제단 앞에 성전이 위치하고(겔 40:48 이하), 성전 넘어 서쪽에는 용도를 알 수 없는 건물이 하나 있다(겔 41:12).

에스겔 성전은 전반적으로 솔로몬 성전과 유사한 형태를 취하고 있으며, 성전 내부에 자원의 성격으로 존재했던 계단은 보이지 않는다. 에스겔 성전에는 물두멍이나 바다는 보이지 않고, 대신에 성전은 동쪽으로 향하고 있으며, 문지방에서 물이 나와 동으로 흐르고 있다(겔 47:1-12). 하나님의 영광이 성전에 임재하신다(겔 43:5).

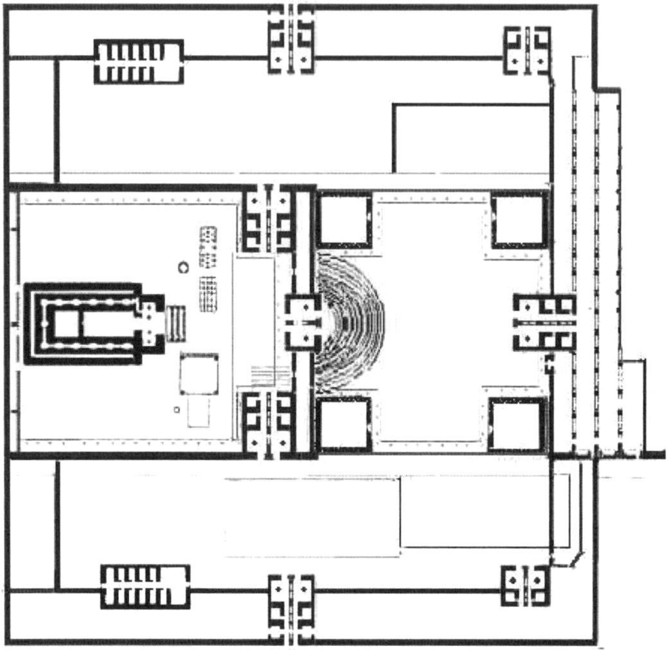

솔로몬 성전

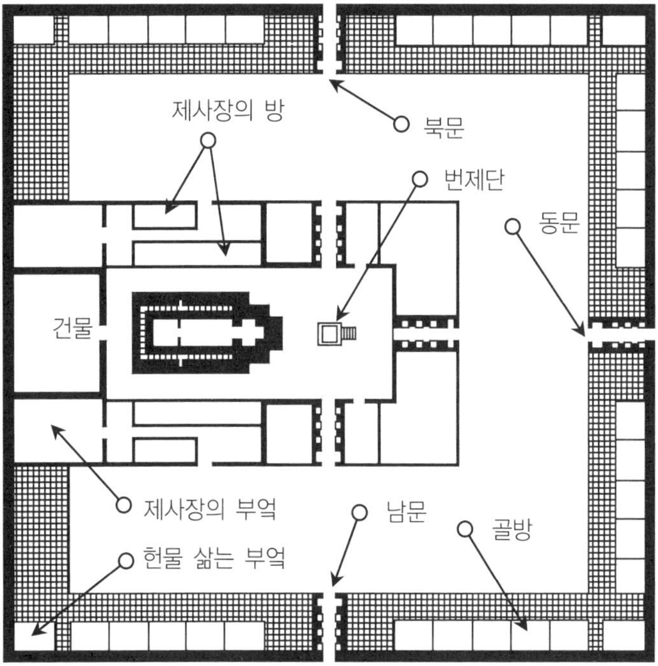

에스겔의 성전 비전

약속하신 그 기한인 70년이 되었을 때 페르시아 왕 고레스(재위 B.C. 546-529년)를 통하여 하나님은 약속을 성취하시어, 포로 생활에서 귀환이 이루어진다. 곧 **제1차 귀환**으로 다윗의 후손 스룹바벨과 여호사닥의[53] 아들 대제사장 예수아를 중심으로 귀환이 이루어진다(스 2:2; 학 1:1). 그리고 이들에게 성전 재건의 소명이 주어진다(스

53) 여호사닥(Jehozadak)은 느부갓네살 시절에 포로로 바벨론으로 끌려간 대제사장이다(대상 6:14-15). 여호사닥의 계보를 보면, 아론의 아들 엘르아살이 비느하스를 낳았고 이 계보 가운데 대제사장 사독이 있다. 그리고 이 사독의 후손이 여호사닥이다. 그러므로 포로 귀환을 한 예수아(여호수아)는 아론의 직계손이자 사독의 계보다.

1:2; 학 1:2). 1차 재건으로 완성된 성전에 대하여, "너희에게 어떻게 보이느냐 이것이 너희 눈에 보잘것이 없지 아니하냐"(학 2:3)고 하신다. 다시 말해서 솔로몬의 성전과 스룹바벨이 재건한 성전 사이에는 분명한 차이점이 있었고, 스룹바벨 성전은 초라했다. 이것은 스룹바벨 성전이 에스겔의 비전과 차이가 있음을 의미한다.

선지자 에스겔에게 재건된 성전의 비전을 주셨지만, 현실적인 성전은 초라한 모습이었다. 이에 하나님은 스룹바벨 성전을 영광으로 채울 것을 약속하셨으며(학 2:7), 스룹바벨 성전이 솔로몬의 성전보다 더 클 것이라고 약속하셨다(학 2:9). 실질적으로 작은 성전에 대하여 하나님은 솔로몬의 성전보다 더 크다고 말씀하심으로써, 성전의 의미를 단 하나로 일축하신다. 곧 성전은 하나님의 임재를 의미한다. 성전의 수많은 식양과 의미들을 이해하는 것도 중요하지만, 성전의 의미는 바로 하나님의 임재이다. 성전을 통하여 하나님과 그의 백성이 만나는 것이며, 이것은 하나님의 주권적인 은총에 의한 것이다. 다시 말해서 인간이 하나님을 만나고 싶어도, 주님이 만나주시지 않는다면 만날 수 없다. 이런 의미에서 성전은 하나님의 임재를 의미하는 것이며, 하나님의 임재가 없다면 그것은 그저 건물에 지나지 않는다.

스룹바벨 성전과 에스겔의 성전 비전의 차이는 성전의 성격을 이미-아직의 긴장 관계 속에 던지고 만다. 눈에 보이는 성전은 초라하고 볼품없는 모습이지만, 그 의미와 영적인 측면에서는 한없는 영광인 동시에 가장 큰 성전을 뜻한다. 그리고 이것은 하나님의 임재로 결정되는 것이지 건물 크기에 의한 것이 아님을 분명히 하신다.

이미 스룹바벨 성전은 건축되었으나 아직은 완성된 것이 아니다. 하나님의 영광은 미래에 주어진 약속이며, 성전은 눈에 보이는 육적인 성전(스룹바벨 성전)과 비전에 의한 영광의 성전(에스겔의 성전 비전) 사이에 긴장성이 발생한다. 그리고 이러한 예언은 참 성전이신 예수 그리스도의 모습 가운데 그대로 반영된다.

육적인 모습으로는 초라하게 아기의 모습으로 말구유에 계시지만(눅 2:6-7), "주의 사자가 곁에 서고 주의 영광이 저희를 두루 비취매"(눅 2:9) 사람들은 두려움에 사로잡혔다. 이에 하나님의 사자가 "오늘날 다윗의 동네에 너희를 위하여 구주가 나셨으니 곧 그리스도 주시니라"(눅 2:11)고 말씀하시어, 하나님의 영광이 임재했음을 말했다. 곧 임마누엘이신 그리스도께서 성전으로 세상에 오셨다(마 1:23). 눈에 보잘것없으나 그것이 참 성전이 되는 것은 하나님의 영광 때문이다. 인간의 노력에 의한 커다란 건물이 성전이 되는 것이 아니라, 그의 백성과 함께하신 하나님의 임재, 임마누엘이 성전을 결정한다.

제2차 포로 귀환. 제1차 포로 귀환을 통하여 성전이 재건되었고, 이는 성전 중심의 생활을 다시 재건하신 것이다. 예배는 모든 것의 근본이며, 예배 중심적 삶은 하나님의 뜻이다. 시온에 대한 강한 믿음이 잘못된 것이 아니라 그 믿음으로 언약적 삶에 실패한 것이 문제되는 것이다. 이에 하나님은 에스라를 통하여 언약적 삶을 재건하신다. 곧 제1차 재건에서 성전 중심의 삶을 재건했다면, 제2차 재건에서는 언약적 삶을 재건하신다. 사독의 5대손인 에스라는 하나님의 율법에 완전한 학사였다(스 7:12). 에스라에게 주어진 소명을 보면, "에스라여 너는 네 손에 있는 네 하나님의 지혜를 따라 네 하나님의 율법을 아는 자로 유사와 재판관을 삼아 강 서편 모든 백성을 재판하게 하고 그 알지 못하는 자는 너희가 가르치라"(스 7:25)고 하였다. 곧 하나님 말씀대로 살아가는 것이다. 에스라는 세 가지 결단을 단행한다.

"에스라가 여호와의 율법을 연구하여 준행하며 율례와 규례를 이스라엘에게 가르치기로 결심하였었더라"(스 7:10).

에스라는 먼저 하나님의 말씀을 연구할 것을 결단한다. 에스라는 말씀을 몰라서 공부할 것을 결단한 게 아니다. 에스라는 이미 6절에서 "모세의 율법에 익숙한 학사로서 그 하나님 여호와의 도우심을 입었다"(스 7:6)라고 기록하고 있다. 그런데도 에스라는 스스로 하나님의 말씀을 찾을 것이라고 결단한다. 곧 하나님 말씀 안에서 모든 것을 구한다는 의미이다. 뿐만 아니라 에스라는 '준행'할 것을 결단한다. 스스로 하나님의 말씀을 찾을 뿐 아니라 그에 따르는 순종을 이야기한다. 그리고 끝으로 자신뿐 아니라 다른 사람들, 언약 공동체 전체가 말씀 안에서 생활하도록 가르칠 것을 결단한다.

제3차 귀환. 성전 중심의 삶과 언약(말씀) 중심의 삶이 재건되었다. 이제 하나님은 새로운 개념을 도입하신다. 바로 '파수꾼의 삶'이다. 제3차 귀환에서 느헤미야는 예루살렘 성벽을 재건한다. 그리고 그 성벽에 사람을 세워 파수하게 하여 성전을 보호한다.

"예루살렘이여 내가 너의 성벽 위에 파수꾼을 세우고 그들로 종일 종야에 잠잠치 않게 하였느니라 너희 여호와로 기억하시게 하는 자들아 너희는 쉬지 말며 또 여호와께서 예루살렘을 세워 세상에서 찬송을 받게 하시기까지 그로 쉬지 못하시게 하라"(사 62:6-7).

예루살렘 성벽에 파수꾼을 세웠고, 이 파수꾼은 밤낮으로 쉼 없이 하나님께 부르짖어야 한다. 하나님이 하나님의 언약을 기억하도록 부르짖으며, 예루살렘을 재건하실 때까지 외쳐야 한다. 모든 주권은 하나님께 있으니 참된 재건은 하나님의 손에 있는 것이며, 하나님 백성의 참된 파수꾼 또한 하나님임을 기억해야 한다(시 127:1). 성전 중심의 삶과 언약적 삶을 지키는 것은 파수꾼의 삶을 통하여 보호받게 된다. 하지만 파수꾼의 삶이 몰락하게 된다면, 또다시 성전 중심의 삶과 언약적 삶은 위기에 봉착하게 된다.

> "그 파수꾼들은 소경이요 다 무지하며 벙어리 개라 능히 짖지 못하며 다 꿈꾸는 자요 누운 자요 잠자기를 좋아하는 자니 이 개들은 탐욕이 심하여 족한 줄을 알지 못하는 자요 그들은 몰각한 목자들이라 다 자기 길로 돌이키며 어디 있는 자이든지 자기 이만 도모하며"(사 56:10).

선지자는 탐욕에 빠진 파수꾼, 자기 이득만을 추구하는 파수꾼을 소경이며 벙어리로 짖지 못하는 개라고 외친다. 하나님의 백성과 자기 자신이 성전 중심의 삶과 언약적 삶에 위기가 올 때 파수꾼의 삶은 스스로와 언약 공동체를 지키는 원동력이 된다. 하지만 파수꾼의 몰락은 이 모든 것의 몰락임을 의미하게 된다. 그래서 다시금 '파수꾼의 삶'은 '남은 자의 삶'으로 이어져야 한다. 왜냐하면 지금 시대에도 하나님의 은혜로 택하심을 따라 남은 자가 있기 때문이다(롬 11:5).

5) 절기 제도와 고엘 제도

구약성경을 읽을 때 좀더 분명하게 읽기 위해서 필요한 것이 절기에 대한 이해다. 하나님이 정하신 3대 절기는 다른 무엇보다도 중요하기에 반드시 알아야 한다. 뿐만 아니라 성경에 언급되어 있으며, 메시아의 사역과 관련된 대단히 중요한 제도가 고엘 제도이다. 만일 이 고엘 제도를 이해하지 못하면 성경의 어떤 부분들은 메시아적인 계시가 아니라 윤리적이며 인간적인 판단으로 전락되는 경우가 있다. 그래서 끝으로 하나님이 정하신 3대 절기와 고엘 제도에 관해 알아보기로 하자.

(1) 성경의 3대 절기

하나님이 정하시어, 하나님의 백성은 반드시 1년에 3번 성전에서 예배를 드려야 한다. 다시 말해서, 성전 중심의 삶을 위해서 하나님이 정하신 3대 절기, 곧 유월절, 칠칠절, 대속죄일이 있다.

> "너희 중 모든 남자는 일 년 삼 차 곧 무교절과 칠칠절과 초막절에 네 하나님 여호와의 택하신 곳에서 여호와께 보이되 공수로 여호와께 보이지 말고 각 사람이 네 하나님 여호와의 주신 복을 따라 그 힘대로 물건을 드릴지니라"(신 16:16-17).

하나님의 백성 가운데 모든 남자는 반드시 성전에서, 무교절과 칠칠절과 초막절에 예배를 드려야 한다.

① 하나님의 특별한 구별 방법 : 유월절

> "유월절 제사를 네 하나님 여호와께서 네게 주신 각 성에서 드리지 말고 오직 네 하나님 여호와께서 그 이름을 두시려고 택하신 곳에서 네가 애굽에서 나오던 시각 곧 초저녁 해질 때에 드리고 네 하나님 여호와께서 택하신 곳에서 그 고기를 구워 먹고 아침에 네 장막으로 돌아갈 것이니라"(신 16:5-7).

반드시 성전에서 예배드려야 하는 것 가운데 유월절(무교절)이 있다. 이날은 이집트에서 나오던 날에 정해진 절기로, 하나님이 이집트에 내리신 재앙 가운데 마지막 재앙으로 아주 중요한 의미들을 담고 있다. 우선 이집트에 임한 재앙들을 살펴보면, 크게 두 가지로 구별된다. 하나는 이집트의 술객들도 할 수 있는 것과 이집트의 술객들이 할 수 없는 재앙으로 대별(大別)한다.

첫 번째부터 두 번째 이적까지는 이집트 술객도 이적을 행한다.[54]

세 번째인 땅의 먼지가 이로 변하는 것(출 8:16)부터는 술객들은 더 이상 할 수 없음을 자각하고 하나님을 인정한다(출 8:19). 이 세 번째 이적을 기준으로 재앙은 완전히 다른 성격을 가진다. 곧 구별의 문제를 다룬다. 네 번째 이적인 파리로 하나님의 백성을 구별하신다(출 8:21-23). 곧 "내가 내 백성과 네 백성 사이에 구별을 두리니 내일 이 표징이 있으리라"(출 8:23)고 하여 하나님의 백성과 이집트 왕의 백성을 구별하신다. 이어지는 다섯 번째 이적인 악질의 경우에도 구별하신다(출 9:3-4).

여섯 번째는 풀무의 재로 독종(출 9:8-9)을 주시고, 이 이적으로 이집트의 모든 백성들을 죽일 수 있었으나 살려 두신다. 이는 "내가 이번에는 모든 재앙을 네 마음과 네 신하와 네 백성에게 내려 너로 온 천하에 나와 같은 자가 없음을 알게 하리라"(출 9:14)고 하신 뜻이 있었기 때문이다. 결국 재앙은 온 천하에 하나님의 이름이 전파되도록 하는 목적 아래 이루어지고 있는 것이다(출 9:16). 이에 이어지는 일곱 번째 이적은 이제 이방인에 대한 하나님의 구원 계획이 보다 구체적으로 등장한다. 다시 말해서 일곱 번째 이적인 우박과 그 우박과 함께한 불덩이(출 9:24)로 인해 이집트의 모든 것들이 파괴되었다. 하지만 이 가운데 구원받은 이방인들이 존재했다.

"바로의 신하 중에 여호와의 말씀을 두려워하는 자들은 그 종들과 생축을

---

54) 이적의 시작은 모세의 지팡이가 뱀으로 변하는 것으로부터 시작한다. 하지만 본격적인 이적은 나일 강이 피로 변하는 것부터 시작된다. 술객들을 기준으로 보면, ① 이적은 모세의 지팡이가 뱀으로 변한 것으로, 모세의 지팡이가 술객들의 뱀들을 삼켰다(출 7:10-12). ② 첫째 이적은 모세의 지팡이로 하수를 치니 이집트의 모든 물들이 피로 변했다. 하지만 술객들도 이와 같이 했다(출 7:15-24). ③ 둘째 이적으로 지팡이로 하수를 치니 물에서 개구리들이 생겨났고(출 8:3), 그 개구리들이 올라왔다. 물론 술객들도 이와 같이 했으나(출 8:7), 개구리를 육지로 올라오는 것을 막지는 못했다.

집으로 피하여 들였으나 여호와의 말씀을 마음에 두지 아니하는 자는 그 종들과 생축을 들에 그대로 두었더라"(출 9:20-21).

하나님이 이집트에 베푸신 이적은 하나님을 경외하지 않는 이들에게는 재앙이지만, 이집트 사람들 가운데에서도 하나님을 경외하는 이들은 그 재앙을 피할 수 있었다. 결국 이방인들의 마음에 하나님을 전파하시고자 재앙을 베푸신 것이며, 이러한 이유에서 이 재앙은 구원의 은총임을 알 수 있다. 그리고 하나님은 파라오의 마음을 또다시 강퍅하게 하시어 파라오는 어찌할 수 없이 또다시 하나님을 대적한다. 그렇게 하나님께서 파라오의 마음을 강퍅하게 하시는 분명한 이유와 목적이 있으셨다.

"여호와께서 모세에게 이르시되 바로에게로 들어가라 내가 그의 마음과 그 신하들의 마음을 완강케 함은 나의 표징을 그들 중에 보이기 위함이며 너로 내가 애굽에서 행한 일들 곧 내가 그 가운데서 행한 표징을 네 아들과 네 자손의 귀에 전하게 하려 함이라 너희가 나를 여호와인 줄 알리라"(출 10:1-2).

하나님은 이방인에게 하나님의 존재를 가르쳐주시며, 하나님의 백성 후손들에게도 하나님이 참으로 전능하신 하나님임을 알게 하고자 이렇게 하신 것이다. 또한 이것을 통하여 하나님의 백성이 하나님 앞에서 겸손히 서 있기를 원하시는 것이다(출 10:3). 그리고 이어지는 여덟 번째 이적인 메뚜기 재앙이 일어난다.

메뚜기 재앙 이후에 이어지는 아홉 번째 재앙으로 이집트 땅에 3일간의 흑암(출 10:22)과 하나님 백성이 살고 있는 고센 땅의 광명이(출 10:23) 대조적으로 이루어진다. 하나님은 하나님의 백성과 백성이 아닌 것을 빛과 어둠으로 구별하고 계신다. 이러한 구별은 신약에서도 그대로 반영되어 하나님의 백성을 빛의 자녀로 표현한다(엡 5:8).

그리고 이어지는 마지막 재앙은 장자에 대한 죽음이다. 이 재앙에서 하나님은 아주 특별한 구별 방법을 사용하신다. 곧 하나님의 백성과 아닌 사람을 이스라엘 민족을 기준으로 구별하지 않으신다. 이미 많은 재앙으로 택함을 받은 이방인들 가운데 하나님을 경외하는 이들이 있었고, 하나님은 이들에게도 구원의 방법을 열어주신다. 민족적 구별이 아니라 하나님의 말씀을 두려워하여 순종하는 이들도 구원의 대상이 되도록 하기 위한 특별한 구별 방법이 사용된다. 곧 유월절이다.

유월절에는 우선적으로 흠 없는 어린 양 혹은 염소를 취해 1월 14일까지 간직하고 있어야 한다(출 12:2-6). 그리고 14일 해질 때에 양을 잡아 좌우 문설주와 인방에 그 피를 바르되(출 12:7), 우슬초에 피를 묻혀서 발라야 한다(출 12:22). 그리고 무교병을 7일간 먹되(출 12:15), 허리에 띠를 띠고 발에 신을 신고 손에 지팡이를 잡고 급하게 먹어야 한다(출 12:11). 여기서 비록 이스라엘 민족이 아닌 이방인이라도 유월절을 지키는 사람은 죽음이 넘어가게 된다. 하지만 이스라엘 민족일지라도 하나님의 절기를 지키지 않는다면 죽음을 당하게 된다. 여기서 유월절에 죽음을 면하는 것은 이스라엘 민족이 아니라 하나님을 경외하는 하나님의 백성이 된다.

유월절의 규례가 가지는 신학적 의미는 구약의 제사 제도보다는 신약에서 이 규례가 사용된다는 점에서 중요하다. 특히 메시아의 사역과 관련하여 대단히 중요한 내용을 포함하고 있다. 먼저 첫째, 유월절 어린 양을 잡는 규례에 관해서, 신약은 메시아 자체를 어린양으로 다루고 있다. 세례 요한은 예수님을 "보라 세상 죄를 지고 가는 하나님의 어린양이로다"(요 1:29, 36)라고 증언했다. 또한 예수님이 십자가를 지신 유월절 예비일 제6시에서 제9시까지, 태양이 그 빛을 잃고 어둠이 세상을 덮었다(눅 23:44). 이는 신약성경이 예수님의 십자가 사역과 유월절 어린 양 규례를 동일시한 것으로, 사도 바울은 "우리의 유월절 양 곧 그리스도께서 희생이 되셨느니라"(고전 5:7)고 직접적으로 언급하고 있다.

유월절은 어린 양의 피로 죽음이 '넘어가는 날'(Pascha, passover)이며, 그 어린양 예수님의 피로 그의 백성들에게 죽음이 넘어가는 것을 뜻한다. 유월절은 메시아 사역의 예표이다.

둘째, 유월절 어린 양의 피는 반드시 우슬초를 사용해야 한다.

> "이후에 예수께서 모든 일이 이미 이룬 줄 아시고 성경으로 응하게 하려 하사 가라사대 내가 목마르다 하시니 거기 신 포도주가 가득히 담긴 그릇이 있는지라 사람들이 신 포도주를 머금은 해융을 우슬초에 매어 예수의 입에 대니 예수께서 신 포도주를 받으신 후 가라사대 다 이루었다 하시고 머리를 숙이시고 영혼이 돌아가시니라"(요 19:28-30).

예수님은 마지막 사역을 위해 십자가에서 "목마르다"(요 19:28) 하셨으며, 이것은 실질적으로 예수님이 갈증을 느끼신 것이 아니라, 성경을 응하게 하려 하신 것이다. 곧 성경 말씀을 완성하시기 위해 말씀하신 것이다. 유월절 어린 양의 피는 우슬초를 사용해야 한다. 이에 사람들이 우슬초를 묶어 예수님의 입에 대니, 주님은 성경을 다 끝냈다고 말씀하셨다.

우슬초는 정결을 의미한다. 곧 다윗이 밧세바와 간음한 이후에 선지자 나단이 찾아오자, 다윗은 자신의 죄를 씻어 달라고 노래한다. 이때 다윗은 "우슬초로 나를 정결케 하소서 내가 정하리이다 나를 씻기소서 내가 눈보다 희리이다"(시 51:7)라고 노래하는데, 우슬초는 정결을 의미하는 것으로 상징되고 있다. 유월절 규례에서 어린 양의 피와 더불어 우슬초를 사용하는 것은 유월절의 십자가가 단순히 죄를 용서하는 것뿐 아니라, 이미 정결해졌음을 의미하는 것이다. 십자가의 사역은 죄 사함뿐 아니라 그의 백성을 간음에서 깨끗하게 하신 보혈의 피다.

셋째, 유월절에는 무교병을 먹어야 한다. 그래서 유월절을 다른 말로 무교절이라고도 한다. 이 무교병이란 누룩을 넣지 않은 얇고 넓은 모양의 떡을 의미한다. 사도 바울은 다음과 같이 성도들을 권면한다.

> "너희의 자랑하는 것이 옳지 아니하도다 적은 누룩이 온 덩어리에 퍼지는 것을 알지 못하느냐 너희는 누룩 없는 자인데 새 덩어리가 되기 위하여 묵은 누룩을 내어버리라 우리의 유월절 양 곧 그리스도께서 희생이 되셨느니라 이러므로 우리가 명절을 지키되 묵은 누룩도 말고 괴악하고 악독한 누룩도 말고 오직 순전함과 진실함의 누룩 없는 떡으로 하자"(고전 5:6-8).

사도 바울은 작은 생활의 모습을 통하여 지혜를 전해주고 있는데, 적은 누룩이 온 덩어리에 퍼지는 것을 말한다. 곧 적은 악이 온 육신과 영혼에 퍼질 수 있음을 경계하고 있다. 그래서 사도 바울은 묵은 누룩을 버리라고 권면하다. 왜냐하면 예수 그리스도께서 유월절의 어린양으로 희생되었기 때문이다. 그러므로 하나님의 백성들은 누룩 없는 무교병이 되어야 한다. 곧 괴악(malice)과 악독(wickedness), 곧 적극적인 악이나 소극적인 악이나 구별 없이 모든 악을 제거해야 한다. 대신에 순전함(sincerity)과 진실함(truth)의 누룩 없는 떡, 곧 성실함과 참된 생활을 하라고 권면한다. 예배적 삶과 언약적 삶은 참된 마음으로 어떤 어려움 가운데에서도 성실하게 꾸준함으로 생활해야 하는 것이다.

② 유월절 그 이후의 삶 : 칠칠절(오순절) 혹은 초실절(맥추절)

> "내가 그 밤에 애굽 땅에 두루 다니며 사람과 짐승을 무론하고 애굽 나라 가운데 처음 난 것을 다 치고 애굽의 모든 신에게 벌을 내리리라 나는 여호와로라"(출 12:12).

유월절, 그 밤에 사람의 장자들이 죽었으며(시 136:10), 뿐만 아니라 세상에 처음 태어난 모든 것들이 죽었다(출 12:29). 또한 이집트의 모든 우상들이 파괴되었다. 사실상 하나님은 처음부터 장자에 대한 말씀을 모세에게 하셨으며, 장자를 죽이는 것이 하나님의 본래 계획이셨다(출 4:23). 하나님은 모세에게 이미 이집트의 장자를 죽일 것을 말씀하셨다(출 4:23). 왜냐하면 하나님의 장자인 이스라엘이 하나님을 섬겨야 함에도 불구하고 이집트가 하나님의 장자를 붙잡고 있으므로 이집트의 장자를 죽일 계획을 하신 것이다. 하나님의 장자가 이스라엘이라면, 하나님의 차자는 이방인이 된다.

하나님은 장자를 죽일 계획을 가지고 계셨으나, 바로 장자를 죽이는 대신에 여러 가지 표적을 통하여 하나님의 존재를 이방인들에게 알려주신다. 이에 하나님을 경외하는 이방인들이 등장하고, 이들은 이스라엘 민족이 이집트를 나올 때 함께 나와 약속의 땅으로 간다(출 12:38). 결국 하나님은 장자를 죽일 계획을 통하여 하나님의 백성을 모으신 것이며, 이 가운데는 장자 이스라엘 이외에 중다한 잡족이 포함되어 있었다.

이스라엘은 하나님의 장자(출 4:22)이며 제사장 나라(출 19:6)이므로, 하나님과 이방 나라 사이에 제사장 나라의 소명을 감당해야 했다. 장자가 아닌 중다한 잡족의 이방인들은 이스라엘을 통하여 하나님을 만나게 된다. 이는 출애굽기 안에는 하나님의 이방 구원에 대한 계획이 있음을 분명히 하고 있는 것이다.

> "이스라엘 자손 중에 사람이나 짐승이나 무론하고 초태생은 다 거룩히 구별하여 내게 돌리라 이는 내 것이니라 하시니라"(출 13:2).

하나님은 장자뿐만 아니라 세상에 처음 태어난 모든 것은 하나님의 것임을 선포하셨다. 이는 곡식에 대해서도 예외는 아니다. 곡식 가운데 처음 수확한 것은 하나님의 것이며, 이를 초실절(출 34:22)이라고 한다. 이 초실절에 보리나 밀에 대한 것과 관련해서는 맥추절(출 23:16, 34:22)이라고 하며, 기타 타작마당과 포도의 수확과 관련해서는 초실절이라고 한다(민 28:26). 또한 이날은 유월절에 초태생을 하나님께서 죽이신 것을 기준으로 7번의 안식일 이후를 의미하기에(7×7=49) 칠칠절이라 하기도 한다(출 34:22; 민 28:26; 신 16:10).

칠칠절은 유월절 이후에 안식일이 일곱 번 지난 날을 뜻하며, 그 다음날인 50일은 하나님께 소제를 드리는 날이다(레 23:16). 그래서 이날을 오순절[55]이라고도 한다. 오순절이 되면 성전으로 모여야 한다. 이날은 성전에서 예배드리는 3대 절기 가운데 하나로, 흩어진 하나님의 백성들이 예루살렘으로 모이는 날이다(행 2:1). 사도 바울도 오순절이 되기 이전에 예루살렘으로 가고자 했었다(행 20:16). 그리고 바로 이날에 성령 하나님께서 강림하셨다. 선지자 요엘에게 하신 말씀대로 천하 만민에게 성령 하나님이 강림하셨다(행 2:16; 욜 2:28).

유월절에 예수 그리스도께서 대속의 사역과 정결의 사역을 하셨으며, 그 이후 삶을 위하여 보혜사 성령 하나님께서 칠칠절(오순절)에

---

55) 오순(五旬)이란 5×10을 뜻한다. 여기서 순(旬)은 한자로 열 번째라는 뜻이다.

오시었다. 이는 장자 이스라엘을 통하여 천하 만백성에게 하나님을 알리는 중요한 날이며, 이를 통하여 천하 만백성이 하나님께 예배드리도록 하신 날이다. 그리고 오순절의 확장 개념으로 50년, 곧 희년이 있다(레 25:10).

희년은 50년마다 찾아오는 자유와 해방의 해로 '요벨의 해'(Year of Jubilee, *Jubilium*)다. 요벨이란 숫양의 뿔이란 뜻으로, 나팔을 불어 희년임을 알리는 것을 뜻한다. 이 요벨의 해에는 하나님께 받은 기업을 부득불 타인에게 팔았을 경우 이것을 원소유주, 곧 하나님이 처음에 맡기신 청지기에게 다시 돌아간다. 노예는 모두 해방되어 하나님의 공의를 세상에 보이는 해이다. 땅은 쉼을 얻고, 세상 모든 것이 쉼을 얻는다. 그래서 신약에서는 이 해를 "은혜의 해"(the year of the Lord's favor, NIV, 눅 4:18-19)라고 했고(사 61:1-3), 예수님이 세상에 오심을 의미하는 해이다.

출애굽의 목적은 분명하다. **첫 번째는 아브라함의 언약**에 대한 일차적인 성취 역사를 기록한 것이다.

하나님은 아브라함에게 약속하시길, 400여 년간의 고통을 말씀하셨고(창 15:13), 430년 만에 이집트에서 출발하였다(출 12:40). 또한 4대 만에 돌아올 것을 약속하셨고(창 15:16), 4대 만에 이집트를 출발했는데(출 6:16-26),[56] 이때 하나님은 아브라함에게 그의 후손들이 큰 재물을 이끌고 나온다고 말씀하셨다(창 15:14).

하나님은 떨기나무에서 이미 "애굽 사람으로 이 백성에게 은혜를

56) 아브라함에서 레위까지 4대(아브라함→이삭→야곱→레위)이며, 레위부터 모세까지 다시 4대이다. 레위는 137살에 죽었으며(출 6:16), 그 아들 고핫은 133살에 죽었고(출 6:18), 고핫의 아들 아므람은 137살에 죽었다(출 6:20). 그리고 아므람의 아들이 모세다. 그러므로 4대에 대한 언약이 이중적 구조로 성취되고 있다.

입히게 할지라 너희가 갈 때에 빈손으로 가지 아니하리니"(출 3:21)라고 아브라함에게 언약하셨다. 그리고 장자가 죽어 슬피 울고 있는 이집트 사람들에게 금은 패물과 의복을 구하였고, 이에 하나님은 이집트 사람으로 하여금 하나님 백성에게 은혜를 입히게 하사 그들이 구하는 대로 주게 하시어 그들이 애굽 사람의 물품을 취했다(출 12:35-36). 이는 출애굽기가 아브라함의 언약에 대한 일차적 성취 역사를 기록하고 있음을 분명히 보여주는 것이다.

출애굽기에서 이집트를 떠나야 하는 **두 번째 목적은 바로 예배다.**

하나님은 모세에게 하나님의 백성을 인도하여 하나님을 섬기게 하라고 소명을 주셨다(출 3:12). 이는 모세의 소명이 하나님의 백성(이스라엘과 이방인 포함)을 이집트에서 인도하는 것뿐 아니라 그들로 하여금 하나님을 섬기게 하는 것이 목적이다. 이것은 하나님이 이집트에 보이신 표적, 곧 재앙에서도 분명히 나타난다(출 10:7-8, 11, 24).

그리고 **세 번째가 바로 절기다**(출 5:1, 10:9).

절기는 단순한 풍습이 아니라 예배를 의미하며, 하나님의 백성이 이집트를 떠나야 하는 이유 가운데 하나였다. 하나님의 백성이라면 반드시 성전에서 드려야 하는 3가지 예배를 하나님은 주권적으로 주셨으며, 그것은 성자 하나님과 성령 하나님의 사역과 결부되어 있기에 더 말할 것 없이 소중한 내용들이다.

③ 하나님의 주권적인 죄 사함의 사역 : 속죄절(나팔절, 속죄일, 초막절)

성경의 3대 절기 가운데 마지막이 바로 초막절이다(요 7:2). 이 초막절은 7월 절기 가운데 마지막으로 행하는 것으로, 7월 절기는 7월 1일에 행하는 나팔절(Day to blow the trumpet)부터 시작한다.

이 나팔절부터 '거룩한 모임'(an holy convocation, KJV, 민 29:1)이 시작되어 7월 10일에는 대속죄일을 보내게 되고, 이후 7월 15일에 초막절을 지낸다. 대속죄일과 초막절도 거룩한 모임(민 29:7, 12)이 있는 날로 7월(에다님월) 한 달은 거룩한 모임이 있는 달이다.

이 가운데 초막절의 의미는 분명하다. 하나님의 백성들이 어떤 노력을 했기에 이집트에서 나올 수 있었다는 것이 아니라, 오직 하나님이 주권적인 사역으로 미리 약속한 기한에 따라서 그의 백성을 구원하셨으며, 그의 백성을 초막에 머물게 하셨음을 알게 하기 위한 것이다(레 23:43). 이집트를 나올 때 하나님의 백성들은 아무 일도 하지 않았다. 오직 하나님의 주권을 인정했을 뿐이다. 초막절은 출애굽 시기를 살지 못한 모든 하나님의 백성에게 하나님의 주권을 인정하도록 초막의 삶을 체험하게 하는 기간이다.

하나님의 백성은 하나님이 아브라함에게 약속하신 기한까지 참고 인내하며 기다려야 했다. 인고와 견인의 삶 가운데 기한이 되었고, 하나님은 아브라함에게 하신 언약을 기억하시고 그의 백성을 바라보시며 돌보시었다(출 2:24-25). 그리고 하나님은 주권적인 권능으로 아브라함에게 언약하신 대로 성취하여 주셨다. 결국 초막절은 언약에 의한 하나님의 주권적인 구원과 그 언약을 참고 기다리는 하나님 백성의 견인을 기념하는 절기인 것이다. 하나님의 백성은 언약 앞에서 그 삶을 인고(忍苦)로 살아가는 것이다. 이 초막절을 보내기 이전에 대속죄일을 보내게 된다.

대속죄일에는 대제사장이 염소 두 마리를 취하여 회막(성전) 문 앞에서 제비를 뽑아, 하나는 하나님을 위한 제물로 삼는다. 그리고 나른 하나는 아사셀[57]을 위한 제물로 사용된다(레 16:7-10). 먼저 대제사장은 하나님을 위한 염소를 가지고 휘장으로 향한다. 대제사장은 분향으로 향기의 구름(the cloud of the incense, KJV), 곧 연기로 지성소에 있는 증거궤 위에 있는 속죄소를 가린다(레 16:13). 하나님이 시내 산에서 약속하신 증거, 곧 십계명이 있는 증거궤 위에서는 속죄소, 곧 죄 사함(the atonement, NIV)의 장소이자 은혜의 장소(the mercy, KJV)가 있다. 이곳에 미리 제비 뽑은 염소와 송아지의 피를 뿌린다.

이러므로 회막(성전) 앞에 서 있는 모든 하나님 백성의 모든 부정과 모든 죄는 속죄된다(레 16:16-17). 어떤 노력이나 의무적 행동은 존재하지 않는다. 오직 하나님의 은혜와 속죄의 권능으로 대제사장이 휘장

---

57) '아사셀' 의 본래 발음은 아자젤(עֲזָאזֵל)로 그 정확한 의미는 확인되지 않았다. 그래서 이에 관한 몇 가지 주장이 있는데, 먼저, 어떤 이들은 히브리어 가운데 단단하다', '굳건하다, 강하다 등의 뜻이 있는 아자즈(עָזַז)에, 하나님을 뜻하는 의미로 사용되는 '엘(אֵל)이 결합한 것으로 본다. 본래 엘은 능력, 힘이란 의미이므로 아자젤이라고 주장한다. 이는 하나님의 견고한 능력, 곧 하나님의 주권적인 죄 사함을 뜻하는 것으로 이해하여, 염소를 광야에 보냄으로써 하나님의 주권적인 능력이 성도들에게 영향력을 행사한다는 것으로 이해한다. 둘째, 또 다른 입장에서는 떠나다, 사라지다란 뜻을 가진 아잘(אָזַל)과 '엘이 결합한 형태로 보기도 한다. 이 경우에 염소가 성도들의 죄를 가지고 광야로 떠나기 때문에 아잘이 합당하고 본다. 염소가 성도의 죄를 가지고 광야로 떠나면, 성도들의 죄가 모두 사라지기 때문에 아잘에 대한 주장은 힘을 얻고 있다. 셋째, 한편 레위기 17장에서는 하나님의 백성들이 염소에게 예배드렸다는 내용을 기록하고 있다(레 17:7). 그리고 신명기는 하나님 백성들이 마귀에게 예배드린 일을 기록하고 있다(신 32:17). 결국 염소는 우상 숭배라는 측면에서 마귀와 관련성이 있는 것으로 이해된다. 또한 외경 가운데 에녹서(6:1, 8:1)에서는 아사셀을 창세기 6장 1절에 등장하는 타락 천사들의 후손으로 설명하고 있다. 특히 성경 본문에서 하나는 하나님을 위한 제물로, 다른 하나는 하나님의 대적자를 위한 제물로 해석하는 것이 바람직한 것으로 주장한다. 여하튼 이러한 내용을 바탕으로 아사셀 염소는 본래 죄가 사탄에게서 온 것이므로, 염소는 죄를 가지고 광야에 있는 사탄에게 죄를 다시 돌려주는 것을 뜻한다고 본다. 이 외에 여러 주장들이 있으나, 모두 성도들의 완전한 죄 사함에 관한 것으로 대속죄의 의미를 설명하는 것들이다. 대속죄일은 염소 하나가 광야로 성도들의 죄를 가지고 떠남으로써, 성도들에게 있는 모든 죄가 사라지는 것을 의미한다. 그 광야에 사탄이 있어 죄를 다시 사탄에게로 가지고 감을 뜻할 수도 있다. 그러나 모든 의미는 하나님의 전능하신 주권에 의한 죄 사함을 뜻하는 것으로 귀결된다.

안으로 들어가기만 하면 된다. 예수 그리스도께서는 대제사장(히 5:5)으로 멜기세덱의 반차(히 5:10, 6:20)를 좇아 휘장 안으로, “염소와 송아지의 피로 아니하고 오직 자기 피로 영원한 속죄를 이루사 단번에 성소에 들어가셨다”(히 9:12).

> “염소와 황소의 피와 및 암송아지의 재로 부정한 자에게 뿌려 그 육체를 정결케 하여 거룩케 하거든 하물며 영원하신 성령으로 말미암아 흠 없는 자기를 하나님께 드린 그리스도의 피가 어찌 너희 양심으로 죽은 행실에서 깨끗하게 하고 살아 계신 하나님을 섬기게 못하겠느뇨”(히 9:13-14).

레위기에서 아론이 염소와 소의 피로 모든 성도들의 모든 부정과 모든 죄를 속죄했다면, 성령으로 말미암아 흠 없는 하나님의 어린양(요 1:29)께서 드린 피로 성도들을 구원할 수 있음은 자명한 일이다. 아론의 시내 산 언약 위에 있는 속죄소에서 죄 사함을 구했다면, 예수 그리스도의 십자가 사역은 그의 성도들이 새로운 언약의 성도임을 뜻한다(히 9:15). 대제사장은 회막에서 나와 미리 정한 또 다른 염소, 곧 산 염소인 아사셀 염소를 위한 사역을 담당한다(레 16:20-21).

> “아론은 두 손으로 산 염소의 머리에 안수하여 이스라엘 자손의 모든 불의와 그 범한 모든 죄를 고하고 그 죄를 염소의 머리에 두어 미리 정한 사람에게 맡겨 광야로 보낼지니 염소가 그들의 모든 불의를 지고 무인지경에 이르거든 그는 그 염소를 광야에 놓을지니라”(레 16:21-22).

아사셀 염소가 성도들의 모든 죄를 지고 광야로 감으로써 성도들의 모든 죄는 사라지게 된다. 산 염소가 광야로 감으로 성도들의 죄가 사라진다는 것은 속죄의 의미가 완전하게 성취되었음을 뜻한다. 다시 말해서, ‘속죄’(atonement, redemption)란 히브리어로 ‘키푸림 (כִּפֻּרִים)인데, 동사 ‘카파르’(כִּפֵּר)에서 파생된 명사형이다.

히브리어 '카파르'는 '덮다', '(역청 따위를) 칠하다'란 뜻으로 노아는 방주(ark)를 역청으로 덮었으며(창 6:14), 모세의 어머니는 갈대상자(ark)에 역청을 덮어 모세를 구했다(출 2:3). 모세가 하늘의 식양을 보고 만든 궤(ark)는 위에는 속죄소를 얹었으며(출 25:20), 그 궤 안에 증거판을 넣었다(출 25:21).

하나님은 바로 언약 위에 있는 속죄함 위에서 그의 백성들을 만나주신다(출 25:22). 결국 '속죄'란 죄가 없어지는 것이 아니라 죄를 덮어주는 것을 뜻한다. 이에 대해 산 제물로 드리는 염소는 그 죄를 덮는 것이 아니라, 죄를 사라지게 하는 것을 뜻한다. 예수 그리스도께서는 아사셀을 위한 산 제물로 광야로 가셨다. 인간(세례 요한)이 자신의 모든 죄를 예수 그리스도 머리에 전가했으며, 대속죄일의 규례대로 미리 정해진 사람이 산 염소를 광야 무인지경에 놓듯이, 성령 하나님께서 성자 하나님을 무인지경에 두셨다(마 4:1). 그리고 시험하는 자(마 4:3) 곧 마귀(마 4:1; 눅 4:2)[58]는 세 가지 시험을 하게 된다.

인간은 첫 시험에서 하나님의 말씀 대신에, 선악을 알게 하는 나무 앞에서 그 나무에 대해 세 가지를 판단한다. 곧 먹음직하고, 보암직도 하고, 탐스럽다고 판단했다. 인간 타락의 순간이며, 사탄(계 20:2)의 유혹에 넘어간 순간이었다.

그리고 마귀는 또 한 번 유혹을 시작한다. 굶주리신 예수 그리스도에게 "네가 만일 하나님의 아들이어든 명하여 이 돌들이 떡덩이가 되게 하라"(마 4:3)고, 그 옛날처럼 먹는 문제를 다룬다. 이에 예수님은 그 옛날 광야에서 성도들을 먹이신 **만나**의 교훈을 다시금 말씀하신다.

---

58) '사탄' (막 1:13).

곧 "사람이 떡으로만 살 것이 아니요 하나님의 입으로 나오는 모든 말씀으로 살 것이라"(마 4:4; 신 8:3).

이에 마귀는 성전 꼭대기에서 뛰어내려 하나님의 아들임을 보여 달라고 말한다. 성경에 기록된 대로 하나님이 함께하시며 늘 보호해 주시는 것(시 91:9-13)을 보여 달라고 말한다. 하지만 예수 그리스도께서는 **맛사** 곧 므리바의 교훈을 말씀하신다. 곧 "너희의 하나님을 시험하지 말라"(마 4:7; 신 6:16). 하나님의 백성들은 하나님이 자신들과 함께 있는지 없는지 시험하고자 했으며(출 17:2, 7), 이에 하나님은 "너희가 맛사에서 시험한 것 같이 너희의 하나님 여호와를 시험하지 말라"(신 6:16)고 하셨다. 예수님은 이제 다시금 그 맛사의 교훈을 말씀하신다. 뱀은 여전히 보여 달라고, 하나님이 함께하시는 것을 보여 달라고 말하지만, 하나님은 이제 하나님이 함께하심을 시험하지 말고, 언약한 것들을 지키라고 말씀하신다(신 6:16-17).

끝으로 뱀은 천하만국과 그 가운데 있는 탐스러운 영광들을 보여주면서 마귀에게 경배할 것을 요구한다. 하나님의 백성들이 광야에서 마귀에게 경배했던 것처럼, 이제 다시금 시험하는 자는 세상의 모든 탐스러운 것들로 우상 숭배를 요구한다. 이에 예수 그리스도께서는 단호하게 "사탄아 물러가라"(마 4:10)고 명령하시고, 시내 산의 **언약**을 다시 상기시켜 주신다. "주 너의 하나님께 경배하고 다만 그를 섬기라"(마 4:10; 신 5:9, 6:13).

아사셀을 위한 산 염소는 무인지경에서 모든 성도들의 모든 죄를 극복하시고, 모든 성도들의 죄를 사라지게 하셨다. 하나님은 성전에서만 성도를 만나주시며, 언약 위에서만 만나주시며, 속죄함 위에서만 그의 성도들을 만나주신다. 곧 성전으로 오신 예수 그리스도만이 성도들이 하나님을 만날 수 있는 길이며, 새 언약의 증보이신 예수 그리스도만이 성도들이 하나님을 만날 수 있는 길이며, 예수 그리스도만이 성도들의 속죄가 가능하고 예수 그리스도가 아니면 하나님을 만날 수 없다. 결코 다른 곳에서 하나님을 만날 수 없다. 하나님은 그렇게 약속하셨고, 그 약속에 신실하신 하나님이시다.

하지만 교회는 여전히 연약함 가운데 먹는 문제와 보는 문제 그리고 세상에 대한 탐욕의 문제를 가지고 있다(요일 2:16). 곧 육신의 정욕, 안목의 정욕, 이생의 자랑을 가지고 있다. 하지만 이것들은 하나님이 창조하신 것이 아니라 세상 것이다(요일 2:16). 주 예수 그리스도께서는 이미 이 첫 유혹의 문제를 극복하셨다. 그러나 아직도 교회는 이 문제를 안고 있다. 교회는 이미–아직 사이의 긴장 관계에 놓여 있다. 영적으로 이미 성취되었으나 아직은 육체적으로 완성되지 못했기에, 육신의 부활을 견인 가운데 가다리게 된다. 곧 주 성자 하나님 예수 그리스도의 재림을 기다리게 된다.

대속죄일 이전에 나팔절을 지낸다. 이 나팔절은 대속죄일의 예수 그리스도의 대속 사역과 초막절의 하나님의 주권적인 구원하심과 결부되어 그 시작을 알려주는 것이다. 곧 나팔절은 구원의 서곡이라 하겠다. 사도 바울은 "보라 내가 너희에게 비밀을 말하노니 우리가 다 잠잘 것이 아니요 마지막 나팔에 순식간에 홀연히 다 변화하리니"(고전 15:51)라고 말하면서 나팔과 그리스도의 재림 사이의 관계를 언급하고 있다.

분명히 성경은 "나팔 소리가 나매 죽은 자들이 썩지 아니할 것으로 다시 살고 우리도 변화하리라"(고전 15:52)고 기록하고 있으며, 또한 "주께서 호령과 천사장의 소리와 하나님의 나팔로 친히 하늘로 좇아 강림하시리니"(살전 4:16)라고 했다. 이미-아직 사이의 긴장 속에서 살아가는 교회의 완전한 성취를 위한 그리스도의 재림은 나팔과 연관성이 있음이 분명하다.[59] 하지만 그날은 도적같이 임한다.

> "그러나 주의 날이 도적같이 오리니 그날에는 하늘이 큰소리로 떠나가고 체질이 뜨거운 불에 풀어지고 땅과 그중에 있는 모든 일이 드러나리로다"(벧후 3:10).

나팔 소리가 있을 것이다. 그리고 그 나팔 소리 가운데 임재하신 성자 하나님은 모든 성도들을 주권적인 능력 가운데 세상에서 약속의 땅으로 인도하시며 구원하실 것이다. 하지만 그날은 도적같이 임한다. 그날은 에다님월(7월) 1일이 아니라 나팔 소리가 있는 날이다.

에다님월 10일에 예수 그리스도께서 광야에 가신 것이 아니다. 에다님월 15일에 예수 그리스도께서 주권적으로 그의 백성들을 구원하신 것이 아니다. 이미 완성된 메시아 예수 그리스도의 사역이며, 아직 교회가 견인의 삶 가운데 기다려야 하는 나팔절이다. 교회는 이미 성취된 나팔절의 성도들이며, 아직은 나팔절을 소망하고 있는 견인하는 남은 자들이다.

(2) 아주 특별한 메시아를 예비하는 제도(고엘 제도)

성경에는 아주 특별한 제도가 있다. 바로 '고엘'(גֹּאֵל)이다. 이 고엘 제도에 대한 이해가 부족한 경우에 성경에 등장하는 사건들을 윤리적인 문제로 취급하거나 아니면 과거 유대 민족의 고대 생활 습관 정도로

59) 몇몇 이단들은 예수님의 재림과 관련하여 나팔절, 곧 에다님월을 억지로 풀다가 스스로 멸망의 길을 걷는다(벧전 3:16). 성경은 그날이 도적같이 임할 것이라고 하였다.

치부하게 된다. 성경은 단순하게 윤리적 문제를 다루고 있는 윤리책이나 유대 민족의 고대 생활 습관을 기록한 역사책이 아니다. 성경은 하나님의 호흡이 깃들어 있는 곳이다(딤후 3:16).[60)]

성경이 비록 윤리적 문제나 유대 민족의 고대 습관과 같은 것을 기록하고 있으나 이는 그 안에 신학적인 메시지가 있는 것이며, 그 의미를 이해해야 성경에 깃든 하나님의 호흡을 알 수 있다. 이러한 입장에서 고엘 제도는 가장 대표적인 사례하고 하겠다.

① '고엘'이란 단어의 의미와 여러 가지 사용들

'고엘'(גֹּאֵל)은 동사 '가알'(גָּאַל)에서 파생한 단어로, 동사 '가알'은 사람이나 물건에 대해 권리를 주장하는 것을 의미하여 '되찾다'란 뜻이 있다. '되찾다'에서 파생한 '고엘'은 '되사는 사람' 혹은 '되찾는 사람'(redeemer)이란 뜻이 있으며, 가까운 친척이 되찾아줄 의무가 있다.[61)] 레위기는 이에 대해 상세한 내용을 기록하고 있다.

> "만일 너희 형제가 가난하여 그 기업 얼마를 팔았으면 그 근족이 와서 동족의 판 것을 **무를 것이요**"(레 25:25).

이 레위기 본문에서 기업을 '무를 것이요'라고 번역한 것이 동사 '가알'이다. 하나님이 주신 기업을 부득불 잃어버렸을 경우 그를 위하

---

60) 디모데후서 3장 16절의 헬라어 원문은 '테오프뉴스토스'(θεόπνευστος)로 '하나님'을 의미하는 '테오스'(θεός)와 '숨쉬다'란 의미를 가진 '프네오'(πνέω)가 합성된 단어다. 이를 한글 성경은 "하나님의 감동"으로 번역하고 있으며, KJV도 "inspiration of God"(하나님의 영감)으로 번역한다. 반면에, NIV는 "God-breathed"(하나님의 호흡)으로 원문 그대로 번역하고 있다. 공동번역은 "하나님의 계시"라고 번역하여 의미는 같지만 원문에 대해 의역한 바가 심하다 하겠다.

61) Brown, Driver and Briggs, *Hebrew and English Lexicon of the Old Testament*(London: Oxford University Press, 1981), p. 145.

여 가까운 친척이 대신 기업을 되찾아줄 의무가 있다. 고엘 제도는 재산(기업)과 관련하여 가까운 가족과 친지들이 이행해야 할 의무를 가지며, 이는 재산 문제를 넘어 가족의 보호에도 같은 의무가 부여된다. 곧 가족이 일신상의 위험에 처해 있을 경우 이를 구해 줄 의무가 있으며, 피해를 당했을 경우에 보복할 의무가 부여된다.

그래서 고엘은 '원수를 갚는 사람'(avenger) 혹은 '구해 주는 사람'(deliver), '구속자'란 의미를 가지고 있다.[62] 예를 들어, 신명기에서는 '고엘'과 관련하여 '**보수자**'라고 번역하고 있다. 이는 '고엘 하담'(גֹּאֵל הַדָּם, 신 19:6)을 번역한 것으로, 그 의미는 '원수를 갚는 사람'이란 뜻으로 '피의 보복자'(the avenger of blood, KJV)를 의미한다.

고엘 제도의 범위는 재산과 일신상의 위험을 넘어서, 가족 공동체 자체에 대한 의무로 확장된다. 예컨대, 어떤 사람이 무자(無子)한 아내를 남기고 죽었을 경우, 그 친족이 그 과부와 결혼하여 자식 없는 상태로부터 구해 주는 의무까지 확장된다. 성경에는 유다와 그의 며느리 다말의 관계에서 이러한 고엘 제도의 모습이 등장한다. 여기서 유다는 며느리 다말에 대해 '그녀(다말)는 나(유다)보다 의롭다'(She hath been more righteous than I, KJV, 창 38:26)고 말함으로써, 고엘 제도를 이행하지 못한 자신보다 고엘 제도에 충실한 다말을 '의롭다'고 평했다. 즉 고엘 제도 그 자체를 이행하는 것을 의로 평했다.

"형제가 동거하는데 그 중 하나가 죽고 아들이 없거든 그 죽은 자의 아내는 나가서 타인에게 시집가지 말 것이요 그 남편의 형제가 그에게로 들어가서 그를 취하여 아내를 삼아 그의 남편의 형제 된 의무를 그에게

62) Benjamin Davidson, *The Analytical Hebrew and Chaldee Lexicon*(London: Zondervan Pub., 1970), p. 127.

> 다 행할 것이요 그 여인의 낳은 첫아들로 그 죽은 형제의 후사를 잇게 하여 그 이름을 이스라엘 중에서 끊어지지 않게 할 것이니라"(신 25:5-6).

신명기에서는 고엘 제도를 분명히 명시하고 있다(신 25:5-10). 여기서 특징적인 것은 여인이 낳은 첫아들은 죽은 형제의 후사가 된다는 점이다. 유다가 다말을 통하여 얻은 아들은 쌍둥이 베레스와 세라다. 여기서 세라가 먼저 나오는 것을 보고 그 손에 붉은 끈을 묶었으나, 이내 베레스가 세라보다 먼저 출생하게 된다. 이 경우 첫아들은 베레스이며 유다의 장자 엘의 후사가 되고, 세라는 유다의 후사가 된다. 결국 유다의 계보는 유다의 아들 엘, 엘의 아들 베레스로 이어진다(창 46:12; 마 1:3).

반면에, 근족이 고엘 제도를 거부할 경우, 신을 벗기고 얼굴에 침을 뱉으며 '그 형제의 집 세우기를 즐겨 아니하는 자'란 의미에서 "신 벗기운 자"라고 부른다(신 25:7-10). 이에 관한 이야기가 룻기에 등장한다. 룻은 보아스에게 고엘 제도를 요구하지만, 보아스는 자신보다 더 가까운 친족이 있음을 말한다(룻 3:12). 하지만 그 친족 '기업 무를 자', 곧 고엘자는 자신의 기업에 손해가 있을 것을 걱정하여 고엘에 대한 의무를 보아스에게 넘기고(룻 4:6), '신 벗기운 자'가 된다(룻 4:7).

고엘 제도는 단순하게 가계를 이어주는 것을 넘어서 재산의 회복까지 이루어 주어야 한다. 그러므로 이것은 희생적 의무를 뜻하는 것이다. 그리고 고엘 제도 안에서 유다와 다말의 사건은 룻기에서 룻과 보아스의 관계로 이어지고 있으며, 이는 다윗과 그 이후에 오실 메시아를 예비한다.

'가알'에서 파생한 단어로 '고엘' 외에 '게울라이'(גְּאוּלַי)와 '게울라'(גְּאֻלָּה)가 있다. '게울라이'는 피해자를 위해 복수할 권리가 있는 가장 근친인 사람이 피해자를 위해서 대신 복수함으로써 피해자를 **'구속'**, **'구원'**(redemption)해 주는 것을 의미한다. 이사야 63장 4절에서 이 게울라이를 메시아적 사역과 관련하여 사용하고 있다. 또한 '게울라'의 경우에는 '구속의 권리'(right of redemption)를 의미하며, 빚 때문에 팔린 재산이나 사람을 구원하는 것과 관련하여 '속전', '돈을 주고 삼'이란 뜻이 있다.

히브리어 '고엘'에 해당하는 헬라어로는 먼저 '뤼트루메노스'(λυτρούμενος)가 있다. 이 뤼트루메노스는 '배상금을 지불하고 자유롭게 되다'(free by paying a ransom, redeem)[63]란 의미를 가진 '뤼트로'(luvtrow)에서 파생한 단어로, '배상금을 지불 받아 자유롭게 된 것'을 뜻한다.

또한 '흐뤼사메노스'(ῥυσάμενος)는 '구출하다', '보호하다'란 뜻을 가진 '흐뤼오마이'(ῥύομαι)에서 파생한 단어로, '구원', '보호'를 의미한다. '흐뤼오마이'는 주님의 기도에서 '구하옵소서'(마 6:13)에 사용되었으며, 이 단어의 '구원'의 의미는 '어둠의 세력'이나 '유혹' 그리고 '죽음'으로부터의 구원을 의미한다.

그리고 고엘을 '엑사이루메노스'(ἐξαιρούμενος)로 번역하기도 한다. 이는 '놓아주다', '구원하다'란 뜻을 가진 '엑사이레오'(ἐξαιρέω)에서 파생한 단어다. '엑사이레오'는 선택받아 구원받은 것을 의미한다. 헬라어에서 '고엘'은 구원, 구속의 의미를 가진다.

---

63) William F. Arndt and F. Wilbur Gingrich, *Greek-English Lexicon of the New Testament and Other Early Christian Literature*, trans. Walter Bauer(Chicago: The University of Chicago Press, 1998), p. 482.

② 구약성경에 등장하는 고엘 제도

구약에서 고엘 제도는 모두 세 가지로 구분할 수 있다. 이는 앞에서 살펴본 바와 같이 성경 안에서 고엘이 사용된 용례와 동일한 것으로, 고엘 제도는 **첫째, '기업 무르기'** 제도를 의미한다.

> "만일 너희 **형제**가 가난하여 그 기업 얼마를 팔았으면 그 근족이 와서 동족의 판 것을 **무를 것이요** 만일 그것을 무를 사람이 없고 자기가 부요하게 되어 무를 힘이 있거든 그 판 해를 계수하여 그 남은 값을 산 자에게 주고 그 기업으로 돌아갈 것이니라"(레 25:25-27).

레위기 본문에서 "너희 형제"란 한 집안 혹은 같은 지파란 의미로, 하나님의 것은 이 세상 가운데 일부를 기업으로 준 것을 가족 공동체와 지파 공동체가 함께 지켜가야 할 의무가 있는 것이다. 여기서 가난의 문제는 결코 개인의 문제가 아니며 공동체의 문제로 다루어지고 있고, 인간은 땅을 영원히 소유할 수 없게 되어 있다.

레위기 본문에서 재산을 고엘하고자 할 경우에는 "그 판 해를 계수하여 그 남은 값"을 주어야 한다. 이는 세상 모든 것은 하나님의 것이며, 기업은 하나님이 그 사람에게 주신 것이다. 그러므로 인간이 그것을 돈으로 살 수 없고, 설령 기업을 돈으로 구입했다 해도 희년이 오면 대가 없이 다시 되돌려주어야 한다.[64] 땅의 매매가 아니라 희년을 기준으로 땅의 사용권을 매매할 수 있을 뿐이다(레 25:14-17). 땅은 하나님의 것이기에 인간이 땅 자체를 매매할 수 없는 것은 하나님 경외함을 알게 하기 위한 것이다(레 25:17).

---

64) 희년은 50년(7년×7=49년의 다음해)에 한 번 돌아오는 것으로(레 25:11), 모든 유대인들은 그동안 채무 관계를 원점으로 돌리고, 모두 자기 기업으로 돌아간다(레 25:10). 뿐만 아니라 희년에는 땅 자체가 쉼을 얻는 해로 파종도 하지 않으며, 밭에서 나온 것만을 수확한다.

가족 공동체가 함께 하나님의 것을 지키는 것은 공동체의 의무이며, 이것을 고엘 제도라 한다. 하지만 이 고엘 제도는 강제력이 없는 의무다. 가족 공동체의 일원이 가난하여 하나님이 주신 기업을 지키지 못하여 그를 위해 기업을 되찾아줄 경우에는 자신에게도 경제적 손실이 수반된다. 실질적으로 고엘자에게는 어떤 이득이 없는 제도다. 그래서 '고엘'의 의무를 포기하거나 자기의 의무에서 면제될 수도 있다.

예컨대, 룻기에서 나오미의 근족으로 보아스보다 선매권을 행사할 친척이 있었으나(룻 3:12, 4:4), 그는 자신이 부담해야 할 경제적 손실로 인해 '고엘'의 의무를 이행하지 않는다. 또한 이에 따르는 비난을 받지도 않는다. 고엘은 대가 없는 희생적 의무이기에 '고엘'을 준수하지 않았다고 비난할 수도 없었다.[65] 결국 고엘 제도는 공동체의 강한 연대감 내지는 상호 애정을 전제하고 있는 것이다. 고엘은 사랑의 의무를 뜻한다.

둘째, '피의 보복자'를 의미하는 고엘

고엘은 경제적 측면 이외에 군사적 측면을 수반한다. 곧 공동체가 그 성원을 적으로부터 방어하며 생명과 재산을 보호해 주어야 할 책임과 의무를 갖는다.

"**피를 보수하는 자**의 손에서 살인자를 건져 내어 그가 피하였던 도피성으로 돌려보낼 것이요 그는 거룩한 기름 부음을 받은 대제사장의 죽기까지 거기 거할 것이니라 그러나 살인자가 어느 때든지 그 피하였던 도피성 지경 밖에 나갔다 하자 **피를 보수하는 자**가 도피성 지경 밖에서 그 살인자를 만나 죽일지라도 위하여 피 흘린 죄가 없나니 이는 살인자가 대제사장의 죽기까지 그 도피성에 유하였을 것임이라 대제사장의 죽은 후에는

65) 드보(R. de Vaux), 《구약 시대의 생활 풍습》, 이양구 역(서울: 대한기독교출판사, 1983), pp. 27-8.

그 살인자가 자기의 산업의 땅으로 돌아갈 수 있느니라"(민 35:25-28).

위의 민수기 본문은 '고엘 하담'(גֹּאֵל הַדָּם, 신 19:6; 민 35:25), 곧 피의 보복자(the avenger of blood)와 도피성에 관한 본문으로, 살인자에 대해 먼저 고의성과 비고의성을 살피고(민 35:16-23) 재판을 한다. 이에 고의성이 있을 경우는 피의 보복을 허락하지만, 우연히 어쩌다가 살인한 경우에는(민 35:22) 살인자를 도피성으로 들어가도록 하여 '피의 복수'를 피하게 한다. 이 규정은 대제사장의 죽음까지 유효하고, 대제사장의 죽음으로 '피의 복수권'도 소멸되어 보복할 수 없게 된다.

민수기(민 35:19)에서는 고엘자가 고의로 살인한 자에 대해 재판을 통하여 고엘권을 이행할 수 있는 동해복수법(*Lex Talionis*)을 인정하고 있다.[66] 하지만 고의성이 없이 어쩌다가 살인하게 되는 경우에는, 재판을 통해 도피성에서 대제사장이 죽을 때까지 살아야 한다. 여기서 문제 되는 것은 공동체의 보존과 존속에 있다. 곧 피의 복수를 허락한 고엘 제도는 가족 공동체나 지파 공동체를 유지 보존할 의무를 뜻하는 것이다.

셋째, '결혼법에서의 고엘'.

성경에 등장하는 내용 가운데 공동체가 재산을 회복시켜 주고, 땅을 매매할 수 없으며 그저 사용권만을 매매하는 것은 쉽게 납득할 수 있는 일이다. 또한 공동체의 존속을 위해 재판을 통한 보복 또한 이해할 수 있는 일이다. 하지만 '고엘' 제도 가운데 독특한 것이 계대(繼代)

---

66) 동해복수법은 "네 눈이 긍휼히 보지 말라 생명은 생명으로, 눈은 눈으로, 이는 이로, 손은 손으로, 발은 발로니라" (신 19:21)는, 같은 피해에 대해 같은 피해를 줄 것을 정한 법이다. 하지만 이 법은 자신이 임의대로 이행할 수 없으며, 재판을 통해 인정받아야 한다. 곧 이 법은 스스로 피해에 대한 복수를 할 수 없음을 규정한 것으로 자력 구제(自力救濟)를 금지하고 있다. 피해는 반드시 재판을 통해 복수해야 한다.

결혼법이고, 이는 윤리적 측면에서 간혹 어려운 문제로 등장한다. 하지만 이 모든 것은 공동체 안에서 이루어지는 고엘 제도의 다른 모습들이다.

고엘 제도는 신명기(신 25:5-10)에서 언급한 바와 같이, 형제의 아내를 취하는 것은 일반적인 규례에 대한 예외적 제도이며,[67] 죽은 자의 이름을 '다시 세워'(룻 4:5) 가문을 이어주는 데 그 의미가 있다. 곧 공동체의 존속에 그 의미가 있다. 존 칼빈은 다음과 같이 기록한다.

> "자신의 것을 타인에게 넘겨주지 않고 자신의 몸에서 난 후손에게 넘겨주도록 하는 데 그 의의가 있다……. 여기서 우리는 하나님이 죽은 자들까지 생각하셔서 자신들의 후손에게 물려주어야 할 것을 다른 사람에게 포기하지 않도록 하시는 것을 볼 때 아무도 각자의 소유를 빼앗기지 않는 것이 그분께서 기뻐하시는 일이라는 것을 알 수 있다."[68]

자신의 것을 타인에게 넘겨주지 않는다는 것은 단순한 결혼 제도가 아니라 경제적, 군사적 지원도 동반되어야 함을 의미한다. 성경에서 아브라함은 그 형제 롯이 곤경에 처했을 때 "집에서 기르고 연습한 자 삼백십팔 인을 거느리고"(창 14:14) 롯을 구하러 갔다(창 14:14-17). 성경에서 계대 결혼법, 곧 고엘 제도의 대표적인 경우가 '유다와 다말 사건'과 '보아스와 룻의 이야기'다. **유다와 다말 사건**에서는, 자식이 없이 죽은 큰아들 '엘'을 위해 다말과 엘의 동생 '오난'을 결혼시킨다. 하지만 '오난'은 공동체적 희생의 의무를 거부한다.

---

67) 일반적으로는 형제의 아내를 취하는 것을 죄로 다루고 있다. 성경은 "너는 형제의 아내의 하체를 범치 말라 이는 네 형제의 하체니라"(레 18:16)고 하고 있으며, 또한 "누구든지 그 형제의 아내를 취하면 더러운 일이라 그가 그 형제의 하체를 범함이니 그들이 무자하리라"(레 20:21)고 하였다.

68) 존 칼빈, 〈신명기〉《칼빈성서주석》 vol. 3(서울: 성서원, 1999), p. 152.

"오난이 그 씨가 **자기 것이 되지 않을 줄 알므로** 형수에게 들어갔을 때에 형에게 아들을 얻게 아니하려고 땅에 설정하매 그 일이 여호와 목전에 악하므로 여호와께서 그도 죽이시니"(창 38:9-10).

오난은 처음부터 고엘 제도를 인식했을 뿐 아니라 정확하게 파악하고 있었다. 오난이 다말과 결혼하여 첫아들을 얻는다면 그것은 오난의 아들이 아니라 엘의 아들이 되며, 그에 따르는 경제적, 군사적 지원 의무도 해야 했다. 이것이 싫었던 오난은 **"자기 것이 되지 않을 줄 알므로"** 거부했고, 이에 하나님은 이런 행위를 '악'으로 판단하시고 오난을 죽이셨다. 하나님의 백성을 위한 희생적 의무는 때론 인간의 윤리적 가치 판단 자체를 초월하고 있다. 하나님은 당신의 공동체가 지속, 보존되는 것을 원하시며, 공동체는 자신의 것을 타인에게 넘겨주지 않을 책임과 의무가 있다.

유다는 아들 오난까지 죽게 되자 마지막 아들 '셀라'가 죽을까 두려워 고엘 제도를 기피한다. 이에 다말은 계책(計策)으로 시아버지 '유다'와 고엘 관계를 맺는다. 곧 공동체 보존을 위한 다말의 희생적인 의무 이행이었다. 다시 말해서, 유다는 자신의 아들 '셀라'를 걱정했으나 다말은 아브라함 자손의 출생을 위한 가계의 존속을 걱정했다.[69] 그래서 유다는 다말에 대해 "그는 나보다 옳도다"(창 38:26)고 다말의 의로움을 인정한다. 이로 인해 다말의 도덕성은 유지되며, 반면에 유다의 부당성이 부각된다. 하나님은 공동체의 구원을 위한 희생적 의무를 요구하고 계시며, 이를 성경은 의로움과 결부시키고 있다.

고엘 제도에 의한 결혼을 내용으로 하고 있는 것이 룻기다. 룻기에

69) Gordon Wenham, *Genesis*, WBC, p. 370.

등장하는 **룻과 보아스**의 이야기는 유다와 다말 사건의 연장 선상에 있으며, 다말의 의로움은 룻의 은혜로 이어지고 확장되고 있다. 먼저, 보아스는 장로들과 백성들에게 자신이 "그 죽은 자의 기업을 그 이름으로 잇게 하여 그 이름이 그 형제 중과 그곳 성문에서 끊어지지 않게 함"(룻 4:10)을 선언하였고, 11절에서 '고엘'의 실제적인 성취인 룻의 출산과 축복이 등장한다.

곧 '성문에 있는 모든 백성과 장로들이'(룻 4:11) 라헬, 레아, 에브랏, 베들레헴을 지명하며 축복하고 있다. 여기서 라헬과 레아는 이스라엘 12지파 공동체를 상징하는 인물들이며, 에브랏(에브라다)은 베들레헴의 옛 지명(창 35:19)으로 다윗이 왕으로 기름 부음 받은 곳(삼상 16:1)이며, 다윗의 우물(삼하 23:13-17)이 있던 곳으로 메시아가 오실 곳(미 5:2)이다.

이처럼 룻기는 고엘 제도를 통하여 유다와 다말 그리고 보아스와 룻을 연결시키고 있고, 이는 다시 이새와 이새의 아들 다윗으로 연결시키고 있다. 결혼 제도로서 고엘 제도는 다윗 왕가에 대한 메시아의 도래와 연결되고 있다. 동정녀(παρθένος)마리아는 성령으로 잉태하여 임마누엘(Ἐμμανουήλ, 마 1:23) 곧 예수 그리스도를 낳았는데, 이는 유다의 후손, 다윗의 후손인 요셉(마 1:16)의 계보를 계승한다. 이것이 고엘 제도다.

> "인자가 온 것은 섬김을 받으려 함이 아니라 도리어 섬기려 하고 자기 목숨을 많은 사람의 **대속물**로 주려 함이니라"(마 20:28).

예수 그리스도의 출생은 유다와 다말 그리고 보아스와 룻을 통하여 예표된 고엘 제도이며, 또한 그리스도의 사역은 고엘자의 시역으로 하나님의 백성(공동체)의 대속물이 되시었다. 여기서 '대속물'이란

'뤼트론'(λύτρον)으로 히브리어 고엘에 해당하는 헬라어다. 이 고엘 제도는 자원하는 것으로, 사랑을 바탕으로 한 의무와 책임감으로 공동체의 연대감을 뜻한다. 다시 말해서 예수 그리스도께서는 사랑으로 스스로 고엘자가 되어 희생적인 책임을 감당하신 대속물이시다.

③ 신약성경에서의 고엘 제도

신약에서는 '고엘'이란 단어를 더 이상 하나의 제도로 취급하지 않는다. 이제 고엘은 "하나님과 예수 그리스도와 관련된 표현으로 사용된다."[70] 곧 구원자로서 '고엘자'가 등장한다. 다시 말해서 신약에서 고엘 결혼법이 존속되거나 현재 교회의 성도들에게 고엘 제도법을 요구하는 것이 아니다. 이는 메시아를 위한 특별한 제도이며, 모든 도덕적 판단을 초월하는 하나님의 섭리이다.

> "내가 알기에는 **나의 구속자**가 살아 계시니 후일에 그가 땅 위에 서실 것이라 나의 이 가죽, 이것이 썩은 후에 내가 육체 밖에서 하나님을 보리라 내가 친히 그를 보리니 내 눈으로 그를 보기를 외인처럼 하지 않을 것이라 내 마음이 초급하구나"(욥 19:25-27).

욥은 "나의 구속자", 곧 '**나의 고엘**'(my redeemer, KJV)이 계심을 확신하고 있으며, 이 구원자는 단순히 욥 개인의 구원자를 넘어 "인류의 구원자"[71](the Redeemer of mankind)를 나타내는 표현이다. 다시 말해서 구약에서 '되찾는 자'(redeemer)는 하나님의 백성을 하나님의 대적자 손에서 다시 찾는 자 곧 구원자이며, 구속자(the

---

70) Merrill C. Tenney and Steven Barabas, *The Zondervan Pictorial Encyclopedia of the Bible*, vol. Ⅱ(Michigan: Zondervan Pub., 1980), p. 769.

71) John McClintock and James Strong, *Cyclopedia of Biblical · Theological and Ecclesiastical Literature*, vol. Ⅲ(Michigan: Baker Book House, 1981), p. 911.

Redeemer)를 의미한다. 그리고 이러한 고엘 사상은 신약에서 메시아 사상으로 그대로 이어지고 있다.

고엘은 앞에서도 언급한 바와 같이 신약성경에서 모두 세 가지로 사용된다. 즉 '뤼트로', '흐뤼오마이', '엑사이레오'다. 이를 구체적으로 살펴보면, **첫째, '뤼트로'**(λυτρόω)와 관련하여 한글 성경에서는 '**대속물**'(λύτρον, a ransom)[72]로 번역한다.

> "인자가 온 것은 섬김을 받으려 함이 아니라 도리어 섬기려 하고 자기 목숨을 많은 사람의 **대속물**로 주려 함이니라"(마 20:28).

> "인자의 온 것은 섬김을 받으려 함이 아니라 도리어 섬기려 하고 자기 목숨을 많은 사람의 **대속물**로 주려 함이니라"(막 10:45).

구약에서 '고엘'은 '구속'(redemption)의 의미가 있었고, 이를 신약에서는 예수 그리스도의 대속의 사역으로 사용하고 있다. 또한 동사형인 '뤼트로'는 디도서 2장 14절에서 사용되었다.

> "그가 우리를 대신하여 자신을 주심은 모든 불법에서 우리를 **구속하시고** 우리를 깨끗하게 하사 선한 일에 열심하는 **친백성**이 되게 하려 하심이니라"(딛 2:14).

디도서에서 대속의 의미는 보다 분명하고도 직접적으로 언급되고 있다. 곧 하나님의 친백성, 하나님 자신의 백성(εαυτῷ λαὸν, a people that are his very own, NIV)이 되게 하려는 것이다. '고엘'은 그리스도께서 자신의 생명을 많은 사람들을 위한 대속물로 주셨으며, 모든 불법에서 우리를 구속하려고 그 자신을 주셨다. 하지만 더 이상 구약에서처럼 돈으로 '구속'하지는 않는다.

---

72) William F. Arndt and F. Wilbur Gingrich, p. 482.

"너희가 알거니와 너희 조상의 유전한 망령된 행실에서 **구속**된 것은 은이나 금같이 없어질 것으로 한 것이 아니요 오직 흠 없고 점 없는 어린 양 같은 그리스도의 보배로운 피로 한 것이니라"(벧전 1:18-19).

둘째, '흐뤄오마이'(ῥύομαι)의 의미에서 고엘자 예수 그리스도.

'흐뤄오마이'는 '구출하다', '구해 내다', '보호하다' 등의 의미를 가진다. 이와 관련하여 주님의 기도에서 '흐뤄오마이'는 악에서 '구하다'(deliver, KJV, NIV)의 뜻으로 사용되었으며(마 6:13), 로마서 7장 24절에서는 죽음에서 '건져 내다'(deliver, KJV)로 번역하고 있다. '고엘'은 구해 주는 사람(deliver)이란 의미이며, 신약에서 그리스도께서 사망에서 건져 내는 것 곧 구해 주시는 것으로 이 단어를 사용하고 있다.

또한 성경은 "우리를 건지시는 예수시니라"(살전 1:10)고 하여, 그리스도께서 하나님의 노하심으로부터 우리를 **계속하여** 건지시고 계심을 나타낼 때 고엘 사상을 사용하고 있다. 곧 지금 이 순간에도 그리스도께선 우리를 향한 하나님의 진노에서 우리를 건지고 계시는 것이다. 이것은 '고엘'이 생명 보호를 위하여 의무와 책임성을 그대로 반영하고 있는 예수 그리스도의 완전한 구속 사역을 의미하는 것이다.

셋째, '엑사이레오'(ἐξαιρέω).

'엑사이레오'는 전치사 '에크'와 '하이레오'(선택하다)의 합성어로 '밖으로 택하다'란 의미를 가진다. 그래서 이 단어는 '놓아주다', '구원하다', '고르다' 등의 뜻으로 번역한다.

"네 오른 눈이 너로 하여금 죄를 짓게 하거든, 빼서 내버려라. 신체의 한 부분을 잃는 것이, 온몸이 지옥에 던져지는 것보다 더 낫다"(마 5:29,

표준새번역).

여기서 눈을 '빼다'란 의미의 엑사이레오를 문자 그대로 밖으로 빼내는 것을 뜻하는 의미로 사용하였다. 이 단어가 '고엘' 사상과 관련하여 사용된 것은 갈라디아서이다.

"그리스도께서 하나님 곧 우리 아버지의 뜻을 따라 이 악한 세대에서 우리를 **건지시려고** 우리 죄를 위하여 자기 몸을 드리셨으니"(갈 1:4).

갈라디아서는 예수 그리스도께서는 이 악한 세대에서 그의 백성을 밖으로 빼내는 것에 이 단어를 사용하고 있다. 곧 예수 그리스도께서는 우리를 '건지시려고' 우리의 몸값을 대신하여 '자신의 몸'을 지불하셨다. 여기서 사용된 '엑셀레타이'(ἐξέληται)는 '엑사이레오'의 부정과거로 '단회적 사건'을 의미한다.

다시 말해서 그리스도께서 그의 백성을 세상 밖으로 빼내는 십자가의 대속 사역은 단회적이며 일회적인 사건임을 분명히 하고 있다. 앞에서 언급한 "우리를 건지시는 예수시니라"(살전 1:10)에서는 지속적 상태를 의미하는 것과는 대조적인 모습을 보인다. 유다와 다말 사건, 보아스와 룻의 이야기는 '고엘'이라는 성경의 독특한 사상에 바탕을 두고 있으며, 이 '고엘' 사상은 '구속자'란 의미로 구약에서는 하나님이 유대인들에게 주신 기업을 유지하는 하나의 제도였다. 그러므로 '구속자'는 기업을 유지시켜 주거나 가계(家繼)를 보호하거나 공동체의 생명을 보호해 줄 의무와 책임이 있다.

하지만 이것은 자발적인 것으로 공동체의 연대감과 사랑을 그 바탕으로 하고 있다. 이러한 제도적 측면에서 유다와 다말 사건이나 보아스와 룻의 이야기는 메시아를 준비하는 유다 지파 내에서 공동체 존속을 위한 '구원'의 행위로 이해되고 있으며, 의로운 행위로 다루어지고 있다.

신약에서는 구약의 제도적 고엘, 곧 '구속자'의 개념이 영적인 '구원자'로 범위가 확장되었다. 이제 이것은 하나의 제도가 아니라, 하나님의 섭리를 보여주는 틀(-ism)이다. 예수 그리스도께서 자신을 **대속물**로 주시었으며, 모든 불법에서 우리를 **구속**하려고 그 자신을 주셨다. 바로 고엘하신 그리스도이며, 하나님 백성의 피의 보복자이시며, 참된 회복자 예수 그리스도를 예비하는 것이 고엘 제도다.

2부
구약성경 여행

1. 모세 오경

1) 창세기 : 하나님의 창조와 섭리의 책(창 3:15)

창세기가 시작의 책이라면, 요한계시록은 완성의 책이다. 그러므로 창세기를 바로 알고 이해할 때 나머지 성경의 연관성과 점진성을 잘 알 수 있다. 창세기의 기록자는 모세이고, 기록 연대와 장소는 B.C. 1446-1406년, 시내 광야로 본다. 주제는 하나님의 창조와 인간의 타락 그리고 구원이다. 기록 목적은 천지와 인간을 창조하시고 타락한 인간을 구원코자 섭리하시는 하나님의 구속사를 밝히기 위함이다.

창세기는 1장부터 11장까지는 인류 창조와 문화의 형성 시기로서 인류의 원시사를 보여준다. 12장 이후부터는 족장 시대로서 이스라엘 민족의 형성사와 관련된 이스라엘의 족장사를 보여준다. 전자(1-11장)는 4대 사건 즉 천지 창조, 죄와 인간의 타락, 노아의 홍수, 바벨탑 사건에, 후자(12-50장)는 4대 인물인 아브라함, 이삭, 야곱, 요셉과 깊이 연관되어 있다. 창세기의 핵심을 파악하기 위해서 몇 가지 질문을 제기할 필요가 있다.

(1) 질문

첫째, 하나님은 무엇을 하셨는가?

하나님이 하신 일을 파악하려면 창세기 1장과 2장을 살펴야 한다. 하나님은 천지 만물을 창조하셨다. 이는 맨 마지막에 지음 받은 인간이 살아갈 환경을 조성하시기 위함이다. 하나님은 사람을 지으시되 자기 형상대로 지으셨다. 이는 일반 피조물과는 달리 인간과 교제를 갖기 원하셨기 때문이다.

하나님은 인간과 정상적인 교제를 위하여 하나님 나라를 건설하시길 원하셨다. 나라가 되려면 주권과 백성 그리고 영토가 있어야 한다. 이는 하나님 나라도 동일하다. 하나님께서 주권으로 천지 만물을 창조하셨다고 하나님 나라가 건설된 것은 아니다. 하나님의 형상대로 인간을 창조하시어 하나님의 대리자로서 만물을 다스리시게 하심으로 하나님 나라는 건설되었던 것이다. 그 결과는 하나님이 보시기에 "심히 좋았더라"(창 1:31)였다. 이와 같이 하나님 나라를 건설하신 것이 하나님께서 태초에 하신 일이시다.

둘째, 인간은 어떻게 보답하였는가?

하나님이 하신 일에 대한 인간의 반응이 창세기 3-11장에 기록되었다. 하나님이 지으신 무죄의 평화로운 동산에 죄가 침입하였다. 이는 인간이 문을 열어주었기 때문이다. 하나님의 형상대로 지음 받은 인간이 하나님의 사랑을 의심하고 불신했다. 반면, 인간은 사탄이 유혹하는 달콤한 말을 믿고 그대로 순종하여 하나님과 맺은 언약을 파기하고 말았다.

죄는 하나님께 대한 불신에서 시작되었다. 하나님은 자신의 말씀에 대한 인간의 믿음을 원하신다. 따라서 인간이 선악과를 따먹은 행위 이전에 '하나님의 말씀을 믿었느냐, 혹은 믿지 아니하였느냐'라는 믿음이 우선한다. 불행하게도 인류의 시조인 아담은 죄의 시조라는 오명을 안았다. 죄는 온 세상에 퍼져 나가 홍수 심판 때에는 세상에 가득했다. 홍수 심판은 "죄악이 세상에 관영함"(창 6:5)에 대한 하나님의 진노였다. 또한 메시아가 태어날 의로운 씨를 보존하시려는 하나님의 구원 계획의 일환이었다. 인간은 홍수 심판을 경험한 후에도 하나님의 언약에 신실하지 못했다. 오히려 바벨탑을 쌓는 반역으로 하나님께 도전했다. 인간은 하나님의 사랑에 대한 인간의 배은망덕을 유감없이 드러냈다.

인간의 죄는 사람에게 주셨던 하나님의 형상을 상실하게 만들었다. 인간의 다스림을 받던 세상은 탄식하며 고통하기에 이르렀다. 마침내 사망이 왕 노릇하게 되었고, 하나님 나라는 인간의 죄에 의해 거부되었다. 외형상 파괴되고 말았던 것이다. 이것이 하나님이 하신 일에 대한 인간의 반응이었다.

셋째, 그럼에도 하나님은 어떻게 해주셨는가?

하나님이 하신 일에 대해 인간의 반응은 불신앙으로, 죄를 이 땅에 끌어들였다. 이런 인간에게 하나님은 언약을 가지고 나타나셨다. 곧 "내가 너로 여자와 원수가 되게 하고 너의 후손도 여자의 후손과 원수가 되게 하리니 여자의 후손은 네 머리를 상하게 할 것이요 너는 그의 발꿈치를 상하게 할 것이니라"(창 3:15)고 선언하신 것이다.

"내가 …… 하리니"라는 하나님의 말씀은 하나님의 주권적인 언약을 의미한다. 이것을 '첫 복음' 또는 '원시 복음'이라고 말한다. 첫 복음의 내용은, 이제 후로 인류는 여자의 후손과 뱀의 후손인 두 부류로 갈라지게 된다는 것이다. 그 둘 사이는 원수지간으로 적대감으로 가득 찰 것이다. 종래는 여자의 후손이 뱀의 머리를 상하게 할 것이다. 이 언약의 궁극적 의미는 인류의 구원자로, 여자의 후손 곧 메시아를 보내 주시겠다는 약속이다.

메시아는 여자의 후손으로 육신을 입고 나타날 것이다. 그는 발꿈치를 상하게 되어 해를 당할 것이다. 곧 십자가에 죽을 것이다. 그러나 부활하시어 뱀의 머리를 상하게 할 사탄의 정복자가 될 것이라고 말씀하신다. 사탄은 이러한 사실을 이미 창세기에서 알고 있었다. 그러므로 이제 이후로 펼쳐질 역사(歷史)는 하나님이 여자의 후손을 탄생시키려는 하나님의 역사(役事)가 된다. 바로 구속사이다. 사탄은 이를 저지하기 위해 애쓸 것이다. 따라서 여인의 후손과 뱀의 후손의 영전(靈戰)은 불가피하다.

가인이 아우 아벨을 죽인 사건도 뱀의 후손인 가인이 여자의 후손인 아벨을 쳐 죽인 사건으로 구속사의 맥락에서 이해되어야 한다. 사탄은 메시아가 태어날 계보를 파괴하려고 아벨을 죽였다. 그러나 하나님은 아벨 대신에 셋을 "다른 씨"(창 4:25)로 주셨다. 이는 하나님의 구속 역사가 사탄이나 인간에 의해 단절될 수 없음을 보여준다. 창세기 5장에는 아담의 족보가 나온다. 아담으로부터 셋으로 이어져 10대 만에 노아가 탄생한다. 노아의 때에 와서는 하나님의 아들들과 사람의 딸들이 혼합될 만큼 죄가 득세하여 여자의 후손들이 세속화되고 만다. "하나님의 아들들이 사람의 딸들의 아름다움을 보고 자기들의 좋아하는 모든 자로 아내를 삼는지라"(창 6:2)고 했다. 이것이 홍수 심판이 내려지게 된 배경이다.

여자의 후손은 노아의 세 아들 중 셈을 통하여 계승된다. 창세기 11장 10절에서 "셈의 후예는 이러하니라"고 언급하면서, 그 계열에서 아브라함이 탄생한 것을 말씀해 준다. 따라서 구속사에 있어 아담과 셋 그리고 노아와 아브라함은 기억해야 할 인물들이다. 하나님은 아브라함을 부르시어 '첫 복음'으로 주셨던 '여자의 후손'에 대한 언약을 구체화시켜 나가신다. 아브라함에게 언약은 다섯 차례나 반복되고 있는데, 그 내용은 '자손을 주리라, 이 땅을 주리라, 천하 만민이 네 자손을 인하여 복을 얻으리라'는 것이다(창 12:1-3, 17:2, 6, 8). 이 언약을 이삭과 야곱에게 다시 말씀하신다(창 26:1-5, 28:13-15). 그 후에는 어느 누구에게도 반복되지 않았다. 그래서 이 세 사람을 언약의 조상이라고 부른다. 그래서 "나는 네 조상의 하나님 즉 아브라함과 이삭과 야곱의 하나님이로다"(행 7:32)라는 말씀을 종종 본다.

이 언약이 일차적으로는 아브라함에게 주어지고, 그의 자손이 번성하여 가나안을 정복함으로 성취된다. 그러나 궁극적인 의미는 아브라함의 자손으로 메시아를 보내주실 것과 그를 통해 천하 만민이 구원의 복을 얻고 그들에게 영적 가나안인 하늘나라 기업이 주어질 것을 의미한다. 이 언약은 아브라함을 통해 이삭(창 26:3-4)과 야곱(창 28:13-15) 그리고 요셉에게로 계승되어 나간다. 그 내용이 창세기 12-50장의 줄기이다. 이것이 하나님을 배신하고 타락한 인간에게 해주신 하나님의 은혜 언약이다.

(2) 고찰

첫째, 창세기는 기원의 책이다.

창세기(Genesis)는 기원, 근원, 태생이라는 의미로, 성경 전체가 이루어지게 되는 기원서가 되고 구속사를 보여주는 시작의 책이다. 따라서 창조된 세상의 기원을 비롯하여 남자와 여자, 인류의 죄와 타락, 구원과 사망, 복과 어둠, 언어와 희생 제사, 사회와 문명, 결혼과 가정, 기술과 산업, 택한 백성들과 언약 신앙, 죽음 등의 기원이 보인다.

둘째, 창세기를 통해 하나님은 자기 자신을 계시해 주신다.

창조 사역을 통해서는 천지 만물을 창조하시고 주관하시는 전능의 하나님으로(창 1-2장), 타락한 아담에게 첫 복음을 주심으로 사랑의 하나님으로(창 3-4장), 홍수 심판을 통해서는 공의의 하나님으로(창 10-11장), 아브라함과의 언약을 통해서는 구주 되시는 하나님으로, 이삭을 통해서는 언약을 지키시는 신실하신 하나님으로, 야곱을 택하심으로는 주권적인 은혜의 하나님으로 계시하셨다. 요셉의 생애를 통해서는 배후에서 역사하시고 섭리하시는 하나님으로 자신을 보여주고 계신다.

셋째, 창세기는 예수 그리스도를 보여주고 있다.

먼저, 혈통적인 입장에서 예언된 그리스도가 있다. 여자의 후손(창 3:15), 셋의 후손(창 4:25), 셈의 후손(창 9:27), 아브라함의 후손(창 21:12), 이삭의 후손(창 21:12), 야곱의 후손(창 25:23), 유다의 후손(창 49:10) 등이다.

다음으로, 인물과 사건을 통해 예표된 그리스도가 있다. 여자의 후손(창 3:15)은 동정녀 탄생을, 가죽옷(창 3:21)은 대속물과 속죄를, 양의 첫 새끼(창 4:1-5)는 화목 제물과 희생양을, 방주(창 7-8장)는 교회와 예수 그리스도 안의 구원을, 사닥다리(창 28:12)는 예수 그리스도의 중보(딤전 2:5)를, 아담은 오실 자의 표상(롬 5:14)으로 순결한 모습으로 오실 예수를, 아벨의 제물 됨은 제물 되신 예수를, 아벨의 죽음은 죄인 위해 대신 죽으실 예수를, 멜기세덱(창 14:18)은 의의 왕과 제사장이신 예수 그리스도(히 7:2-3)를, 여호와의 사자는 사람으로 오신 예수 그리스도를, 이삭(창 22장)은 희생양과 순종의 제물이 되실 예수를, 요셉(창 37:28)의 삶은 예수의 낮아지심과 높아지신 삶을, 실로(창 49:10)는 평안과 안식을 주실 분으로 장차 오실 이와 통치자를 보여준다.

결론적으로, 창세기는 예수 그리스도를 창조주 하나님으로 묘사하고 있고, 또한 여인의 후손으로 오실 예수 그리스도를 보여주고 있다(창 3:15; 마 1:20-21).

창세기는 요셉을 입관하는 것으로 끝이 난다. "한 사람으로 말미암아 죄가 세상에 들어오고 죄로 말미암아 사망이 왔나니"(롬 5:12)라고 말씀하신 대로, 아담도 죽었고 노아도 아브라함도 이삭도 야곱도 요셉도 죽었다. 저들은 하나님의 언약을 믿는 믿음을 따라 죽었다. 요셉은 "나는 죽으나 하나님이 너희를 권고하시고 너희를 이 땅에서 인도하여 내사 아브라함과 이삭과 야곱에게 맹세하신 땅에 이르게 하시리라"(창 50:24)고 말하며, 하나님의 약속을 자손들에게 계승시켜 주었다. 비록 자신의 대에서 이루어지지 않았을지라도 하나님의 약속이기에 믿고 살다가 그 언약을 계승시키며 죽음을 맞이한 것이다.

2) 출애굽기 : 하나님의 구원과 인도의 책(출 12:27)

출애굽기에 제일 처음 나오는 히브리어 단어는 '와이크라'로, 우리 말로 '그리고'이다. 민수기도 마찬가지이다. 이는 모세 오경이 별개의 책이 아니라 한 권으로 연결된 책임을 의미하며, 하나님의 구속 역사가 창세기에서 출애굽기로 연결됨을 의미한다. 출애굽기는 선민 이스라엘 백성들이 430년간 애굽에서의 노예 생활을 마감하고 모세의 영도하에 가나안 땅을 향해 가는 구원 과정을 보여준다. 그렇지만 단순히 출애굽의 역사만을 이야기하는 것이 아니고 예수 그리스도로 말미암은 죄로부터의 구속을 가르쳐 주는 영적 의미를 담고 있다.

출애굽기는 홍해를 건너 시내 산까지 이르는 출애굽 여정(1-18장), 십계명과 그 밖의 제도(장막)에 대한 기록(19-40장) 등 두 부분으로 구성되었다. 그러나 크게 출애굽(구원, 1-18장), 율법(말씀, 19-24장), 성막(예배, 25-14장) 등 3구조로 이해할 수도 있다. 또한 애굽에서의(430년간) 포로 생활(출 1-2장), 출애굽에서 시내 산까지(3개월간, 출 3-18장), 시내 산에서 머문 일(1년간, 출 19-40장)로 구분할 수도 있다.

(1) 약속 성취의 책이다.

창세기 15장 13-14절에 "여호와께서 아브람에게 이르시되 너는 정녕히 알라 네 자손이 이방에서 객이 되어 그들을 섬기겠고 그들은 사백 년 동안 네 자손을 괴롭게 하리니 그 섬기는 나라를 내가 징치할지며 그 후에 네 자손이 큰 재물을 이끌고 나오리라"고 했다. 이는 일찍이 하나님이 아브람과 맺은 횃불 언약의 내용이다(창 15:17). 선택받은 이스라엘 백성이 애굽에서 종살이하지만 결국 큰 재물을 가지고 출애굽한다는 약속이다. 출애굽기는 하나님의 이런 약속이 철저하게 성취되고 있는 사실을 보여주는 책이다.

(2) 구속의 책이다.

출애굽기는 이스라엘 자손들의 애굽에서의 비참한 생활상으로부터 시작된다. 애굽은 선민을 학대하고 괴롭히던 고역의 장소이다(출 1:11-12, 2:24, 3:9). 또한 선민을 죽이는 정책을 시행하던 곳이다(출 1:16). 뿐만 아니라 배은과 배신의 장소요(출 1:8), 살아 계신 하나님께 도전하는 장소이다. 하나님이 이스라엘 백성이 애굽을 떠날 때 내렸던 재앙 중 첫 번째에서 여덟 번째까지의 재앙(피, 개구리, 이, 파리, 악질, 독종, 우박, 메뚜기 재앙)은 애굽인들이 섬기던 우상들이었다. 그만큼 애굽은 하나님을 멀리하고 하나님의 심판을 받을 수밖에 없는 민족이었다.

왜 하나님은 선민을 이런 애굽에 430년간이나 머물게 하셨을까? 그것은 택자 구원 완성을 위한 연단 장소로 훈련하기 위함이었다. 또한 고난 중에 하나님께 부르짖게 하기 위함이었다. 나아가, 약속의 땅 천국을 사모하게 하기 위함이었다. 애굽의 죄를 심판하고 이스라엘로 하여금 출애굽과 광야 여정을 통하여 하나님의 기적을 체험하게 하기 위함이었다. 이는 이 땅에 그리스도인들이 생존하는 이유이기도 하다. 이스라엘 백성들은 애굽에서 종살이하면서 고역으로 인해 탄식하며 부르짖었고, 이 소리가 하나님께 상달되었다(출 2:23). 출애굽기를 바로 이해하려면 이들이 어떻게 애굽 왕 바로의 속박에서 구출될 수 있을까와 어떻게 애굽을 탈출하여 약속의 땅인 가나안에 들어갈 수 있을까를 살펴야 한다. 이는 한 영혼이 사탄의 속박에서 해방되어 구원에 이르기까지의 여정을 보여주는 것으로 인간의 본질적인 문제의 해답을 주는 것이다.

첫째, 어떻게 애굽 왕 바로의 속박에서 구출되었을까?

출애굽기의 중요한 주제는 하나님의 구원과 인도하심이다. 야곱의 70인 가족은 애굽으로 이주하여 고센에 살았다(창 47:11). 이들은 애굽에서 430년을 지내는 동안 약 200만 명으로 3만 배 정도가 증가했다. "이스라엘 자손은 생육이 중다하고 번식하고 창성하고 심히 강대하여 온 땅에 가득하게 되었더라"(출 1:7)고 했다. 이스라엘의 인구 증가는 애굽에게 큰 위협이 되었다. 이때 요셉을 알지 못하는 새 왕이 일어나 별도의 인구 정책을 쓰게 되었다(출 1:8). 이스라엘 백성에게 노역을 가중시켰고, 결국 저들은 고통 중에서 하나님께 기도했고 응답을 받았다.

이스라엘이 애굽을 떠난 것은 자신들의 힘이 아니었다. 백성들의 뜻을 모은 것도 아니었다. 모세의 지도력에 의한 것도 아니었다. 오히려 모세는 "내가 누구관대 바로에게 가며 이스라엘 자손을 애굽에서 인도하여 내리이까"(출 3:11)라고 거부했다. 또한 "나는 입이 뻣뻣하고 혀가 둔한 자"(출 4:10)라고 거절했다. 그러나 하나님은 이러한 모세를 이스라엘을 인도하는 지도자로 삼아 애굽의 바로 앞에 서게 하셨다. 바로는 노동력 상실 등을 우려하여 이스라엘을 해방시키려 하지 않았다. 하나님은 바로가 이스라엘을 놓아주지 않자, 피에서 흑암까지 이르는 아홉 가지 재앙을 내리셨다. 그럼에도 바로는 꿈쩍도 하지 않았다. 성경은 "바로의 마음이 강팍하니"라고 거듭 기록한다(출

7:13, 22, 8:19, 9:12, 35, 10:20, 27, 11:10, 14:4).

이때의 바로는 아멘호테프 2세로서 이스라엘의 출애굽 때인 B.C. 1446년에 20세의 나이였다. 그는 젊고 혈기 왕성하며 교만하여 아홉 가지의 연속된 재앙에도 굴하지 않았던 것이다. 하나님은 열 번째 재앙 즉 장자를 죽이는 재앙을 동원하였고, 아멘호테프 2세는 밤에 모세와 아론을 불러내 백성을 데리고 가라고 허락했다(출 12:31). 결국 이스라엘은 하나님의 구원하심의 계획에 의해 죄악의 땅인 애굽을 떠날 수 있었다.

둘째, 어떻게 애굽을 탈출하여 약속의 땅 가나안에 들어갈 수 있었을까?

출애굽기는 자기 백성을 돌아보신 하나님(출 1:17, 2:1-10, 23-25)께서 '강한 손과 펴신 팔'로 자기 백성을 인도하시고(출 5-18장), 시내산에서 언약을 맺으시고 십계명과 여러 내용을 주신 내용이 기록되어 있다. 애굽의 장자 재앙으로 애굽을 떠났던 이스라엘 백성들은 낮에는 구름기둥, 밤에는 불기둥의 인도를 받았다(출 13:20-22, 40:34-38; 민 19:15-23). 이는 이미 구원받고 구원 운동을 전개 중인 백성에게 나타난 하나님의 계시였다. 두 기둥은 애굽과 이스라엘을 갈라놓는 성별 계시였다(출 14:19-21). 이는 광야 행군이 끝날 때까지 계속적으로 하나님이 함께하신다는 공개적인 임마누엘 계시였다.

이스라엘 백성들이 출애굽 후 정확하게 바알스본 맞은편 비하히롯에 도착했을 때 일이다. 바로(아멘호테프 2세)는 이스라엘이 홍해 가에 진을 쳤으므로 광야에 갇힘을 알고 다시 추적했다(출 14:3). 이때 특별 병거 육백 승과 모든 병거와 모든 장관이 참여했다. 그러자 백성들은 지도자 모세를 원망하면서 "애굽에 매장지가 없으므로 당신이 우리를 이끌어 내어 이 광야에서 죽게 하느뇨 어찌하여 당신이 우리를 애굽에서 이끌어 내어 이같이 우리에게 하느뇨"(출 14:11)라고 도전했다. 나아가 "애굽 사람을 섬기는 것이 광야에서 죽는 것보다 낫겠노라"(출 14:12)고 불평했다.

이에 모세는 "너희는 두려워 말고 가만히 서서 여호와께서 오늘날 너희를 위하여 행하시는 구원을 보라 너희가 오늘 본 애굽 사람을 또다시는 영원히 보지 못하리라"(출 14:13)고 했다. 출애굽하게 하신 하나님이 인도하시고 저들을 훈련하신다는 의미이다. 모세는 "여호와께서 너희를 위하여 싸우시리니 너희는 가만히 있을지니라"(출 14:14)고 했다.

앞은 홍해가 가로막고 뒤는 애굽 군인의 추적으로 진퇴양난에 빠졌을 때, 모세는 이 말로 하나님의 뜻을 전했다. 홍해의 대결은 출애굽한 후 최초의 군사적 대결로, 이후 출애굽 과정과 가나안 정복 과정에서 수많은 전쟁 경험과 많은 전쟁 기록의 중요한 전조가 된다. 이는 승리는 군인의 중다함이나 작전의 탁월성, 장비의 우수성에 있지 않고, 오직 하나님의 손에 달려 있음을 보여준다. 이스라엘의 광야 여정은 오직 하나님의 인도와 보호 속에 이루어진다는 진리이다. 홍해를 건넌 후 하나님께서는 이스라엘 백성들에게 만나와 메추라기(출 16:1-36)로 먹이시고, 반석에서 생수(출 17:5-6)가 나게 하시었다. 말하자면 하나님은 출애굽한 이스라엘 백성들을 철저하게 자신의 인도로 광야 행군을 하게 하여 가나안에 입성하도록 하신 것이다. 이는 하나님께 예배하도록 하기 위함이었다(출 5:1, 7:16, 8:20, 9:1, 13).

(3) 모형과 예표의 책이다.

출애굽기에는 예수 그리스도와 그의 성품 및 사역을 예표해 주는 사건이 많다. 유월절 어린 양(출 12:1-28)은 우리를 구속하신 예수 그리스도를 예표한다(요 1:29; 고전 5:5-7). 만나(출 16:1-36)는 생명의 떡이신 예수 그리스도를(요 6:35), 반석(출 17:5-6)은 생수이신 그리스도를(고전 10:4), 성막(출 25:1-31)은 임마누엘하시는 그리스도를(히 9장), 모세(출 5:1)는 구속자이신 예수 그리스도를 예표한다(눅 4:16-21). 그리고 아론(출 4:27)은 대제사장이신 예수 그리스도를 예표한다(히 5:4). 창세기가 여인의 후손 등을 통하여 예수 그리스도를 모형적으로 제시했다면, 출애굽기는 유월절 어린 양 등을 통하여 예수 그리스도를 분명하게 보여주는 책이다(출 12:21; 요 1:29).

(4) 고찰

출애굽기의 **기록자는** 모세이다. 성경의 처음 다섯 권의 책들을 '모세 오경'이라 칭하는 만큼 본서는 창세기의 후편으로 기록자는 모세이다. **기록 연대는** B.C. 1446-1406년에 시내 산에서 기록한 것으로 본다. **주제는** 유월절 어린양(예수 그리스도)의 피로 인한 구속사(구속)이다. **기록 목적은** 하나님은 언약을 신실하게 지키시는 분이라는 것과 출애굽 사건을 통하여 '대속의 피로써 말미암는' 구속의 원리를 보여주고, 율법의 수여와 성막 건립을 통해 선민에게 성결의 도를 알려주기 위함이다.

출애굽기는 요셉에 의해 애굽으로 이주한 히브리 민족이 초기에 애굽으로부터 귀빈 대접을 받았으나, 왕조가 바뀌면서 영구적 노예화 정책의 희생물이 되었음을 보여준다. 이런 이스라엘 백성들을 하나님은 열 가지 재앙을 통해 구원하시고, 하나님의 전적인 인도로 가나안까지 가게 하심을 보여준다. 출애굽기는 하나님의 구원과 인도하심을 동시에 보여주는 책이다.

3) 레위기 : 예배의 책, 속죄의 책(레 11:45)

레위기는 출애굽한 이스라엘 백성들이 시내 광야에 도착하여 1년간 체류할 때 받은 율법과 규례가 기록된 책으로, 구원받은 자들의 예배를 보여준다. 따라서 출애굽기의 모든 사건이 구원과 밀접한 관계를 가지듯, 레위기의 모든 제도와 법은 예배와 관련되어 있다. 이 모든 일들은 장차 오실 예수 그리스도의 일을 가르치고 있어, 레위기는 '예배의 책' 혹은 '속죄의 책'(레 16:30-34)이라 불리며, 하나님께 나아가는 법과 하나님과 교제하는 법을 가르치는 성경이다.

(1) 죄인이 어떻게 하나님께 나아가는가?

레위기는 성막을 세운(출 40:2, 17; 레 1:1) 4월 1일과 시내 산에서 떠난(민 10:11) 5월 20일 사이의 약 1개월간의 기록이다. 그러므로 레위기는 출애굽기에서 완성된 성막을 어떻게 사용해야 하는가에 대한 해설서라고 할 수 있다. 출애굽기에서 예배 처소가 마련되었다면, 레위기에서는 그 사용법인 예배에 대해 언급하였다.

레위기 1-16장은 죄인인 우리가 어떻게 하나님께 나아갈 것인가를 말해 준다. 이 부분은 제사 제도에 대해 가르쳐 주고, 제사 곧 예배를 통해 거룩하신 하나님께 나아갈 수 있음을 보여준다. 이 제사가 번제,

소제, 화목제, 속죄제, 속건제이다. 번제는 죄 사함을 받는 방법을 보여준다. 소제는 죄인이 옛 죄에서 구원받은 후 어떻게 감사해야 하는지를 보여준다. 화목제는 구원받은 자로서 하나님과 더불어 화평을 누리는 제사이다. 속죄제는 이미 구원받은 자라도 그릇 범하여 실수했을 때 필요한 제사이다. 속건제는 엄밀한 의미에서 속죄제로 재물에 대한 범죄와 관계된 제사이다.

대표적인 제사는 번제인데, 이는 제물을 통째로 태워서 연기와 냄새가 하늘로 올라가게 하는 제사이다(레 1:3-17). 이것은 하나님께 대한 완전한 헌신을 의미하는 것으로 이스라엘 백성들의 가장 오래되고 빈번한 제사이다. 번제는 헌납자의 손에 의해(레 1:3-5) 짐승을 끌고와 바치는 것으로 위탁은 안 된다. 예배는 대행할 수 없고 감사나 선물이 아닌 속죄를 목적으로 끌고 와야 함을 의미한다. 하나님이 작정하신 처소인 회막문 앞으로 끌고 와야 한다. 이는 공적 행위로서 우상을 멀리하기 위함이다. 제주가 짐승 머리에 안수한다(레 1:4). 짐승이 자기 죄를 대신한다는 의미이다. 제주는 짐승을 잡아 죽인다. 이는 희생 제물이 되신 예수 그리스도를 상징한다. 제사장의 손에 의해 피가 뿌려진다(레 1:5). 피 뿌림이 없으면 사함도 없다(딤전 2:5; 히 9:22). 사죄가 선행되지 않으면 하나님께 열납이 안 된다. 제물은 불태운다(레 1:8-9). 재는 진 밖으로, 정결한 곳으로 보낸다(레 6:11). 번제의 목적은 하나님의 진노로부터 해방되어 죄를 용서받는 영원한 속죄를 받는 것이다.

모든 제사는 하나님 자신의 기쁘신 뜻에 의해 시작된다(창 4:1-4; 히 11:4). 모든 제사의 중심은 사죄이다(히 9:22). 모든 제물의 중심은 예수 그리스도이다(요 1:29). 제사의 절정은 십자가이다(요 19:30).

말하자면 죄인은 예수 그리스도를 의지하여 죄를 용서받고 하나님 앞으로 나아가는 것이다.

(2) 하나님과 어떻게 교제하며 살 수 있는가?

첫째, 하나님을 섬김으로 교제할 수 있다.

이스라엘은 하나님께 선택받은 선민이요 거룩한 백성 즉 성민이다. 저들은 선민과 성민으로서 그 값을 해야 한다. 이는 다른 이방인들이 보여주지 못하는 하나님의 말씀에 대한 절대적 순종의 삶을 통해 나타내야 한다. 레위기에는 제사와 거룩한 절기 등 여러 의식과 제도 등 하나님의 명령이 소개되고 있다. 이를 신실하게 준행하는 거룩한 삶으로써 하나님과 교제할 수 있다.

둘째, 사람을 사랑함으로 교제할 수 있다.

레위기에는 안식일과 안식년, 희년 제도를 설명하고 있다. 7일째마다 안식일이다. 일곱째 해마다 안식년이다. 일곱째 안식년마다 희년으로 이때는 2년을 쉬게 된다. 하나님은 안식일 제도와 가정 제도를 통해 안식의 행복을 맛보게 함으로써 천국에서 누릴 영원한 안식의 행복을 이 땅에서도 부분적으로 맛보게 하셨다. 안식년에는 소출로 빈자를 돌보게 했다. 희년에는 노예에게 자유를 주고, 모든 채무의 탕감을 선포했다. 이것은 자유와 해방을 선언하는 것으로, 희년의 선포는 천연자원인 토지의 반환, 인적 자원인 노예의 해방, 자본과 신용인 채무의 해결을 하도록 했다. 따라서 희년의 선포는 새로운 삶의 출발을 알리는 자유와 해방이며 그 자체가 복음이었다.

특히 이 제도는 그리스도를 통해 이루어지는 복음의 선포를 예비하는 것으로, 곧 희년을 통해 '복음을 선포'하라는 것이다. "주의 성령이 내게 임하셨으니 이는 가난한 자에게 복음을 전하게 하시려고 내게 기름을 부으시고 나를 보내사 포로 된 자에게 자유를, 눈먼 자에게 다시 보게 함을 전파하며 눌린 자를 자유케 하고 주의 은혜의 해를 전파하게 하려 하심이라"(눅 4:18-19)고 했다. 이는 예수께서 시험을 받으신 후 공사역을 시작하실 때 회당에 들어가 읽으신 이사야 선지자의 말씀(사 61:1-2)이다. 말하자면 예수께서 지상 사역을 시작하시면서 처음으로 하신 말씀으로, 이사야서의 일부를 읽으시면서 자신의 사역을 말씀하신 것이다. "포로 된 자에게 자유"는 노예의 해방을, "눈먼 자에게 다시 보게 함"은 토지 반환을, "눌린 자를 자유케 함"은 부채 탕감을 의미한다.

희년 제도는 곧 예수 그리스도의 사역과 그의 복음 선포를 보여주는 것이다. 희년을 통해 조건 없이 노예가 해방되고 모든 채무가 탕감되는 것은 값없이 우리를 의롭다 하시는 예수 그리스도의 대속의 원리를 보여준다. 하나님은 이스라엘 백성들이 가나안 땅에 들어가 살 때 이 안식년과 희년의 절기를 지킴으로 예수 그리스도가 이루실 자유와 해방 그리고 영원한 안식을 대망케 하신 것이다. 그리고 예수 그리스도를 통한 대속의 복음을 전하게 하신 것이다. 사람을 사랑하는 것은 복음을 전함으로 나타내야 한다.

레위기는 오순절에 대해서 말했다(레 23:9-23). 이는 초실절(출 34:22), 맥추절(출 23:16), 칠칠절(출 34:22)이라고도 명명했다. 일곱 안식일 즉 49일이 지나고 그 다음날 성령이 오셔서 신약에서는 성령 강림질이라고도 한다. 이날의 신성한 의미는 많은 심령이 회개하고 그리스도께로 돌아오는 것이다(행 2:1-41). 말하자면 은혜 충만의 절기로 많은 영혼들이 자원하는 마음으로 몸과 재물과 시간을 기쁘게 드려 복음을 전파하는 시기이다. 땅 끝까지 복음의 증인이 되는 시기이다. 구약의 오순절은 보리 타작물을 드리지만, 신약의 오순절은 영혼 추수로 드린다.

이는 장막절도 마찬가지이다(레 23:34-44). 초막절(레 23:34)이라고도 하는 이 절기는 역사적으로 애굽의 압박과 구금에서 해방된 역사적 구원과 가나안에서 얻은 각종 소산을 얻은 축복에 대한 즐거움의 절기이다. 이 절기는 추수 감사절로 지키는데, 마찬가지로 복음을 전하여 영혼을 추수하는 즐거움에 그 본질적 의미가 있다. 또한 형제들과 음식물을 나누며 사랑의 희락을 함께 나누는 절기이다(신 16:13-15). 이웃을 사랑하여 복음을 전하고, 복음을 전하기 위한 발판으로 물질의 사랑을 나누는 것은 사람을 사랑하는 것이고, 이는 하나님과 교제하는 귀한 방법이다.

셋째, 물질에 대한 정복을 통하여 섬긴다.

레위기에는 서원과 십일조에 관한 법을 기록하여 마무리한다(레 27:1-34). 서원은 히브리어로 '네데르'인데 맹세와 다짐의 뜻이다. 따라서 서원은 하나님께 무엇을 하겠다고 자원하여 맹세하는 것이다. 한 번 서원한 것을 번복하거나 폐기하면 살아 계신 하나님을 조롱하는 것이 된다. 그러므로 서원은 하나님 앞에 약속한 것이므로 정직과 성실로 임해야 한다. 그리고 서원은 간절한 마음과 능력에 따라 해야 한다. 감정으로 해서는 안 된다는 말이다. 이미 하나님 앞에 서원한 것은 반드시 실행해야 한다.

십일조는 모든 재물이 하나님께 속해 있음을 고백하고, 재물을 주신 하나님께 감사하는 것이다. 천지 만물을 창조하신 하나님은 이 모든 것을 하나님의 형상으로 지음 받은 인간에게 정복하고 다스리도록 하셨다. 인간은 만물을 통해서도 하나님께 영광 돌려야 한다. 그 가운데 중요한 의식 하나가 십일조를 이행하는 것이다. 이는 하나님이 물질의 소유주가 되시고, 인간은 이에 대한 사용권을 부여받은 청지기임을 분명히 하는 것이다. 말하자면 하나님께 받아서 하나님의 영광을 위하여 사용하다가 마침내 하나님 앞에 결산하는 것이다. 성도가 하나님께 나아가는 것은 하나님을 섬기는 예배를 통하여 가능하다. 성도가 그 하나님과 교제하는 것은 하나님을 섬기는 성별된 생활을 통해서이다. 예수 그리스도의 대속의 복음을 전하고, 이의 효과를 극대화하기 위하여 구제까지 병행하는 것이다. 그리고 물질까지도 정복하여 하나님께 드리고 하나님의 영광을 위해 사용하게 함으로 교제가 가능한 것이다. 구원받은 성도는 구원받은 것으로 만족하지 말고, 철저한 성화 생활과 복음 증거라는 사명을 감당하여 하나님을 기쁘시게 하고 그와 깊은 교제를 지속해 가야 한다.

4) 민수기 : 방황의 책, 믿음의 책(민 13:26-14:26)

우리는 창세기, 출애굽기, 레위기, 민수기, 신명기를 모세 오경이라 부른다. 창세기는 하나님의 천지 창조로부터 야곱의 식구 70인이 애굽으로 이주하는 일을 기록했다. 출애굽기는 애굽에서 430년의 세월을 보낸 이후 하나님의 종 모세의 영도로 출애굽하여 시내 산까지 도착하는 3개월간의 여행을 기록한 책이다. 그리고 시내 산에서 1년간 머물며 십계명 등의 율법과 성막을 건축한 일 등을 기록했다. 레위기는 이스라엘 백성들이 시내 산에서 1년 동안 체류 시 하나님으로부터 받은 율법과 율례를 기록한 책이다. 민수기는 시내 광야를 출발하여 38년이 지난 다음 모압 평지에 이르는 긴 역사가 기록된 책이다.

(1) 민수기 개요

민수기는 두 가지 점에서 특별한 의미를 지니는 책이다.

첫째, 한 지명으로부터 시작하여 다른 한 지명으로 끝맺는 책이다. 시내 광야(민 1:1)에서 모압 평지(민 26장)에 이르는 38년간의 방황의 역사를 기록한 책이다. 우리는 보통 출애굽기가 광야 40년의 여정을 기록해 보여준다고 생각하지만, 이 여정은 민수기가 분명하게 알려주고 있다. 오늘 본문의 배경과 의미를 정확히 이해하기 위해서는 민수기의 전후 역사적 배경을 아는 것이 필요하다.

둘째, 두 차례의 인구 조사가 기록되어 있는 책이다. 시내 광야에서 20세 이상으로 전쟁에 나가 싸울 수 있는 사람의 숫자를 계산하니 603,550명이었다(민 1:46). 이로부터 약 40년, 정확히 38년의 세월이 지난 다음에 모압 평지에 도착해서 다시 계수한 숫자는 601,730명(민 26:51)이었다. 이렇게 백성들을 계수한 것 때문에 "민수기"(民數記)라고 했다.

재미있는 사실은, 시내 광야 계수 시의 603,550명과 모압 평지에서 계수한 601,730명 가운데, 양쪽 모두에 포함된 사람은 여호수아와 갈렙뿐이라는 것이다(민 26:62-65). 어떻게 여호수아와 갈렙만이 38년을 사이에 둔 두 곳에서의 계수에 동시에 포함될 수 있었을까? 이것은 민수기의 메시지를 푸는 중요한 열쇠이다. 이 메시지의 핵심을 담고 있는 장이 민수기 13장과 14장이다.

(2) 본문 개요

이스라엘 백성들이 모세를 지도자로 하여 애굽을 떠난 후 바란 광야에 도착했다. 모세는 하나님의 명을 받고 가나안 땅 탐지를 위해 열두 명의 정탐꾼을 파송했다. 저들은 40일 동안 가나안 땅을 탐지했다. 그러나 저들의 탐지 후 보고는 두 갈래, 즉 10대2로 나뉘어졌다.

10명의 정탐꾼은 가나안 땅을 도저히 차지할 수 없다고 보고했다. 사막의 여정에 지친 이스라엘은 무장된 가나안의 거민과 싸워 이길 수 없다는 것이었다. 거기서 네피림 후손 아낙 자손 대장부를 보았다고 했다. 스스로 보기에도 자신들은 저들에 비해 메뚜기 같으니 가나안 거민이 보기에도 동일하다고 주장했다. 가나안 입성을 고대한 백성들을 주저앉히는 절망적인 보고였다. 저들의 보고에는 하나님께서 주신 약속에 대한 믿음이 전혀 없었다. 이들의 보고를 들은 백성들은 예외 없이 동요했다. 불만과 불평이 불신앙으로 표출되었다.

이때 두 명 곧 여호수아와 갈렙의 보고는 달랐다. 그들은 가나안 거민을 능히 이길 수 있다고 했다. 동일한 땅을 보았는데 보고가 달랐다. 무슨 근거로 두 사람은 승리할 수 있다고 했을까?

첫째 근거는, 하나님의 약속에 대한 믿음이다.

민수기 14장 23절에 "내가 그 조상들에게 맹세한 땅"이라고 했다. 가나안은 이미 하나님이 이스라엘 백성들에게 주시겠다고 약속한 땅이다. 하나님은 백성들의 전투 능력과 관계없이 그 조상들에게 주시겠다고 약속했다. 두 사람은 이 약속을 철저히 믿었다. 사람의 약속이 아니라, 전능하시고 신실하신 하나님의 약속이었기에 분명한 믿음을 보였다. 저들은 하나님의 약속은 파기될 수도, 변할 수도 없다고 믿었다. 이 약속에 대한 믿음으로 두 사람은 가나안 땅의 상황에 관계없이 쟁취할 수 있다고 믿은 것이다.

둘째 근거는, 하나님의 인도에 대한 믿음이다.

민수기 14장 11절에 "이 백성이 어느 때까지 나를 멸시하겠느냐 내가 그들 중에 모든 이적을 행한 것도 생각하지 아니하고 어느 때까지 나를 믿지 않겠느냐"고 했다. 여호수아와 갈렙은 지난 역사를 통해 얻은 경험에 근거해서 가나안 쟁취를 확신했다. 즉 출애굽 이후 하나님은 기적적으로 이스라엘 백성을 인도하셨다는 것이다. 한 번도 이스라엘 자신들의 능력이나 지혜로 이곳까지 이른 것이 아니었다. 하나님은 여러 차례 인간의 능력이나 지혜에 관계없이 자기 백성을 인도하셨다. 이적과 기사를 통해 그 백성들을 인도하셨다. 출애굽의 성공적 수행을 위해 하나님은 열 가지 재앙을 동원하여 애굽을 공격하셨다(출 7:14-11:10). 이 재앙에도 굴하지 않고 끝까지 추격해 오는 바로 왕의 애굽 군대를 홍해에 수장시켜 버리셨다(출 14:15-31). 구름기둥과 불기둥을 동원하여 낮과 밤을 지켜주셨다. 만나와 메추라기를 보내어 저들의 굶주림을 배부름으로 바꾸어 주셨다. 반석이 토해 내는 생수로 저들의 목을 적시어 주셨다.

하나님은 이런 기막힌 역사를 통해 저들의 영원한 구원자이신 예수 그리스도를 미리 보여주셨다. 그런데도 백성들은 그 인도하셨던 하나님을 잊어버렸다. 그러나 여호수아와 갈렙만은 하나님의 인도에 대한 믿음을 상실하지 않았다. 이 하나님의 인도에 대한 믿음에 찬 신앙이 비록 눈앞에 건널 수 없는 강, 넘을 수 없는 산이 있다 해도 결국 약속의 땅 가나안에 이를 수 있다는 확신으로 나타났던 것이다.

셋째 근거는, 임마누엘 하나님에 대한 확신이다.

민수기 14장 9절에 "오직 여호와를 거역하지 말라 또 그 땅 백성을 두려워하지 말라 그들은 우리 밥이라 그들의 보호자는 그들에게서 떠났고 여호와는 우리와 함께하시느니라"고 했다. 여호수아와 갈렙에게는 과거에 함께하셨던 하나님이 지금도 함께하신다는 확신이 있었다. 두 사람은 가나안 사람들의 신은 그들에게서 떠났다고 말했다. 그러나 우리의 하나님은 과거와 마찬가지로 지금도 함께하신다고 했다. 이 확신에 근거해서 여호와께서 우리를 그 땅으로 인도하여 들이신다. 그 땅을 우리에게 주신다고 확신 있게 말했다. 이런 근거들로 두 사람은 다른 열 사람의 정탐꾼과 똑같은 참담한 현실을 보았지만 낙망치 않았다. 열 명은 눈앞에 놓인 현실만 보았지만, 두 명은 하나님의 손길과 하나님의 약속을, 그 약속을 지키시는 하나님의 신실성을 보았다. 뿐만 아니라 지금까지 동행해 주셨던 하나님을 보는 믿음의 눈이 있었다.

시내 광야를 출발했던 603,550명 중 여호수아와 갈렙을 제외한 사람들이 다 사막에서 죽을 수밖에 없었던 사실은, 저들이 병들었거나 노쇠해서가 아니다. 저들은 불신의 죄 때문에 광야에서 다 쓰러지고 말았던 것이다. 민수기 14장 22절 이하에 보면 "나의 영광과 애굽과 광야에서 행한 나의 이적을 보고도 이같이 열 번이나 나를 시험하고 내 목소리를 청종치 아니한 그 사람들은 내가 그 조상들에게 맹세한 땅을 결단코 보지 못할 것이요 또 나를 멸시하는 사람은 하나라도 그것을 보지 못하리라 오직 내 종 갈렙은 그 마음이 그들과 달라서 나를 온전히 좇았은즉 그의 갔던 땅으로 내가 그를 인도하여 들이리니 그 자손이 그 땅을 차지하리라"고 했다. 시내 광야를 출발했던 603,550명이 거의 죽고 38년의 세월이 흐른 후 여호수아와 갈렙만 모압 평지에서 다시 만날 수 있었던 것은, 저들이 병이 없고 건강해서가 아니라 하나님을 향한 신실한 믿음 때문이었다.

(3) 오늘 우리에게 주는 교훈

40년을 사이에 둔 두 차례의 계수 사건은 오늘을 사는 우리에게 하나님을 향한 믿음을 포기하지 말라는 교훈을 준다. 불신은 이미 주기로 약속하신 땅을 기업으로 받지 못하게 한다. 기업은 하나님의 선물이지만, 그리로 들어가는 것은 믿음을 통해서이다. 축복은 하나님의 선물이지만, 그것을 받게 만들어 주는 것은 믿음의 그릇을 통해서이다.

우리는 이 땅에 사는 어간에 갖가지 어려움을 만난다. 가족과의 사별, 사업 실패, 자녀 문제, 건강 문제, 직장 문제 등 예기치 못했던 문제를 접한다. 마귀는 성도들의 신앙을 무너뜨리기 위해 여러 난제들을 동원하여 공격한다. 그것도 한두 차례의 공격이 아니라 성도가 지상에 사는 동안 계속적으로 도전한다. 우리 앞에 어떤 난제가 있어도 과거(애굽)로 돌아갈 수는 없다. 지금까지 우리를 인도해 오셨던 하나님, 지금까지 나와 동행해 주셨던 하나님, 그 하나님을 믿는 믿음 때문에 앞으로도 하나님이 인도해 주실 것을 확신해야 한다.

우리는 이미 영적으로는 애굽을 떠났고, 시내 광야를 출발했다. 우리는 603,550명 속에 포함되어 있다. 지금 우리는 40년 광야 생활(교회 생활)을 살고 있다. 이 기간 중 모진 고난과 시련이 있을 수 있다. 이때 낙심하여 주저앉거나 애굽의 종살이로 돌아갈 수는 없다. 하나님의 약속에 대한 믿음 속에서 살다가 한 사람도 낙오자 없이 모압 평지에서 다시 만나야 한다.

5) 신명기 : 기억의 책, 순종의 책(신 8:1-6)

애굽을 떠난 이스라엘은 3개월 여정 후에 시내 산에 도착했다. 모세는 그곳에서 하나님의 계명과 율례를 받아 레위기에 기록했다. 그 후 시내 광야를 떠나 38년 후에 모압 평지에 도착했다. 이제 요단강만 건너면 하나님께서 약속하신 가나안 땅에 들어가게 된다. 하나님이 모세의 입을 의탁하여 이스라엘 백성들에게 마지막으로 교훈한 말들을 기록하셨는데, 이것이 신명기이다.

(1) 기억의 책이다.

창세기, 출애굽기, 레위기, 민수기는 수원(水原)이라 할 수 있다. 신명기는 이 물들을 받아 다시 공급하는 저수지의 역할을 한다. 이 신명기라는 저수지에서 역사서, 선지서, 시가서로 공급되는 것이다. 왜 하나님은 모압 평지에서 율법을 다시 설명했을까?

첫째, 모압 평지에 이른 이들은 출애굽한 제2세대 사람들이기 때문이다.

하나님이 모압 평지에서 다시 율법을 설명하신 것은 앞의 성경인 민수기를 바로 이해할 때 가능하다. 이스라엘 백성은 시내 광야를 출발하여 38년 후에 모압 평지에 도착했다. 하나님은 출발 시와 도착시에 각각 20세 이상의 전쟁할 수 있는 장정에 대해 인구 조사를 하도록 명하셨다. 이때 양쪽에 다 포함된 사람은 여호수아와 갈렙뿐이었다. 말하자면 시내 광야에서 하나님의 율법을 들었던 사람들은 여호수아와 갈렙을 제외하고 다 죽었다는 의미이다. 따라서 하나님은 율법을 다시 저들에게 설명해 줄 필요가 있었다.

둘째, 이스라엘 백성들이 요단강만 건너면 약속의 땅인 가나안에 들어가기 때문이다.

모세는 이스라엘 백성이 가나안 땅에 들어가면 물질적으로 대단히 풍요해질 것을 내다보았다. 이때 저들은 아름다운 집을 짓고 거하게 될 것이다. 우양이 번성하며 은금이 늘어나며 소유가 풍부하게 될 것이다. 모세는 저들이 풍요할 때 하나님을 잊기 쉬움을 알았다. 그리하여 설교를 통해 저들이 빠질 교만을 경계했다. 이스라엘 백성이 애굽을 떠난 것은 하나님을 잘 섬기기 위함이다. 하나님은 이를 성취하기 위해 가나안 땅을 허락하셨다. 가나안 땅은 하나님이 권고하시는 땅이다(신 11:12-15). 하나님의 눈이 세초부터 세말까지 항상 그 위에 있겠다고 하셨다. 이는 하나님이 이스라엘의 생활 속에 함께 계시며 깊은 관심 속에 돌보아 줄 것을 말씀한다.

가나안 땅을 약속하신 하나님은 이 땅에 비를 주신다고 하셨다(신 11:14). 아무리 인간이 댐을 만들고 물을 조절한다 해도 하나님이 비를 주시지 않으면 허사이다. 하나님은 가나안 땅에서 곡식과 포도주와 기름 곧 열매를 주신다고 하셨다(신 11:14). 가나안 땅에서 육축도 주신다고 하셨다(신 11:15). 가나안은 농업보다는 목축이 주업이다. 이스라엘이 가나안에 들어가면 하나님이 주시는 이러한 축복으로 배불리 먹고 잘살게 될 것이다. 그 힘으로 인간적인 모든 것을 성취하려는 노력보다 하나님을 섬기는 노력이 우선되어야 할 것이다. 또한 모든 것을 허락하신 하나님께 감사해야 할 것이다. 그리고 무엇보다도 저들의 진정한 목적을 기억하고 실천해야 할 것이다.

하나님은 이스라엘이 가나안 땅의 원주민들과 구별되는 하나님의 백성들로 살기를 원하셨다. 그래서 저들에게 다시 율법을 설명하신 것이다. 하나님은 이스라엘이 약속의 땅을 차지하기 전에 그 땅 거민들의 조잡한 우상 숭배와 정결치 못한 부도덕으로부터 구별되는 삶을 살도록 모세를 통해 훈계를 주신 것이다. 이것이 모압 평지에서 행한 모세의 마지막 설교이며, 이를 담은 것이 신명기이다.

(2) 하나님의 명령을 알리는 책이다.

신명기에 기록된 모세의 설교는 세 부분으로 나누어 살필 수 있다.

첫 번째 설교는 역사적 회고이다(신 1:1-4:43).

이 부분은 이스라엘 백성이 애굽을 떠난 후 모압 평지에 이르기까지의 지나간 역사를 회고한다. 율법을 받는 데서부터 요단강에 이르기까지의 지난 역사를 요약한 것이다. 이처럼 과거를 회상케 한 것은 가나안 땅에 입성할 이스라엘 백성들에게 교훈과 거울로 삼게 하기 위함이다. 그래서 이 첫 설교는 '뒤를 돌아보라'로 제목 삼을 수 있다.

두 번째 설교는 율법적인 강조이다(신 4:44-26:19).

이 부분은 모세가 전하고자 한 본론으로, 이스라엘 백성들에게 다시 율법을 가르치고 교훈하신 부분이다. 이는 십계명부터 시작한다. "이 언약은 여호와께서 우리 열조와 세우신 것이 아니요 오늘날 여기 살아 있는 우리 곧 우리와 세우신 것이다"(신 5:3)라고 했다. 십계명은 선대에 허락했지만, 모압 평지에 도착한 자신들에게도 주신 말씀임을 상기한 것이다. 이는 하나님의 말씀이 영원성과 보편성을 지니고 있음을 강조한 것이다. 이 설교는 위에 계신 하나님을 바라보게 하므로 '위를 쳐다보라'로 제목 삼을 수 있다.

세 번째 설교는 예언적 강조이다(신 27:1-30:20).

모세는 이 설교를 통하여 이스라엘 백성들이 가나안 땅에 들어가서 어떻게 살아야 할지를 교훈했다. 그래서 "너희는 …… 할지니라" 혹은 "너희는 …… 하지 말지니라"는 말을 반복해서 사용했다. 이 부분의 설교는 '앞을 내다보라'는 미래적 전망이다.

그 뒷부분인 신명기 31장 1절 이후는 모세의 유언과 여호수아의 임명 등으로 시작하여 모세의 사망과 장례까지 역사적 부록이라 할 수 있다. 하나님은 모세의 설교를 통해 자신의 백성 속에서 어떻게 일하시고 역사하셨는가를 설명하셨다. 즉 과거의 삶을 회상케 하고, 위로는 하나님을 향하여 그의 계명을 듣게 하셨다. 그리고 약속하신 가나안 땅에 들어가서 어떻게 살아야 할 것인가를 설명하신 것이 바로 신명기이다.

(3) 광야 길 40년의 의미를 가르친 책이다.

하나님은 불신앙의 바로가 다스리는 땅, 선민이 학대당하는 땅인 애굽을 떠나게 하셨다. 출애굽은 하나님의 약속에 의해(창 15:13-14), 지도자를 통해(출 3:10이하), 어린 양의 희생을 통해(출 12장 이하) 이루어졌다. 애굽을 떠난 저들은 광야 길 40년을 통해 모압 평지에 도착했고, 결국 요단강을 건너 가나안 땅에 입성하게 된다. 오늘 신명기는 모압 평지에서 머무는 두 달 동안에 이루어진 일들을 기록한 것이다.

첫째, 연단을 기억하는 것이다.

광야 길은 불뱀과 전갈이 위협하고 태양이 작열하며 물도 없는 험난한 길이다. 모래 바람이 거세고 사막의 뜨거운 열기가 생명을 위협하는 곳이다. 애굽에서 가나안까지의 지름길은 지중해 해변을 끼고 가는 길이다. 그러나 이곳에는 이스라엘이 상대하기 어려운 철병으로 무장한 블레셋이 있어 불가능하다. 그래서 하나님은 저들이 감당 못하고 애굽으로 돌아갈 것을 아셔서 광야 길로 인도하셨다(출 13:17-18). 이곳에서 하나님은 이스라엘 백성이 가나안 땅을 차지하고 그 축복을 누리고 살 만한 자격자로 연단하셨다.

이스라엘 백성은 목이 곧은 백성이다(신 9:6). 곧 완악, 고집, 교만, 불순종, 배은, 배신, 원망, 불평의 백성이다. 이런 마음 상태로는 가나안에 들어갈 수 없다. 하나님은 험준한 광야 길에서 저들을 고난으로 훈련시키셨다(신 8:14-15). 광야 길은 하나님이 40년 동안 이스라엘로 하여금 가나안 복지를 받을 자격자로 훈련시키는 축복의 장소였다. 40년 동안 훈련받으면서 원망한 자, 약속을 믿지 않는 자, 하나님과 지도자의 권위에 도전한 자, 말씀에 불순종한 자는 광야에서 다 죽었다. 불뱀에 물려, 땅이 갈라져, 하늘에서 불이 내려, 염병 등으로 죽었다. 이에서 살아남은 자만 가나안 땅을 차지할 수 있다. 따라서 광야 여정에서 하나님만 의지하는 것을 훈련시키셨다.

둘째, 은총을 기억하는 것이다.

이스라엘은 광야 여정 중 온갖 어려움이 있었지만 불기둥과 구름기둥, 만나와 메추라기, 반석에서의 물, 아말렉과 같은 모든 대적을 물리침 등의 기적을 체험했다. 하나님은 광야 길 동안 모든 필요를 공급해 주셨다. 광야에는 먹을 것이 없었다. 그러나 하나님은 40년간 특별 양식으로 먹이셨다. 피곤할 때 엘림에서 쉬게 하셨다(출 15:27). 하나님은 우리의 필요를 아신다(마 6:32). 모든 쓸 것을 채워 주신다(빌 4:19). 그래서 염려하지 말라고 말씀하신다. 염려는 하나님에 대한 불신앙이기 때문이다. 성도는 40년 광야 길에서 하나님이 주시는 은혜를 믿음으로 받아 누리기만 하면 된다.

셋째, 신앙의 길로 삶는 것이다.

광야는 사람들 스스로 노력해서 사는 곳이 아니다. 하나님은 이스라엘의 무능을 인정하고 겸손히 하나님을 의지하도록 사막으로 인도하셨다. 광야는 선민의 정착지가 아니고 다만 거쳐 가는 길이다. 따라서 광야에서 주저앉거나 애굽을 바라보면 안 된다. 어떤 환경이나 조건에서도 가나안을 향해 믿음으로 전진해야 한다. 이 길을 두 기둥이 인도했다. 믿고 순종한 이스라엘은 전진했고, 불순종한 자는 죽었다. 광야 길은 하나님만 의지할 때 하나님이 책임지시는 길이다. 모세는 설교를 통해 광야 길 40년을 기억하게 하고 하나님의 명령을 알리며, 광야 40년의 의미도 백성들에게 분명하게 가르쳐 주었다.

2. 역사서

- 사사 시대 -

1) 여호수아 : 믿음의 책, 안식의 책(수 6:1-7)

여호수아서는 모세 오경과 이스라엘의 역사를 연결한다. 모세 오경은 이스라엘 자손을 가나안 입구까지 인도하고, 여호수아서는 이스라엘 자손을 가나안 땅으로 인도한다. 역사서(여호수아-에스더)는 가나안 땅 안에서의 역사 기록이다. 여호수아서는 구약 역사서의 첫 기록을 담은 책이다. 여호수아서는 신명기에 이어 역사적 공백기가 없이 여호수아의 전쟁사 곧 정복 전쟁 7년과 분배와 정착의 18년 등 25년 역사를 기록하고 있다.

(1) 여호수아 운동

광야 교회의 제1기인 모세 운동은 출애굽에서 느보 산까지이다. 제2기인 여호수아 운동은 요단강 도하, 여리고 함락, 아이 성 전쟁, 가나안 정착 및 12지파에 기업 분배, 신정 국가 수립 등으로 이어진다.

진리 계승 운동이다.

신명기 34장 9절에 "모세가 눈의 아들 여호수아에게 안수하였으므로 …… 이스라엘 자손이 …… 여호수아의 말을 순종하였더라"고 했다. 하나님의 진리 운동은 사람을 통해 진행된다. 이때 하나님은 각 시대의 사람들을 불러 이 진리 운동에 중단이 없도록 하신다. 모세를 쓰신 하나님은 여호수아에게 그 진리 운동을 계승하도록 하신 것이다.

법궤를 앞세운 운동이다.

여호수아 3장 3절에 "…… 여호와의 언약궤 메는 것을 보거든 너희 곳을 떠나 그 뒤를 좇으라"고 했다. 언약궤 속에는 두 돌판과 만나 항아리, 아론의 싹 난 지팡이가 들어 있다. 이는 말씀과 생명과 부활이신 그리스도를 의미한다. 말하자면 가나안 행군의 주체가 말씀 곧 예수라는 의미이다.

성결 운동이다.

여호수아 3장 5절에 "…… 너희는 스스로 성결케 하라"고 했다. 하나님은 요단강의 갈라짐보다 마음의 성결을 요구하신다. 여리고 성의 무너짐보다 죄악의 성이 무너짐을 요구하신다. 이스라엘은 율법을 받기 전에(출 19:14) 이방 신접자와 박수를 진멸할 때(레 20:7), 이스라엘 진중에서 악을 제할 때(수 7:13), 지도자를 세울 때(삼상 16:5), 이스라엘 제반 행사 등에 성결을 요구하셨다(욜 2:15-16).

(2) 순종의 유산

여호수아는 가나안에 입국하기 전에 두 사람의 정탐꾼을 파송했다(수 2:1). 3-4장은 가나안 입국 통로를 알려준다.

요단강 도하

이스라엘은 요단강을 건너기 전 3일간 체류했다(수 3:1-2). 당시는 모밀 추수기로(수 3:15) 범람하는 강물 앞에서 자신들의 힘으로 건널 수 없다는 생각들로 가득 차 있었다. 이에 제사장들은 백성들이 하나님만 의지토록 법궤를 메고 먼저 요단강에 발을 디뎠다. 뒤에는 백성들이 따랐다. 강을 건넌 후 열두 돌을 취해 길갈에 기념비를 세웠다. 이제 드디어 광야 순례 길이 끝이 나고 가나안 땅이 시작되었다(수 4:1-9, 20).

할례와 유월절

이스라엘은 적과 교전을 앞두고 할례를 행했다(수 5:1-9). 이는 광야에서 출생한 남자들이 할례를 못했기 때문이다. 저들은 전쟁을 하기에 앞서 먼저 성결이 필요했다. 할례는 적진에서의 무장 해제나 마찬가지이다. 그럼에도 순종했다. 또한 이스라엘은 유월절을 지켰다(수 5:10-12). 시내 산을 떠난 후(민 9장) 처음으로 지키는 유월절이었다. 이는 하나님과의 언약 관계를 확인한 것이다. 하나님이 광야에서 이스라엘을 먹이시던 만나가 길갈에서 그쳤다. 이스라엘은 이제 가나안 땅에서 나는 소산을 먹기 시작했다.

정복 전쟁과 여리고 성 공격 성공

이스라엘은 가나안 원주민이 연합 전선을 펴지 못하도록 하기 위해 중앙부를 먼저 공격했다(수 6-9장). 이어 남부와 북부를 공격했다. 중부의 첫 공격지는 여리고로, 곧 점령했다. 그러나 아이 성 전쟁에서는 아간의 죄로 인해 패배하고 말았다. 이스라엘은 패배의 원인을 찾아내어 해결하여 아이 성도 멸망시켰다. 이스라엘은 가나안을 완전히 정복하라는 하나님의 명령에도 불구하고 기도하지 않은 결과(수 9:14) 기브온 거민의 교활함에 속아 이들과 화친을 맺고 말았다(수 9장). 다음으로 이어지는 남부 전투에서는(수 10장) 가나안 5개국 왕이 '아모리 동맹'을 맺고 대항했다. 벧호론의 전투는 치열했다. 이때 태양을 머물게 한 여호수아의 기도가 있었다. 마지막으로 북부 전투에서는(수 11장) 동맹을 맺은 많은 왕들과 백성들이 대항했다. 여호수아는 저들이 전쟁 준비를 하기 전에 공격하여 승리를 쟁취했다. 이 모든 승리는 하나님이 함께하신 결과이다.

정복에 관한 회고(수 12장)

먼저 모세가 인도한 요단 동편에서의 승리를 회고했다(수 12:2-6). 여호수아가 인도한 서편에서의 승리도 회고했다(수 12:7-9). 그리고 3단계의 전투 즉 중앙에서(수 12:9), 남부에서(수 9:10-17), 북부에서의(수 12:18-23) 전투도 회고했다.

땅의 분배

정복 전쟁이 완전히 끝나지 않았으나 땅을 각 지파에게 분배했다. 지파에게 분배된 땅이 완전히 정복된 것은 다윗 왕 때이다. 레위 족속은 기업을 받지 못했다. 공적 예배를 담당해야 하기 때문이다. 그렇지만 대신에 들을 포함한 48개의 성읍을 배당받았다. 이 성읍들은 여러 지파들의 땅에 흩어져 있었다. 한편, 이스라엘 가운데 부지중 살인한 자들을 위해 요단 동편에 세 곳(베셀, 라못, 골란), 요단 서편에 세

곳(게데스, 세겜, 헤브론)을 지정하여 도피성을 세워 개인적인 복수를 피하게 했다.

(3) 불순종의 유산(수 7:1-9)

아이 성 공격에 왜 실패했을까? 법궤가 있었으면서도 어째서 실패했을까? 이 아이 성 패배는 국민적 전의를 상실케 했다(수 7:5).

실패의 원인

하나님과의 교제가 없었기 때문이다. 여리고 성 전투는 하나님의 인도를 받았다(수 6:2). 그러나 아이 성을 공격할 때는 하나님의 지시가 없었다. 이스라엘은 여리고 성 함락 후 승리의 기쁨에 도취하여 기도하지 않았던 것이다. 또한 그들은 자만했다(수 7:3). 여리고 성을 자신들의 힘으로 정복했다는 교만이 있었던 것이다. 뿐만 아니라 이스라엘은 불순종했다(수 6:18). 너희는 바친 물건을 스스로 삼가라는 하나님의 명령을(수 7:1) 무시하고 아간이 바친 물건을 취하였다(수 7:11-12, 21). 전쟁의 승리는 말씀의 순종 여부에 있다. 불순종이 실패의 원인이었던 것이다.

교훈

여호수아 7장에는 아간의 가계를 소개하고 있다(수 7:1). 가족 관계는 생물학적 관계 이상이다. 아간 한 사람의 범죄는 모두를 죽였다. 한 사람의 순종은 모두를 살린다. 아간의 범죄는 이스라엘의 범죄였다(수 7:1, 11). 한 개인의 실패가 민족이 나아가는 길을 위태하게 했다. 여호수아는 이 사건에 대해 책임 소재를 규명하기보다는 회개를 선행했다(수 7:6, 9).

정복과 안식의 책

여호수아서는 하나님의 성실하심을 보여준다. 이미 아브라함에게 언약했던(창 12:1-3) 것이 여호수아서에서 이루어지기 때문이다(수 1:11). 이때 함의 후손들인 가나안을 심판하심으로(신 9:4-5) 죄를 미워하시는 하나님을 보여준다. 또한 전쟁의 승리는 하나님께 대한 믿음과 순종에 있음을 보여준다. 여호수아서에는 크고 작은 전쟁이 기록되어 있는데, 이것은 하나님 나라 건설과 확장을 보여주는 데 의미가 있다. 하나님의 말씀에 대해 믿음으로 순종할 때 이스라엘에게 하나님의 약속이 주어지는 사실을 보여주는 것이다. 순종한 이스라엘은 가나안 땅 정복에 이어 그렇게도 그리던 안식의 축복을 누리며 천국에서 누릴 영원한 안식을 부분적으로나마 맛보게 된다.

새로운 교육 방법 제시(말씀)

이전에는 이스라엘 백성들이 하나님을 꿈과 환상, 천사의 중재 등을 통하여 알았다. 그러나 이제는 하나님이 모세를 통해 주신 율법을 통해 알려주신다. 이스라엘 백성들은 하나님과의 관계를 말씀을 통해 가지는 것이다. 동일하게 이 시대를 살아가는 우리는 신구약 66권의 말씀을 통해 하나님의 뜻을 전달받고 교육받는다.

모압-세겜 언약

시내 산 언약은 파기되었다. 그러나 하나님은 이 언약을 성막을 중심으로 유지하고 계신다. 하지만 한 번 파기된 언약은 결코 회복할 수 없다. 그래서 시내 산 언약을 다시 갱신할 필요가 있다. 다시 말해서, 파기된 시내 산 언약을 새롭게 갱신하여 유효한 언약으로 다시 그 효력을 살려야 한다는 것이다. 이 과정이 모압-세겜 언약이다. 그래서 성경을 다시 기록할 필요가 생겼고, 하나님은 다시 한 번 기록한 책인 신명기를(Deuteronomy) 인정하셨다. "호렙에서 이스라엘 자손과 세우신 언약 외에 여호와께서 모세에게 명하사 모압 땅에서 또 그들과 세우신 언약의 말씀이 이러하니라"(신 29:1)고 했다. 하지만 신명기의 모압 언약은 언약의 기본적인 규례들은 존재하지만, 실질적인 언약의 승인 절차는 없다. 실질적으로 모압 언약의 승인은 세겜에서 이루어진다. "그날에 여호수아가 세겜에서 백성으로 더불어 언약을 세우고 그들을 위하여 율례와 법도를 베풀었더라"(수 24:25)고 했다.

모압-세겜 언약은 모세에 의해 형식적인 것들이 완성되었고, 여호수아에 의해 내용적인 것들이 완성되었다. 그래서 모압-세겜 언약은 형식과 내용이 분리된 언약으로, 이것은 성경에서 하나의 관점으로 등장한다. 곧 이미(형식)-아직(내용)의 관계이다. 우리는 이 이미와 아직의 긴장 관계 속에서 나그네로 살아간다. 말하자면 이미 구원받았지만 주님 다시 오실 때 누릴 완전한 구원을 대망하며 살아가는 것이다.

2) 사사기 : 여호와께서 사사를 세우사(삿 3:7-11)

여호수아는 모세의 뒤를 이은 광야 행군의 지도자였다. 그는 가나안 정복과 그 땅의 분배 사명을 마치고 110세에 하나님의 부름을 받았다(수 24:29). 그때부터 위대한 사사요 선지자인 사무엘의 출현(B.C. 1388-1052년)까지 약 336년간의 기록이 사사기이다.

(1) 사사

사사들은 이스라엘의 정치적, 군사적 통치자였을 뿐 아니라, 백성들을 신앙적으로 교훈하는 영적 지도자였다. 백성들의 소송을 재판했고, 주변국으로부터 위기를 당했을 시에는 자기 백성을 구원하는 지도자였다(삿 3:9, 15). 옷니엘로부터 시작된 사사 시대는 사무엘을 끝으로 마감된다. 그동안 활동한 사사들의 수는 십여 명에 이르는데 그중 옷니엘, 에훗, 기드온, 삼손 같은 자는 역전의 용사이다. 그리고 엘리는 제사장이며, 사무엘은 선지자이다. 이런 사사들의 제반 활동은 그리스도의 사역을 예표한다. 즉 그리스도의 왕 직, 제사장 직, 선지자 직이다. 그러므로 사사들은 제한적 의미에서 자기 백성의 구원자요 통치자였던 것이다. 사사들은 각기 다른 지파에 속했고, 서로 다른 지역에서 활동했다.

(2) 사사 시대는 구약의 암흑 시대였다.

여호수아 시대는 여호수아의 영도하에 정복과 성취를 맛보았다. 그러나 곧 하나님을 버리고 우상 숭배에 빠졌다(삿 2:13 등). 여호수아 시대는 순종으로 정복했으나, 사사 시대는 불순종으로 암흑 시대가 도래했다. 이스라엘 자손이 여호와의 목전에 악을 행했다(범죄; 삿 3:7, 12 등)–여호와께서 진노하사 노략하는 자의 손에 붙이셨다(심판; 삿 3:8, 12–13 등)–그들이 부르짖었다(회개; 삿 3:9, 15 등)–여호와께서 사사를 세우셔서 구원하셨다(구원; 삿 3:9, 15 등)라는 기록이 사사기에는 일곱 번 반복된다. 사사 시대는 왕이 없었다. 우상 숭배와 배교로 도덕적 타락이 심각했다. 영적으로도 암흑 시대였다. 무법 시대요, 부정, 부패, 타락이 극에 달했던 시대였다(삿 17:6, 21:6, 25).

하나님에 대해 무지했다.

여호수아와 하나님이 행하신 큰일을 본 이스라엘 백성들이 다 죽고, 그 후의 세대는 여호와를 알지 못했다. 여호와께서 이스라엘을 위하여 행하신 큰일도 알지 못했다(삿 2:10). 여기서 알지 못했다는 것은 '마음으로 알지 못했다'는 것이다. 즉 '여호와를 그들의 하나님으로 경외하지 아니했다'는 말이다. 여호수아 이후에 등장한 세대는 여호와를 경외하거나, 믿고 순종하지 않았다는 말이다. 하나님을 경외하지 않았던 이들은 오히려 여호와의 목전에서 악을 행했다(삿 2:11). 하나님의 백성이 지녀야 할 '신전 의식'이 없었다. 인간의 모든 일거수일투족은 하나님의 불꽃같은 눈동자에 감지되기 마련이다. 그러므로 인간이 제아무리 은밀히 죄를 행한다 할지라도 그것은 여호와의 목전에서 악을 행하는 것이다.

자녀들의 신앙 교육을 등한시했다.

여호수아 시대에는 하나님을 잘 섬겼다(삿 2:7). 그러나 이 신앙이 계승되지 않았다(삿 2:10). 이것이 이스라엘 역사를 결정지었다. 하나님은 광야 생활과 가나안 정복에 있어서 수없는 이적과 기사를 보여 주셨다. 유월절을 지키라고 명하셨다. 길갈과 미스바와 센 사이에 기념비를 세워 후세에 전하도록 하셨다. 너는 기억하라고 언약을 회상시키셨다. 하나님을 알 때와 모를 때의 차이는 개인과 집단의 삶에 결정적인 영향을 준다(신 4:9, 6:2). 이스라엘의 부모들이 자녀들에게 여호와에 대해 제대로 교육하지 않았다. 제사장 엘리와 선지자 사무엘마저도 자녀 교육에 실패했을 정도이다(삼상 2:12-17, 8:1-3). 하나님의 사랑의 법을 가르치지 않을 때 불과 한 세대가 지나자 영적 암흑기가 찾아왔던 것이다. 이렇게 하나님을 상실한 이스라엘은 우상 숭배에 빠져들었다.

하나님께 불순종했다.

하나님은 가나안족의 죄에 대한 심판으로, 이스라엘의 거룩을 보존하기 위해 가나안을 완전히 정복하라고 명령하셨다. 그러나 이스라엘은 하나님의 명령에 불순종했다. 유다 지파와 요셉 족속을 제외한 다른 지파들은 패역한 가나안 원주민을 완전히 쫓아내지 않았다(삿 1:19, 21, 28-29, 31, 33-34). 이들 지파에 대해서 사사기의 저자는 '여호와께서 함께하신다'는 신학적인 주석을 하고 있지 않다. 이것은 이들 지파의 실패 원인이 군사력이나 어떤 외부 조건에 있는 것이 아니라, 곧 여호와에 대한 신앙의 부족에서 기인한 것임을 보여준다. 하나님은 이미 그 땅을 이스라엘 손에 붙이셨다(삿 1:2). 이미 승리가 주어진 것이다. 그러나 이스라엘은 하나님의 약속에 대한 확신이 없었다. 아도니베섹의 엄지손가락을 끊어버리는 사건이 있었으나, 이는 순종의 흉내일 뿐이었다(삿 1:6-7). 골짜기 거민은 철병거가 있어서 쫓아내지 못했다는 것은 핑계였다(삿 1:19). 이것은 적의 외형만 보았기 때문이다.

세상의 악한 세력들은 거대하고 위협적으로 보일 수 있다. 그러나 그들 역시 하나님의 통제 아래 있다는 것을 잊으면 안 된다(욥 1:12). 이들은 눈앞의 이익에만 연연했다. 완전히 섬멸해야 할 우상 숭배자들을 죽이지 않고 자신들의 종으로 부렸다(삿 1:30). 인간의 생각에 합리적이라 할지라도 오히려 그것으로 인해 하나님의 뜻을 그르치는 경우가 있다. 현실적인 목전의 이익이 있다 할지라도 하나님의 뜻에 어긋나면 가차 없이 버려야 한다. 이들이 장악하지 못한 성읍 대부분은 우상과 깊은 연관이 있어서, 이스라엘 후기 역사에 계속해서 반복되는 우상 숭배의 근원이 되고 만다.

우상 숭배와 배교가 성행했다(삿 10:6, 18:14-20).

가나안 종교는 다신교였다. 가나안은 정치적으로는 도시 국가의 형태를 띠고 있었다. 구성원들은 헷 사람, 아모리 사람, 가나안 사람, 브리스 사람, 히위 사람, 여부스 사람 등이었다(수 3:10). 가나안의 종교는 우상 숭배와 부도덕이 그 특징이었다. 종교적으로 다신교였던 이곳의 대표적인 신은 엘이며, 그 부인의 이름은 아세라였고, 그들 사이에 태어난 수많은 자손 중 대표적인 신이 바알이었다. '바알'이란 '주인'이란 뜻으로(왕상 18:19) 다산(多産)의 신이며 곡물의 발아와 성장, 목축의 증가와 종족의 생산력을 책임진 신이다.

이 신들에 관한 기록을 보면 잔인성과(신 12:31) 비도덕성을 찾아볼 수 있다. 그 중에 암몬의 신인 몰렉이 가장 잔인했다(왕상 11:5, 33). 이들의 종교 의식에서는 유아 희생이나 종교적 매춘이 공공연히 자행되었다. 그리고 매음을 위해 여러 방들이 마련되어 있었다고 한다(왕상 14:23-24; 왕하 23:7 참고). 후에 솔로몬은 힌놈 골짜기에 몰렉을 위한 제단까지 세웠다(왕상 11:6-7). 남 유다 12대 아하스(왕하 16:13 이하)와 14대 므낫세(왕하 21:6), 북 이스라엘의 19대 호세아(왕하 17:17)는 아들을 제물로 바치기까지 했다.

그래서 모세는 이스라엘 백성들이 이 악한 종족들을 멸망시키지 않으면 그들의 죄악 속에 빠져들게 될 거라고 경고했던 것이다(레 18:24-28, 20-23; 신 12:31, 20:17-18). 그러나 이스라엘 백성이 하나님의 말씀을 순종치 않은 결과, 이방 문화가 그 영토 안에 그대로 남아 이스라엘 백성의 신앙과 생활 속까지 스며들게 되었다. 이스라엘은 오히려 열조의 하나님 여호와를 버리고 그 사방에 있는 가나안의 신들을 좇았다(삿 2:12). 이것이 사사 시대의 우상 숭배와 반역의 역사 속에 잘 드러나 있다.

이스라엘 백성들은 사명을 감당 못했다(삿 17:6, 18:1, 19:1, 21:25).

당시 이스라엘에는 전 민족을 통치하는 왕이 없었다. 그러나 통치법은 있었다. 그것은 율법이었고, 세우신 분은 하나님이었다. 이스라엘의 궁극적 통치자는 하나님이시고, 이스라엘은 응당 하나님의 율법에 순종해야 했다. 그렇게 할 때 전 백성의 결속은 자연스레 이루어질 것이고, 하나님의 보호하심은 늘 함께하실 것이었다. 그러나 이스라엘은 단지 왕이 없다는 이유로 자기 소견대로 행했다.

(3) 오늘을 위한 교훈

인간의 나약성과 하나님의 신실성을 보여준다.

이스라엘 백성은 범죄하고 나약했다. 그럼에도 하나님은 저들에 대한 약속에 변함이 없으셨다. 범죄한 이스라엘을 회개토록 하시고, 부르짖는 저들을 결코 외면하시지 않고 권념해 주셨다.

하나님의 절대주권을 보여준다.

하나님은 인간 역사의 궁극적인 주관자이시며, 모든 민족의 흥망성쇠를 결정하시는 절대자이시다. 이스라엘이 징계당한 것은 자신들의 죄 때문이며, 열강들이 심판당한 것도 저들의 불의함 때문이다. 이는 사랑과 공의에 입각한 하나님의 절대주권의 시행이다.

하나님은 진정으로 헌신하는 자를 들어 쓰신다는 것이다.

사사들은 그들의 지도적인 위치에도 불구하고 인간적인 약점과 많은 실수를 드러낸다. 그러나 하나님은 이런 약점 가운데서도 그들의 헌신을 아름답게 보시고 구속 역사에 선하게 사용하신 것이다.

3) 룻기 : 하나님의 날개 아래 거한 룻(룻 1:15-18)

성경은 66권으로 구성되어 있는데, 이 66권의 책 중에서 여성의 이름을 책 제목으로 하고 있는 것은 오직 2권뿐이다. 한 권이 유대인 여자에 관한 책인 에스더서이고, 다른 한 권이 바로 룻기서이다. 룻기서는 이방 여인에 관한 책이다. 왜 이방 여인이었던 룻이 이처럼 중요한 위치에서 소개되고 있을까? 이방 모압 여인 룻은 비극의 시대, 암흑의 시대를 살았던 여인이다. 그녀는 삶의 한 절정에서 하나님의 날개 아래서 살아간 여인이다.

(1) 사사 시대의 실화

유다 베들레헴에 나오미가 살았는데, 흉년이 들자 그는 남편 엘리멜렉과 두 아들, 말론과 기룐을 데리고 이방 나라인 모압 땅으로 이민을 갔다. 불행히도 이곳에서 남편 엘리멜렉이 죽자, 나오미는 맏아들은 오르바와 둘째는 룻이라는 모압 여인과 결혼시켰다. 그러나 얼마 못 되어 '병색'(病色)이란 뜻을 가진 말론과, '파리함'이란 의미를 가진 기룐이 다 죽고 말았다.

나오미는 가계를 이을 사람이 없는 절망적인 상태에서 하나님이 자기 백성들에게 양식을 주셨다 하는 소식을 들었다. 약 10년간 모압 땅에 살았던 나오미는 두 며느리를 데리고 귀향길을 결심했다. 당시 남편이 죽으면 남편의 동생과 결혼하여 자식을 취할 수 있었으나, 나오미에게는 더 이상 아들이 없었고, 설사 후일 아들을 갖는다 해도 그들이 자라 결혼하게 될 가능성도 없었다. 그래서 나오미는 두 며느리에게 각기 자기 집으로 돌아가라고 권했다. 맏며느리 오르바는 곧 시모를 떠나 자기 집으로 돌아갔으나, 룻은 끝까지 나오미를 떠나지 않고 유다 땅으로 함께 돌아왔다. 룻은 자기 백성과 그 백성의 신을 버리고(룻 1:15) 하나님의 백성이 되고자 시모를 떠나려 하지 않았다.

약 10년 만에 만나는 동네 사람들은 나오미를 보자, "네가 나오미가 아니냐" 하며 맞아주었으나, 나오미는 이제 자신을 '나오미'라 부르지 말고 '마라'라고 부르라고 말한다. '나오미'라는 말은 '유쾌함(희락)'이란 뜻이나, '마라'라는 말은 '괴로움'이란 뜻이다. 나오미는 가족들이 다 죽고, 남편의 이름도 이스라엘 백성 가운데서 사라질 위기에 처하고, 베들레헴에 있던 자기 소유의 땅마저 팔아야 할 형편이라는 것을 고백한 것이다.

귀국한 나오미와 룻은 이삭 줍기를 통해 살아가게 되었다. 이는 하나님이 가난한 자들을 위해 밭의 이삭을 다 거두지 말고 남겨두라

명하셨기 때문이었다(신 24:19). 룻은 마침 보아스의 밭에서 이삭을 줍게 되었고, 이런 만남을 통해 룻은 보아스에게 기업 무를 자가 되어 달라고 요청했다(룻 3:9). 룻에게 호감을 가졌던 보아스는 룻의 청을 받아들이고, 결국 이 두 사람은 결혼했다. 룻과 보아스는 오벳을 낳았고, 오벳은 이새를 낳았고, 이새는 다윗을 낳았다. 그래서 룻은 다윗의 증조할머니가 되었다는 것이 이 책의 내용이고 사사 시대의 실화이다.

(2) 사사 시대에 사는 비결

여호수아서는 모세가 죽고 여호수아가 지도자로 부름 받고 가나안 땅을 정복하는 과정을 기록한 책이다. 사사기는 그 후 약 350년의 역사를 기록한 책이다. 이 시기는 엄청난 암흑의 시대로 이스라엘은 우상 숭배의 비극에 깊이 빠졌다. 저들은 여호수아와 그 시대의 사람들이 살아 있을 때는 여호와 하나님을 섬겼다(삿 2:7). 그러나 여호수아가 죽은 후에는 여호와와 그의 일을 알지 못했다(삿 2:10). 이는 저들이 자손들에게 하나님의 말씀을 가르치지 않았다는 사실을 알려준다. 하나님을 떠나 우상 숭배에 빠진 자들은 결국 도덕적, 윤리적 범죄에 빠지고 만다. 사사 시대는 죄가 계속된 암울한 시대이다. 이런 시대에 사는 비결은 하나님의 날개 아래 거하는 것뿐이다.

룻은 시아버지 엘리멜렉의 친족 중에 유력한 보아스의 밭에서 이삭을 줍다가 보아스에게 발견되었다. 보아스는 룻에게 하나님의 날개 아래 보호받으러 왔다고 했다(룻 2:12). 이는 룻이 유다 베들레헴으로 온 것, 특히 불신 우상 숭배에서 하나님 경배 신앙으로 온 룻의 개종을 두고 한 말이다. 룻은 '유력한 자'란 이름의 뜻을 가진 보아스, 즉 예수 그리스도께로 나온 여자란 말이다. 구약의 보리 추수기는 신약적으로 오순절 성령 강림의 시기이다. 룻은 성령의 은총으로 떡집이란 뜻을 가진 베들레헴 곧 교회 안에 들어온 여자가 되었다. 이는 사사 시대에 사는 비결이었다.

(3) 하나님의 축복을 받은 룻

부부간의 윤리적 관계는 살아 있을 때만 적용된다. 남편이나 아내가 죽으면 부부 관계에서는 일단 벗어나게 된다. 룻의 남편은 유대인이었고 자신은 모압 사람이었다. 민족, 생활 풍습, 신앙이 달랐다. 따라서 죽은 남편의 어머니를 굳이 섬길 법적 의무는 없었다. 그러나 룻은 끝까지 효심을 가지고 시어머니를 따르며 섬겼다. 룻이 지극한 효성을 가지고 이삭을 주웠던 밭은 엘리멜렉의 친족 보아스의 밭이었다.

보아스는 여호와 절대 신앙을 가진 자이다. 그는 자기 밭에서 베는 자들에게 여호와의 복을 기원했다. 보아스는 자기 사환들 뒤에서 이삭을 줍는 룻을 보고 사환들에게 물었다. 사환들은 그녀가 나오미와 함께 모압 지방에서 돌아온 여인인데, 아침부터 지금까지 자신들에게 허락을 받아 이삭을 줍고 있다고 알려주었다. 보아스는 룻에게 친절을 베풀었다. 자기 밭에서만 이삭을 주우라고 했다. 소년들에게 룻을 건드리지 말라고 안전의 호의를 베풀었다. 또한 목이 마를 때는 소년들이 길어 온 물을 마시라고 했다. 이때 룻은 이방 여인인 자신에게 어찌 이런 큰 은혜를 베푸느냐고 반문했다. 보아스는 룻이 남편이 죽은 이후 행한 효행과 룻의 개종의 결단을 들었기 때문이라고 했다. 그러면서 룻에게 여호와의 복과 온전한 상이 있기를 기원했다.

룻은 이런 보아스에게 은혜 입기를 원했다. 보아스는 이런 룻에게 함께 떡을 초에 찍어 먹게 하고 볶은 곡식을 주어 배부르게 해주었다. 또 자기 소년들에게 룻이 줍는 것을 책망치 말고 곡식을 조금씩 뽑아 일부러 버려 그녀가 풍성하게 주울 수 있도록 명령했다. 룻은 그날 저녁까지 한 에바쯤 주운 것을 시모에게 보여드렸다. 그러자 나오미는 어디에서 일했느냐고 물었다. 룻은 되어진 일을 고하고 그 사람의 이름이 보아스라고 했다. 시어머니는 보아스에게 여호와의 복이 있기를 원했다. 그가 생존한 자와 사망한 자에게 은혜 베풀기를 그치지 않는다고 했다. 나오미는 그때 룻에게 그가 엘리멜렉 가문의 근족이요 우리 기업을 무를 자 중 하나라고 알려주었다.

'기업 무를 자'란 상실한 것을 회복해 주는 자를 말하는데, '기업 무른다'는 말은 '속량한다' 혹은 '구속한다'는 뜻이다. 이것은 고엘 제도로, 하나님으로부터 할당받은 기업을 영구히 보존하고, 혈족을 유지하며, 부당한 피해를 당했을 경우 이를 보상할 제도적 장치이다. 고엘이 된 자는 가난한 혈족의 땅을 도로 사주어야 했다(레 25:25-26). 부당한 피해를 당한 친족을 위해 복수할 책임이 있었다(민 35:12, 19, 21). 친족의 미망인과 결혼하여 대를 이어 주어야 함은 물론, 심지어 친족의 죗값을 대신 받기까지 했다(민 5:8). 이런 보호자가 된 가까운 친족이 바로 '고엘'이다. 가장 가까운 친척이 속량할 마음이 없으면 그다음으로 가까운 친족이 기업 무를 자가 될 수 있다.

시어머니를 통해 고엘의 은총을 알게 된 룻은 밤중에 보아스의 타작마당에 나타나 이 사실을 보아스에게 말해 주었다. 그때 보아스는 자기보다 더 가까운 친족 한 사람이 있다고 알려주었다. 그 사람에게 이 사실을 통보하여 성읍의 장로들 앞에서 공정한 판결을 받은 후에 이 일을 진행하자고 했다. 그 후 보아스는 율법을 좇아 이 사실을 성읍의 장로 열 사람에게 고지했다. 그리고 죽은 엘리멜렉의 제일 가까운 친족을 초청했다. 그는 자신은 힘이 없으니 보아스가 자기를 대신하여 사라고 했다. 그는 자신에게 손해가 있는 것을 원치 않았다.

그리하여 보아스가 바로 기업 무를 자가 된 것이다. 이것은 우리 주님이 하신 일을 그림자로 보여준 것이다. 보아스는 그리스도의 모형이다. 그리스도는 죄의 종 된 우리를 자기 피의 대가로 속량해 주셨다. 이것이 구속이다. 이것은 구약의 고엘과 동일한 것이다. 그래서 이 책에서 보아스는 우리의 구속자 그리스도를 모형으로 보여주고 있고, 그리스도를 통한 구속의 도리를 보여주고 있다. 하나님은 사사 시대의 그 어두운 영적 쇠퇴의 시기에도 우리를 위한 구원의 역사를 보여주셨다. 보아스는 모압 여인 룻을 사서 자기 아내로 삼았다. 그 후 보아스와 룻 사이에서 태어난 아들이 오벳이다. 오벳은 이새를 낳고 이새는 다윗을 낳았다. 결국 아브라함과 다윗의 자손 예수 그리스도의 세계가 출현된 것이다(룻 4:21-22; 마 1:5).

룻은 구원받을 만한 조건이 하나도 없었다. 그럼에도 그는 하나님의 은혜로 나오미를 만나게 되었다. 그 어머니가 신앙하는 여호와의 날개 아래로 피했다. 신앙 개종의 축복을 받았다. 여호와의 날개는 오늘의 교회를 상징한다. 교회로 피난 온 룻은 하나님의 구속에 수종 든 여인이 되었다. 바로 예수 그리스도의 조상이 되는 축복이다. 그가 보아스와의 사이에서 낳은 오벳이 예수님의 조상이 된 것이다. 오벳이 이새를, 이새가 다윗을 낳은 것이다. 이것이 이방 불신 세상 모압에서 주의 날개 아래로 피난 온 결과이다.

- 왕정 시대 -

1) 사무엘상 : 사무엘이 사는 날 동안에(삼상 7:15)

사무엘상은 엘리 제사장 때 사무엘의 출생과 유년 시절로부터 사울의 어지러운 시대를 거쳐 사울 왕의 죽음까지, 약 60년의 역사가 기록되어 있다. 이 책의 3대 인물은 사무엘(1-7장), 사울(8-15장), 다윗(16-31장)이며, 이들 시대의 역사가 전기 형식으로 기록되어 있다.

(1) 이 시대의 문제점

우상 숭배

시대마다 이스라엘 백성들의 가장 큰 문제점은 우상 숭배였다. 하나님의 택한 백성이요 크신 은혜를 받고 있음에도 불구하고, 이들은 우상 숭배의 죄에서 벗어나지 못했다. 이방 신들과 바알과 아스다롯을 섬겼다(삼상 7:3-4). 바알은 비와 풍년을 가져다주는 신이고, 아스다롯은 성의 여신이다. 이들의 숭배에는 필연적으로 성적인 음란이 뒤따랐다. 따라서 하나님의 백성을 타락시키기에 충분했다. 그러므로 성경에서는 바알과 아스다롯을 하나님의 백성이 절대로 금해야 할 숭배의 대상으로 언급하였다(삿 2:11, 3:7; 왕하 23:4).

종교 지도자들의 타락

당시 이스라엘의 지도자인 엘리는 제사장인 동시에 사사였다(삼상 4:18). 그는 하나님의 제사와 정치와 군사 분야까지 관장했다. 그러나 나이 많아 늙자 영적인 판단력은 흐려졌으며, 그의 영향력도 쇠퇴하였다(삼상 1:14-15, 2:29).

엘리의 아들들인 홉니와 비느하스는 성막에서 수종 드는 제사장이었으나 불량자였다(삼상 2:12). 이들은 여호와 하나님을 알지 아니했다(삼상 2:12). 맡겨진 성전 봉사에 충실하지 않았다. 제사장으로서 상상할 수 없는 악행만 저질렀다(삼상 2:13-17). 하나님께 드리는 제사를 멸시했고(삼상 2:17), 하나님께 드릴 제물을 중간에서 가로챘다. 심지어 성전에서 봉사하는 여인과 동침하기까지 했다(삼상 2:22). 이들의 악행이 백성들 사이에 널리 퍼졌다(삼상 2:23).

소문을 들은 엘리는 아들들을 책망했다(삼상 2:24). 아들들의 범죄 행위가 신성 모독이며 즉시 회개하지 않으면 하나님의 무서운 심판이 있음을 경고했다(삼상 2:25). 그러나 아들들은 아비의 충고도 무시했다. 하나님은 그들을 죽이기로 작정하시고는 그들의 완악한 마음을 방치해 두셨다(삼상 2:25). 하나님의 용서의 시기는 이미 지나가고 말았던 것이다(삼상 3:12-14).

국가적 위기

타락한 이스라엘은 결국 하나님의 심판을 자초했다. 그들은 블레셋과의 첫 번째 전쟁에서 4천 명의 전사자를 냈다(삼상 4:1-2). 전세가 극도로 불리해지자 법궤를 가지고 가고자 했다(삼상 4:3-4). 그러나 두 번째 전쟁에서도 승리는커녕 3만 명의 전사자를 냈다. 전쟁에 가지고 나갔던 하나님의 법궤도 빼앗겨 버렸다. 홉니와 비느하스도 전사해 버렸다(삼상 4:11). 이 비보 앞에 엘리 제사장은 높은 의자에서 자빠져 문 곁에서 목이 부러져 죽었다(삼상 4:18). 임신 중에 있던 엘리 제사장의 큰 자부는 이 소식을 듣고 갑자기 아기를 해산하고 젖 한번 빨리지 못하고 죽었다. 그녀는 죽어가면서 그의 태 속에서 나온 아이의 이름을 '하나님의 영광이 이스라엘에서 떠났다'는 의미의 이가봇으로 지었다(삼상 4:19-22). 이것은 엘리 가정에 대한 하나님의 심판인 동시에, 하나님을 경외하지 않는 이스라엘에 대한 심판이었다. 결국 이스라엘은 블레셋의 지배하에 놓이게 되었다(삼상 7:3).

(2) 사무엘의 등장

역사적인 비극이 계속되는 시기에 하나님은 사무엘을 준비시키시고 역사의 무대에 등장시키셨다.

사무엘은 어머니 한나가 기도해서 얻은 아들이었다(삼상 1:10 -20).

그의 아버지 엘가나는 사무엘상 1장의 족보와 역대기의 족보(대상 6:1, 27-28)를 종합해 볼 때 레위 지파의 후예였다. 성경에서 사무엘의 족보를 언급한 이유는, 사무엘이 당시 실추되었던 제사 제도의 권위를 회복시키는 일을 담당할 수 있는 혈통적 자격자임을 시사하는 것이다. 그의 가정은 하나님을 경외하는 경건한 가정으로(삼상 1:3) 사무엘이 성전에 올라가기 전까지 하나님의 종으로서 경건하게 양육될 수 있었음을 보여준다. 사무엘은 젖을 떼자마자 성전에서 자라며 하나님을 섬겼다(삼상 1:24-28). 이런 사무엘을 하나님은 선지자로 세우셨다(삼상 3:19-21). 당시 지극히 희귀했던 하나님의 계시가 사무엘에게는 계속 임했다(삼상 3:20). 그리고 그 예언적 계시는 완전히 성취되었다(삼상 3:19). 사무엘은 하나님에 의해 세움 받은 선지자이며, 명실 공히 하나님의 뜻에 합당한 지도자였으며 제사장 직도 감당했다(삼상 7:15-17).

미스바 회개 운동

이스라엘의 지도자로 등장한 사무엘은 먼저 하나님의 말씀으로 백성들을 깨우쳐 회개의 길로 인도한다. 우선, 우상을 제할 것을 촉구했다(삼상 7:3). 백성들은 사무엘의 회개 촉구에 순순히 응했다(삼상 7:4). 사무엘이 선지자로서 백성들에게 크게 신임받고 있었다는 증거이다(삼상 3:19, 21, 4:1). 곧이어 사무엘은 백성들을 미스바로 소집했다(삼상 7:5). 대회개 운동을 통해 국운을 회복하고 신앙을 회복하기 위함이었다. 블레셋으로부터 정치, 종교의 자유와 독립을 회복하기 위한 거국적인 거사였다. 회개는 문제의 원인을 해결하는 진정한 통로이다. 사무엘은 백성들을 위한 중보 기도를 드렸다. 백성들은 회개하고 금식함으로 동참했다(삼상 7:5-6). 미스바 회개 운동은 타락하고 피폐해진 이스라엘을 하나님의 왕국답게 혁신하는 대개혁의 집회였다. 하나님과 이스라엘 사이의 파괴된 언약 관계를 새롭게 회복하는 대전환의 집회였다.

이스라엘이 한자리에 모였다는 소식을 듣고 블레셋은 이 기회를 전략적 호기로 포착하였다(삼상 7:7-8). 그러나 회개하는 백성들을 공격한다는 것은 실패가 전제된 공격이다. 이스라엘이 하나님께 단을 쌓고(삼상 7:9) 한목소리로 하나님께 간구했을 때, 하나님은 상상하지도 못했던 큰 우레를 발하여 블레셋을 물리치셨다(삼상 7:10). 사람들이 싸운 것이 아니라 하나님이 대신 싸우신 것이다(삼상 7:12-13).

사무엘의 죽음(삼상 25:1)

이스라엘 최후의 사사요 최초의 선지자인 사무엘은 자신이 하나님에 의해 소명된 목적, 곧 신정 왕국의 건설을 준비하는 직무의 수행을 완료했다(삼상 16:13). 이제 하나님의 마지막 부르심에 따라 세상을 떠나 열조에게로 돌아갔다.

(3) 왕정 제도

왕정 제도

지금까지 이스라엘은 하나님의 지도를 직접 받는 신정 국가였다. 하나님은 저들에게 사람 지도자가 필요하면 합당한 사람, 곧 사사를 세워 지도하게 했다. 사무엘이 사사로 있을 때 온 이스라엘 백성들이 일제히 왕을 세워 달라고 아우성이었다. 사무엘이 너무 늙었기 때문에 그가 죽기 전에 새로운 지도자를 달라는 것이다. 사무엘의 장자는 요엘이요 차자는 아비야였다. 저들은 브엘세바에서 사사가 되었다. 그러나 저들은 사무엘을 따르지 아니했고 자기들의 이익만을 위해 공의를 무너뜨렸다. 뇌물을 취하고 판결을 굽게 했다. 백성들이 왕을 요구한 또 다른 이유는 이웃 열방들이 다 왕을 모시고 있다는 것이다. 이스라엘도 이방 나라처럼 왕을 세워 더욱 강한 나라를 만들어 보자는 것이었다(삼상 8:1-9).

사무엘은 왕을 세워 달라는 백성들의 강력한 요구를 기쁘게 생각하지 않아 여호와 하나님께 기도했다. 하나님은 사무엘에게 백성들의 요구를 들어주라고 했다. 백성들이 사무엘을 버린 것이 아니고 하나님을 버린 것이라고 했다. 이스라엘은 종종 당하는 이방의 침입과 나라 안의 혼란도 지도력의 공백이 가져온 결과라고 생각했다. 외적의 침입과 자국 안의 혼란이 하나님이 사용하시는 징계임을 깨닫지 못했다. 이스라엘 백성들은 하나님이 직접 다스리시는 신정 정치를 자랑으로 여기지 않았고 이방인의 왕정 정치를 부러워했다. 하나님은 사무엘에게 백성들의 말을 들어 왕을 세워 주되, 왕의 제도를 알게 해서 엄히 경계하라고 하셨다(삼상 8:10-22).

왕정 제도의 문제점

하나님은 사무엘을 통하여 왕의 제도를 소개했다. 왕이 세워지면 첫째, 싸움이 생긴다(삼상 8:11). 사람 가운데 왕이 세워지면 우선적으로 군인을 세운다고 했다. 자기 권력을 유지하기 위해 개인 경호원을 만든다는 것이다. 왕은 또한 국방력 강화를 빌미로 전쟁 준비를 한다. 나라마다 군인을 양성하기 때문에 전쟁이 일어날 수밖에 없다는 것이다. 둘째, 계급이 생긴다(삼상 8:12). 왕이 다스리면 천민과 귀인의 계급이 생길 수밖에 없다. 높은 자는 낮은 자를 억압하겠다는 말이다. 왕은 백성을 위해 봉사하지 않는다. 희생의 본을 보이지 않는다. 오히려 백성이 왕을 위해 희생하게 된다. 이방 왕들은 백성들을 종처럼 자기 개인을 위해 부렸다. 이스라엘에도 이런 왕이 세워진다는 것티다. 셋째, 착취가 생긴다(삼상 8:14-17). 왕은 백성의 물질을 착취한다. 언제나 백성의 제일 좋은 것을 갖기를 원한다. 백성의 노동력도 예외 없이 착취된다.

(4) 다윗이 기름 부음 받음

하나님은 사울을 이스라엘 왕국의 초대 왕으로 세워 40년을 통치하게 하셨다(삼상 9–15장). 그러나 사울에게는 '왕'이 아닌 지도자란 호칭을 사용하셨다(삼상 9:16). 그는 하나님의 의도가 아닌 사람의 요구로 세워진 자이기 때문이다. 사울은 하나님의 말씀에 불순종한 악한 왕이었다. 하나님은 자신의 마음에 합당한 자로 여김 받은 다윗에게 관심을 두셨다. 다윗을 사울에 이은 이스라엘의 2대 왕으로 세우기로 작정하셨다(삼상 16:1–5). 하나님의 명령을 받은 사무엘은 베들레헴으로 가서 이새의 말째 아들 다윗에게 기름을 부었다(삼상 16:11–13). 기름 부음을 받자마자 하나님의 신이 다윗에게 임했다(삼상 16:13). 하나님이 다윗에게 이스라엘의 영적, 정치적 지도자가 될 수 있는 역량과 은사를 허락하신 것이다.

이제 다윗은 하나님께서 자신을 들어 쓰실 날만 기다렸다. 그러나 그날을 맞이하기까지 그에게는 많은 난관이 기다리고 있었다. 특별히 다윗을 시기한 사울로 인해 엄청난 고난을 겪으며, 그것을 극복하며 나아가는 연단의 삶을 살아야만 했다(삼상 18–27장). 사무엘상은 사울 왕의 죽음으로 한 시대가 마무리된다(삼상 31:1–13).

2) 사무엘하 : 여호와 하나님께서 함께 계시니(삼하 5:10)

사무엘하는 다윗 왕의 즉위와 후일에 메시아 예수 그리스도께서 강림하시게 될 '다윗의 집' 설립에 대해 기록하고 있다. 즉 이 책은 다윗 왕의 행적이 기록된 책이다. 물론 다윗의 이야기는 사무엘상으로 시작하여 열왕기상, 역대상 등에도 기록되어 있다. 이 책에는 다윗이 사울과 그의 아들 요나단의 전사에 대해 슬퍼하는, 보통 활 노래라고 하는 애가(삼하 1:19-27)로 시작하여, 다윗의 40년간의 통치를 기록하였다(삼하 5:1-5).

(1) 강성해진 다윗

사무엘하 5장 10절에 "만군의 하나님 여호와께서 함께 계시니 다윗이 점점 강성하여 가니라"고 했다.

이스라엘의 왕이 됨

하나님이 사무엘을 통해 다윗에게 기름 부은 때(삼상 16:13)로부터 약 20년이란 오랜 세월이 지나서 다윗은 드디어 왕위에 올랐다. 이스라엘 모든 지파는 다윗이 자기들의 왕이 되어야 할 세 가지 확실한 근거를 밝히고 있다(삼하 5:1-2). 다윗이 순수한 이스라엘인이라는 점, 강력한 지도력을 소유한 자격자라는 점, 무엇보다도 하나님이 이스라엘의 왕으로 택하셨다는 점이다. 다윗이 이스라엘의 목자요(영적 보호자), 주권자(정치적 지도자)가 된다는 하나님의 신탁이 이미 있었다고 했다. 이스라엘의 모든 장로들이 나와서 다윗에게 기름을 부어 이스라엘 왕을 삼았다. 30세에 왕위에 오른 다윗은 명실 공히 하나님이 인정하신 왕으로 40년 동안 통일 이스라엘 왕국을 다스렸다(삼하 5:5).

여부스 성을 다윗의 성으로 만듦

여부스 족속은 이스라엘이 가나안을 정복하기 이전부터 예루살렘과 주변 산간 지역에 계속 정주했던 족속이다(수 9:1-2). 여호수아

당시 여부스족은 일시적으로 패주했으나(수 10:23, 26) 완전히 정복당하지는 않았다(수 15:63; 삿 1:21). 그 후 사사 시대에 이르러 유다(삿 1:8) 및 베냐민 지파의 자손들(삿 1:21)도 그들을 완전히 쫓아내지 못한 고로 그들은 점차 세력을 확보하고, 마침내 예루살렘을 그들의 방어기지로 삼았다. 그러다가 이제 다윗에 의해 비로소 완전히 정복당하게 된다(삼하 5:7-9). 다윗은 여부스 성을 점령하고 헤브론에서 예루살렘으로 수도를 옮기기를 원했다. 예루살렘은 지리적 면에서 물의 근원인 기혼 샘이 있었고, 고지에 위치해 천연 요새지였다. 또한 종교적인 측면에서 온 이스라엘의 중심에 위치하여 종교나 정치적인 행사를 하기에 쉬웠다. 정치적 측면에서 본다면 유다와 베냐민 지파의 경계로(수 15:7-8) 지파 간의 분쟁을 불식시키고, 국민적인 총화를 이루기에 좋은 여건이었다. 여부스족은 이스라엘을 조롱했지만(삼하 5:6) 결국 정복당하고 만다(삼하 5:7, 10).

다윗의 강성 이유(하나님이 함께하심)

다윗이 강성한 이유는 여호와 하나님이 함께하셨기 때문이다(삼하 5:10). 다윗은 "여호와께서 자기를 세우사 이스라엘 왕으로 삼으신 것을 알았다"(삼하 5:12)고 했다. 여기서 '알았다'는 것은 단순한 인식이 아니다. 경험을 통해 아는 실제적인 지식을 말한다. 자신이 왕이 된 후에 예루살렘을 정복하고(삼하 5:6-20), 블레셋을 정복하고(삼하 5:17- 25), 히람 왕과 화친하는(삼하 5:11) 등 만사형통한 여러 사건들을 통해, 여호와께서 자신을 이스라엘 왕으로 삼으신 그 본질을 확실하게 파악했다는 뜻이다. 또한 하나님이 이스라엘을 열방 중에 높이신 것도 다윗 개인에게 탁월한 지도력이 있어서가 아니라, 오직 하나님께서 택하신 백성들에게 복을 베푸시기로 작정하셨기 때문이라는 것을 알았다.

(2) 다윗의 우선순위

하나님의 집 준비(삼하 7:2)

모든 외방의 적을 타파하고 아비나답의 집에 있던 법궤를 옮겨옴으로써 국내외적인 모든 문제를 해결한 다윗이 제일 먼저 한 일은, 성전을 건축하고자 마음먹은 것이었다(삼하 7:2). 다윗은 나단 선지자에게 '나는 지금 이렇게 아름다운 백향목 궁에 거하지만 하나님의 임재를 상징하는 법궤는 저 휘장 가운데 있다'고 말했다(삼하 7:2). 다윗에게는 정치적 적이 많았고 반란 세력도 있었다. 그러나 그는 정적을 제거하고 자신의 왕권을 확립하는 데 최우선순위를 두지 않았다. 왕국을 넓히고 그의 위엄을 나타내고자 시도하지도 않았다. 자신을 위한 기념비를 세우고 장군으로서 자신의 치적을 드러내고자 시도하지도 않았다. 그가 제일 먼저 생각한 일은 하나님의 전을 건축하는 것이었다. 이때 그의 나이는 37세였다.

성전 건축 의사를 밝혔을 때 선지자 나단은 '왕이여 생각하시는 바대로 하십시오'(삼하 7:3) 하고는 하나님께 기도했다. 그러나 그 밤에 하나님은 나단에게 나타나 다윗의 성전 건축 계획이 현재는 불필요함을 밝히셨다(삼하 7:4-7). 무소부재하시며 무한하신 하나님의 일시적인 거처는, 천막이든 집이든 상관없다고 하셨다. 출애굽 당시부터 오늘까지 계속 천막에 거하셨다고 했다. 사실 영이신 하나님이 거하실 곳은 이 세상 아무데도 없다(사 66:1). 그러나 성전 건축으로 하나님께 영광을 돌리려는 다윗의 진실한 마음까지 반대하신 것은 아니다. 다만 아직 시기가 이르지 않았다는 것이다. 당시 이스라엘이 아직 하나님을 바로 알지 못하였고, 신앙이 성숙하지 못했을 뿐더러, 이방 종교 사상이 완전히 불식되지 않았던 때였다. 이 사실은 하나님이 다윗의 아들 솔로몬 때에 이르러 성전 건축을 허락하신 것을(삼하 7:13) 보더라도 알 수 있다.

은혜 베푼 자를 찾아 보은함

비록 오랫동안 잊고 있었기는 하나 다윗은 요나단과 언약을 맺은 일(삼상 20:15-17)을 기억하고, 요나단 가문의 살아남은 자를 찾았다(삼하 9:1-5). 요나단의 아들 므비보셋을 찾은 다윗은 그에게 토지와 종을 주고(삼하 9:9-12), 항상 자신과 함께 식사 자리에 앉도록 했다(삼하 9:6-8 ,13). 엄밀히 말하면 므비보셋은 전왕의 후예이다. 당시 풍습으로는 이런 자는 새 왕조에 의해 전멸당했다. 그러나 다윗은 친구와의 언약을 지킨 신의의 사람이었다. 하나님과의 관계에서뿐 아니라 인간과의 관계에서도 믿음과 진실을 가진 사람이었던 것이다.

(3) 다윗 언약의 축복(삼하 7:8-16)

하나님은 비록 허락은 하지 않으셨지만 하나님의 전을 생각한 다윗에게 큰 축복을 베푸셨다. 내용은 크게 두 가지로, 다윗 당대에 이스라엘의 안정과 번영(삼하 7:8-11), 다윗 왕의 후손들에 의해 영원히 이어지는 다윗 왕조(삼하 7:11-16)에 대한 것이다. 하나님은 언약 속에서 영원히 다윗 왕과 그의 후손들을 버리지 않을 것이라고 약속하셨다. 설령 그들이 범죄한다 할지라도, 그들을 징계는 할지언정 버리지는 않는다고 약속하셨다. 하나님은 이 언약을 유다의 역사를 통하여, 그리고 예수 그리스도에 이르기까지 성실히 이행하셨다.

한편, 이 언약 가운데서 하나님은 다윗이 하나님의 성전을 짓기 이전에, 먼저 하나님 자신이 다윗과 그 나라를 위해 일하실 것임을 강조하셨다(삼하 7:10-11). 즉 하나님은 성전을 지을 만한 모든 환경과 조건을 먼저 조성하겠다고 약속하셨다. 성전을 지을 때까지도 지정해 주셨다(삼하 7:12-13).

(4) 다윗의 범죄와 말년

사무엘하 11-14장에는 다윗의 밧세바와의 간음죄와 이를 숨기기 위해 우리아를 살인한 죄가 기록되어 있다. 회개(삼하 12:13; 시 51편 참고)와 용서가 뒤따랐으나, 이름도 없는 아기의 죽음과 다윗 집안의 반역은 되돌릴 수 없는 결과였다. 다윗은 아들 압살롬의 반역으로 왕궁을 버리고 도망할 수밖에 없었다. 압살롬이 상수리나무에 달려 비참하게 죽음으로써 짧은 반역 기간은 끝났지만, 아들을 잃은 다윗의 상처는 말할 수 없이 컸다(삼하 15-18장). 사무엘하 20-24장에는 다윗의 말년이 기록되어 있다.

(5) 인구 조사에 대하여(다윗의 가장 큰 죄)

다윗은 자원하여 성전 건축을 약속하고 까마득히 잊어버렸다. 하나님은 이런 다윗을 인구 계수를 통해 징계하시고, 회개케 하시고, 회복시키셨다. "여호와께서 …… 다윗을 감동시키사……"(삼하 24:1)라는 말씀은, 하나님이 다윗의 마음속에 인구 계수에 대한 충동을 점점 강하게 불러일으키셨다는 말이다.

인구 계수가 왜 죄가 될까? 아브라함 언약에 근거해서 보면 죄가 된다. 아브라함 언약 당시 아브라함에게는 자녀가 없었다. 그러나 하나님은 하늘의 별같이, 바닷가의 모래같이 많은 자녀를 허락하셨다. 다윗의 인구 계수는 하나님의 백성이 모래알처럼 많다고 하는 아브라함 언약을 믿지 않은 불신이었던 것이다. 다윗의 인구 계수 명령을 받은 군대장관 요압은 아브라함의 언약을 근거로 하여 반대하였다(삼하 24:3; 대상 21:3). 그러나 다윗은 깨닫지 못하고 밀어붙였다. 이는 하나님께서 작정하신 일이라서 그렇다.

인구 계수를 마친 다윗은 자신이 범죄했음을 알았다(삼하 24:10; 대상 21:8). 하나님은 3년 기근, 3개월 대적에게 패하여 쫓김, 3일 온역 징벌 중 하나를 택하라고 하셨다(삼하 24:12-13; 대상 21:10-12). 다윗은 징계 받고 처음으로 성전 건축을 준비하기 시작했다(삼하 24:18이하; 대상 21:18, 22장). 사무엘하 24장은 다윗이 징계 받고 회개하고 용서받는 것으로 끝이 난다. 이미 다윗 언약이 체결된 후의 다윗의 범죄이므로 죽이지는 않으셨다. 징계하시고 회개시켜서 용서하셨다.

3) 열왕기상 : 솔로몬이 그 아비 다윗의 위에 앉으니(왕상 2:12)

사무엘서는 다윗의 죽음을 눈앞에 두고 끝난다. 열왕기서는 다윗 왕의 임종과 솔로몬의 등극에서 시작한다. 특별히 성전 건축 등 솔로몬 왕 시대의 사건들과 이스라엘 왕국의 남북 분열을 시작으로, B.C.

722년 사마리아의 멸망까지의 북 이스라엘 역사와 B.C. 586년 예루살렘의 함락과 바벨론 포로가 되는 남 유다 역사가 기록되어 있다. 열왕기상은 엘리야의 사역과 아합의 죽음으로 마치고 있다. 열왕기상하가 북 이스라엘 8대 왕인 아하시야 통치 중간에 나누어져 있으나, 이는 책의 중간 지점에서 나눈 것으로 별다른 의미는 없다.

(1) 왕이 된 솔로몬

열왕기상 1장 46절에 "솔로몬이 나라 위에 앉았고"라고 했다.

솔로몬의 즉위(왕상 1:38-39)

다윗은 노환으로 인해 더 이상 국정을 돌볼 수 없었다(왕상 1:1-4). 이때를 틈타 다윗이 학깃을 통해 낳은 넷째 아들 아도니야가 스스로를 높여 부친 다윗에게 반기를 들고 차기 이스라엘 왕으로 자처했다(왕상 1:5-10). 자신의 형들인 암논(삼하 13:28), 압살롬(삼하 18:14-15), 길르압(대상 3:1)이 죽었으니 자신이 가장 연장자라는 이유였다(왕상 1:6). 이처럼 사전에 치밀한 준비를 거친 아도니야의 거사도 결코 하나님께서 예정하신 왕 솔로몬(삼하 7:12-16, 12:24-25)의 즉위를 막지는 못했다. 오히려 솔로몬의 즉위를 앞당겨 주었다. 아도니야의 반역 소식을 나단 선지자와 솔로몬의 어미인 밧세바가 다윗에게 고했고(왕상 1:11-27), 다윗은 그 즉시로 솔로몬을 차기 이스라엘 왕으로 앉혔다(왕상 1:28-40).

이로써 솔로몬의 통치가 시작되었다(왕상 1:41-53). 솔로몬은 왕이 된 후 다윗의 유언대로 다윗과 자신의 적대자들을 처벌함으로 왕권을 강화하였다(왕상 2:13-46). 하나님은 솔로몬에게 지혜와 부와 영광을 주시겠다고 약속하셨는데(왕상 3:11- 13), 그 약속대로 솔로몬 왕국은 번영해 갔다(왕상 4장).

성전 건축(왕상 5:1-8:66)

솔로몬에 의한 성전 건축은 이스라엘 종교 역사에 있어서 가장 중요한 일이었으며, 솔로몬 왕의 최대의 업적이기도 한다. 솔로몬은 성전(B.C. 957-586년 존립)을 건축하기 위한 제반 준비를 철저히 했다. 이스라엘에서는 건축의 주요 자재가 생산되지 않았고, 농경과 목축을 주로 해오던 히브리인들은 건축에 능하지 못했고 경험도 부족했다. 솔로몬은 두로 왕 히람과 조약을 맺고 히람의 도움을 통해 성전 건축을 시작할 수 있는 도움을 받게 된다(왕상 5장). 성전 건축은 3만 명의 이스라엘 역군(왕상 5:13-14)과 15만 명의 이방인 노무자를 고용한(왕상 5:15; 대하 8:7-10) 거대한 공사였다. 성전은 하나님이 다윗에게 일러주신 설계와 식양대로(왕상 6:38; 대상 28:11-19) 지어졌다. 이 성전은 7년간의 공사 끝에 완성되었다(왕상 6:38).

이는 출애굽 이후 다윗 시대까지, 즉 약속의 땅을 향한 과정으로서의 시대가 막을 내리고, 안정과 평화, 약속의 땅의 항구적인 소유 시대가 열렸음을 의미한다. 이것은 여호와께서 이스라엘의 열조 및 다윗 그리고 솔로몬에게 하셨던 언약의 성취라는 데 진정한 의미가 있다. 이 성전은 B.C. 586년 느부갓네살에 의해 파괴될 때까지 있었고(왕하 25:8) 지금은 안타깝게도 그 자리에 오마르의 회교 사원이 서 있다.

왕의 타락(왕상 10:1-11:43)

솔로몬은 하나님의 도성 예루살렘에서 40년간 이스라엘을 통치하였다. 솔로몬의 주요 치세는 건축과 무역 활동이었다. 그는 많은 건축 사업과 활발한 통상 무역을 통해 이스라엘이 한 번도 경험한 적이 없는 부를 가져다주었다(왕상 6-9장). 열왕기상 10장은 절정기의 솔로몬 왕조를 소개하고 있다. 그러나 솔로몬의 지극한 영화와 영광 가운데 드리워진 불길한 전조를 간파해야 한다. 사실 솔로몬 왕국의 번영은 솔로몬의 지혜의 빛이 발해서였다. 그러나 그 지혜란 어디까지나 하나님과의 정상적인 관계하에서만 빛을 발할 수 있는 것이다. 솔로몬은 전반부의 통치에서 축복을 얻어 누리게 되자, 이를 잘 관리하지 못하고 서서히 하나님을 떠나 물질을 의지하였다(왕상 10장). 솔로몬의 말년에는 부와 권력의 무한정한 욕구를 위해 율법의 제한 규정(신 17:16-17)을 무시해 버리는 전제 군주가 되어 버렸다(왕상 10:14-29, 11:1-3).

솔로몬의 치세 처음에는 해마다 세 번씩 하나님 앞에 공적인 제단을 쌓았다(왕상 9:25). 그러나 그런 행위는 점점 그 순전성을 잃어갔고, 왕실 내의 우상 숭배는 성행해 갔다(왕상 11:1-13). 솔로몬 시대에 지어진 이교 신전은 훗날 요시야 왕이 훼파할 때까지(왕하 23:13-14) 존속했으며, 이는 이스라엘의 여호와 신앙에 큰 해를 끼쳤다. 그 결과 하나님은 솔로몬을 내치셨고, 그는 외부의 대적들로부터 시달림을 당했을 뿐 아니라(왕상 11:14-25), 신복에게까지 배반당하는 아픔을 겪어야 했다(왕상 11:26-40). 인간의 모든 평안과 축복은 하나님과 동행할 때만 가능하다. 인간이 하나님을 떠나는 순간 그 모든 것도 인간의 곁을 떠나는 것이다.

(2) 왕국의 분열

솔로몬의 위를 계승한 르호보암(왕상 11:43)

르호보암은 암몬 여인 나아마의 소생으로 솔로몬의 독자였다(왕상 14:21, 31; 대하 12:13). 그는 솔로몬 사후 아비의 뒤를 이어 41세에 이스라엘 왕위에 올랐다.

르호보암의 잘못된 선택

왕국의 분열은 솔로몬의 죄악과 관련하여 하나님이 이미 예고하신 심판의 결과이다(왕상 11:9-13). 그런데 분열이 이루어지는 과정에서 여러 가지 인간적인 요인들이 작용했다. 항상 저변에 깔려 있던 남북 지파 간의 갈등(왕상 12:16-20), 전통과 혁신 노선의 대립(왕상 12:6-11), 여로보암의 존재(왕상 12:16-20, 25-33) 등이다. 르호보암의 우둔함은 장로들의 고견을 버리고(왕상 12:7) 소년들의 아첨에 가까운 진언을 택하여(왕상 12:10이하) 턱없는 강압책을 쓴 끝에, 결국 북부 백성들의 반발을 사고 말았던 것이다. 다윗 왕조를 아주 버리지 않고 있던 백성들의 기대는 르호보암의 포학한 대답으로 인해(왕상 12:14) 완전히 소멸되고 만다.

이스라엘의 분열(정치적인 비극, 왕상 12:20)

그러나 이 일 역시 여호와께로 말미암아 난 것이었다(왕상 12:15). 하나님의 허용하에 이루어진 것이다. 백성들은 여로보암을 새 왕으로 세우고 르호보암을 떠났다. 통일 왕국은 남 유다와 북 이스라엘로 갈라지는 비극을 맞이했다. 여로보암은 예루살렘 예배의 마음을 달래기 위해 금송아지 두 개를 만들어 벧엘과 단에 세웠다. 그리고 '이것이 너희를 애굽에서 인도하여 올린 너희 신이라'고 하여 북쪽 이스라엘 온 백성의 마음을 하나님으로부터 갈라놓아, 우상 숭배의 길을 열어 놓은 악한 자의 표본이 되어버렸다. 결국 정치적인 혼란은 신앙적인 혼란(왕상 12:25-33)까지 초래하는 결과를 낳았다.

분열 왕국의 왕들. 선한 왕은 다윗 왕의 순종 생활을 표준으로 삼았다(왕상 3:3, 11:4, 6, 14:8, 15:3, 11; 왕하 14:3, 16:2, 18:3, 22:2).

남 유다(유다와 베냐민 지파)의 왕은 모두 20명이었는데 그중 8명 정도만 선한 왕으로 평가받을 정도였다. 아사, 여호사밧, 요아스, 아마샤, 웃시야, 요담, 히스기야, 요시야이다. 이들은 선왕 다윗을 따랐다는 평가를 받았다. 요시야의 선왕들인 아몬과 므낫세는 악한 왕으로, 후왕들인 여호아하스, 여호야김, 여호야긴, 시드기야도 악한 왕이었다. 그러나 이런 틈새에서 유독 요시야만 언약의 길을 걸었다.

악한 왕은 여로보암의 범죄 행위를 표준으로 삼았다(왕상 15:34, 16:2, 7, 19, 26, 31).

10지파로 구성된 북 이스라엘의 왕은 모두 19명이었는데 하나같이 악했다. 이들의 악함은 여로보암의 길을 답습한 것으로 평가되었다. 남방 유다가 멸망한 것은 다윗 왕의 순종의 길에서 떠났기 때문임을 밝혀주고 있다. 북방 이스라엘 왕들이 여로보암의 범죄 행위로 평가된 것은, 한 나라의 통치자가 범죄 행위로 출발했을 때 시대가 지나면 지날수록 더욱 큰 악의 열매를 맺는다는 것을 보여주기 위함이다.

(3) 참 선지자

아합 왕 당시 왕의 귀만 즐겁게 하는 거짓 선지자가 약 400명이나 있었다(왕상 22장). 그러나 고난을 감수하고라도 하나님의 말씀만을 전하는 참 선지자도 있었다.

엘리야(왕상 17장)

B.C. 9세기경의 선지자로, 아합 왕(B.C. 874–853년) 때부터 아하시야 왕(B.C. 853–852년) 때까지 북왕국 이스라엘을 중심으로 예언 활동을 했다.

오바댜(왕상 18:1–16)

아합 당시 오바댜는 궁내 대신의 직을 가져 아합 왕의 노선을 따라가야 마땅했으나, 아합의 종이 아닌 하나님의 종으로만 살았다. 아합의 아내 이세벨이 닥치는 대로 주의 종들을 죽일 때 오바댜는 선지자 100인을 데려다가 50인씩 굴에 숨기고 떡과 물을 공급했다. 그는 엘리야를 만났을 때 주의 종의 권위 앞에 자신의 모든 것을 동원해 경외심을 표현했다. 그리고 오바댜는 아합을 만나고자 하는 엘리야의 뜻을 전달했다. 하나님이 엘리야를 통해 나타내고자 하는 뜻이 오바댜를 통해 아합에게 전달된 것이다. 솔로몬의 치세로부터 기록을 시작한 열왕기상은 아합과 엘리야, 갈멜 산의 대결(왕상 16:29–18:46) 등 엘리야의 사역과 아합 왕의 죽음을 끝으로 마감된다(왕상 1:1–22:53).

4) 열왕기하 : 여호와의 열심이 이 일을 이루리라(왕하 19:30-31)

열왕기서를 기록한 저자의 주된 관심은 하나님과 언약 관계에 있는 이스라엘 열왕들의 순종과 불순종 여부에 있다. 열왕기상에 이어 열왕기하에서도 이런 관점으로 이스라엘 왕 아하시야의 행적으로부터 사마리아의 함락을 거쳐, 예루살렘의 함락과 바벨론 포로까지 이스라엘 남북 열왕들의 역사를 추적하고 있다. 열왕기하에서는 언약을 저버리고 불행하게도 멸망과 심판을 향해 내닫는 이스라엘과 유다의 배교 및 쇠퇴 과정을 적나라하게 기록하고 있다. 엘리사와 다른 선지자들의 노력에도 불구하고, 분열된 왕국은 마침내 각각 국외 추방 등으로 그 종지부를 찍게 된다. 부패한 이스라엘은 앗수르의 포로가 되어 뿔뿔이 흩어지게 되고, 한 세기 뒤에 유다는 바벨론의 포로로 잡혀가게 된다. 이스라엘에 대한 하나님의 인내는 계속되었고 그분의 보호에는 변함이 없었으나, 그분의 사랑 표현에는 쓰라린 면도 나타날 수밖에 없었다.

열왕기하는 크게 세 부분으로 나눌 수 있는데, 북왕국 이스라엘의 사건(1-10장), 남왕국 유다와 북 이스라엘이라는 두 왕국에서 번갈아 가며 일어난 사건(11-17장), 남왕국 유다 사건(18-25장)이다. 이 책은 일어난 사건을 모두 기술한 것이 아니고, 두 왕국의 몰락과 파멸이 하나님의 종들의 말씀을 어겼기 때문이라는 선지자적 관점에서 선별적으로 기술했다.

(1) 진리 운동의 계승자 엘리사(왕하 2:1-25)

솔로몬 왕 사후 분열된 북 이스라엘 왕국은 악명 높기로 유명한 왕들이 다스렸다. 특히 이스라엘 왕국 중기에 아합, 아하시야, 여호람, 예후, 여호아하스, 요아스 등은 더욱 악명 높았다. 하나님은 이제 엘리야의 시대를 끝내고 엘리사 시대가 열리도록 하셨다.

엘리야에 의해 소명된 사람이다(왕상 19:19).

하나님은 엘리사를 부르기 위해 엘리야 선지자를 보내셨다. 소명의 주체는 언제나 하나님 자신이다. 엘리야는 그의 승천에 앞서 후계자 엘리사를 연단하기 위한 여행을 떠난다. 길갈-벧엘-여리고-요단으로 이어지는 험난하고 고된 여행을 하는 동안, 엘리야는 엘리사로 하여금 여행을 포기하도록 종용한다. 그것은 하나님의 종으로서의 자세를 시험한 것이다. 엘리사는 이런 스승의 시험을 훌륭히 통과했다(왕하 2:2, 4, 6). 이제 엘리야는 선지학교의 생도들에게 엘리사가 후계자임을 공공연히 나타냈다(왕하 2:7).

갑절의 영감을 받은 사람이다(왕하 2:9이하).

스승 엘리야와 함께 요단을 건넌 후에 엘리사는 주저 없이 갑절의 영감을 구했다. 이것은 두 배의 능력을 구했다는 말이 아니다. 선지자적인 능력을 구한 것이다. 엘리야의 합법적인 계승자로서 지도자의 충분한 역량을 요구한 것이다. 하나님의 권위와 능력으로 인정받고자 했던 것이다. 엘리야는 자신에게 일어나는 이적 즉 승천이 엘리사의 선지자 직분에 대한 증거가 될 거라고 했다(왕하 2:10). 하나님의 초자연적인 역사로 엘리야는 승천하고, 이제 엘리사만 남았다.

엘리사가 영감을 받은 증거는 성경 여러 곳에 나타난다. 그가 요단강을 쳤을 때 강이 갈라졌다. 여리고에서 물을 깨끗이 했다. 모압과의 싸움에서 승리를 예언했다. 한 과부를 위해 빈 그릇들 속에 기름을 가득 채워주었다. 수넴 지방에서 죽은 소년을 소생시켰다. 길갈 지방에서 솥에 있는 독을 제거했다. 적은 양식으로 100명을 먹이기도 했다. 문둥병자 나아만을 고쳐주고 나아만의 문둥병이 게하시에게 걸리도록 했다. 요단강에서 도끼가 물 표면에 떠오르도록 했다. 아람 나라의 모든 계획을 이스라엘에게 말해 주었다. 그가 기도했을 때 그의 종의 눈이 열렸다. 아람 군대의 눈을 멀게도 했다. 그는 사마리아에 식물을 약속했고, 하나님은 공급해 주셨다. 아람 왕 벤하닷이 죽을 것도 예언했다.

(2) 유다의 왕의 씨(왕하 11:1-21)

유다의 왕의 씨가 사라져 가고 있었다(왕하 11:1).

유다 왕 아하시야는 병중에 있는 북 이스라엘 왕 아합의 아들 요람을 방문하러 갔다가 예후에게 살해당했다(왕하 8:29, 9:27). 아달랴는 아들 아하시야가 살해된 후 직접 권좌에 올라 남조 유다를 통치한 유일한 여왕이다. 그녀의 재임 6년간은 폭정이 난무했다(왕하 8:26-27). 아달랴는 아하시야 왕 사후 왕위 계승의 권위가 있는 아하시야의 모든 아들과 친척을 진멸시켰다(대하 24:7). 그러나 이때 아하시야의 친척들은 거의 없었다. 이미 그들은 아라비아인들에 의해(대하 21:17), 예후에 의해(왕하 10:13-14), 여호람에 의해(대하 21:4) 멸절되었기 때문이다. 그렇다면 아달랴는 유다의 황태후로서 자신의 권위가 치명적으로 위협받을 것을 두려워하여 자신의 친손자들을 죽였다는 말이다. 다윗 왕가의 씨를 진멸한 것이다.

하나님은 왕의 씨를 남겨 두셨다(왕하 11:2).

죽은 아하시야의 누이 여호세바는 어머니의 극악한 처사를 피해 아하시야의 어린 아들 요아스를 침실에 숨겼다가, 유모와 함께 궁실에서 하나님의 성전으로 옮겼다. 그 성전에서 자기 남편인 대제사장 여호야다와 함께 은밀히 6년을 숨겨 키웠다(왕하 11:3). 모친 아달랴는 다윗 언약(삼하 7:11-16)에 예언된 메시아 도래의 구속사적 섭리를 거스른 것이다. 그녀는 하나님의 구속 운동에 도전했다. 그러나 딸 여호세바는 악인의 손에서 그 약속한 씨를 건져내어 보존하시는 하나님의 전적인 은총의 역사에 쓰임 받았다.

유다의 왕의 씨로 언약이 이어졌다(왕하 11:4-21).

아달랴의 왕위 찬탈로 인해 불안해진 정국을 더 이상 두고 볼 수 없었던 여호세바의 남편 제사장 여호야다는, 7년 되던 해에 지금까지 준비하고 계획한 요아스의 왕좌 복권 운동의 결정적 시점을 잡았다. 여호야다는 가리 사람의 백부장들(이방인들로 왕실을 경호하는 용병, 삼상 30:14; 왕상 1:37-38; 삼하 8:18; 대상 18:17)과 호위병 백부장들(대하 23:1), 그리고 레위 사람과 이스라엘 족장들을(대하 23:1-3) 불러 모으고, 요아스를 보여주며 하나님의 전에서 언약을 세웠다.

예후의 혁명을 성경은 '반역'이라고 표현한다(왕하 9:23). 그러나 여호야다의 혁명은 '언약'이라는 단어를 쓰고 있다. 이것은 하나님과 다윗 언약에 대한 재다짐이기 때문이다. 요아스가 죽었더라면 다윗 자손에 대한 하나님 언약은 파기되었을 것이다. 이들은 왕궁과 성전의 군사권을 장악하고, 마침내 요아스에게 기름 부어 왕으로 세웠다(왕하 11:12). 아달랴는 죽음을 당했다(왕하 11:15-16). 여호야다는 왕과 백성으로 하여금 여호와와 언약을 세우도록 했다. 오직 여호와만이 이스라엘의 참 하나님이시라는 것을 재확인시킨 것이다. 이때 요아스의 나이는 7세였다. 요아스는 하나님의 백성으로서 언약을 세우고(왕하 11:17) 종교 개혁을 단행하고(왕하 11:18) 왕권을 복구했다(왕하 11:19). 그 후 태평성대를 누렸다(왕하 11:20).

(3) 그 조상 다윗의 길로 행하자(왕하 22:1-2)

남 유다 16대 왕인 요시야는 '여호와 보기에 정직하여 그 조상 다윗의 모든 길로 행하고 좌우로 치우치지 아니했다'고 했다. 아사(왕상 15:11), 여호사밧(대하 17:3), 히스기야(왕하 18:3) 외에 이런 칭찬을 받은 자는 요시야뿐이다. 요시야는 유다의 마지막 개혁자이다. '하나님 앞에서 정직함'은 그의 신앙 철학을, '거룩한 전통 계승'은 역사 철학을, '좌우로 치우치지 않음'은 정치 철학을 보여준다. 그 조상 다윗의 길은 하나님 자신이 주권적으로 설정하신 언약의 길이다. 요시야의 선왕인 아몬과 므낫세는 악한 왕이었다. 후왕인 여호아하스, 여호야김, 여호야긴, 시드기야도 예외 없이 악한 왕이었다.

그러나 유독 요시야만 언약의 길을 걸었다. 요시야는 그 조상 다윗의 길에 자신을 연결시켰다. 요시야는 하나님의 주권적 언약의 길을 사수하며 신앙의 걸음을 걸었던 조상들의 전통을 계승했다. 그는 새로운 개척자가 아니라 계승자의 삶을 살았다. 요시야의 조상 다윗의 길은 오실 메시아 예수 그리스도의 길이었다(마 1:1). 그 길은 구원이 약속되어 있는 정로이다. 그렇다면 요시야는 구원의 길을 걸은 구속 역사의 물줄기를 이어간 인물인 것이다.

요시야는 개혁의 바람을 일으켰다. 첫째는, 유다의 종교적 순화이다. 이것은 하나님과 언약 관계에 있는 유다의 백성과 왕으로서 당연한 의무이다. 둘째는, 예배의 예루살렘 집중이다. 이것을 위해 산당을 파괴하고(대하 34:3) 예루살렘 성전을 수리하는 한편, 예루살렘에서 유월절을 지키도록 했다. 성전을 수리하는 과정에서 발견된 율법책은 요시야가 종교 개혁을 일으킬 수 있는 근간을 마련해 주었고, 개혁의 촉진제가 되었다(왕하 22:8-10). 루터의 종교 개혁도 성경의 재발견에서 이루어졌다. 하나님의 율법책을 발견한 일은 잃어버린 하나님의 종교를 되찾는 일이었다.

율법책을 청취한 요시야는 먼저 하나님께 회개하고 통회했다. 이것은 위로부터의 개혁이 성공할 수 있었던 터전과 진실성을 나타낸 사건이다. 오늘날 교회가 성경을 손에 들고 있으면서도 오래전부터 성경 말씀을 잊고 살고 있다. 성경을 대신해 다른 여러 가지 방법들이 교회 부흥에 동원되고 있다. 교회가 여러 가지 문제점을 지니게 된 까닭이 바로 여기에 있다. 성경이야말로 진정한 개혁의 밑거름이다. 우리로 하여금 다윗의 길로 행하게 하는 지침서인 것이다.

5) 역대상 : 다윗 왕의 시종 행적이 다 기록되고(대상 29:29)

역대기서는 유다, 다윗 왕국의 종교적인 역사를 기록하고 있어, 사무엘하와 열왕기서가 이스라엘과 유다의 정치적 역사를 제시하고 있는 것과 대조된다. 또 사무엘하와 열왕기서가 열왕들의 전쟁과 치적에 치중하고 있으나, 역대기는 성전과 성전 예배가 중심 주제로 나타난다. 사무엘하와 열왕기서는 유다와 이스라엘 두 왕국의 역사를 다 취급했지만, 이 책은 다윗의 통치와 남 유다 왕국의 역사에 집중하고 있고, 북 이스라엘 왕국의 역사는 사실상 기록되지 않았다. 북왕국은 거짓된 예배를 드렸고 예루살렘 성전을 인정하지 않았기 때문이다.

(1) 다윗의 왕통과 통치

다윗의 왕통 계보(대상 1-9장)

1장은 아담에서 아브라함에 이르는 계보를 기록하였다. 역대기는 연대기적인 성격이 짙지만 여호와의 백성으로서 어떤 한 민족의 계보를 보게 된다. 아담의 줄기에서 세 개의 가지가 나온다. 노아의 자손은 셈, 함, 야벳인데, 하나님의 경륜에 따라 함은 간과되고 셈이 선택받는다. 아브라함은 선택된 데라의 막내아들이고, 이스마엘 대신에 이삭이, 에서 대신에 야곱이 선택받았다. 2장에는 구속사적인 맥이 야곱을 통해 유다, 이새, 다윗에 이르고 있음을 보여준다. 3-9장은 다윗 가문과 지파들이 등장한다. 3장에는 다윗을 통한 맥이 유다의 마지막 왕까지 이어진다. 그리고 4장부터 이스라엘 족속들의 연대기를 다시 보여주며 각 지파와 가나안 땅의 분배를 말해 준다.

다윗의 통치(대상 10-29장)

10-12장은 여호와께서 다윗을 왕으로 삼으심이 나타난다. 10장에서는 사울의 최후가 나오고, 11-12장에서는 다윗이 온 이스라엘의 왕이 되고 다윗의 용사들에 대한 내용이 언급된다. 13-16장은 여호와의 궤에 관한 내용이 전개된다. 다윗 왕의 첫 번째 두드러진 행적은,

하나님의 임재를 상징하는 여호와의 궤를 예루살렘에 옮기는 일이었다. 13장에서 궤가 오벧에돔의 집으로 옮겨져 석 달 동안 있고, 이 집과 모든 소유는 복을 받았다(대상 13:14). 15장에서 그 궤가 예루살렘 다윗 성으로 옮겨지며 하나님께서 다윗에게 복을 주셨다. 16장은 감사 찬송으로, 다윗은 여호와의 신성한 궤를 통해 하나님의 자비를 백성들에게 가르쳤다. 17-21장은 여호와의 언약이 강조된다. 17장에서 선지자 나단이 다윗에게 하나님의 언약을 전한다. 하나님은 인류 중에서 한 민족(이스라엘)과, 그 민족 중 한 족속인 유다와, 그 족속 중 한 가족 다윗의 집을 택하시는 것을 기뻐하셨고, 그와 놀라운 언약을 맺으셨다. 22-29장은 여호와의 전에 관한 기록이다. 다윗에게는 성전을 짓도록 허락되지 않았으나 그는 건축을 위한 준비를 풍성하게 해두었다. 28-29장에 보면 다윗이 신하와 백성들에게 솔로몬과 그 나라를 부탁한다.

(2) 다윗의 치적과 실수

하나님의 법궤 이동과 성전 건축 준비

다윗은 왕이 된 후 하나님의 법궤를 옮김에 우선순위를 두었다. 이는 사울과 달리 하나님만 의지함을 보여준 것이다. 하나님의 법궤는 엘리 시대부터(삼상 4:11, 5:1) 사울 왕조 시까지(삼상 7:1-2) 약 100여 년 동안 방치되어 있었다. 다윗은 하나님의 법궤를 기럇여아림에서 예루살렘으로 옮겨 오고자 했다. 이때 다윗이 하나님의 뜻을 구하지 않고 참모들과 의논한 인본주의와(대상 13:1) 법궤를 운반하는 방법이 잘못되어 난항이 있었다. 법궤는 고핫 자손이 어깨에 메고 운반하는 것이 하나님의 법이나, 고핫 자손이 아닌 웃사와 아히오가 소가 끄는 수레로 운반했다(대상 13:7, 9; 민 4:15, 7:9). 그리고 웃사가 하나님의 궤를 붙드는 과오를 범해 즉사까지 했다(대상 13:10). 그러나 다윗은 이후 법궤를 예루살렘으로 옮겨 하나님의 복을 받았다.

솔로몬의 성전은 그 부왕 다윗이 그 왕조 역사 말년에 자신의 심혈을 쏟아 전 국력을 동원하여 준비했다(대상 22:19). 그리고 그 아들 솔로몬을 불러 성전 건축을 부탁했다(대상 22:6). 이스라엘 모든 방백에게는 솔로몬의 성전 건축을 도우라고 명령했다(대상 22:17). 그 후 이 성전은 솔로몬을 통해 모리아 산에 지어졌다(대하 3:1). 다윗은 이곳을 "이는 여호와 하나님의 전이요 이는 이스라엘의 번제단"(대상 22:1)이라고 했다.

다윗의 인구 조사 죄(대상 21:1-30).

다윗의 가장 큰 범죄는 성전 건축을 약속하고(삼하 7:1-3) 이행하지 않은 죄이다. 하나님은 다윗의 성전 건축 자원 약속에 다윗 언약 즉 부자 언약을 주셨다(삼하 7:1-17). 그러나 세월이 흐르도록 짓지 않은 것은 다윗 스스로 언약을 파기한 것이다.

하나님은 이런 다윗을 어떻게 깨닫게 하셨을까?

하나님은 다윗의 인구 계수를 통하여 징계하시고, 회개케 하시고, 회복시키셨다. 다윗의 인구 계수에 대해 성경은 여호와께서 하신 일(삼하 24:1)과 사탄이 한 일(대상 21:1)이라고 각각 다르게 표현하고 있다. "여호와께서 …… 다윗을 감동시키사"는 하나님이 다윗의 마음 속에 인구 계수에 대한 충동을 점점 강하게 불러일으키셨다는 것이다. 성전 건축을 약속해 놓고도 이행하지 않는 다윗을 징계하는 방법으로 인구 계수를 하게 하신 것이다.

인구 계수가 왜 죄가 되는가?

인구 조사는 아브라함 언약에 근거해서 보면 죄가 된다. 다윗의 인구 계수는 하나님의 백성이 모래알처럼 많을 것이라는 아브라함 언약을 믿지 않은 불신이었던 것이다. 다윗의 인구 계수 명령을 받은 군대장관 요압은 아브라함의 언약을 근거로 하여 반대하였다(삼하 24:3; 대상 21:3). 그러나 다윗은 깨닫지 못하고 밀어붙였다. 하나님이 작정하신 일이라서 그렇다. "사탄이" 했다는 것은 결국 여호와께서 했다는 것과 동일한 의미이다. 사탄은 하나님을 대적할 만한 존재가 못 된다. 그런 능력이 없다. 욥기를 보면 결국 사탄의 사역도 하나님의 허락하에서 이루어진다.

인구 계수를 마친 다윗은 자신이 범죄했음을 알았다(삼하 24:10; 대상 21:8).

하나님은 7년 기근, 3개월 대적에게 패하여 쫓김, 3일 온역 징벌 중 하나를 택하라고 하셨다(삼하 24:12-13; 대상 21:10-12). 하나님은 이미 다윗이 어떤 것을 택할지 알고 계셨다. 다윗도 하나님의 사랑을 알고 있었다(삼하 24:14; 대상 21:13). 다윗은 징계 받고 처음으로 성전 건축을 준비하기 시작했다(삼하 24:1이하; 대상 21:18, 22이하). 하나님은 결국 다윗의 약속을 이루고야 마신다. 사무엘하 24장은 다윗이 징계 받고 회개하고 용서받는 것으로 끝났다. 역대상은 회개하여 용서받고 성전 건축으로 이어진다. 이미 다윗 언약이 체결된 후의 다윗의 범죄이므로 죽이지는 않으셨다. 징계하시고 회개시켜서 용서하셨다.

민수기의 인구 계수는 왜 범죄가 안 될까?

민수기에서는 '여호와의 군대'를 추린 것이다. 인구 계수가 목적이 아니었다. 전쟁에 참여할 수 있는 남자의 수를 계수한 것뿐이다. 여호와의 군대의 싸움은 곧 여호와의 싸움이다. 인간에 대한 하나님의 심판의 개념에서의 싸움이다.

(3) 다윗이 받은 축복(대상 29:26-30)

왕이 된 축복(대상 29:26-27)

그는 유목민이었던 이새의 말째 아들로 태어나 하나님의 사랑을 받고 이스라엘의 왕이 되어, 40년 동안 통치를 잘하였다.

좋은 지도자를 만나는 축복(대상 29:29)

다윗은 선지자 사무엘과 나단 그리고 갓을 만났다. 사무엘은 다윗의 선왕 사울 때도 선지자였다. 그는 자신의 뜻이 아닌 하나님의 말씀대로 움직인 선견자이다. 나단은 다윗과 솔로몬 시대에 사역하던 선지자이다.

나단은 다윗이 성전 건축을 경영할 때 하나님의 영을 받아 그 일을 금지시키고, 그 후 하나님은 우리아의 아내를 취하고 우리아를 죽인 죄에 대해 나단 선지자를 보내 비유로써 회개를 촉구하셨다. 하나님이 나단 선지자를 통해 다윗의 옳지 못한 일을 지적한 결과, 다윗은 회개하고 바른길을 걷게 되었다.

갓은 다윗의 말년 사람으로 다윗의 인구 조사에 대해 책망했다. 이 일로 3일 온역의 재앙을 받을 때 여호와의 사자가 갓을 명하여 여부스 사람 오르난의 타작마당에서 여호와를 위하여 단을 쌓으라고 했고, 갓은 이 일을 다윗에게 전했다. 갓과 다윗이 오르난의 타작마당에서 제사드릴 때 하나님의 사자로 하여금 진노의 칼을 거두도록 했다. 하나님은 선지자 갓을 통해 말년에 사람과 세상을 의지하면서 인본주의로 교만해지는 다윗에게 성군의 자리를 고수시키셨다.

솔로몬을 남기는 축복(대상 29:28)

다윗이 죽고 난 후에 그의 아들 솔로몬이 왕이 되었다는 것은 다윗의 왕통을 계승했다는 차원의 축복과 아들 솔로몬이 주는 평강이라는 축복이다. 솔로몬이 왕위를 계승함은 평강이신 예수 그리스도를 남기는 축복이 이어진다는 의미이다.

영광스러운 삶을 사는 축복(대상 29:29-30)

다윗의 시종 행적을 사무엘, 나단, 갓 선지자가 기록했다. 다윗이 왕이 된 일, 그가 누린 권세 등이 소상히 기록되었다. 동시에 다윗의 생애가 이스라엘의 역사와 당시 알려진 온 세상 나라들의 역사와 함께 기록되었다. 그러므로 다윗의 생애에서 일어난 모든 일들의 연대를 지금도 정확히 알아낼 수 있다.

구속사에 사용 받는 축복(마 1:1)

다윗은 장수했고 부하게 살았다. 존귀하게 살았다(대상 29:28). 이런 다윗이 오실 메시아를 확실히 믿어 아브라함과 함께 메시아의 대표적 조상이 되었다. 다윗 왕국은 단지 이 세상 속의 한 나라가 아니었다. 온 인류를 구원하시기 위해 하나님의 그릇으로 하나님이 세우신 은혜의 왕국이었다. 온 인류 역사의 중심에 다윗의 왕국이 있었다. 온 인류는 그 왕국으로부터 오실 메시아를 대망하고 있었다. 다윗은 "모든 것이 주께로 말미암았사오니 우리가 주의 손에서 받은 것으로 주께 드렸을 뿐이니이다"(대상 29:14)라고 고백하며 감사하는 삶을 살았다.

6) 역대하 : 여호와께서 예레미야의 입으로 하신 말씀이 응하였더라(대하 36:11-21)

역대하는 솔로몬의 성전 건축(대하 1-5장)과 솔로몬의 치세(대하 6-9장), 40년의 역사와 왕국 분열, 남 유다 왕들의 400년간의 통치(대하 10-36장), 400년 후 성전 재건을 명하는 고레스 왕의 칙령으로 끝을 맺고 있다.

(1) 솔로몬의 통치(1-9장)

역대하 1-9장은 솔로몬의 통치에 대한 기록이다. 1장은 솔로몬의 일천 번제가, 2-4장은 솔로몬의 성전 건축이 기록되어 있다. 5-6장은 성전에 언약궤를 모시고 백성들을 축복함이, 7장에는 성전 낙성식이, 8-9장에는 솔로몬이 누린 영화가 기록되어 있다.

〈 하나님이 거룩하게 하신 전(대하 7:1-18) 〉

모세 시대부터 다윗 시대까지의 430년간은 이동식 예배 처소인 성막에서 예배를 드렸다. 그러나 이제 하나님은 예루살렘을 중심으로 한 새로운 성전을 요구하셨다. 곧 가나안 땅에 살면서 백성들이 우상 숭배에 감염되지 않게 하는 처소이다. 애굽의 종살이에서 해방 받을 때의 목적대로 이스라엘 하나님만 섬기기 위해 정착성을 가진 성전을 짓게 된 것이다. 솔로몬 왕은 등극 4년째 되었을 때 성전을 짓기 시작하여 7년 동안이나 이 일을 계속했다.

첫째, 하나님의 뜻대로 지은 전이다(대하 7:11).

역대하 7장 11절에 "솔로몬이 여호와의 전과 왕궁을 필역하고 무릇 그 심중에 여호와의 전과 자기의 궁궐에 어떻게 만들고자 한 것을 다 형통하게 이루니라"고 했다. 성전 건축은 하나님의 심중에 있었던 계획이다. 이 계획이 나단 선지자에게 임했다(삼하 7:4). 하나님은 나단에게 이 뜻을 하나님의 종 다윗에게 말하라고 했다(삼하 7:8). 다윗은 나단 선지자를 통해 그의 왕가가 영원할 것과 성전 건축의 비전을 받았다. 이때 다윗은 하나님의 성전 계시를 받고 기도했다. 기도 내용은 하나님의 뜻이 이루어지기를 바란다는 것이다. 이런 다윗의 기도는 성전 건축을 위한 구체적인 준비를 하게 했다(대상 29:19). 하나님께 기도한 다윗은 자기의 기도대로 솔로몬 시대에 성전이 건축될 줄 믿고 힘을 다하여 예비했다. 그 결과 솔로몬은 즉위 제4년에 예루살렘 모리아 산에 성전 건축을 시작했다. 마침내 7년 만에 그 설계와 식양대로 성전 건축이 완성되기에 이르렀다. 솔로몬은 하나님이 설계하고 지시하신 대로 건축했다. 하나님의 명령대로만, 하나님의 뜻대로만 지었다.

둘째, 거룩하신 하나님이 임재하는 전이다(대하 7:16).

하나님은 이 전을 거룩하게 하셨다. 그리고 거룩하신 하나님이 친히 성전의 주인이 되셨다. 하나님은 무소부재하신 분이다. 세계 도처에 안 계시는 곳이 없다. 그 하나님은 특별히 이 전에서 하나님을 모시고 일하는 성도들을 인도하시고 통치하신다. 섭리하시고 보호하신다. 축복하신다. 하나님은 성전을 향해 언제나 하늘 문을 여신다. 계시의 말씀을 듣게 하신다. 성도로 하여금 성전에서 기도하게 하신다. 신령한 권능을 체험하게 하신다. 세상에서 맛보지 못한 각종 좋은 은사를 얻게 하신다.

셋째, 오직 거룩한 일만 하는 전이다(대하 7:12).

하나님은 밤에 솔로몬에게 나타나셨다. 하나님은 솔로몬의 기도를 들었다고 하셨다. 그리고 솔로몬이 봉헌한 전을 택하여 제사하는 전으로 삼았다고 하셨다. 성전은 하나님께 예배하는 집이다. 하나님만 섬기는 집이요, 하나님께 기도하는 집이다. 하나님께 우리의 모든 삶을 드리는 집이다. 이 전은 세속적인 일을 하는 장소가 아니다. 오직 거룩한 일만 하는 집이다. 거룩하신 하나님이 원하시는 일만 하는 곳이다. 영이 가난한 자가 왔다가 부자가 되는 집이다. 심령이 연약한 자가 와서 강해지는 집이다. 세상에서 상실한 가치를 하늘 소망으로 보상받는 집이다. 죄인 된 사람의 영혼을 십자가의 피로 씻어내는 집이다. 천국 영생을 미리 맛보게 하는 집이다. 성전은 거룩한 일이 진행되는 곳이다. 따라서 욕하고 미워하면 안 된다. 불의와 거짓이 난무해도 안 된다. 주님의 생각대로만 일이 되어야 한다.

(2) 유다 열왕들의 통치(10-36장)

역대하 10-13장은 남북의 분열과 혼란이, 14-16장은 아사 왕의 개혁이 기록되어 있다. 17-20장에는 여호사밧의 개혁이, 24장에는 요아스의 개혁이, 26장에는 웃시야의 개혁이, 29장에는 히스기야의 개혁이, 34-35장에는 요시야의 개혁이, 36장에는 예루살렘 함락과 유다의 멸망이 기록되어 있다. 유다는 르호보암부터 시드기야까지 20명의 왕이 통치하였다.

〈 분열 왕국의 종말 〉

사울, 다윗, 솔로몬에 이르는 120년을 통일 왕국 시대라고 말한다. 그러나 솔로몬의 우상 숭배로 결국 통일 왕국은 북 이스라엘과 남 유다로 분열된다.

① 북 이스라엘

북 이스라엘은 사마리아를 수도로 하여 여로보암이 통치하기 시작한다. 마지막 왕인 호세아까지 9개 가문의 19명 왕이 다스렸는데, 그 기간은 209년(B.C. 931-722년)이었다. 이 왕들 중 예후(B.C. 841-814년)는 28년간 통치하여 오래 재위한 왕 중 하나였으나, 다섯 번째 왕이었던 시므리는 7일간 왕위에 있다가 자살했고, 15대 왕 살룸은 1개월간 왕으로 있다가 살해되었다. 왕가가 바뀔 때마다 피 흘리는 혁명이 있었는데 이런 일이 8번이나 있었다. 이것은 그만큼 나라가 혼란했다는 뜻이기도 한다. 마지막 왕이 호세아인데, 적군 앗수르가 침입해 와서 수도인 사마리아가 3년간 포위되어 있다가 호세아 9년에 함락되었다. 북 이스라엘의 멸망 원인은 우상 숭배(왕하 17:7-9)와, 선지자들의 경고와 책망과 권면을 듣고도 돌이키지 않음이다.

② 남 유다

첫째, 남 유다의 멸망

남 유다는 르호보암에서 시작하여 20명의 왕이 통치했는데, 마지막 왕이 시드기야였다. 이 왕국은 345년간(B.C. 931-586년) 계속되었다. 어느 왕국이나 그 종말은 비참하다(왕하 25:7; 대하 36:17, 21). 쓸 만한 사람은 다 포로로 잡혀갔다. 같은 내용의 본문인 열왕기하 25장을 보면 약 1만 명이 노예로 잡혀갔다. 기술자는 1천 명 이상이었고, 정예 군인은 7천 명 이상 잡혀갔다. 오직 비천한 사람만이 황폐된 조국에 남게 된 것이다. 예루살렘의 함락과 더불어 솔로몬 때 지었던 성전은 파괴되었고, 성전의 기명들은 바벨론으로 가져갔다. 어떤 기명은 술잔으로 전용(轉用)되기도 했다. 성전을 파괴하고 그 성벽과 터를 헐고 더럽혔다. 모든 가치 있는 것인 귀중품, 문화재는 다 가져가고 완전히 황폐하게 되었다. 이런 상황을 "이에 토지가 황무하여 안식년을 누림같이 안식하였다"(대하 36:21)고 했다.

둘째, 남 유다 종말의 원인

선민 이스라엘 백성들이 왜 이렇게 처참하게 망했을까? 먼저, **우상 숭배 때문이다.** 하나님은 시내 산에서 십계명을 주시면서(출 20:3-5, 23:24), 모압 평지에서(신 5:7이하) 우상 숭배를 금하고 하나님만 섬길 것을 강조하셨다. 이후 이스라엘이 우상 숭배에 빠지자 히스기야나 요시야 왕이 개혁을 단행한 일이 있었으나, 다시 우상 숭배의 늪에 빠지고 말았다(대하 36:12). 또한 **불순종(선지자들의 경고 무시) 때문이다.** 하나님은 이사야, 미가, 나훔, 스바냐, 하박국, 예레미야 등 하나님의 종들을 보내 그들의 죄를 책망하고 하나님께로 돌아오도록 가르치셨다. 그러나 그들은 선지자들의 눈물 어린 호소를 경시했다. 도리어 그들의 말씀을 비웃고 외면하였다(대하 36:12-13, 16). 이것은 선지자를 보내신 하나님을 비웃은 것이다. 또한 하나님의 말씀을 멸시하였다. 선지자들을 학대하였다.

셋째, 남 유다 종말-징계(대하 36:17)

이제 인내와 관용과 용서의 때는 지나갔다. 이제는 만회할 수 없는 지경에 이르렀던 것이다. 교만하여 '목이 곧게 되어' 자신의 범죄를 알지 못했다. 죄를 짓고도 죄인 줄 모르고 눈에 보이지 않는 하나님을 무시하고 사람 앞에서 거짓을 행했다. 우둔한 용기는 도를 넘었다. 하나님의 음성을 고의로 외면하고 멸망을 자초했던 것이다. 이렇게 만회할 수 없는 지경에 이르렀을 때 하나님의 징계는 불가피했다.

바벨론 왕은 그 군대를 데리고 예루살렘을 포위했고, 결국 유다는 항복하고 만다. 느부갓네살의 군대는 유다의 젊은이들을 닥치는 대로 살육했고, 심지어는 성전 안에서도 살육했다. 젊은이, 늙은이, 여자와 남자, 병약한 사람, 건강한 사람 가리지 않고 죽이고, 성전을 불사르고, 궁궐을 불태우고, 값진 기명과 보물을 다 가져갔다. 살아남은 자들은 포로로 잡아갔다. 아브라함은 믿음으로 갈대아를 떠났었으나 그 범죄한 후손들은 다시 이곳으로 끌려간 것이다. 아브라함이 그곳을 떠난

지 1,500년이 지난 후 그 후손들은 노예로 끌려오는 신세가 된 것이다. 이제 그들은 하나님의 은혜와 언약의 유익을 박탈당한 것이다. 이렇게 되어 이스라엘 백성은 바벨론의 포로로 잡혀가 70년을 살게 된다.

한 왕국의 패망에 대한 구약의 기록이 오늘 우리에게 무슨 의미가 있을까? "저희에게 당한 이런 일이 거울이 되고 또한 말세를 만난 우리의 경계로 기록하였느니라"(고전 10:11)고 했다. 따라서 권고받는 날은 아직 축복된 날이다(눅 19:41-44). 말씀을 통해서 혹은 사역자들을 통해서 주시는 교훈과 경고의 말씀과 호소를 외면하고 있지는 않는가? 되새겨보아야 한다. 권고받는 날은 축복의 때인 것이다.

- 재건 시대 -

1) 에스라 : 여호와께서 말씀을 응하게 하시려고(스 1:1-4)

에스라는 구약의 열다섯 번째 책으로 히브리어 성경에는 에스라와 그다음 책인 느헤미야가 한 권으로 구성되어 있지만, 1448년 이후 별개의 책으로 분리되었다. 이 책은 70년간의 바벨론 포로 이후 바사 왕 고레스의 칙령으로 본토로 귀환하는 일과, 귀환하여 성전을 건축하고 백성들의 죄를 회개하게 하고 성별하는 역사가 기록되어 있다. 그리고 성전을 재건하기 위해 스룹바벨의 인도로 이루어졌던 1차 귀환(1-6장)과 백성의 영적 상태를 재건하기 위해 에스라의 인도로 이루어졌던 2차 귀환(7-10장)으로 이루어져 있다. 이 두 사건 사이에 58년간의 공백기가 있는데, 에스더가 바사(페르시아)의 왕후가 되어 다스리던 시기가 바로 이 기간이다.

(1) 역사적 배경

남 유다의 멸망

북 이스라엘과 마찬가지로 남 유다도 결국 우상 숭배의 죄로 멸망하고, 그 백성들은 바벨론의 포로로 잡혀갔다. 이들은 선지자 예레미야가 예언했던 것처럼 70년간 포로 생활을 하게 된다.

페르시아 제국의 등장

유다 백성들이 70년간 포로로 잡혀 있는 동안 제국에도 큰 변화가 일어났다. 그동안은 바벨론이 강국으로 있었으나 새로운 제국 페르시아 곧 바사(스 1:1)가 등장했다. 페르시아의 왕은 고레스로, 그는 B.C. 549년에는 메데를 정복하여 바사에 통합시켰다. 고레스는 메데와 바사를 연합국으로 만들고 두 나라를 동시에 통치했다. 그래서 성경에는 "바사"라 하기도 하지만, "메데 바사" 혹은 "바사 메데"라고 부르기도 한다(에 1:3, 18-19, 10:2; 단 5:28, 6:8, 12, 15, 8:20 등). 이 신생 제국이 B.C. 539년에 바벨론을 정복했다.

고레스의 해방령

당시 세계의 패권을 장악한 고레스 왕은 조서를 내렸다. 그 내용은 3가지이다. **첫째, 포로로 잡혀 갔던 유다 민족에게 해방을 선언한 것이다(스 1:2이하)**. 70년간의 포로 생활을 청산하고 자기의 본토 고국으로 돌아가도록 허락한 것이다. **둘째, 70년 전에 바벨론에 의해 파괴된 성전을 다시 건축하도록 허락한 것이다(스 1:2이하). 셋째,**

느부갓네살 왕이 약탈한 물건의 반환을 약속했다(스 1:5-11). 고레스 왕은 과거에 느부갓네살 왕이 가져온 성전의 기명을 유다의 지도자 '세스바살'에게 다 돌려주었다(스 1:7이하). 이제 성전 기명들도 다 반환되어 본래의 목적대로 사용될 수 있게 된 것이다.

이스라엘 백성들의 귀환

바벨론에 잡혀갔던 이들은 유다 지파 사람들이었는데, 이들이 이제 본토로 돌아오게 되었다. 곧 하나님이 약속했던 땅인 가나안으로 돌아오게 된 것이다. 그 대부분이 유다 지파 사람들이었기에 이때부터 '유다 민족'이라고 불리게 된 것이다. 물론 바벨론에 잡혀갔던 이들이 다 귀환한 것은 아니다. 어떤 이들은 그냥 그곳에 머물러 살기도 했다.

고레스의 칙령으로 유다 민족이 B.C. 536년에 예루살렘으로 돌아오게 되는데, 이것을 흔히 제1차 귀환이라고 부른다. 이때의 지도자가 스룹바벨과 예수아와 세스바살이었다(스 2:2, 3:2). 바벨론에서 돌아오는 거리는 700마일, 곧 1,200km에 달했다. 이때 돌아온 인구가 약 5만 명인데, 귀환한 이들의 지파별 명단이 기록되어 있다(스 2장). 70년의 포로 생활을 마치고 본토로 돌아오는 이 긴 여정을 제2의 출애굽이라고 말한다. 시편 126편에서는 남의 나라의 지배하에 있다가 해방과 자유를 누리게 되었을 때의 기쁨과 감격을 노래했다.

(2) 성전 건축(재건)

본국으로 돌아온 이들은 예루살렘에 모였고 성전 건축을 준비했다. 포로로 잡혀가 있는 동안 백성들은 성전 예배가 불가능했다. 그래서 그들이 살고 있는 곳에서 회당이 생겨나기 시작했다. 회당은 예수님 당시까지 있었고, 이 회당이 유대인들의 삶과 신앙과 교육의 중심지가 된 것이다. 이제 본토로 귀환하게 되었으므로 귀환한 백성들은 성전 재건을 시작한다.

신앙적인 준비(스 3:1-6)

이스라엘 백성들은 귀환 후 파괴된 성전을 보고, 과거 자신들의 불신앙으로 인해 하나님의 심판을 받았음을 깨달았다. 그들은 하나님과의 관계 회복이 제일 시급함을 알았다. 그래서 먼저 단을 만들어 번제를 드리고 초막절을 지켰다. 여호와께 제물을 바침으로써 믿음을 강화하고, 이로써 주변 나라들의 위협으로부터 보호받기를 원했던 것이다. 본토 귀환 후 3개월 후의 일로 남 유다 패망 약 70년 만에 처음 드린 제사였다.

물질적인 준비(스 3:7)

목수와 석수를 고용했고, 시돈과 두로 사람을 통해 레바논에서 백향목을 사들였고, 성전 기초를 놓았다. 성전 재건은 저들에게 기쁨과 즐거움이었으나, 파괴되기 전의 솔로몬 성전의 웅장함을 보았던 노인들은 대성통곡을 했다(스 3:12). 성전의 규모가 과거 솔로몬 성전에 비해 보잘것없을 만큼 작았을 뿐 아니라, 범죄로 인해 포로로 끌려갔던 슬픈 과거가 생각났기 때문이었다. 성전 건축은 쉽지 않았다. 많은 반대와 어려움에 봉착하여 건축이 약 14년간 중단되기도 했지만, 선지자 학개와 스가랴의 격려(스 4:23-5:17)로 B.C. 516년(혹은 520-516년)에 재건되었다. 이렇게 다시 세워진 성전을 제2의 성전, 혹은 스룹바벨 성전이라 부른다. 비록 솔로몬의 성전처럼 웅장하거나 찬란하지 못했지만, 유다 백성들에게는 기쁨과 감격이 아닐 수 없었다. 이 성전은 신약 시대까지 유지되었다.

(3) 에스라의 귀환

제1차 귀환이 있은 후 약 80년이 지난 B.C. 458년, 에스라는 1,753명의 백성(제사장, 레위인, 평민)을 인솔하여 귀환한다. 이것을 제2차 귀환이라고 말한다. 이 당시 바사의 왕은 아닥사스다 1세(B.C. 465-423년)였다. 그는 바벨론에 거주하는 유다인들이 본토로 돌아가기를 원하면 에스라와 함께 귀국하도록 허락했다. 귀환자들의 명단이 기록되었다(스 8장). 귀국 인구가 1,753명으로 기록되어 있으나, 이 수는 남자의 수효이므로 실제로는 약 5천 명 정도 되었을 것으로 본다. 바벨론에서 예루살렘까지 돌아오는 데 4개월이 소요되었다.

이때의 지도자가 바로 에스라이다. 그는 율법을 연구하고 전수하는 일을 했던 서기관 곧 학사였다(스 7:6). 제사장 아론의 후손인 그는 회당의 창건자이기도 했다. 귀환한 에스라는 죄를 고백하며 회개하였고, 개혁을 단행했다. 사실 제1차 귀환 이후 스룹바벨이나 예수아가 살아 있을 동안에는 큰 영적인 문제가 없었다. 하지만 두 지도자가 죽은 후 에스라가 귀환하기 전까지 영적인 지도자가 없었다. 이스라엘 백성들은 신앙적으로, 윤리적으로 매우 해이해져 있었다. 백성들의 타락을 목격한 에스라는 탄식할 수밖에 없었고(스 9:1-4), 자신이 먼저 회개 기도를 드렸다(스 9:5-15). 그리고 개혁을 단행했다.

먼저, 언약을 제정했다(스 10:3-5). 언약을 세우고 율법대로 처리할 것을 다짐한 것이다. 그리고 만연했던 이방 여인과의 결혼을 정결케 했다. 에스라는 온 나라에 전령을 보내 모든 백성이 3일 만에 다 모이도록 했다. 그리고 이방 여인과 결혼한 자들에게 이혼을 권면했다(스 10:9-15). 신앙적으로 순결성을 유지하기 위해 가정적인 아픔이 뒤따랐던 것이다. 죄를 회개했으면 죄를 버려야 한다. 회개하고 나서도 같은 죄를 반복하는 자가 있다. 베드로는 이런 자를 가리켜 '개가 토한 것을 다시 삼키며, 돼지가 씻고 나서 더러운 구덩이에 도로 눕는다'고 했다(벧후 2:22). 죄를 회개했으면 죄를 버리는 결단이 뒤따라야 한다. 성도는 어떤 상황에서도 자기 영혼을 살리는 쪽으로 결단해야 한다. 그리고 하나님의 뜻을 좇아 거룩하게 살아야 한다.

(4) 교훈

① 예언을 이루시는 하나님이시다.

에스라 1장 1절에 "바사 왕 고레스 원년에 여호와께서 예레미야의 입으로 하신 말씀을 응하게 하시려고"라고 했다. 이스라엘 백성들의 귀환을 취급하는 이 책 서두에서 제2의 출애굽 역사가 이미 예언의 성취라는 사실을 말하고 있다. 예레미야는 B.C. 7세기에 활동했던 선지자이다. 그는 이미 유다가 패망하고 70년간 바벨론의 포로가 될 것을 예언했다(렘 25:11). 그런 다음 반드시 팔레스타인 본토로 귀환할 거라는 것도 예언했다(렘 29:10). 고레스의 칙령은 이 예레미야의 예언을 성취한 것이다. 예레미야의 예언을 이루시기 위해 하나님은 고레스의 마음을 감동시키셨던 것이다. 하나님의 약속은 반드시 성취된다.

② 역사를 주관하시는 하나님이시다(스 1:1).

제2의 출애굽기라고 불리는 에스라서의 대전제는 이스라엘의 귀환인데, 고레스 왕의 칙령으로 가능했다. 고레스는 여호와를 경외하는 자도 아니며 한 제국의 지도자였을 뿐이다. 그러나 그는 유다 백성의 귀환을 허락한다. 그 이유는 하나님이 고레스가 정책 입안 과정에서 관용적 태도를 취하도록 성령의 감동을 통해 개입하셨기 때문이다. 여호와 하나님은 이스라엘의 하나님일 뿐 아니라 온 세계의 하나님이심을 보여주는 것이다. 하나님은 인간의 역사를 다스리시고 주관하시는 분이다. 하나님은 이방 왕 고레스의 마음을 움직여 유다 백성의 귀환을 허락하신 것이다. 저들이 죄로 인해 바벨론을 통해 징계를 받았으나(신 8:8; 히 12:6) 바사 왕 고레스를 통해 다시 약속의 땅으로 돌아오게 하셨다. 포로 이전에는 우상 숭배의 죄를 반복적으로 지었으나, 포로 이후에는 이런 죄는 다시 짓지 않았다. 이제 하나님은 저들을 회복시키신 것이다(사 54:7).

2) 느헤미야 : 그 하나님 여호와의 율법책을 낭독하고(느 9:1-5)

구약의 16번째 책인 느헤미야서는 느헤미야가 기록했다. 느헤미야서에는 느헤미야에 의해 이루어진 예루살렘 성벽 수축(1-7장)과 백성들의 도덕적, 영적 개혁 운동(8-13장) 등 약 25년간의 사건이 기록되어 있다.

(1) 제3차 귀환과 느헤미야

북 이스라엘처럼 남왕국 유다도 우상 숭배 때문에 시드기야 왕 때 멸망했고, 백성들이 바벨론에 포로로 잡혀갔다. 그러나 70년간 포로로 지내던 이들은 신흥 제국인 페르시아에 의해 3차에 걸쳐 본토로 돌아올 수 있게 된다. 제1차 귀환은 B.C. 536년 스룹바벨과 예수아, 제2차 귀환은 B.C. 458년 에스라를 지도자로 하여 귀환한다. 그리고 B.C. 445년에 느헤미야를 지도자로 하여 제3차 귀환을 하게 된다. 느헤미야는 남의 나라에 포로로 잡혀간 사람이었지만 페르시아의 아닥사스다 왕 1세(B.C. 465-423년)의 궁궐 술관원이었다(느 1:11).

느헤미야는 동생 하나니로부터 예루살렘에 남아 있는 자들이 큰 환란을 당하고, 예루살렘 성은 파괴되었고, 성문은 불타버렸다는 소식을 듣게 되었다(느 1:1-3). 슬픈 소식을 접한 그는 수일 동안 금식하며 기도했고, 왕에게 나아가 본국으로 돌아가기를 요청했다. 그리고 왕의 허락을 받고 유다의 총독의 신분으로 본국으로 귀환하게 되었다. 그는 아닥사스다 왕 제20년부터(느 1:1) 제32년까지(느 13:6) 12년간 총독으로 지냈다.

(2) 느헤미야의 재건 운동

① 외적 재건(성벽 건축)

유다로 돌아온 느헤미야는 예루살렘 성을 건축하는 일을 시작한다. 성전은 이미 재건되었지만 성벽은 수축되지 못했는데, 이 성벽은 성전과 함께 유대인들의 정신적 기초였다. 그러나 예루살렘 성을 건축하는 일은 사마리아인들의 많은 방해를 받았다(느 4:6). 사마리아와 그 인근 지역 총독이었던 산발랏이, 느헤미야가 부임하자 자신의 위지가

축소될까봐 성벽 건축을 방해했던 것이다. 산발랏은 암몬 지역의 부총독 도비야와 서북 아라비아의 부총독 게셈과 의기투합하여 느헤미야의 성벽 건축을 방해했다. 성벽을 건축하는 것이 페르시아 왕을 거역하기 위한 것이라고 모함과 조롱을 했다(느 2:19, 4:3). 그러나 느헤미야의 지도하에 성벽 건축은 52일 만에 완성된다(느 6:15).

② 내적 재건(영적 부흥)

성전과 성벽은 건축되어 외적인 환경은 정비되었으나, 느헤미야는 예루살렘 성 안에 살고 있는 사람들의 삶을 개혁하고 영적으로 부흥시키는 과제가 남아 있음을 알았다. 이 일을 맡은 이가 서기관 에스라였다.

첫째, 율법책의 낭독

칠월(느 8:1)이라는 말이 나오는데, 제7월은 유대 월력으로 새해가 시작되는 달이다. 이 달에는 세 절기가 있었는데 1일은 나팔절이고, 10일은 속죄일이고, 15일부터 일 주간은 초막절이다. 새해가 시작되는 달이므로 중요한 달이었다. 칠월 일일에 제사장 에스라가 백성들 앞에서 율법책을 낭독했다(느 8:1). 이때 '모든 백성'이 수문 앞 광장에 모였다. 느헤미야 8장에서만 '백성' 혹은 '모든 백성'이란 말이 14번이나 나온다(느 8:1, 3, 5-9, 11-13, 16).

바로 이들에게 에스라는 율법책을 펴서 낭독했다. 모든 사람들이 율법책을 갖고 있지도 않았고, 또 당시에는 글을 읽을 수 있는 사람들도 많지 않았다. 그래서 이들을 위해 율법책을 낭독했던 것이다. 여기서 말하는 율법책이란 바로 모세 오경이다(느 8:8). 백성들 중에는 70년간 남의 나라에 포로로 살았기에 히브리어를 모르는 이들도 있었다.

율법책은 히브리어로 기록되어 있었는데, 이 당시는 팔레스타인의 공용어가 아람어였기에 히브리어로 기록된 율법을 이들을 위해 뜻을 해석하고 아람어로 통역해 주었던 것이다(느 8:8). 이 일을 했던 자들이 열세 사람의 레위인이다(느 8:13). 율법서의 낭독은 6시간 동안(느 8:30), 새벽부터 오정까지 계속되었다. 이 집회는 하루로 끝나지 않았다. 말씀을 더 듣고자 하여 이튿날에도 모였다(느 8:13). 그리고 이 집회는 한 달간 계속되었다. 이렇게 함으로써 백성들에게 하나님의 말씀을 듣고, 알고, 깨닫게 했던 것이다. 바로 여기서 거국적인 영적 각성이 일어났다.

둘째, 백성들의 반응

하나님의 말씀에 대한 신뢰와 순복(느 8:5) : 책을 폈을 때 모든 백성들이 다 일어섰다. 에스라가 이 책을 낭독할 때도 서서 낭독했다. 일어서는 것은 말씀에 대한 존중심의 표현이었다(삿 3:20; 욥 29:8). "모든 백성이 손을 들고 아멘 아멘 응답하고 몸을 굽혀 얼굴을 땅에 대고 여호와께 경배"(느 8:6)하였다. 하나님의 말씀이 선포될 때 모든 백성이 '옳습니다, 그렇습니다' 하고 자신을 겸비하고, 하나님의 말씀을 '아멘, 아멘' 하며 하나님께 경배했던 것이다.

회개(느 8:9) : 백성들은 우상 숭배의 엄청난 죄와 그로 인한 포로 생활을 깨닫고 눈물로 화답했다. 율법의 말씀을 듣고 충격을 받았다. 남의 나라에 잡혀가 수욕을 당하고 돌아와 그 고난의 자취가 무슨 연유였는지를 깨달았다. 하나님을 배반하고 불순종해 왔던 죄를 깨달은 것이다. 자신을 자책하며, 저들의 삶에 새로운 각오를 다짐하면서 눈물로 회개했다. "그 달 이십사일에 이스라엘 자손이 다 모여 금식하며 굵은 베를 입고 티끌을 무릅쓰며 모든 이방 사람과 절교하고 서서 자기의 죄와 열조의 허물을 자복하고"(느 9:1-2)라고 했다. 금식은 고대 다른 종교에는 없는 관행이었다. 금식은 금식하는 자의 간구가 너무도 중요해서 자신의 영적 상태에 집중한 나머지 육체적인 필요를 개의치 않는다는 뜻이다. 하나님께 대한 절박함에서 나오는 자기 포기이다. 그래서 금식은 하나님 앞의 정결과 자기를 낮추는 과정이다. 베옷을 입는 것은 탄식과 회개의 표시이다(느 9:3-5). 느헤미야 9장 5절 이하에 보면 창조주 하나님을 찬양하고, 출애굽 사건과 광야 생활, 가나안 정복과 사사 시대, 왕국 시대를 회상하면서 그 불순종을 회개하고 있다. 이것이 38절까지 기록되어 있다. 그 이후에 보면 결단의 서약이 나온다.

③ 영적 각성의 결과

하나님의 말씀을 듣고 깨닫고(8장), 회개하고(9장), 개혁을 실천했다(10장). 이 영적 각성과 회개 운동 이후에는 큰 변화가 나타난다. 이전까지는 수없이 하나님을 거역하고, 배반하고, 불순종하고, 우상을 숭배했으나, 바벨론 포로 이후에는 우상 숭배가 완전히 사라졌다. 진정한 회개는 입술로만의 고백이 아니라 삶을 통한 실천이다.

(3) 교훈

① 백성들이 말씀을 들려 달라고 요청했다(느 8:1).

백성들이 학사 에스라에게 율법책을 가져오도록 요청했다. 그들은

'우리에게 말씀을 들려주십시오'라고 요청했다. 에스라가 주도적으로 하지 않고 백성들이 말씀을 들려달라고 요청했다는 점이다. '우리는 지난 70년의 세월 동안 이방 나라에서 보냈고, 오랫동안 말씀을 듣지 못했습니다. 우리에게 생명의 말씀을 들려주십시오'라고 요청한 것이다. 그들에게는 말씀에 대한 간절한 열망이 있었다. 우리는 살아가는 길에 갖가지 고난을 경험한다. 이때 중요한 것은 문제 해결의 열쇠인 하나님의 말씀으로 돌아가는 것이다.

② 말씀을 들을 때 아멘으로 화답했다(느 8:6).

이들에게는 말씀에 대한 신뢰와 순복이 있었다. 말씀이 선포될 때 모든 백성들이 다 일어섰다. 하나님 말씀에 대한 경외심의 표현이다. 하나님의 말씀을 온전히 받아들이며 순종할 자세가 되어 있음을 나타낸다. 백성들은 말씀을 신실하게 받아들였던 것이다. 말씀을 들을 때 '옳습니다, 그렇습니다, 아멘 아멘'으로 화답했다. 그들은 일어서서 말씀을 들었고, 머리 숙여 경배했다.

③ 말씀을 깨닫게 되었을 때 기쁨이 충만했다(느 8:12).

처음 율법이 주어진 이래로 오랜 세월이 경과하면서 삶의 양상이나 민족적 상황이 변했다. 율법 자체가 상징적인 권위는 지니고 있지만, 실제적인 면에서는 마치 골동품처럼 여겨졌을 수도 있다. 그러나 율법 해석을 통해 비로소 그 말씀이 실천적인 생명력을 지닌 것으로 이해되었다. 자신들의 구체적인 삶 속에 적용될 수 있었다. 그러므로 인간의 지혜와 교만은 다 버리고 생명이신 하나님 앞에 머리 숙여 자복하고, 말씀 앞에 자신을 겸비했던 것이다. 인간의 끝없는 위선과 가식의 겉옷을 벗어던지고 겸손히 하나님의 말씀을 받았을 때 기쁨이 충만했다. 이것이 영적 부흥의 기초이다.

④ 회개하고 자복했다(느 9:1 이하).

말씀을 들으며 자신의 삶을 반성하고 돌이켜보는 노력이 필요하다. 그래서 회개의 기도가 느헤미야 9장 3-38절에 계속되고 있다. 이들의 회개는 회개의 차원을 넘어 하나님께 더욱 헌신하겠다는 결심을 표현하고 있다.

오늘 우리에게 필요한 것 또한 영적 각성이다. 이스라엘이 외적인 것을 다 갖추고 생활이 안정되어 갔을 때 그들에게 여전히 필요한 것이 있었다. 그것은 바로 내적인 변화, 영적인 각성이다. '우리에게는 주택이 있고 직장이 있고 자식들도 잘 자랐다. 이만하면 되었다, 아무 문제가 없다'고 생각할지도 모른다. 오늘 우리 자신의 내면을 들여다보아야 한다. 세상적으로 모든 것을 갖추었다고 안심할 때가 아니다. 우리의 속사람이 상처 난 영혼으로 살고 있지 않은지 점검해야 한다. 내 영혼이 병든 영혼이 아닌지, 내 마음속 은밀한 곳에 죄를 감추고 살고 있지 않은지 성찰해야 한다. 우리에게 시급한 것은 자신의 영혼을 바라보는 통찰력이다. 영적인 갈망이 나의 삶을 새롭게 변화시킨다. 영적인 갈망이 하나님의 말씀과 더불어 살게 해줄 것이다. 우리는 생명 양식인 말씀을 수시로 경청해야 한다(암 8:11). 그리고 그 말씀 앞에 아멘으로 응답해야 한다. 그 응답은 하나님께 대한 경배로 이어져야 한다.

3) 에스더 : 이때를 위함이라(에 4:13-14)

에스더에는 제1차 귀환과 제2차 귀환 사이(에스라 6-7장 사이)에 일어났던 한 사건이 기록되어 있다. 이 책에서는 본국으로 귀환하는 대신 바사에 잔류했던 대다수의 유대인들에 대한 기록을 볼 수 있다. 에스더서에는 하나님의 이름이 한 번도 언급되지 않지만 하나님의 백성에 대한 하나님의 섭리와 보호의 손길이 책 전편에 나타나 있다. 에스더서는 크게 둘로 나눌 수 있는데, 1-5장은 유대인의 위기, 6-10장은 하나님의 은혜와 섭리로 위기를 극복하는 내용이다.

(1) 내용

왕후가 된 에스더

바사 왕 아하수에로(크세르크세스 1세, B.C. 486-465년)가 큰 잔치를 배설하고 왕후 와스디에게 미모를 자랑토록 했으나 거절당했다. 이 일로 인해 왕비는 왕궁에서 추방되고, 새 왕후를 물색하게 된다(에 1:1-22). 이때 사촌 모르드개에 의해 양육되었고 느부갓네살에 의해 사로잡혀 왔던 한 아름다운 유대 고아 소녀 에스더가 왕후가 되었다(에 2:1-20).

이스라엘 백성의 위기

아하수에로 왕의 총리대신인 하만은 유대인 모르드개가 자신에게 절하지 않는다는 이유로 유대 민족을 미워하였다(에 3:1-6). 하만은 왕의 재가를 얻어 조서를 내려 유대인 학살 음모를 꾸몄다(에 3:7-15).

하만은 주사위의 일종인 부르를 던져 유대인 학살 날짜를 12월에 해당하는 아달월 13일로 정했다(에 3:7). 곧 아달월 13일 하루 동안에 모든 유대인을 노소나 어린아이나 부녀를 막론하고 죽이고, 도륙하고, 진멸하고, 또 그 재산을 탈취하도록 하였다(에 3:13). 유대인들에게는 심각한 사태였다. 유대인들은 크게 애통했고, 금식하고 부르짖으며, 굵은베를 입고 재에 누웠다(에 4:3).

민족 구원을 위한 모르드개의 노력과 에스더의 일사 각오

모르드개는 사태의 심각성을 깨닫고 즉각 에스더를 불러 왕에게 나아가 이 문제를 해결할 것을 요청했다. 제2인자인 하만이 주도하는 일이기에 이 문제를 해결할 사람은 왕뿐이었다. 그러나 당시 궁중법에는 누구든지 왕의 부름 없이 왕 앞에 나아가는 것은 사형에 해당하는 중죄로 다스렸다. 왜냐하면 부름 없이 왕에게로 나아가는 것은 왕을 모반하려는 행위로 간주되었기 때문이다. 이것은 왕의 신변 보호를 위해 제정된 법이었다. 그래서 에스더는 왕에게 나아가기를 주저했다. 그리고 그때는 왕이 에스더를 부르지 않은 지 이미 30일이나 되었을 때였다. 모르드개는 에스더를 향해 '너는 왕궁에 있다고 혼자 살 것이라고 생각지 말라. 네가 잠잠하여 말이 없으면 유다인은 다른 방법으로 구원을 받겠지만 너와 네 아비 집은 멸망할 것이다. 네가 왕후가 된 것이 이때를 위함이 아닌지 누가 아느냐'라고 책망했다(에 4:14).

모르드개의 책망에 에스더는 "죽으면 죽으리라"는 각오로 왕에게 나아갔다(에 4:16). 그런데 의외로 왕은 기쁨으로 에스더를 맞았다. 힘을 얻은 에스더는 왕과 총리 하만을 연회에 초청했다(에 5:1-4).

왕과 왕후의 초대를 받아 연회를 마치고 궁궐을 나서는 하만에게는 무서울 것이 없었다. 그런데 대궐 문을 지키던 모르드개만은 하만에게 굽실거리지 않자, 분노한 하만은 신하들을 시켜 50자 가량의 장대를 세워 그를 매달아 죽일 계획을 세운다(에 5:13–14).

모르드개의 등용

하나님은 결정적인 때를 맞추신다(전 3:1). 그날 밤 왕은 이상하게도 잠이 오지 않아서 신하를 시켜 궁중 실록을 가져와 읽게 했다. 그런데 그 실록을 읽을 때 모르드개가 왕에 대한 모반 음모를 사전에 막아주었다는 사실을 알게 된다. 그리고 모르드개에게 아무런 포상이 없었던 것을 알고 총리 하만을 불렀다(에 6:1–3). 왕은 하만에게 자신이 특별히 예우하고 싶은 사람이 있는데 어떻게 하면 좋을까 의견을 물었다. 하만은 포상받을 사람이 자기 외에 누가 있을까 생각하고는, 신하 가운데 가장 높은 사람을 시켜 포상받을 자에게 왕의 옷을 입히고, 왕의 말을 타게 하고, 시가 행진을 시키는 것이 좋겠다고 제안했다(에 6:4–9). 왕은 하만에게 그가 말한 그대로 모르드개에게 포상하도록 명했다. 50자 되는 장대에 매달려 죽을 뻔했던 모르드개는 오히려 하만의 안내를 받으며 극진한 대접을 받았던 것이다.

하만의 몰락

에스더는 다음날도 왕과 하만을 연회에 초대했다. 기분이 흡족해진 왕은 왕후에게 소원을 물으며 나라의 절반이라도 줄 수 있다고 했다(에 7:2). 이것은 사랑과 신뢰와 선대의 표현이다. 이때 에스더는 하만의 유내인 학살 음모를 밝히고 자기 민족을 구해 달라고 호소했다(에

7:3-6). 화가 난 왕이 자리를 박차고 나가자, 하만은 에스더를 붙잡고 살려 달라고 간청했다. 왕이 다시 에스더의 처소로 돌아와 보니, 하만이 왕후의 옷자락을 붙잡고 있는 것이 아닌가? 왕은 하만이 자기 부인을 겁탈하려는 것으로 생각하고 그를 처형시켰다. 하만이 모르드개를 처형하려고 준비해 두었던 교수대에 자신이 달려 죽음을 당했다(에 7:7-10). 모르드개는 하만의 뒤를 이어 총리가 되었고(에 8:2), 유대인들은 학살의 위기에서 구원을 받게 되었다. 아하수에로 왕은 유대인들이 자기 생명을 보존하도록 허락한 것이다(에 8:9-14).

(2) 하나님의 절대주권과 섭리

역사의 위기마다 하나님은 자기 백성을 보호해 오셨다. 이스라엘 백성들을 본국으로 귀환하게 하셨고, 페르시아에 남아 있던 백성들이 집단 학살의 위기 속에 있을 때 하나님은 그들을 보호하셨다. 에스더서는 혹독한 상황에서도 언약 백성을 보호하시는 하나님과, 그 하나님의 주권과 통치를 보여준다. 에스더서에는 하나님의 이름이 단 한 번도 나오지 않지만 특별히 '보이지 않는 곳에 계신 하나님'을 말하고 있다.

하나님은 상황을 변화시키신다.

당신의 뜻을 이루시기 위해 사람의 마음을 주관하시고 달라지게 하신다. 왕의 마음을 움직여 에스더를 향한 사랑스런 마음을 가지게 하셨다. 금식하며 기도했던 자기 백성의 기도를 들으셨다. 왕으로 하여금 에스더의 어떤 요구도 다 들어주겠다는 선언을 하게 하셨다.

하나님은 때를 맞추신다.

하나님은 참으로 적절한 시기에 모르드개의 묻혀 있던 공로를 드러내시어 암살을 면케 하셨다. 또한 자기 백성을 위하여 에스더를 이방 나라의 왕비로 세우신 것이다. 천하에 범사가 기한이 있고 모든 목적이 이룰 때가 있다(전 3:1). 사람은 때를 무시하는 경우가 있지만, 하나님은 언제나 때를 따라 당신의 일을 수행하신다.

하나님은 정사를 판가름하신다.

하나님은 결정적인 시기에 모르드개는 공신으로, 하만은 역적으로 드러내셨다. 우리 눈앞에 벌어지고 있는 현실은 참으로 가슴 칠 일들이 많다. 악인의 행위대로 받는 의인이 너무 많고, 의인의 행위대로 받는 악인이 너무 많다(전 8:14). 그래서 시편 기자도 이런 현실 때문에 넘어질 뻔했다고 했다(시 73:2-3). 그러나 분명한 것은 하나님은 결국 정의는 정의대로, 악은 악대로 판단하여 만천하에 드러내신다는 사실이다. 사람은 속여도 하나님을 속일 자는 아무도 없다. 그러므로 우리는 모든 판단을 하나님께 맡겨야 한다.

하나님의 우주적인 주권을 보여준다.

창세기, 출애굽기로 시작하여 구약의 책들, 그리고 에스더서에서 낯선 곳으로부터 출현한 지도자들이 이스라엘의 문제를 해결해 주고 문제를 풀어준다. 각각의 경우를 살펴보면 이 같은 영도자들의 출현은 하나님의 주권을 보여준다. 이 책 또한 온 열방 위에 뛰어난 하나님의 주권을 보여준다. 하나님은 고레스를 통해 유다 민족에게 해방을 선포하게 하시고, 아하수에로 왕을 통해 집단 학살의 위기에서 구원을 얻게 하셨다. 이 모든 것은 우연이나 우발적인 발생이 아니라 하나님의 절대주권하에서 이루어진 것이다. 오늘 우리가 경험하는 모든 일들이 우연일까? 이 세상의 모든 것은 하나님의 손길하에서 이루어진 것이다. 하나님은 오늘 우리의 삶도 통치하신다.

(3) 부림절

에스더의 사건으로 인해 부림절이라는 새로운 절기가 제정된다(에 9:20-10:3). 부림절은 유월절과 같이 하나님의 구원을 기억하게 해 주고, 선민을 향한 하나님의 보호하심이 그 이후의 세대 속에서도 계속되고 있음을 보여준다. 또한 포로 중에 있었던 사건을 회상하고 끊임없이 하나님의 구원을 회상하게 만든다. 하나님의 구원은 시대 시대마다 기억되고, 설명되고, 적용되어야 한다. 하나님의 백성은 어디에 있든지 하나님의 보호 아래 있다는 점을 가르쳐 준다. 이것을 깨달은 하나님의 백성들은 평안하다. 적어도 그리스도인라면 누구나 구원의 감격을 지니고 있고 그 결과로 주어진 평안을 맛본 자들이다(요 14:27). 이것을 한때의 일로 여기지 말고 늘 구원의 감격을 상기하면서 평안을 지속해야 한다. 부림절은 슬픔이 변해 기쁨이 된 사실을 상기시켜 준다. 이 점 역시 우리가 일상생활에서 살려야 할 중요한 의의이다. 구원 체험을 분명히 가진 자는 슬픔에 잠겨 있을 수 없다. 슬픔을 기쁨으로 변화시키는 힘을 가져야 한다. 그러므로 바울은 우리를 향해 항상 기뻐하라고 명했다(살전 5:16).

에스더가 없었다면 히브리 민족에게 어떤 일이 일어났을까? 이때는 그리스도가 오시기 500년 전인데, 만일 유대 민족이 멸절되었다면 인류의 운명은 달라졌을 것이다. 가정이지만 히브리 민족이 없으면 메시아가 있을 수 없고, 메시아가 없으면 하나님의 구원 계획이 이루어질 수 없다. 하나님은 한 민족을 통해 구원 역사를 진행해 오셨기에 그 민족을 남겨 두셨던 것이다.

아름다운 히브리 여인 에스더는 이 사실을 알지 못했지만 구세주가 오시는 길을 예비했던 것이다. "죽으면 죽으리라"는 각오로 왕에게 나아가 자기 백성의 구원을 호소했던 에스더는, 우리의 구원을 위해 장대 곧 십자가에 달려 죽으신 그리스도의 구속의 역사를 희미하게 예표하고 있다. 그래서 비록 에스더서에는 하나님이란 이름이 단 한 번도 나오지 않지만 '보이지 않는 곳에 계신 하나님'을 증거하고 있는 것이다. 자기 백성을 보호하시는 하나님, 그 하나님은 우리의 위기 가운데서도 피할 길을 주신다. 오늘 우리는 우리의 삶을 다스리시며 선한 곳으로 인도하시는 하나님에 대한 믿음으로 살아야 한다.

3. 지혜서와 시가서

1) 욥기 : 이제는 눈으로 주를 뵈옵나이다(욥 42:1-6)

욥기는 시편, 잠언, 전도서, 아가서와 함께 성문서에 속하는 책이다. '왜 의인이 고난을 받아야 하는가? 왜 믿음으로 살고 의롭게 살려는 이들에게도 고난이 있는가? 반대로 불의하고 부정을 행하는 이들이 도리어 잘되고 흥하는가?' 오늘날 우리가 흔히 듣는 질문이다. 이런 질문을 한 최초의 인물이 욥이었다.

욥기는 모두 42장으로 구성되어 있는데, 서론(욥 1:1-2:13)은 욥에게 닥친 고난을, 본론(욥 3:1-37 :24)은 세 친구와의 논쟁을, 결론(욥 38:1-42:17)은 하나님의 해명과 욥의 회복을 기록하고 있다. 이 책은 욥이 당한 고난과 고통의 날들 속에서도 하나님을 배반하지 않고 신실하게 그분을 의지하는 내용과, 왜 의인이 고난받아야 하는가를 묻고 있다.

(1) 욥

성경은 욥이 우스 땅의 경건한 의인이었다고 평가한다(욥 1:1). 하나님도 욥을 그렇게 인정하고 평가하셨다(욥 1:8, 2:3, 23:10이하). "욥의 행사가 항상 이러하였더라"(욥 1:5)고 했다. 욥은 의로우면서도 부를 누리고 있었으나, 그는 이 부에 심취하지 않았다(욥 1:3,

31:24-25).

욥의 1차 시험(주변)

욥은 아들이 7명, 딸이 3명이나 있었다. 많은 재물을 소유했는데 양이 7천, 약대가 3천, 소가 5백, 암나귀가 5백이나 되었다. 많은 재산을 관리하는 종들도 많았다. 이렇게 부자였던 욥이 신앙을 가졌다. 믿음으로 살고자 하는 경건한 사람이었다. 하나님은 이런 욥을 칭찬하자, 사탄은 항변했고(욥 1:9-11), 하나님은 사탄이 욥을 시험하도록 허용하셨다. 그래서 욥에게는 큰 시련이 닥친다. 일순간에 자식들이 죽고, 재산을 다 잃었다(욥 1:13이하). 사람들은 받을 수 있는 세 가지 복을 자녀의 복, 물질의 복, 건강의 복으로 생각한다. 이를 다 받을 수도 있지만 많은 경우에 그렇지 않다. 그런데 욥은 이 세 가지 복을 충만하게 받아 누렸다. 그러나 일시에 세 가지 복을 다 잃었다. 10남매가 죽고, 모든 재산을 잃어버리고, 건강하던 육신의 뼈가 썩고 살이 썩어가는 고통이 찾아왔다. 세상에 이런 불행이 어디에 있겠는가? 그러나 욥은 범죄하지 아니하고 하나님을 향하여 어리석게 원망하지 않았다(욥 1:22). 사탄은 욥이 재물을 잃으면(욥 1:11) 하나님을 배반할 거라고 했으나, 욥은 끝까지 하나님을 버리지 않았다.

욥의 2차 시험(자신)

다시 사탄은 욥이 건강을 잃으면 하나님을 욕하고 떠날 거라고 했다(욥 2:5). 하나님은 사탄의 시험을 허용하셨다. 그러나 생명은 건드리지 말라고 하셨다(욥 2:6). 욥은 곧 발바닥에서 정수리까지 악성 종기가 나서 그 고통이 심해 잿더미에 앉아서 기와 조각으로 몸을 긁었다(욥

2:7-8). 그의 아내마저도 차라리 하나님을 저주하고 죽으라고 했다(욥 2:9). 욥의 세 친구들인 엘리바스, 빌닷, 소발이 소식을 듣고 왔는데, 욥의 얼굴을 보고도 알아보지 못했다(욥 2:12). 일주일간 그의 곁에 있었으나 그의 고통이 심함을 보고는 할 말이 없었다(욥 2:13).

욥은 고통이 얼마나 컸던지, 차라리 태어나지 않았으면 좋았을 걸 하면서 자신의 생일을 저주했다(욥 3:1-2). 남자아이를 가졌다고 좋아하던 그날이 없었더라면(욥 3:3), 태어나지 않았더라면 고생하지 않을 텐데 하면서 자신의 처지를 괴로워했다. 그 고통이 얼마나 컸던지 죽기를 갈망했고(욥 6:11), 인생의 허무함을 탄식했다(욥 7:1-10). 욥기 7장 16절에는 이제는 살고 싶지도 않다고 했고, 6장 1절 이하에는 자신이 겪는 고통을 저울에 단다면 바다의 모래보다도 무거울 거라고 했다. 그래도 그는 하나님을 배반하지 않았다. 하나님께 복을 받았으니 재앙도 받지 않겠느냐며 하나님을 욕하지 않았다(욥 2:10).

친구들과의 토론

욥기 4-31장은 욥과 그의 세 친구(엘리바스, 빌닷, 소발)의 토론에 이어, 32-37장은 엘리후와의 토론이 이어진다. 친구들은 마치 재판정에서 피고를 심문하듯이 욥이 당한 고난의 이유를 설명하면서 욥을 정죄하고, 그 고통은 죄의 결과라고 추궁한다. 엘리바스는 욥이 죄 때문에 고난 받는다고 했다. 빌닷은 더 심하게 비판하면서 욥을 위선자로 몰아세웠다. 소발은 악인은 고난을 받으며 장수하지 못한다고 했다. 이들은 욥이 행하지도 않은 죄를 고백하라고 괴롭혔지만, 욥은 자신의 무죄함을 주장했다. 욥기 32장부터는 엘리후가 등장하여 욥이 죄 때문에 고통 당하는 것이 아니라, 고통 때문에 죄를 짓고 있다고 지적한다. 욥이 자신의 결백을 주장하기 위해 하나님께 항변하는 것이 옳지 않다고 지적한다(욥 32:12-13). 그러면서도 엘리후는 욥에게 고통을 통해 사람을 다루시는 하나님의 손길을 보도록 인도한다.

(2) 욥의 신앙

욥은 이런 고난이 올 줄 알고 있었다. 그도 사람이기 때문에 이런 고난을 두려워했다(욥 3:25). 그는 가장 풍성하고 부유하고 편안한 시간에도 안이한 마음으로 이를 즐겼다는 말이 없다. 그는 가장 편안한 시간에도 고난의 시간을 대비하는 마음을 가졌다. 욥이 고난에 승리하는 힘이 거기에 있다. 욥은 고난의 원인이 사탄임을 알았다. 사탄은 욥이 하나님께 순전한 마음으로 변함없는 믿음을 갖춘 이유가, 그가 받은 복과 은혜 때문이라고 생각했다. 이런 요소를 제거하면 하나님을 원망하고 떠나리라고 생각했다.

하나님은 욥이 고난 받는 것이 마음 아픈 일이었으나 허락하셨다. 욥이 죄를 지었기 때문이 아니었다. 하나님은 욥이 당하는 고통을 까닭 없는 고통이라고 말씀하셨다. 하나님이 이런 고통을 허락하신 이유는 욥의 순전을 증명해 보이고자 함이었다. 욥은 자신이 당하는 고난이 우연이 아니라 하나님이 주셨고, 하나님이 가져가셨다고 생각했다. 고난을 우연으로 볼 때 하나님을 의심하고 원망한다. '하나님이 어찌 이를 막을 수 없었던가?'라고 의구심을 갖는다. 욥은 이런 고난이 그를 넘어뜨리려는 악한 영에게서 온 것임을 알았다.

하나님은 이 사건이 다음 세대를 점유하고 살아가는 수많은 교회의 성도들에게 많은 격려가 되고 교훈이 됨을 잘 아셨다. 사탄은 인정사정 없이 욥을 쳤다. 사탄이 줄 수 있는 축복은 아무것도 없다. 사탄은 우리가 예수 믿고 따라가는 것을 중단시키려고 애쓴다. 우리가 이를 바라보고 안다면 우리는 결코 흔들리지 않을 것이다. 욥은 극도의 시련 속에서 아내, 친구 등이 다 떠났지만, 더욱 가까이 계신 하나님을 발견했다(욥 19:23-27, 23:10-17). 욥은 마지막까지 그의 곁에 계신 주님을 모시고 고난을 딛고 일어섰다. 그리고 마침내 모든 것을 회복했다.

(3) 욥의 항변과 회개 그리고 회복의 축복

욥의 친구들은 의를 주장하는 욥이 이해되지 않았을 것이다. 그러나 욥은 자신의 의에 대해 확고했다. 그래서 자신의 고난의 원인을 알 수 없었고, 하나님과 직접 대면할 것을 요구했다. 욥을 만나주신 하나님은 '의인의 고난'에 대한 원인을 단 한마디로 설명하지 않으신다. 대신에 욥에게 질문하신다. 저 해와 달, 바다와 땅을 누가 창조했으며, 큰 짐승, 작은 곤충, 들의 작은 꽃과 하늘의 별을 누가 만들었는지를 물으신다. 이 질문에 욥은 비로소 회개한다. 그렇다. 욥은 자신이 죄인이기 때문에 회개한 것이 아니라, 전 우주를 주관하시는 전능하신 하나님, 창조주 하나님의 뜻을 생각하지 못했기에 회개했다.

욥이 고난을 받은 것은 전능자의 뜻이다. 의인의 고난은 창조주의 의지이다. 하나님의 말씀에 순종하는 자에게 고난을 주시는 것은 하나님의 뜻이다. 그 뜻에 순종하는 것이 최후의 순종이다. 욥은 바로 이 최후의 순종을 하지 못했다. 그래서 회개한 것이다. 욥은 회개하고 그 친구들을 위해 기도했다(욥 42:10).

그 후 욥은 그 환난을 참고 인내하고 하나님을 의지하자, 하나님은 욥에게 원래의 재산보다 꼭 두 배로 회복시켜 주셨다(욥 42:12이하). 양이 1,400마리, 낙타가 6,000마리, 소가 1,000겨리, 나귀가 1,000마리였다. 그리고 일곱 아들과 세 딸을 두고 140년을 더 살았다. 하나님은 가족을 복원해 주셨고, 그의 소유를 회복시켜 주셨다(욥 42:10-15). 그리고 욥에게 장수의 복을 허락하셨다. 하나님은 일시적인 고난을 허용하시되, 하나님을 신뢰하고 따르는 이들은 영원히 수치를 당하지 않는다는 점을 보여주셨다.

왜 의인이 고난을 받아야 하는가? 이런 질문을 가진 우리에게 해답으로 주어진 책이 욥기이다. 의인에게도 고난이 있고, 불의한 자가 흥하는 것 같고 불의함에도 여전히 건재하는 것은 하나님의 길이 참으심 때문이다. 하나님은 종국적으로 인간이 행한 대로 심판하시지만, 만일 하나님의 '참으심'이 없다면 이 땅에 살아남을 사람은 아무도 없을 것이다. 욥은 고난 속에서도 더욱 가까이 계신 하나님을 만난 신앙의 산 증인이다.

2) 시편 : 복 있는 사람은…… 여호와를 찬양할지어다(시 1:1-6, 150:1-6)

시편은 '찬양의 책'이라는 뜻으로 예배에서 가장 많이 사용되었던 책이다. 아가서가 사랑하는 두 사람이 함께 만난 결혼을 노래했다면, 시편은 결혼 생활하면서 경험하는 수많은 이야기들을 노래하고 있다. 즉 신랑이신 하나님을 만나고, 그분께 아뢰고, 그분을 찬양하고, 그분을 의지하고, 그분을 통하여 즐거워하는 등등을 노래한다.

모두 150편인 시편은 크게 5권으로 나누어져 있는데, 이것은 모세 오경과 부합시키기 위해서이다. 제1권(시 1-41편)은 인간의 복된 상태와 타락, 그리고 회복을 보여준 창세기 내용과 같다. 제2권(시 42-72편)은 이스라엘의 실패, 구원자의 출현 등을 보여준 출애굽기와, 제3권(시 73-89편)은 제사적 내용을 담은 레위기와, 제4권(시 90-106편)은 그 땅을 기업으로 받은 민수기와, 제5권(시 107-150편)은 하나님의 말씀을 주제로 하는 신명기와 내용이 같다.

(1) 시편의 기록자들

시편 150편 중 100편은 서두에 저자를 밝히고 있다. 이중 절반에 해당하는 73편은 다윗이 기록했고, 아삽이 기록한 것이 12편이다. '아삽'은 다윗의 임명을 받아 찬양대를 지휘했던 음악인으로, 게르솜 자손의 레위인이다. 또한 '고라'가 쓴 시가 10편으로 고라는 찬송을 전문으로 부른 음악가의 조상인 레위인이다. 그 외에 모세의 시가 1편(90), 솔로몬의 시가 2편(72,127), 헤만의 시가 1편(88), 에단의 시가 1편(89) 있다. 150편의 시 중에서 가장 오래된 시는 모세의 시(90편)로 B.C. 1400년 즉 지금부터 3,400년 전에 기록되었다. 가장 늦게 기록된 시는 시편 126편인데 그것은 약 2,500년 전에 기록되었으므로 시편은 1천년에 걸쳐 기록된 책이라고 할 수 있다.

(2) 시편의 내용

시편의 오경적 분류는 시편이 언약적인 기도서라는 점을 보여준다. 그리고 이 기도에는 시인들의 아주 특별한 사상이 담겨 있다.

① 시온

솔로몬은 다윗의 성 북쪽 경계선 위에 있는 시온 산 위에 성전을 건설하였다. 그리고 하나님은 그곳에 특별한 방법으로 임재하실 것을 약속하셨다. "네가 내 앞에서 기도하며 간구함을 내가 들었은즉 내가 너의 건축한 이 전을 거룩하게 구별하여 나의 이름을 영영히 그곳에 두며 나의 눈과 나의 마음이 항상 거기 있으리니"(왕상 9:3). 이러한 하나님의 임재의 상징인 시온은 그 자체가 찬양의 대상이며, 사모함의 대상이자, 애정의 대상이었다. 그 대표적인 시가 시편 48편이다. 이러한 애정의 대상은 건축물 그 자체가 아니다. 시인이 높이는 시온의 아름다움은 결코 외적인 풍모나 장엄함에 있는 것이 아니다. 오직 하나님의 임재하심 때문에 사모하는 것이다. 시온은 여호와의 내재를 통하여 열국의 피난처가 되며 축복의 전달자가 되는 것이다. 시온은 여호와의 능력으로 인해 영원히 건재할 것이다. 오늘날 성령의 전인 성도들은 어떠한 위험과 공격 속에서도 하나님의 능력으로 보호받아 결코 파멸되지 않을 것이다.

② 역사

시편의 사상에서 출애굽 사상(시내 산 언약)은 가장 핵심적인 사상 중 하나이다. 곧 언약의 주체인 하나님과 그 백성의 언약 체결을 기억하는 것이다. 역사란 언약을 기억하는 것을 의미한다(수 4:2-7). 기도자는 바로 이 언약적인 사건에서 희망과 기쁨을 찾는 것이다(시 98:1-3). 비록 시인 자신이 비참한 현실 속에 있다 해도, 구원의 역사를 회고함은 과거의 일에 대한 추억이 아니라 살아 계신 하나님에 대한 믿음으로 발전한다(시 77편). 결국 믿음은 추상적이요 신비한 것이 아니라, 역사적인 것이다. 중요한 것은 역사적인 감수성을 기도 중에 가지는 것이다. 하나님은 은밀한 중에 계신다. 하지만 그분은 언약에 신실하심을 기억해야 한다. 기도자는 숨어 계신 하나님의 의사 결정을 믿어야 한다. 지금은 당장 힘들다 할지라도 역사적인 사건들을 기억하고, 미래에 있을 하나님의 축복과 회복 곧 언약에 의지하여 희망을 찾는 것이다.

③ 율법

언약은 하나님과 이스라엘 간의 관계를 법으로 맺은 것이다. 이 관계의 내적 조건이 사랑이라면 외적 소선이 율법이다. 결국은 율법을 통하여 언약은 구체적으로 표현되고 보장받는다. 따라서 율법은 언약 백성의 의무이자 책임이다. 시편 기자는 이러한 측면에서 율법을 찬양하거나 애정을 가질 것을 노래한다(시 1, 19, 119편). 하지만 주의해야 할 것은 율법 그 자체에 대한 찬양이 아니라는 점이다. 율법이 가진 언약성을 찬양하는 것이다. 시인은 율법 곧 말씀 속에 하나님의 인격과 성품이 내재되어 있음을 강조하며, 하나님을 사랑하는 마음을 가지고 율법을 지킬 것을 요구한다. 언약 백성의 참다운 인생의 의미와 가치가 오직 하나님의 계시의 총체인 율법을 순종할 때 실현된다는 점을 강조하고 있다.

④ 왕권

시편 95-100편은 특별히 하나님의 통치에 대해 노래하고 있다. 하나님과 인간의 언약을 성경에서는 고대 국가 사이의 외교 관계처럼 표현한다. 외교 관계에서 왕인 하나님은 또 다른(약한) 왕을 보호할 의무가 있다. 그리고 약한 왕은 하나님 곧 절대 왕권에 대한 봉사를 해야 할 의무가 있다. 이러한 '보호'와 '봉사'의 언약적 사상은 시편 사상에서 주요한 핵심 문제이다. 먼저 시인(언약적 기도자)은 자신을 보호하는 왕에 대한 찬미(시 47, 93, 95-99편)를 한다. 또한 그가 보호하는 것에 대한 언약적 고백이나(시 2편), 보호의 강한 권능을 노래한다(시 20-21편). 왕의 대관식 등을 노래한다(시 62-69편).

그러나 하나님을 세상의 군왕들과 비교하여 상대적인 우월성을 다루고 있지 않다. 세상 만물을 창조하시고 통치하시는 절대적인 통치권을 노래하고 있다. 하나님은 세상 국가보다 더욱 위대하시다. 세상의 역사는 오직 하나님의 왕 되심을 드러내 주는 교과서이다. 아무리 두렵고 가공할 위력을 가진 세상 세력도 결국 하나님의 피조물로서 하나님의 권위 앞에 굴복할 수밖에 없는 것이다. 시편의 이런 왕에 대한 많은 찬미는 간혹 다윗 왕권에 대한 찬미로 오인되는 경우가 있다. 하지만 인간 왕은 결코 찬미의 대상일 수 없었다. 우리의 유일한 왕은 하나님 한 분뿐이기 때문이다.

⑤ 전쟁

언약적 기도자는 기도 중에, 혹은 예배 중에 전쟁 용어를 직접 사용하여 기도한다. 이것은 거룩한 전쟁이기 때문이다. 출애굽기 15장 3절에 "여호와는 용사이시니 여호와는 그의 이름이시로다"라고 했다. 여기서 하나님은 '전쟁의 용사'로 찬양되고 있다. 그러나 성경에서 전쟁은 두 가지 모양으로 등장한다. 바로 '축복의 전쟁'과 '징벌의 전쟁'이다. 선자는 여호와께서 이스라엘을 통하여 애굽을 대적하신다. 후자는 여호와께서 바벨론을 통하여 이스라엘을 징벌하신다. 신명기의 언약에 의하면, 언약은 축복만을 부여하지는 않는다. 언약에 실패할 경우에는 저주를 받는다. 시편 기자는 축복의 전쟁, 승리의 전쟁을 노래한다. 동시에 징벌의 전쟁(시 44, 74, 78–80, 83편)을 노래하기도 한다.

(3) 시의 종류

① 찬양시

이름 그대로 찬양의 노래들이다(시 3, 47, 96, 103, 105, 146편). '여호와를 찬양하라'는 구절로 시작되는데, 성전에서 하나님을 찬양하는 내용들로 구성되어 있다.

② 감사시

곧 감사의 노래들로(시 8, 18, 66, 116편 등) 하나님의 신실하심을 노래한 시인데, 과거에 하나님께서 역사하심에 대한 감사와, 장차 이루어질 약속에 대한 신뢰를 표현하고 있다.

③ 탄식시(비가)

슬픔의 노래이다(시 10, 22, 42, 44, 74, 80편 등). 하나님께 개인이나 민족을 구출해 줄 것을 간구하고, 억울함을 호소하고, 죄의 고백과 용서를 비는 애원의 노래이다. 민족의 침체와 쇠퇴를 탄식하는 내용의 시이다. 이런 시들은 보통 '오 하나님이여', '여호와여 도우소서' 등과 같은 표현으로 시작된다.

④ **제왕시(왕의 시편)**

왕을 위한 시 혹은 왕의 찬가인데(시 2, 18, 20-21, 45, 72, 101, 110, 132, 144편 등), 왕의 개선과 등극을 노래하는 시이며, 메시아에 대한 감사 등이 나타나 있다.

시편의 시들은 불신자들을 위한 구원의 소식보다는 구원받은 백성들의 노래로 되어 있고, 구약의 어떤 책보다도 하나님에 관해 많은 것을 가르치고 있다. 하나님의 전능하심과 전지하심, 무소부재하심, 영원하심, 불변하심 등을 가르쳐 준다. 시편에서는 하나님(야훼)을 칭하는 은유적인 표현으로 구속자, 목자, 반석, 방패, 뿔, 성(요새), 왕 등의 표현이 있다. 시편에서 가장 늦게 기록된 시가 예수님이 탄생하기 500여 년 전 것인데도 예수 그리스도에 대한 많은 예언이 기록되어 있다.

(4) 시의 표제문

총 150편 중 116개의 시에 표제문이 붙어 있다. 표제문들은 시의 저자나 작시 배경, 시의 특별 용도나 특징 등을 간단히 나타내 준다.

① **연주용 용어**

메낮체아흐(영장, 노래 지휘자), 네기노트(현악), 스미닛(낮은음), 알라못(최고음부), 깃딧(기쁜 곡조), 네길로트(관악), 마할랏(질병).

② **곡조명**

아얠렛샤할(새벽 사슴), 소산님(백합화 곡조), 요낫엘렘르호김(멀리 있는 침묵의 비둘기), 뭇랍벤(벤이란 악사의 죽음).

③ 시의 양식

미즈모르(예배용으로만 사용되던 시), 쉬르(종교적 노래, 세속적 노래에 같이 사용), 마스길(교훈시), 믹담(황금시, 금언시), 식가욘(열정적인 시), 테필라하(기도), 테힐라하(찬송시).

시편은 복 있는 사람들에게 주신 책이다. 복 있는 사람은 여호와를 찬양하는 자이다.

3) 잠언 : 지혜를 얻으라(잠 8:35-36)

잠언은 구약성경 중에서 가장 실제적인 책이라고 할 수 있다. 이 책은 다각적인 측면에서 우리의 일상생활에 적용할 수 있는 지혜를 가르쳐 주기 때문이다. 그래서 잠언은 '성도의 지상에서의 삶을 위해 하늘의 지혜를 모아 놓은 책'이라고 불리기도 한다.

'여호와를 경외하는 것이 지혜의 근본이다'라는 사상이 전체 주제인 잠언은 모두 31장으로 구성되어 있다. 잠언은 '교훈과 경계를 주는 짧은 말'이란 뜻이다. 잠언 1-29장은 솔로몬의 저작이며, 30장은 야게의 아들 아굴, 31장은 르무엘 왕에 의해 기록되었다. 특별히 25-29장은 솔로몬이 썼으나 히스기야 왕의 서기관들에 의해 편집되었다. 이러한 잠언서는 거의 솔로몬의 통치 기간인 B.C. 970-931년 중에 기록되었고, 히스기야 왕 시대(B.C. 728-697년)에 이르러 편집됨으로 완성되었다.

시편에서 무릎 꿇고 예배하는 그리스도인을 본다면, 잠언에서는 일어서서 행동하는 그리스도인을 보게 된다. 잠언에서 '경건함'이란 추상적인 이론이 아니라 실제적인 삶임을 보여준다. 하나님과 이웃과 부모에 대한 의무, 자녀에 대한 부모의 책임 등 인생의 모든 관계가 취급되었다. 잠언의 대표적 표현 가운데 하나가 '지혜'이다. '지혜'라는 단어가 무려 41회나 언급된다는 것은, 이것이 잠언을 이해하는 중요한 열쇠가 되는 단어임을 알려준다.

(1) 지혜의 정체(잠 4:5-7, 8:22-31)

잠언 기자는 '지혜'가 여호와를 경외하는 것에서 얻어진다는 사실을 강조하고 있다(잠 1:7, 9:10). 뿐만 아니라 지혜를 얻는 것 자체가 생명을 얻는 것이며 여호와의 은총을 얻는 것과 직결됨을 가르치고 있다(잠 8:35, 36). 솔로몬은 사람들이 지혜를 무시함에 대해 탄식했다(잠 1:20-33). 잠언 8장에는 지혜가 인격체로 등장한다. 특히 22-31절에서는 지혜가 단순히 창조 이후에 생성된 부차적인 것이 아니라, 창세전에 이미 존재하셨고(잠 8:22-26; 요 17:5) 창조 사역의 동참자였던 사실을 설명하며(잠 8:27-31; 요 1:1-3) 지혜의 위상을 알려주고 있다. 이는 결국 '지혜'가, 말씀이 육신이 되사 우리 가운데 거하시는 그리스도를 가리킴을 알려주는 것이다.

(2) 지혜를 얻으라

잠언 기자는 사람이 지혜를 구할 때 취해야 하는 구체적인 태도를 언급한다. 마치 귀한 보물을 찾는 자 같아야 함을 말한다(잠 2:4).

① 말씀으로 돌아가라(잠 2:1).

지혜를 얻으려면 먼저 하나님의 말씀을 들어야 한다고 했다(잠 2:1). 하나님의 말씀은 멀리 있는 것이 아니다. 또 어떤 신비적인 체험을 하는 것도 아니다. 하나님 말씀은 바로 우리 곁에 있는 성경이다. 세상의 철학과 사상, 과학 등 세상 학문을 성경 위에 두는 자들이 있다. 그래서 자녀들에게도 성경 읽기보다는 세상 지식 습득을 강조한다. 이런 자들에게 하나님은 "너희가 듣기는 들어도 깨닫지 못할 것이요 보기는 보아도 알지 못하리라 하여 이 백성의 마음으로 둔하게 하며 그 귀가 막히며 눈이 감기게 하라 염려컨대 그들이 눈으로 보고 귀로 듣고 마음으로 깨닫고 다시 돌아와서 고침을 받을까 하노라"(사 6:9-10)고 말씀하신다.

믿음은 들음에서 나는 것이니 부지런히 예배에 참석해서 말씀을 들어야 한다. 하나님의 말씀은 무엇인가? 한 인격을 우리에게 소개하는 것이다. 그는 예수 그리스도이다(요 5:39). 그를 영접하고 구주로 모시게 되기까지 많은 난관과 다른 길이 있다. 말씀은 이런 난관을 다 극복하고 그를 만나게 하는 역할을 한다.

② 예수 그리스도를 믿으라.

잠언에는 지혜에 대해 받으라, 잡으라, 놓치지 말라, 얻으라, 잃지 말라, 높이라, 품으라는 말이 계속되고 있다(잠 2:4, 3:13-14, 4:1-9, 8:33). 지혜가 제일이니 지혜를 얻으라고 했다(잠 4:7). 잠언 3장 13-15절에서는, 지혜는 모든 수단과 노력을 동원해서라도 구할 만한 가치가 있는 것이라고 했다. 왜냐하면 지혜를 추구하는 자는 영화롭게 되며, 결국 영원한 생명을 소유하게 될 것이기 때문이다(잠 4:10-19). 지혜를 얻으라는 표현들은 구약적으로는 여호와를 경외하라는 것이다. "여호와를 경외하는 것이 지식의 근본이라"(잠 1:7)고 했다. 신약적으로 말하면 "주 예수를 믿으라"(행 16:31), '그 이름을 영접하라'는 의미이다(요1:12).

③ 예수를 사랑하고(잠 8:7) 높이라(잠 4:8).

성도는 예수 그리스도를 최고로 높인다. '높이라'는 것은 '최고로 존경하라', '최고의 가치로 평가하라'는 것이다. 수리아역이나 탈굼역에서는 '높이라'를 '사랑하라'로 번역하기도 했다. 하나님의 백성이 추구하는 지혜는 진정으로 사랑하지 않으면 도저히 얻을 수 없다. 성도라는 직함을 가지고 사는 사람은 예수의 생명적인 사랑을 먼저 받았다. 그렇기 때문에 그 사랑에 대한 보답으로 예수를 사랑하며 살아간다. 그가 맡기신 직분에 순종하며 살아간다. 그가 맡기신 일을 하는 것이 기쁘다. 그를 증거하는 것이 자랑스럽기만 하다.

(3) 지혜를 얻은 자가 받는 복

① 보호를 받는 복

지혜를 얻은 자는 하나님이 방패가 되신다(잠 2:7). 여기서 '방패'는 하나님의 신적인 보호와 그로 인한 완전한 안전을 상징화한 단어이다(시 84:11, 89:18, 144:2). 하나님은 방패가 되셔서 성도들의 길을 보전해 주신다(잠 2:8). 성도란 예수 그리스도 안에서 구원받은 모든 사람들을 지칭한다(고전 1:2; 빌 1:1). 성도들의 길이란 '공평의 길'이며 하나님의 뜻과 목적에 합당한 모든 길을 말한다.

② 환난을 면케 하는 복

악한 자의 길과 패역을 말하는 자의 길에서 건져낸다고 했다(잠 2:12). 곧 참된 진리나 선한 것을 의도적이고 악의적으로 왜곡시켜 사람을 미혹하게 하는 자의 길에서 건져낸다는 것이다. 또한 음녀에게서, 이방 계집에게서 건져낸다고 했다(잠 2:16, 5:3, 6:24, 7:5). 음녀와 이방 계집은 단순히 육체적인 타락을 유도하는 자가 아니다. 하나님과 정면으로 대치하는 파렴치한 종교인이다(잠 7:14–15; 신 23:18). 겉으로 보기에는 하나님과의 관계를 나타내는 것처럼 위장하지만 실제로는 하나님과는 진혀 거리가 먼 언행을 일삼는 자들이다. 지혜를 얻은 자는 종교적으로 잘못된 길, 하나님의 언약을 저버린 길, 사망으로 가는 길로 빠지지 않도록 하나님이 지키신다(잠 2:17–19, 7:27).

③ 장수의 복

지혜를 얻은 자는 생명의 해가 길다고 했다(잠 4:10). 오래 산다는 말이다. 또한 많은 해(잠 3:2)를 누린다고 했다. 이것은 오래 산다는 것보다는 물질적으로 영적으로 '행복한 날들'을 산다는 의미가 더 크다(신 4:40, 5:33, 6:2; 시 15:1, 23:6, 27:4). 결국 하나님이 약속하신 땅에서 오랫동안 행복하게 사는 축복이다(잠 3:16).

④ 형통의 복

지혜를 얻은 자는 다닐 때 걸음이 곤란하지 아니하며 달려갈 때에도 실족하지 아니한다고 했다(잠 4:12). 걸음이 곤란하지 않다는 것은 사상이나 행동에 대한 내적, 외적 속박이나 억압을 받지 않는다는 말이다. 그리스도를 소유한 자는 어떠한 삶의 정황 속에서도 확고한 생의 목표를 지닐 수 있을 뿐 아니라, 모든 삶의 경로를 통해 하나님의 올바른 인도를 받을 수 있다(잠 16:9). 그 삶이 형통하다는 말이다.

⑤ 영생의 복

지혜를 통해 얻게 될 궁극적인 축복은 생명(잠 3:18, 4:4, 22, 7:2, 9:11, 19:23)과 은총(잠 12:2, 18:22)이다. 결국 지혜가 제공하는 최상의 복은 인생이 영원토록 하나님과 교제하도록 만드는 데 있는 것이다(잠 8:36). 지혜는 그 얻은 자에게 생명나무라고 했다(잠 3:18, 8:35). 생명나무는 영생을 상징한다(잠 11:30, 13:12, 15:4). 지혜는 영생에 이르게 하는 지혜이다. 유일하신 참 하나님과 그분의 보내신 자 곧 예수 그리스도를 얻는 자는 영생을 얻는다.

(4) 지혜를 얻은 자의 생활

지혜를 얻은 자는 먼저 전제되어야 할 것이 있다. 하나님의 말씀을 귀로 듣고, 하나님의 말씀을 눈으로 읽으며 상고하고, 하나님의 말씀을 통하여 마음을 지키는 것이다. 이런 전제를 바탕으로 하여, **지혜를 얻은 자의 생활은 마음을 지켜야 한다(잠 4:23; 렘 17:9).** 여러 가지 꼭 지켜야 할 것들이 많지만 다른 모든 것보다도 먼저 마음을 지켜야 한다. 잠언에서 마음은 정서(잠 12:25, 13:12, 14:10, 13)를 나타내거나 지성(잠 10:8, 15:14, 28) 또는 의지(잠 5:12)를 나타낸다. 즉 '마음'은 자신의 명철을 의지하지 말고 하나님만을 경외하라는 의미에서 쓰이고 있다. 그러므로 잠언에서 '마음'은 인간의 전인적인 하나님 신뢰를 표현하기 위해서 사용된 단어이다. 마음은 하나님의 지혜를 가장 효과적으로 분출하는 수단이 된다.

마음을 지키는 구체적인 방법으로는 입을 지켜야 한다(잠 4:24; 롬 1:29, 31).

"궤휼을 버리고 사곡을 멀리"해야 한다. 진리와 의를 왜곡하거나 배격하면 안 된다는 말이다. 인간의 말은 사상이나 의도를 표현하고 이해시키는 수단이다. 교활한 말은 버려야 한다.

눈을 지켜야 한다(잠 4:25; **창** 2:16-17, 3:6).

바른 시야를 가지라는 말이다. "네 눈은 바로 보라"는 자신의 삶과 그 행위에 대해 끊임없는 영적, 도덕적 성찰을 요구하는 것이다.

발을 지켜야 한다(잠 4:26, 19:2).

"네 발의 행할 첩경을 평탄케 하라"는 것은 길을 예비하라는 뜻이다. 성도로서 삶을 사는 데 있어 장애가 되는 모든 요소들을 제거함으로, 실족하지 않고 하나님의 뜻에 합당한 길을 갈 수 있도록 준비하라는 의미이다.

4) 전도서 : 일의 결국을 다 들었으니(전 12:13-14)

전도서는 인생의 불의와 모순과 갈등에도 불구하고 삶의 의미와 만족을 심각하게 추구했던 전도자(솔로몬)의 기록으로, 하나님 없는 허무함을 말하고 하나님을 경외할 것을 가르친 책이라 할 수 있다. 솔로몬에게 당면한 문제는 '어떻게 하면 하나님을 떠나서도 행복과 만족을 찾아볼 수 있을까' 하는 것이었다(전 1:1-3). 그는 과학(전

1:4-11)에서, 철학에서(전 1:12-18), 향락에서(전 2:1-11), 술과 건축과 부귀 등에서도 만족을 얻지 못했다. 그는 유물론(전 2:12-26), 운명론(전 3:1-15), 자연신론(전 3:1-4:16)을 추구해 보았으나 모두가 헛된 것이었다. 자연 종교(전 5:1-8), 부귀(전 5:9-6:12), 도덕론(전 7:1-12:12)을 추구해 보았으나 헛된 것이었다. 결국은 하나님을 떠난 모든 것이 헛된 것임을 밝혀주고 있다.

솔로몬은 인간이 육체적인 쾌락만으로는 참된 삶의 가치를 얻을 수 없으며, 오직 하나님만을 섬기며 그 안에 거할 때만이 참다운 인생의 가치를 누릴 수 있다는 것을 인식시키기 위해 전도서를 기록했다. 결국 전도서는 많은 사람들의 인생 안내자가 되어 준 셈이다. 인생에는 과거와 현재 그리고 미래가 있다. 전도서는 과거나 현재의 삶이 무의미할지라도 미래에 대한 참된 소망을 가지고 하나님만을 경외하며 살라고 가르치고 있다.

전도서에는 모세의 율법과 이스라엘 역사를 통해 드러난 하나님의 인도에 대한 언급이 전혀 없다. 이러한 점은 솔로몬이 의도적으로 독자를 히브리인에게만 제한시키지 않고 전 세계의 모든 사람을 대상으로 했음을 보여준다. 그러므로 전도서가 선교적 색채를 강하게 띠고 있다고 볼 수 있다.

(1) 솔로몬의 삶

① 그릇된 목표를 설정한 삶이었다.

전도서 2장 3절에 "내가 어떻게 하여야 내 마음에 지혜로 다스림을 받으면서 술로 내 육신을 즐겁게 할까 또 어떻게 하여야 어리석음을 취하여서 천하 인생의 종신토록 생활함에 어떤 것이 쾌락인지 알까"라고 했다. 솔로몬은 전반부와 달리 후반부에 삶의 목표가 잘못 설정되었다. '하나님을 위하여'라는 그의 삶이 이제는 '자신을 위하여'로 바뀌었다. 솔로몬에게 이런 엄청난 변화가 일어난 것은 다름 아닌 육적인 축복을 받았을 때였다. 사람들로부터 온갖 추앙과 찬양을 받을 때 일어났다.

솔로몬은 지혜로운 사람이다. 그의 지혜는 하나님을 두려워하는 것에서 출발했다. 그는 잠언 1장 7절을 통해 "여호와를 경외하는 것이 지식의 근본"이라고 했다. 그러나 솔로몬은 후반부에 이런 두려움이 사라지고 그릇된 목표를 설정하여 어리석은 사람이 되었다. 당시에는 왕이 가는 대로 백성도 따라갔다. 솔로몬이 육신을 즐겁게 하고 쾌락을 추구하자, 백성들도 그를 따라 동일한 추구를 했다. 왕과 백성들이 함께 추구한 쾌락은 이스라엘의 장래를 어둡게 했다. 이는 매우 불행한 일이었다.

② 어리석은 확신에 찬 삶이었다.

솔로몬은 인생을 즐겁게 살았다. 그렇지만 그는 낙을 누리며 사는 삶에 따라오는 문제가 있음을 알았다. 솔로몬은 이런 삶이 인생 전체를 황폐케 하고 패망케 한다는 것을 알고 있었다. 그러나 솔로몬의 마음에는 확신이 있었다. 자신은 지혜로운 사람이기 때문에 낙을 누리고 즐겁게 살아도 결코 잘못되지 않는다는 것이다. 그는 시험적으로 자신을 즐겁게 해보리라고 했다(전 2:1). 왕으로서 백성을 잘 다스리려면 모범적으로 지혜롭게 사는 것이 중요하다고 생각했다. 그렇지만 낙을 누리며 즐겁게 사는 삶도 경험해 보아야 한다고 생각했다. 그것은 어떤 면에서는 더 큰 지혜를 얻는 길이라고 생각했다. 이런 생각이 들자 이를 위해 백성이 누리는 삶을 자신도 흠뻑 누려 보았다. 그는 술을 마셔도 자신의 마음은 지혜로 다스림을 받고 있기 때문에 결코 과하게 마시거나 실수하지 않을 자신이 있다고 생각하며 마셨다(전 2:3). 자신은 언제나 자제력이 있다고 확신했다. 어리석은 확신이었다.

③ 부를 누려본 삶이었다.

전도서 2장 4절에 "나의 사업을 크게 하였노라"고 했다. 솔로몬은 육신의 쾌락을 위해 많은 노력을 했다. 이미 완성된 성전과 왕궁 외에도 큰 사업을 추진했다(왕상 7:1-12, 9:1, 15-22, 24, 10:21). 솔로몬이 세상을 떠난 후 이스라엘 백성들이 르호보암에게 "왕의 부친이 우리의 멍에를 무겁게 하였으나 왕은 이제 왕의 부친이 우리에게 시킨 고역과 메운 무거운 멍에를 가볍게 하소서 그리하시면 우리가 왕을 섬기겠나이다"(왕상 12:4)라고 간구했을 정도였다. 이 말씀을 보면 당시 솔로몬이 큰 사업을 추진했음을 알 수 있다. 일이 성취되었을 때 솔로몬은 성취감에 빠졌을 것이다. 분명 큰 사업을 추진하고 이를 성취하는 것은 하나님의 은혜이다. 그러나 인간이 성취감을 얻기 위해 이런 사업에 몰두한다면 바른 삶의 자세가 아니다.

솔로몬은 자신을 위해 집을 지었다. 13년이나 걸려 왕궁을 지었다. 이 화려한 왕궁을 보고 스바 여왕의 정신이 현황했을 정도였다. 지금 우리는 그 건물을 볼 수 없지만, 그 규모가 어떠했는가를 짐작할 수 있다. 솔로몬은 그곳에서 날마다 호화로운 생활을 했다. 이것이 솔로몬의 마음을 재웠다. 왕궁에는 솔로몬이 산책을 즐길 수 있는 넓은 정원들이 있었다. 그 정원에는 포도원이 있었다. 그는 가끔 이 포도원에 들러 먹고 즐겼다. 왕궁 안에는 높고 낮은 동산들이 있었고 각종 과목들이 있었다. 왕궁 동산에는 각종 수목들이 울창하게 자리잡고 있었다. 이 수목들을 잘 기르기 위해 못을 팠다. 이런 왕궁의 관리를 위해 많은 사람이 필요했다. 이를 위해 솔로몬은 많은 노비를 사들였고 집에서 태어난 노비도 있었다(전 2:7). 이는 솔로몬이 자기 자신을 위해 얼마나 거창한 투자를 했는지 알 수 있는 대목이다.

솔로몬은 소 떼와 양 떼를 많이 소유했다(전 2:7). 일찍이 그보다 더 많은 가축을 소유한 사람이 없었다. 당시에는 목축업이 중요한 산업이었고, 이는 오늘의 현금과 같았다. 솔로몬의 창고에는 은과 금이 가득 찼다. 이중에는 그의 왕궁을 방문했던 주변 왕들이 선물한 것들이 많았다. 이 모든 진귀한 보배들은 솔로몬의 부력을 과시했다. 이런 부를 확인하는 솔로몬의 마음은 언제나 든든하고 흐뭇했을 것이다. 솔로몬과 같이 창성한 부를 누려본 사람은 이전에는 없었다.

④ 쾌락의 삶을 살았다.

솔로몬은 모든 부를 얻었으니 쾌락을 즐겼다. 그를 위해 노력하는 남녀들이 많았다(전 2:8). 그를 즐겁게 해주기 위해 노래를 불러주는 가수들이 많았다. 이들이 부르는 흥겨운 노래를 듣고 춤을 구경하면서 솔로몬은 자기만족을 누렸을 것이다. 그는 그가 좋아하고 기뻐하는 처와 첩들을 두었다. 후비가 700명, 빈장이 300명이었다(왕상 11:1-3). 나라 안의 미녀만 아니라 주변 국가의 공주와 미인들을 처첩으로 삼았다. 무수한 여인을 거느리고 아름다운 정원에서, 정원의 호숫가에서 날마다 술을 마시며 노래 부르며 인생을 즐겼다. 지혜가 뛰어난 솔로몬 왕은 그의 지혜와 지식을 자신의 유희에 동원했다. 이렇듯 육적 쾌락과 함께 예루살렘에는 그의 창성함을 따를 자가 없었다.

솔로몬은 눈으로 보아 원하는 것은 금하지 않았다. 마음이 즐거워하는 것은 막지 않았다(전 2:10). 그는 인생을 위해 많은 목표를 세우고 이를 노력으로 달성했다. 이 목표를 이룬 이후 인생이 상상할 수 없는 쾌락에 도취하여 살았다. 그는 많은 수고를 하였으니 그 수고의 열매를 누리며 사는 것이 당연하다고 생각했다.

(2) 일의 결국을 다 들었으니

인생의 관점에서 보면 솔로몬은 성공한 사람이다. 그는 인생이 얻기 원하는 것을 완전하게 얻은 자이다. 그러나 그는 자신을 성공자로 소개하지 않는다. 이 모든 인간적인 성공은 그의 영혼을 위해 한 푼의 가치도 없는 무익한 것들이었다. 그는 자신의 삶을 헛되다고 평가했다. 달리 말하면 무의미한 삶을 살았다는 말이다. 솔로몬은 전도서에서 '헛되다'라는 말을 무려 37회나 반복했다. 해 아래 수고하는 사람의 모든 일들이 헛되다고 했다(전 1:14). 사람들의 지혜(전 2:15)와 인간의 의로움이 헛되다고 했다(전 8:14). 사람들의 재물(전 5:10)과 존귀와 권력도 헛되다고 했다(전 4:16). 인간의 쾌락과 젊음과 그 힘도 헛되다고 했다(전 11:10). 사람의 생명마저 헛되고(전 6:12) 인생의 사후도 헛되다고 했다(전 11:8).

솔로몬의 성공은 하나님과의 관계에 비추어 살펴보아야 한다. 그는 분명 세상적으로 성공했지만 말년에 모든 것이 헛되다고 탄식했다. 그의 영적 상태가 성공적이 아니었기 때문에 나온 말이다. 세속적인 성공이 영적인 성공과 항상 반대되는 것은 아니다. 영적 성공을 추구하다 보면 다른 성공이 따라오는 경우가 많다. 주의 나라와 의를 구하면 모든 것을 더하시겠다는 주의 말씀대로이다(마 6:33). 솔로몬의 삶은 언뜻 보면 매우 행복하고 즐겁게 산 것처럼 보인다. 그러나 영적으로 매우 어둡고 죄 된 삶을 살았다. 하나님을 떠나는 삶, 죄를 짓는 삶이었다. 한 사람을 위해 많은 사람을 불행하게 한 삶이다. 자신의 오늘의 행복을 위해 먼 훗날 그의 후손들에게 더 큰 불행을 실어주는 삶이다. 그로 인해 이스라엘이 분열되었다. 솔로몬은 이를 깊이 느끼고 있었다. 내일을 위하여 오늘 의를 심어 가는 삶이 우리가 살아가야 할 삶이라는 것을 그는 깨우쳐 주고 싶었다.

솔로몬은 전도서 마지막인 12장 12-14절에 본서를 쓰게 된 목적을 분명히 밝히고 있다. 인간의 본분은 하나님 경외와 말씀에 대한 순종이라고 선언하였다. 하나님 없는 인생은 아무리 많은 것을 소유했다 할지라도 결국 무의미하고 허무할 뿐이라는 것이다. 하나님은 마지막 날의 공정한 심판을 통하여 인간에게 영생, 혹은 영벌을 구형할 것이다. 성도는 세상을 얻는 성공만 목표로 하면 안 된다. 성공 이후에 따르는 진정한 목표를 설정해야 한다. 그 목표는 '나를 위하여'가 아닌 '주님을 위하여'가 되어야 한다. 성도는 참 즐거움과 평안을 영적인 데 두어야 한다. 성도가 이를 버리고 세상적 즐거움을 추구한다면 솔로몬과 같이 후회하는 시간이 찾아올 것이다. 영적인 기쁨이 있는 곳에서 성도는 세상이 이해할 수 없는 참 행복과 기쁨을 얻을 수 있다.

5) 아가서 : 가장 아름다운 노래(아 2:16)

아가서는 사랑의 노래로서 솔로몬이 통치 초기에 지은 것으로 알려져 있다. 이 책은 한 쌍의 남녀가 벌이는 섬세한 애정, 정열적인 욕망과 우정, 그리고 기쁨 등, 상호간에 신뢰의 탑을 쌓아가는 과정에서 발생하는 갖가지 사랑의 감정을 보여주고 있다. 하지만 단지 남녀 간의 진솔한 사랑의 교제를 노래한 것에 불과한 것이 아니라, 하나님과 성도 간의 깊고 내밀한 사랑을 암시하고 있다. 유대인들은 아가서가 하나님과 선택된 백성 이스라엘 사이의 사랑 관계를 아름답게 나타내고 있다고 믿으며 매우 귀중하게 여겼다. 고대 랍비 아키바는 "모든 경전이 거룩하나 아가서는 가장 거룩하다"라고 말할 정도였다.

(1) 노래들 중의 노래

아가서의 히브리어 제목은 문자적으로 '노래들 중의 노래'라는 뜻이다. 즉 가장 아름다운 노래라는 의미이다. 왜 노래 중의 노래일까?

① 솔로몬(샬롬) 왕의 일천다섯 수의 많은 노래들 중 엄선되었기 때문이다.

열왕기상 4장 32절에 "저가 잠언 삼천을 말하였고 그 노래는 일천다섯이며"라고 했다. 그 가운데서 아가를 뽑았던 것이다.

② 샬롬이 샬롬을 노래했기 때문이다.

즉 평강이신 샬롬이 평강의 사랑 노래를 직접 불렀기 때문이다.

샬롬은 '완전하다', '건전하다', '흠이 없다'는 뜻도 있는데 이 노래야말로 흠 없이 완전한 노래이다. 폭군에게 평강의 노래가 있을 수 없다. 염세주의자에게서, 무신론자에게서 평강의 노래를 들을 수 없다.

③ 부부간을 노래했기 때문이다.

이 세상에는 시도 많거니와 온갖 주제들을 다룬 노래도 많이 있다. 그러나 세상의 많고 많은 노래 중 신랑과 신부를 주제로 삼아 부르는 노래, 즉 사랑의 노래만큼 많은 비중을 차지하는 노래는 없다. 성경에는 하나님과 성도, 주님과 성도 사이를 여러 가지 경우로 비유했다. 예컨대 목자와 양, 선생과 제자, 주인과 종, 부모와 자식, 포도나무와 가지 등이다. 그중에서 주님은 신랑이요 성도는 그의 신부로 비유한 이 부부간의 비유만큼 밀접하고 깊은 관계는 없을 것이다.

④ 영원을 노래했기 때문이다.

이 노래는 없어지고 말 세상 노래와 다르다. 그래서 세상 노래를 유행가라고 부른다. 유행 따라 변하는 것이 세상 노래이다. 역사 따라 사조 따라 변하는 것이 세상 노래이다. 그러나 아가는 새 노래요 영원불변의 항구적 노래이다. 이는 영원을 노래했기 때문이다. 그 영원이 바로 샬롬(예수)이시다. 예수는 어제나 오늘이나 영원토록 동일하시다. 예수 그리스도가 영원하실 동안 이 위대한 사랑 노래는 영원한 것이다.

시대마다 이 땅 위의 교회는 적그리스도 앞에서 곤욕과 수난을 겪었고, 그럴 때마다 암혈과 토굴에서, 산과 들, 강과 바다에서 주를 사랑한다는 위대한 신앙 고백을 해왔다. 이것이 기독교의 사랑 찬가이다.

이 노래는 각 나라와 족속과 방언들로부터 이루 셀 수 없는 큰 무리가 승리의 왕국 하늘나라에 모여 그 어린양의 혼인 예식에 참예할 때(계 19:6-9), 할렐루야 찬송 가운데서 그 절정을 보게 될 것이다. 그리고 그 후로 밤낮으로 쉬지 않고 이 노래는 계속될 것이다. 이런 이유로 아가서는 노래 중의 노래가 되는 것이다.

(2) 아가(雅歌)와 그리스도

아가는 일차적으로는 솔로몬과 술람미 여인의 아름답고 진솔한 사랑 이야기이지만, 하나님과 성도의 사랑의 관계를 상징적으로 표현하는 종교시이다. 예표론적인 측면에서 볼 때, 이 책에서 자기 백성 이스라엘에 대한 하나님의 사랑, 그리고 자기 신부인 교회와 성도에 대한 예수 그리스도의 사랑이 묘사되고 있는 것을 볼 수 있다. 아가에 나타난 솔로몬은 신랑 되신 예수 그리스도의 예표이다. 그의 짝이 된 술람미 여인은 예수 그리스도의 신부 된 교회 혹은 성도를 예표하고 있다.

사랑의 표현은 그리스도와 교회와의 깊은 상호적 사랑을 반영한다. 그리스도와 교회와의 신령한 관계를 나타낸다고 볼 수 있다. 구약성경은 이스라엘을 '여호와의 신부'로(사 54:5-6; 렘 2:2; 겔 16: 8-14; 호 2:16-20), 신약성경은 교회를 '그리스도의 신부'로(고후 11:2; 엡 5:22-25; 계 19:7-9, 21:9) 묘사하고 있다. 이것과 관련해서 아가의 예표론적인 의미를 다음과 같이 살펴볼 수 있다.

① 왕과 비천한 소녀와의 사랑이다.

이것은 도저히 이루어질 수 없는 양극 간의 사랑이다. 엄청난 부와 권력을 가진 왕이 한낱 비천한 시골 소녀를 사랑한 것은, 메시아이신 예수가 지상의 인간과 맺어주신 놀라운 사랑을 예표한다. 영광과 존귀의 하나님께서 자기 백성을 위해 낮고 천한 자리로 오신 것이다.

② 솔로몬은 수많은 여인을 거느렸음에도 불구하고 하잘것없는 한 시골 소녀인 술람미 여인을 진정으로 사랑했다(아 6:8-9).

솔로몬이 자기의 이상적인 결혼 상대로 어린 시골 소녀를 선택한 것은 어떤 동기였을까? 이것은 어려운 문제이지만 솔로몬과 술람미 여인을 각각 그리스도와 그의 교회와의 관계에 대한 예표로 보면 쉽게 이해된다. 하나님은 인간의 외양이 아니라 그 중심의 아름다움을 보신다. 성도 역시 겉은 외부의 핍박과 죄악의 물결에 휩쓸려 인간의 눈에는 좋지 않게 보일 수도 있다. 그러나 그 마음 중심에 여호와 신앙이 굳게 자리잡을 때 그는 영적인 차원에서 왕실의 휘장보다 더 아름다운 자로 평가받을 수 있다. 우리는 허물과 죄로 인해 아름다운 모양을 갖추지 못했다 할지라도(사 1:18; 엡 2:1) 하나님은 믿음 하나만으로 우리를 아름답게 여기사 사랑하신다.

③ 신랑에 대한 신부의 사랑이 지극하게 묘사되어 있다(아 3:1-5).

여인은 사랑에 깊이 빠져 헤어짐에 대한 두려움에 사로잡힌다. 걱정은 급기야 사랑하는 자를 애타게 찾아 헤매는 악몽으로 나타난다. 이것은 그리스도와의 완전한 연합을 희망하는 성도들의 마음을 보여주는 것이다. 그리스도를 찾는 성도의 영적인 욕구를 표현한 것이다. 성도는 그리스도에 대해 무관심하면 곤란하다. 언제나 불타는 열정을 가지고 예수님을 적극적으로 찾아야 한다. 애인을 찾기 위해 잠을 희생했던 여인처럼 모든 인간적인 욕망을 포기하고 주를 앙모해야 한다(욥 23:8-10; 시 63:1-2).

여인은 애타게 찾던 님을 발견하자 모친의 집에 도착할 때까지 꼭 붙들고 있었다. 다시는 헤어지지 않으려는 강한 의지를 보여주는 것이다. 죄의 노예가 되어 방황하던 인간이 그리스도를 영접하고 함께 교제하는 가운데 느끼는 감격을 생생히 표현한 것이다. 성도에게 있어서 최상의 기쁨은 말씀과 기도를 통해 예수님과 인격적인 교제를 함으로 점점 성숙한 단계로 발전하는 것이다. 이런 긴밀한 교제를 통해 건조하고 메마른 지적인 신앙에 머물러 있지 않고 보다 풍성하고 감동적인 신앙생활을 영위할 수 있다.

여인은 이제 왕과의 교제가 단절되지 않도록 조심하고 있다. 여인은 노루와 들사슴이 깨어서 부스럭거리는 소리에 님이 잠에서 깰까봐 두려워한다. 이것은 신자가 조그만 죄에도 매우 조심해야 한다는 사실을 보여준다. 성령님은 죄를 미워하신다. 우리의 마음이 주를 향한 강렬한 사랑으로 충만하게 되었다면, 죄를 피하기 위해 신음하며 애통할 것이다.

④ 두 연인의 결혼식(아 3:6-11)을 통해 그리스도의 신부인 교회의 영광과 견고함을 확인할 수 있다.

결혼식의 장엄함이 이루 말할 수 없다(아 3:9-12). 신랑과 신부는 멋지게 장식된 가마를 타고 왕궁 친위대로 구성된 호위병들의 경호를 받으며 당당하게 예루살렘으로 입성하고 있다. 성도는 이 세상에서 그리스도를 만남으로 영적인 생명을 얻고(시 100:3; 엡 2:10) 의로운 행실을 소유하게 된다(고전 6:19-20; 계 19:8). 또한 재림의 날에는 영광스런 모습으로 변모하여 영원토록 즐거움을 누릴 것이다(시 104:31; 사 61:10; 히 12:2). 그러나 결혼 행렬에 어려움이 있었다(아 3 :6). 거친 들을 지나야 하고 이들을 시기하는 악한 무리들의 공격을 막아야 한다.

이것은 그리스도의 신부인 교회가 직면하는 어려움과 근본적으로 동일하다. 사탄은 교회를 넘어뜨리기 위해 호시탐탐 기회를 노리고 있다(엡 6:11-12). 인간적인 욕심을 통해 유혹한다. 시기심을 자극하여 분열시키기도 한다. 그러므로 교회는 늘 근신하고 경계해야 한다. 그러나 궁극적으로는 안전하다(아 3:7-8). 왜냐하면 어떠한 사고에도 대처할 수 있도록 특수 훈련을 받은 군대가 완벽한 경호를 하기 때문이다. 이것은 교회의 견고함을 상징적으로 보여주는 것이다. 그리스도께서는 어떠한 경우에도 교회를 버리시지 않고 완벽하게 보호해 주신다(롬 8:36-39). 하나님은 하늘의 영들을 통해 온전한 구원을 이루어 주신다(왕하 6:17; 히 1:14). 그러므로 우리는 주님과 완전한 연합을 위해 걸어가는 모든 여정에 있어서, 궁극적으로 안전함을 믿고 담대히 믿음을 유지해야 할 것이다.

4. 대선지서

1) 이사야 : 내가 너를 내 손바닥에 새겼고(사 49:14-17)

대선지서(이사야, 예레미야, 예레미야애가, 에스겔, 다니엘서)와 소선지서(호세아, 요엘, 아모스, 오바댜, 요나, 미가, 나훔, 하박국, 스바냐, 학개, 스가랴, 말라기)로 분류되는 선지서는 이사야서로 시작된다. 대소로 구분하는 것은 책의 분량이 많고 적음에 따른 것이다.

선지자는 '하나님의 사람'(삼상 9:6; 왕상 12:22, 17:18 등), '여호와의 사자'(사 42:19; 말 3:1), '선견자'(삼상 9:9; 대상 9:23 등) 등으로 불리며, 우리말로는 '먼저 아는 자'라는 의미로 하나님의 뜻을 사람들에게 전달하는 역할을 했다. 선지자는 미래의 일뿐 아니라 당대의 일도 하나님께 받아서 선포했다. 그래서 선지자들은 항상 '여호와께서 말씀하시기를'이란 말로 예언했다. 선지자는 그 시대의 종교적 파수꾼이었기에 파수꾼(겔 3:17; 합 2:1-2)이라 불리기도 했다. 선지자들의 메시지는 4중적 의미를 지니고 있다. 첫째, 선지자가 살고 있는 그 시대에 대해 예언하고, 둘째, 포로됨과 귀환을 말하고, 셋째, 메시아를 보여주고, 넷째, 그 메시아를 통해 이루어질 궁극적인 하나님 나라, 곧 새 하늘과 새 땅을 보여준다.

(1) 이사야 선지자

이사야라는 말은 '여호와는 구원' 혹은 '여호와는 구원이시다'라는 뜻으로, 이사야는 약 60년간 선지자로 활동했다. 이사야 6장 1절에 보면 그가 활동을 시작했을 때가 "웃시야 왕의 죽던 해"라고 말하고 있는데, 이때가 B.C. 739년이었다. 이때부터 앗수르의 산헤립이 죽은 해인 B.C. 680년까지 활동했다. 그러므로 북왕조가 패망하고 남왕조의 종말이 임박했을 때라고 할 수 있는데, 웃시야가 죽은 후 요담(B.C. 749-734년), 아하스(B.C. 734-728년), 히스기야(B.C. 728-687년) 왕 때와 므낫세(B.C. 687-639년) 초기까지 활동했음을 알 수 있다.

이사야서는 구원이란 오직 하나님의 은혜로 말미암는다는 사실을 유다 백성에게 가르치려는 목적에서 기록되었다. 이사야는 기울어가는 유다 왕국의 장래를 바라보며 유다 백성의 경성과 회개를 촉구하는 메시지를 선포했다. 우상 숭배로 기울어져 가는 유다 백성의 영적 타락과 정치, 사회 문제에 이르기까지 광범위하게 예언하면서, 유다 왕국에 환난이 닥치는 근본 이유는 죄악으로 인해 하나님과의 정상적인 교제 관계가 깨어졌기 때문이라고 했다. 그러므로 유다 백성이 참된 번영과 축복을 누리려면 선민으로서의 거룩한 자태를 회복하고, 주위 열강이 아니라 오직 하나님만 의지해야 한다는 사실을 주지시키려 했다.

(2) 이사야서

이사야서는 66장으로 된 긴 책인데, 이 책의 목적은 유다 백성을 우상 숭배와 도덕적 타락에서 구해 내어 하나님을 경외하는 믿음을 갖게 하려는 데 있다. 또한 이사야서는 구약에서 예수 그리스도에 대한 예언 기사가 가장 많기 때문에 이 책을 '이사야에 의한 복음'이라고 말하기도 한다. 이사야서는 크게 2부분으로 구성되어 있다.

① 하나님의 심판

1-39장은 주로 하나님의 심판을 주제로 하고 있다. 우상 숭배와 종교적인 범죄, 그리고 하나님을 의지하지 않고 이방 세력을 의존하고, 약한 자를 억압하는 사회적 범죄를 책망한다. 하나님의 심판은 이스라엘이나 유다만이 아니라 이방 나라들에게도 동일하게 적용된다. 이를 통해 하나님의 통치와 절대주권을 보여주었다.

② 하나님의 사랑(회복과 위로)

이사야의 두 번째 부분이 40-66장인데, 이 부분에서는 회복과 위로가 주제이다. 그래서 40장이 이사야서의 분기점이 된다. 이사야 40장 이하는 바벨론 포로에서의 해방과 재건을 말씀하는 내용이다.

고레스의 칙령(귀환과 재건 약속): 40-48장은 고레스의 칙령으로 귀환과 재건 약속으로 이스라엘 백성을 위로하고, 역사의 주 되신 하나님을 보여준다.

메시아에 대한 대예언: 49-57장에서는 메시아에 대한 대예언으로 포로민을 위로하고, 구속자 예수 그리스도를 보여준다.

이스라엘의 미래 영광(예언적인 위로): 58장 이하에서는 이스라엘의 미래 영광에 대한 예언적인 위로가 기록되어 있다. 즉 만유의 통치자 이신 성령을 보여준다. 그래서 이사야서의 후반부인 40장에서 마지막 장인 66장까지를 흔히 '구약 안의 신약'이라고 말한다.

(3) 하나님의 위로

이사야 40장 서두인 1-11절은 그 이후의 이사야서 전체를 포괄하는 핵심을 담고 있는데, 그것이 메시아를 통한 미래의 회복이다.

① 하나님은 우리의 하나님이 되신다는 '언약'을 통해 위로하신다.

이사야 40장 1절에 보면 "너희 하나님"이라고 했고, "내 백성"이라고 말하고 있다. 이것은 언약적 용어이다. 지금까지의 모든 가슴 아픈 사건(특히 바벨론 포로 사건)들에도 불구하고 하나님은 과거 이스라엘 선조들과 맺었던 언약을 파기하지 않았음을 보여준다. 하나님을 배반했던 그들을 향해 여전히 '내 백성'이라고 받아주시는 사랑, 하나님은 여전히 우리를 내 백성이라고 하시며, 언약을 확인시켜 주신다. 이것은 엄청난 위로이다. 오늘 우리에게 큰 위로가 되는 것은 하나님은 바로 나의 하나님이 되신다는 사실이다. 그리고 우리는 그의 백성이라는 점이다. 하나님은 내 편이시다.

② 죄의 용서를 통해 위로하신다.

이사야 40장 2절에 보면 "그 죄악의 사함을 입었느니라"고 하신다. 죄악의 사함을 입었다는 말은 죗값을 지불했다는 말이다. 위로의 메시지의 핵심은 죄가 사해졌다는 것이다. 이스라엘은 허물과 죄를 용서하시는 하나님의 은혜와 언약의 신실성으로 말미암아 죄 사함의 약속을 받게 된 것이다.

③ 예수 그리스도의 오심을 통해 위로하신다.

이사야 40장 3-11절은 메시아에 대한 예언이다. 3-4절에서는 세례 요한의 출현과 그의 사역을 보여주고 있다. 이 본문이 마태복음 3장 3절에서 인용되는 것을 보면 세례 요한의 출현을 예언하고 그의 사역을 말하는 것임을 알 수 있다. 세례 요한의 임무는 이스라엘 백성들로 하여금 율법에서 떠난 것, 자기 확신, 민족적 특권에 대한 자만심, 위선, 그리고 비종교성을 제거함으로써 그리스도의 오심을 준비하는 일이었다(말 4:6; 눅 1:17). 5절은 성육신하신 하나님 곧 예수 그리스도의 오심을 암시한다(요 1:14). 6-8절에서는 이 세상의 모든 것이 변해도 영원히 변치 않는 것, 그것이 하나님의 말씀임을 일깨워 주고 있다. 이 본문은 베드로전서 1장 24-25절에서 인용되고 있는데, 하나님의 말씀의 영원성과 불변성뿐 아니라 유효성 곧 반드시 실현된다는 것을 보여주고 있다. 9-11절은 예수 그리스도의 오심을 예언한다. 9절의 "높은 산에 오르라"는 말씀은 널리 알리라는 말씀이다. "아름다운 소식"이란 일차적으로는 바벨론에 포로로 잡혀갔던 이스라엘의 귀환을 말하지만, 더 나아가서는 성육신하여 오실 그리스도에 관한 소식이다. 11절은 성도의 목자 되시는 예수 그리스도의 사역을 보여준다(요 10:11-15).

(4) 이사야서에 나타난 메시아사상

구약에서 이사야서만큼 메시아를 증거하는 내용을 풍부하고 다양하게 수록하고 있는 책도 없다.

① 가지

하나님은 아브라함에게 '씨'뿐 아니라 '땅'을 주실 것을 약속하셨다(창 12:1-3). 만일 그 백성이 순종하면 그 땅은 풍족한 결실을 내지만, 불순종할 경우에는 황폐해질 것이었다(신 28장). 이사야 당대에 앗수르의 침공으로 약속의 땅은 유린된 바 있다(사 1:7-9). 이것은 철저하게 임할 심판에 대한 전조였다(사 7:23-25). 하지만 하나님은 그 땅에 임할 궁극적인 축복을 약속하셨다(사 4:2, 35:1-10, 41:18-19, 55:12-13). 유다가 유린당하고 온갖 수목들이 베여도 '거룩한 씨' 곧 이 땅의 그루터기는 남게 된다(사 6:13). 그리고 이 그루터기로부터 궁극적으로 풍성한 결실을 도래케 할 가지인 메시아적 왕이 출현하게 될 것이다(사 11:1-5).

② 돌(반석)

반석이신 하나님은 신실한 백성에게는 요새와 피난처가 되시나, 패역한 자들에게는 넘어지게 하는 거치는 돌이 될 것이다(사 8:14-15). 하나님은 "시험한 돌이요 귀하고 견고한 기초돌"(사 28:16)을 시온에 놓으리라고 약속하셨다. 이것은 메시아를 가리킨 것이다. 이사야 32장 1-2절에서 메시아적 왕은 그의 백성을 보호하는 바위 그늘로 묘사되고 있다.

③ 빛

하나님의 말씀을 거역한 백성은 큰 흑암에 처하게 된다(사 8:19-22). 그러나 메시아의 도래와 더불어 빛이 새롭게 비췰 것이다

(사 9:1-7, 30:26, 42:16, 58:8-11). 그리고 이 빛은 이방 땅으로까지 퍼져 나갈 것이다(사 42:6-7, 49:6, 9).

④ 아이

이사야 1장 2, 4절에서 유다 백성은 하나님의 양육을 받음에도 불구하고 반역한 행악의 종자요 부패한 자식으로 묘사되었다. 율법은 개전의 기미를 보이지 않는 패역한 자식을 돌로 쳐 죽이도록 규정하고 있다(신 21:18-21). 이사야의 두 아들도 이스라엘에게 전조 혹은 표징이 되었다. 스알야숩은 하나님의 은총을, 마헬살랄하스바스는 하나님의 심판을 각각 암시한 것이다(사 7:3, 8:1-4, 18). 여기서 매우 의미심장한 한 아이가 등장하는데, 그 아이의 이름 '임마누엘'은 하나님이 그 백성과 함께하신다는 약속을 담고 있다(사 7:13-14). 이 아이는 기묘자, 모사, 전능하신 하나님, 영존하시는 아버지, 평강의 왕이라는 이름을 갖고 탄생하실 메시아 출현의 전조가 된다(사 9:6).

⑤ 왕

이사야 9장을 통해 인간임과 동시에 신적 존재이신 한 왕을 발견할 수 있다. 그의 왕국은 계속 확장되어 갈 것이며(사 9:6-7) 마침내 온 세상을 지배하게 될 것이다(사 11:4, 9-10). 물론 그의 왕권은 이스라엘 열왕들의 그것과는 달리 완전한 의와 평화의 왕권이다(사 9:7, 11:3-9).

⑥ 종

이사야서에는 네 차례에 걸쳐 종의 노래가 등장한다(사 42:1-9,

49:1-6, 50:4-9, 52:13-53:12). 이 노래에 나오는 '종'은 이스라엘을 가리킬 때도 있으나, 대체적으로 오실 메시아를 지칭한다. 이런 사실은 세 번째와 네 번째 노래에서 더욱 두드러지며, 특히 53장에서는 종의 모습이 세밀하게 언급되고 있다. 종은 비천한 출신으로 탄생하여 온갖 멸시와 천대를 자발적으로 감수하시고, 급기야 형벌을 받아 돌아가심으로써 백성의 죄악을 친히 담당하신다는 것이다. 이 내용은 가장 완벽하게 그리스도를 표현한 것이다. 종의 고난은 구속사의 핵심이며 기독교의 핵심이다.

2) 예레미야 : 너를 향한 나의 생각은 평안이라(렘 29:4-12)

성경 예레미야를 기록한 예레미야는 아나돗 제사장 힐기야의 아들로서 약 20세의 젊은 나이에 예언자로 부름 받았다(렘 1:6). 이때가 요시야 왕 제13년, 곧 B.C. 626년경이었다(렘 1:2, 25:3). 예레미야는 요시야, 여호아하스, 여호야김, 여호야긴 왕 시대에 걸쳐 예언했으며, 시드기야 왕 제11년(B.C. 586년경) 바벨론의 느부갓네살에 의해 예루살렘이 파괴될 때까지 50여 년간 활동했다.

(1) 선지자 예레미야

예레미야는 예루살렘 함락 이전에는 주로 유다에 대한 심판과 포로를(렘 1-39장), 예루살렘 함락 이후에는 주로 유다의 장래와 회복에 관한 예언을 했다(렘 40-52장). 예레미야의 예언대로 바벨론이 여호야김 왕 때 예루살렘을 공격하기 시작했다. 이때 예레미야는 이들에게 저항하지 말고 항복할 것을 말했다. 예루살렘이 패망하기 10년 전에 예레미야는 민족들(렘 27:1-11)과 시드기야 왕(렘 27:12 -15)과 그 백성들에게(렘 27:16-22) 바벨론에게 복종하라고 권했다. 바벨론에게 대항하면 바벨론에 의해 다 멸망하게 되지만, 항복하면 멸망은 피할 수 있다고 말했던 것이다(렘 27:1-8). 이 일로 예레미야는 비난을 받았다. 예레미야는 패배주의자, 매국노, 바벨론과 내통한 자라는 비난을 받았다. 예레미야와 동시대에 예언했던 예언자 중에 우리야라는 사람이 있었다. 그도 예레미야와 같이 바벨론에 항복하도록 예언했다. 이 일로 그에 대한 체포령이 내려져 그는 애굽으로 도망갔으나, 체포조를 파송해 그를 잡아왔고 그를 처형시켰다(렘 26:20- 23). 예레미야도 동일한 위험에 노출되어 있었으나 사반의 아들 아히감이 예레미야를 보호해 주었기 때문에 죽음을 피할 수 있었다(렘 26:24).

예레미야는 사람들이 듣기 좋아하든 싫어하든 하나님이 명하시는 대로 예언했다. 때로는 책망도 하고, 때로는 심판을 선언하기도 하고, 때로는 간곡히 권면하기도 했다. 예레미야는 하나님의 말씀을 듣지 않고 썩어져 붕괴되고 있는 조국에 괴로워 눈물로써 외친 '눈물의 선지자' 였다. 그는 정직한 예언으로 미움을 사기도 했다. 부패한 민족에 대한 멸망 예언 중 여러 번 감옥에 갇혔으며, 미움을 당하고, 매를 맞고, 그의 백성과 고향 사람들, 심지어 가족들에게도 받아들여지지 않았다. 그는 결혼도 하지 않고 오직 하나님 말씀만 전파하다가 끝내 돌에 맞아 순교했다.

(2) 시대적 상황

예레미야가 활동을 시작했을 때는 요시야가 왕이 된 지 13년이 되던 해였다. 요시야 왕은 종교 개혁을 단행했던 왕이었으나 전사했다. 그 아들 여호아하스가 왕이 되었으나 당시 강력한 제국이었던 애굽의 공격을 받고 끌려가 사망했다. 그 후 여호야김이 왕이 되지만, 그도 역시 바벨론에 의해 끌려가 죽었다. 그의 아들 여호야긴이 왕이 되었는데 그도 바벨론에 끌려가서 죽는다(왕하 24:6-16, 36:8 -10). 그 다음 왕이 유다의 마지막 왕인 시드기야인데, 그도 그전의 왕과 같이 우상을 숭배하고 악을 행했다(렘 52:2).

시드기야가 왕이 된 지 9년 10월 11일 새로운 강대국으로 등장한 바벨론의 느부갓네살 왕이 군대를 이끌고 와서 예루살렘을 포위했다. 이제 하나님의 자비의 때는 지나갔던 것이다. 바벨론 군대가 예루살렘을 포위하고 있으니 성 안에는 먹을 것이 없었다. 극심한 기근에 시달리게 되자, 시드기야 왕은 탈출을 시도한다. 그러나 곧 체포되어 자기가 보는 앞에서 아들이 살해되고 그는 바벨론 포로로 잡혀갔다. B.C. 586년 예루살렘은 패망하고 만다. 이런 상황에서 예언한 사람이 예레미야였다.

(3) 너를 향한 나의 생각은 평안이라

예레미야 29장은 예레미야가 바벨론에 포로로 잡혀간 이들에게 보낸 편지이다. 예레미야서는 긴 책이지만 29장 속에 예레미야서를 통해 말하고자 했던 중요한 내용이 함축되어 있다.

바벨론에 정착하라.

예레미야 29장 5절에 "너희는 집을 짓고 거기 거하며 전원을 만들고 그 열매를 먹으라"고 했다. 바벨론에 잡혀가 포로로 머물고 있는 사람들에게 그 땅에서 정착하라고 권하는 것이다. 이해할 수 없는 권고이다. 남의 나라에 포로로 잡혀간 그들이 속히 귀환할 수 있도록 권하거나 위로하지 않고, 도리어 그곳에 정착하라고 권하고 있다. 하다못해 독립 투쟁을 벌이도록 권하든지 하나님이 속히 본토로 귀환할 수 있도록 기도하라고 하지 않고, 그 잡혀간 남의 나라에 정착하라고 말하고 있다. 심지어 7절을 보면 그 나라의 평안을 위해 기도하라고 말한다.

왜 예레미야는 이런 충고를 하고 있을까? 첫째, 포로민들은 앞으로 얼마 있지 않아서 다시 본토로 돌아갈 수도 있을 거라는 희망을 품고 있었다. 그러나 이들이 이곳에 잡혀간 것은 정치적인 이유나 우연이 아니었다. 이들이 배교하고 하나님을 배반했던 죄에 대한 심판이었다. 이것은 피할 수 없는 것이다. 이미 예레미야는 이들이 바벨론에 포로로 잡혀가 70년을 살게 될 것을 예언했다. 이 하나님의 말씀은 개변될 수 없다. 어떤 정치적인 협상을 하고 어떤 변화가 온다 해도 70년 후에야 포로에서 귀환할 수 있다. 하나님의 시간표는 정해져 있다. 예레미야의 권면은 하나님의 약속에 대한 신뢰에 기초하고 있다.

둘째, 거짓 선지자들의 거짓 예언에 현혹되지 말게 하기 위함이다. 예레미야 29장 8-9절에 보면 거짓 선지자들과 복술자와 꿈쟁이들을 멀리하라고 하신다. 이 당시 거짓 선지자들은 포로 생활이 속히 끝날 것이니 바벨론에 정착할 생각을 하지 말고 돌아갈 준비나 하라고 예언했다. 하나냐라는 거짓 선지자는 2년이 못 되어 다시 본토로 돌아올 수 있을 거라고 예언했다(렘 28:2). 뿐만 아니라 포로로 잡혀간 여호야긴 왕과 모든 백성들도 다 돌아오게 된다고 예언했다(렘 28:3-4). 이 거짓 선지자의 말은 사람들에게 듣기 좋은 말이었다. 바벨론에 오래 정착하지 않고 곧 돌아오게 될 것 같은 거짓된 기대감을 갖게 했던 것이다. 그러나 이것은 거짓 예언이다. 거짓 선지자의 예언은 이루어지지 않는다.

재앙이 아니라 평안을

예레미야 29장 10절에 "나 여호와가 이같이 말하노라 바벨론에서 칠십 년이 차면 내가 너희를 권고하고 나의 선한 말을 너희에게 실행하여 너희를 이곳으로 돌아오게 하리라"고 했다. 예레미야는 바벨론 포로가 될 것을 예언했지만 동시에 70년이 지나면 귀환할 것을 예언했다. 이것이 하나님이 정하신 때였다. 우리는 때로 조급해 한다. '왜 하나님이 이렇게 오래 시간을 끌고 계실까?' 혹은 '하나님이 왜 이리 빨리 하실까?' 그러나 그것은 우리의 생각이다. 하나님의 때는 이르지도 않고 늦지도 않다. 예레미야는 비록 백성들이 죄를 짓고 남의 나라에 잡혀가 있지만 그래도 하나님은 그 언약을 저버리시지 않았다는 사실을 말하고 있다. 아직은 하나님이 이스라엘의 하나님이시며 그들을 기억하고 권념하고 있다는 사실이다.

본문에서 중요한 말씀이 11절이다. "나 여호와가 말하노라 너희를 향한 나의 생각은 내가 아나니 재앙이 아니라 곧 평안이요 너희 장래에 소망을 주려 하는 생각이라." 여기서 "내가 아나니……" 하는 말씀은 사람들은 잘 모른다는 뜻이다. 우리를 향하신 하나님의 분명한 계획이 있지만 우리 인간들은 헤아리지 못한다. 그래서 불평하고 원망하지만 하나님은 분명한 계획이 있다. 그 계획은 언약 백성들에게 유익한 것이다. 우리를 향하신 하나님의 일은 우리에게 재앙이 아니라 번영이다. 단지 우리는 눈앞의 일들만 생각하기에 때로는 재앙이라고 생각하지만, 그것은 재앙이 아니라 결국엔 평안이다. 하나님은 우리에게 평화를 주시고 궁극적으로 소망을 주신다.

(4) 교훈

① 하나님은 행한 대로 심판하신다.

유다 백성들의 바벨론 포로는 이들의 불순종에 대한 심판이었다. 하나님은 권면하시고, 경고하시고, 선지자들을 보내 훈계하시지만, 그래도 듣지 않을 때는 심판하신다. 하나님의 심판은 정확하다. 여기에는 인간의 판단이 개입될 수 없다. 하나님은 우리를 정확하게 아시고, 정확하게 판단하신다.

② 하나님의 약속은 반드시 이행된다.

70년간의 포로의 날들이 지나고 저들은 본토로 돌아갈 수 있었다. 하나님은 당시의 정치적 상황을 이용하시면서 당신의 약속을 이루어 가셨다.

③ 우리 곁에도 평안하다, 평안하다 하며 거짓된 평안을 주려는 자들이 있다.

거짓 교사들, 거짓 가르침, 곧 이단을 경계해야 한다. 거짓 예언자들, 돈을 탐하는 자들을 조심해야 한다. 저들은 하나님의 말씀을 빙자하여 잘못된 길로 인도한다.

④ 우리를 향하신 하나님의 뜻은 상함(재앙)이 아니라 평안이요, 번영이다.

하나님은 오늘의 당신 백성들도 좋은 길로 인도하신다. 우리 인간의 시각으로는 약간만 어려운 일을 당해도 힘겨워하고 재앙이라고 여기지만, 하나님은 당신의 백성들에게 번영을 주시는 분이다. 우리는 때로 '이것'이 가장 중요한 것이라고 여기지만, 하나님은 '저것'이 중요하다고 말씀하신다. 그래서 우리가 중요하다고 여기는 '이것'을 빼앗아 가시지만 우리가 알지 못하는 보다 중요한 다른 것을 주시는 분이시다. 문제는 우리가 무엇이 더 중요한가를 바로 알지 못한다는 점이다. 그래서 우리는 무엇을 잃으면 크게 걱정하고 상심하지만, 하나님은 그것보다 더 중요한 것을 준비하고 계신다. "너희를 향한 나의 생각은 내가 아나니 재앙이 아니라 곧 평안이요 너희 장래에 소망을 주려 하는 생각이라"(렘 29:11). 이것이 하나님의 계획이다.

3) 예레미야애가 : 오히려 소망이 있사옴은(애 3:21-22)

예레미야애가는 예루살렘의 함락을 애도한 글로서, 예루살렘의 함락 이후 눈물의 선지자 예레미야에 의해 기록되었다. 예레미야애가는 말 그대로 애도의 책이며, 예루살렘의 멸망을 읊은 조가이다. 예레미야는 한때 그토록 영광스러웠던 도시 예루살렘이 바벨론의 말발굽에 철저히 폐허가 되버린 지금의 참담한 현실을 생생하게 목도하는 가운데, 애절한 눈물로 5편의 시를 지어 예루살렘에 부쳤다. 그것은 멸망해 버린 예루살렘에 대한 깊은 슬픔의 노래요, 또한 멸망을 초래한 죄악에 대한 뼈저린 회개의 노래였다. 나아가 슬픔 속에서도 하나님의 언약을 굳게 신뢰하는 가운데, 언젠가는 폐허 속에서 피어날 찬란한 회복과 구원을 노래하였다.

(1) 성도의 슬픔

예레미야애가 1장 1절은 "슬프다 이 성이여……"라고 시작하고 있다. 이것은 바벨론 포로 사건에 대한 선지자의 안타까움을 대변해 준다. 하나님과 이스라엘 백성들 사이에서 하나님의 계시를 전달해야 하는 위치에 있었던 선지자는, 바벨론에 의해 무참하게 짓밟힌 폐허의 현장에서 비탄의 노래를 부르고 있다.

하나님의 백성들은 말씀대로 살지 못할 때 가장 큰 슬픔을 느껴야 한다(애 1:1-4).

하나님의 백성들의 정체성은 하나님의 말씀대로 살 때 확립되는 것이다(출 19:5-6). 하나님의 말씀대로 순종하지 못할 때 비참한 결과가 초래된다. 그러므로 말씀에서 벗어날 때 아픔과 두려움을 느끼며 돌이킬 수 있어야 한다.

하나님의 백성들은 말씀대로 살지 못할 때 이전의 영광이 다 사라진다(애 1:5-7).

하나님은 이스라엘 백성들이 하나님의 말씀을 떠난 것이 얼마나 심각한 일인가를 확인시키기 위해 이전의 모든 영광을 다 거두어 가셨다. 열방들은 이스라엘을 유린하고 지배했다(애 1:5). 이스라엘의 상황을 비웃었다(애 1:7). 이러한 사실로 인해 무엇보다도 안타까운 것은 하나님의 영광이 이스라엘을 떠났다는 것이다(애 1:6). 이같이 하나님의 말씀대로 살지 못할 때 필연적으로 멸망과 파괴가 수반된다.

하나님의 백성들이 하나님의 말씀대로 살지 못한 이유는 죄 때문이다(애 1:8-11).

이스라엘 백성들이 죄악 된 본성으로 인해 하나님의 말씀대로 살지 않았다(애 1:8). 죄는 하나님과 이스라엘 백성들의 참된 교제를 방해하며, 나아가서 대인 관계, 자연과의 관계까지 파괴적으로 만든다. 그래서 인간의 모든 영역은 왜곡되고 부패하게 된다. 그러므로 예수님은 하나님과 인간 사이에 막혀 있는 죄의 담을 무너뜨리시기 위해 십자가를 대신 지신 것이다. 유다의 슬픔은 단지 인간적인 연민이 아니다. 하나님과의 관계가 어긋나는 데서 오는 신앙적인 슬픔이었다. 하나님을 떠나 방황하는 모습은 인생에게 있어 가장 안타까운 상황인 것이다.

(2) 하나님의 심판

예레미야애가 2장 5절에 "주께서 원수같이 되어 이스라엘을 삼키셨음이여……"라고 했다. 범죄한 이스라엘을 향한 하나님의 심판은 다음과 같다.

전 국가적 심판이다(애 2:1-5).

오랫동안 죄와 우상 숭배에 젖어서 하나님께 대항해 온 이스라엘을 향한 하나님의 진노는 마치 천둥 치는 구름처럼 유다 왕국을 덮고 있었다(애 2:1). 하나님께서는 아브라함의 후손으로 선택된 민족이요 거룩한 나라(출 19:5-6)인 이스라엘을 위해 초자연적인 능력으로 구속 역사를 진행시키셨으며, 모든 삶을 구체적으로 인도하셨다. 그러므로 언약 백성인 이스라엘은 하나님께 특별한 헌신을 바쳐야 마땅했다. 그러나 이스라엘은 배은망덕하게 범죄했고 하나님은 전 국가적인 심판을 수행하셨다.

종교적 중심지에 대한 심판이다(애 2:6–9).

하나님과 이스라엘의 진정한 관계는 성전에서 이루어지는 예배를 통해 밀도 있게 이루어져 왔다. 그런데 이 성전이 부패하고 타락하자 하나님은 가혹한 심판을 내리셨다. 이것은 국가적인 심판의 근본적인 원인이 되기도 한다. 민족의 찬란하던 수도는 땅바닥에 떨어졌으며, 신성불가침으로 여겨졌던 성소는 정복자들에게 짓밟혔다(애 2:6–7). 수세기 동안 민족의 자존심이었던 솔로몬 성전도 파멸되었다. 성전에는 적들이 승리를 기뻐하며 내지르는 함성이 가득 찼다(애 2:7). 하나님의 파괴 작업은 너무나 섬세하고 정확하여서 성전 돌 하나가 다른 돌 위에 놓이지 않을 정도였다(애 2:8). 하나님은 이스라엘의 모든 권세와 힘을 잘라버리셨다(애 2:3). 이스라엘을 보호하기 위해 행사되어 왔던 하나님의 권세가 이제는 이스라엘을 파멸시키는 데 사용되고 있다(애 2:4–5).

(3) 좌절에서 소망으로

예레미야애가 3장 22절은 "여호와의 자비와 긍휼이 무궁하시므로 우리가 진멸되지 아니함이니이다"라고 했다. 국가가 심판을 당하자 예레미야는 하나님께 간절한 기도를 올리게 된다(애 2:18–22). 그리고 예루살렘의 파멸로 인한 자신의 고난과 슬픔을 말하고 있다(애 3:1-18). 이것은 국가에 대한 하나님의 심판이 한 개인의 차원에서는 어떠한 의미를 부여하는가에 대한 답을 제공해 주기 위함이다.

예레미야는 선지자답게 민족의 아픔을 자신의 아픔으로 받아들이는 성숙한 신앙인의 자세를 보여주고 있다(애 3:1-13). 예레미야는 예루살렘에 처한 전 공동체적 고난을 자신의 개인적인 고난과 동일시하는 연대 의식을 가지고 있다. 구약의 이런 공동체적 연합 사상은 오늘날 신약 교회의 유기체적 성격의 예표라고 볼 수 있다. 하나님의 백성들은 그리스도를 머리로 하는 한 몸의 지체와 같이 서로 연결되어 있다(엡 4:1-16). 예레미야는 절박한 상황 속에서도 희망적인 메시지를 전하고 있다(애 3:19-39). 하나님은 언약 백성들을 긍휼하심으로 인도하신다는 것이다. 여호와께서 궁극적으로 이스라엘을 회복시킬 것이라는 간절한 기대가 본서의 가장 핵심적인 내용이다.

여호와의 구원을 간절히 소망함(애 3:19-26).

선지자는 유다가 그토록 심각한 파멸에 처해질 수밖에 없었던 이유를 깨달았다. 그 환난의 와중에서도 진멸되지 않은 사실을 오히려 감사했다. 백성과 자신이 처한 현실 앞에서 깊은 좌절을 느꼈던 예레미야가 이제는 도리어 감사하는 마음으로 소망을 지니게 된 것이다. 이 소망은 재난과 참상을 잊어버렸거나 경각시킴으로 생긴 것이 아니다. 심령을 여호와께로 향함으로써 생겨난 것이다. 여호와는 자비와 긍휼이 무궁하시다고 했다(애 3:22). '자비'는 여호와의 언약적 사랑과 신실하심을 나타내는 단어이다. '긍휼'은 그 자비로 말미암은 측은히 여기심이다. 여호와는 우리의 기업이시므로(애 3:24) 현실상의 어떤 어려움과 궁핍 속에서도 넉넉히 견딜 수 있는 비결이 된다. 고난에 직면한 자에게는 겸허한 자세로 인내함이 필요하다(애 3:25-26).

여호와의 근본적인 목적(애 3:27-33)

하나님의 징계와 연단을 받는 자는 하나님과 사람들에게 불평, 불만을 발하지 말아야 한다. 입이 땅에 닿을 정도로 머리를 숙이라는 것은 하나님께 대한 완전한 복종을 의미한다(애 3:27-30). 여호와께서는 지은 바 죄악에 대해서는 엄하게 징벌하시지만, 영원토록 버리시지 않기 때문에 소망 중에 인내할 수 있다(애 3:31). 하나님은 징계나 심판 자체를 원하시는 것이 아니다. 회개를 유도하신 후에는 그 크신 자비에 따라 긍휼을 베푸신다(애 3:32-33; 시 89:32-33; 사 54:7-8; 합 3:2).

인간의 모든 것은 하나님의 주권 속에(애 3:34-39).

인생사의 모든 일은 하나님의 섭리에 따른 것이다. 그러므로 인생에게 필요한 것은 모든 것이 합력하여 선을 이루게 하시는 하나님께 순종하며 인내로써 기다리는 일이다(롬 8:28). 이러한 자세는 죄로 인해 징벌을 당하는 자는 말할 것도 없고(애 3:34-36, 39; 벧전 2:19) 애매한 고난을 받는 자에게도 요구되는 것이다(벧전 2:20). 하나님의 심판 속에서도 구원을 소망하는 예레미야의 자세는 선지서의 공통된 주제이기도 한다. 이방 국가들의 포로가 된 상황에서도 궁극적인 소망을 꿈꾸는 것이, 신약에 와서는 예수 그리스도의 재림을 대망하는 종말론적인 소망으로 구체화된다. 하나님은 궁극적으로 이스라엘을 회복시키신다. 우리는 이스라엘을 단순히 혈통적, 민족적 개념의 이스라엘로 받아들이면 안 된다. 하나님과 참된 관계를 유지하고 있는 영적인 이스라엘로 보아야 한다. 즉 하나님을 믿고 섬기는 성도들이다.

하나님께로 돌아오라(애 3:40-51).

근본적인 문제를 해결하기 위해서는 하나님께로 돌아가야 한다. 회개라는 것은 오직 하나님의 은혜로만 자신의 죄를 용서받을 수 있다는 신앙적인 자세를 전제로 한다. 하나님의 은혜의 효과를 아는 자만이 회개할 수 있다. 회개는 자신의 행위를 철저하게 고백하는 것이다. 일상적인 삶 속에서 하나님의 은혜와 긍휼을 체험하는 가운데 진지하게 계속적으로 이루어져야 한다. 그럴 때 하나님의 백성은 하나님과 교제하는 복된 삶이 가능한 것이다.

하나님은 성도를 사랑하시되 끝까지 사랑하신다(요 13:1). 환난을 통해 성숙된 신앙 인격으로 연단시키실지언정 영원한 파멸로 떨어뜨리시진 않는다. 우리가 고난 가운데서도 좌절하지 않고 하나님의 회복과 치유의 손길을 바라보아야 하는 이유도 여기에 있다. 중요한 것은 믿음이지 눈앞의 상황이 아니다. 하나님이 하시고자 할 때 이루어지지 않을 것은 아무것도 없으며, 하나님이 보호의 손길을 펴실 때는 누구도 훼방하지 못한다.

4) 에스겔 : 이 뼈들이 능히 살겠느냐(겔 37:1-14)

예루살렘의 귀족에 속하는 제사장인 에스겔은 25세 되던 해인 예루살렘 멸망 11년 전에 바벨론 포로로 잡혀갔다. 그는 예레미야와 다니엘과 동시대 사람으로서, 포로로 잡혀온 이후 바벨론 궁전에서 약 80km 떨어진 곳에 있는 그발 강변 텔아비브에 살고 있었다. 에스겔은 포로 생활 5년이 흐른 후에 선지자의 소명을 받았다. 이때 그의 나이는 30세였다. 그는 2년간 포로 된 유다인들에게 말씀의 사역을 감당했다. 그의 민족이 포로가 된 지 수년이 흘렀지만 그의 민족은 돌이켜 회개하지 않았고, 하나님에 대한 예배가 결여됨은 물론 점점 부패해 가기만 했다.

에스겔은 환상을 통해서 처량한 자신의 민족에 대해 풍유적으로 예언했다. 그들이 포로 된 것은 죄로 인한 것이라고 책망했다. 아울러 회개하고 하나님께 돌아갈 것을 촉구했으며, 거짓 선지자들과는 달리 70년이 지나야 고국으로 돌아갈 수 있다고 예언했다. 에스겔은 신앙생활을 철저히 하던 남은 자들을 위해서 후에 이스라엘은 회복될 것이라는 예언으로 소망을 불어넣는 설교를 했다.

다니엘서와 더불어 계시 문학의 핵심에 위치한 에스겔서는 환상(겔 1:4-2:7)과 상징(겔 4:1-11)이 풍부하며, 신약의 요한계시록과도 밀접한 연관을 갖는다. 여기서는 에스겔이 본 여러 가지 환상 중에서 마른 뼈 환상을 중심으로 말하고자 한다.

(1) 절망적인 상태이다

에스겔 37장 11절에 "이 뼈들은 이스라엘 온 족속이라"고 했다.

하나님이 에스겔을 찾아오셨다. 하나님의 신이 그를 골짜기로 데리고 갔다. 그 골짜기는 에스겔 3장 22절의 "들"과 동일한 곳으로, 에스겔이 예루살렘과 그 백성들의 심판을 처음으로 계시받은 곳이다. 그곳에서 에스겔은 놀라운 광경을 목도했다. 골짜기에 뼈가 아주 많았는데, 그 뼈들이 아주 말랐다고 했다(겔 37:2). 뼈가 말랐다는 것은 일차적으로 죽은 상태가 매우 오래된 것을 말한다. 이차적으로는 이 말이 '실망하다', '시들다', '수치를 당하다'라는 말에서 유래된 것으로 작은 생명의 흔적조차 찾아볼 수 없는 극단적인 절망과 죽음의 상태, 회복 불능의 상태를 암시한다. 더군다나 여호와께서는 에스겔에게 '이 뼈들이 능히 살겠느냐'라고 물어보신다. 이 뼈들은 스스로는 절대로 살 능력이 없는 절망적인 상황 속에 있다는 것을 못 박는 물음이다.

이 뼈들은 이스라엘 온 족속이라고 하셨다. 이들은 다 멸절되었다고 했다(겔 37:11). 멸절되었다는 것은 끊어졌다는 말이다. 하나님과의 관계가 단절되었다는 것이다. B.C. 586년 이스라엘은 바벨론의 침공으로 나라를 빼앗겼다. 당시 바벨론 왕 느부갓네살은 예루살렘을 침공하여 성전 안에서까지 이스라엘인들을 목 베어 죽였다(대하 36:17). 유다 왕 여호야긴은 쇠사슬에 결박되어 바벨론으로 끌려갔다. 수많은 백성들이 포로로 끌려갔고, 고국에 남아 있던 사람들도 죽음을 당하거나 애굽으로 피난 가야 했다. 이역만리 포로지에서 고통 가운데 하루하루를 보내는 이스라엘 백성들에게 희망이란 없었다. '마른 뼈'는 바로 이들의 절망적인 상태를 상징적으로 보여준 것이다. 이들이 거하고 있는 바벨론은 무덤이다(겔 37:12). 당시 이스라엘인들은 죽음의 땅에서 죽은 자와 같은 생활을 했다. 예수 믿기 전 우리의 상태가 이러했다. 그리스도를 영접하기 전에 우리에게 소망은 없었다. 우리는 모두 멸망할 수밖에 없는 존재들이었다.

(2) 말씀을 통해 다시 살아난다

에스겔 37장 4절에 "…… 너희 마른 뼈들아 여호와의 말씀을 들을지어다"라고 했다. 9절에 "주 여호와의 말씀에……"라고 했다. 14절에는 "나 여호와가 이 일을 말하고 이룬 줄을 너희가 알리라 나 여호와의 말이니라"고 했다.

하나님은 에스겔에게 "너희 마른 뼈들아 여호와의 말씀을 들을지어다"라고 선포하라고 하신다. 다시 말하면 마른 뼈에게 복음을 전하라는 것이다. 여호와의 말씀의 내용은 뼈들에게 생기를 불어넣겠다는 것이다(겔 37:5). 뼈들을 살리시겠다는 것이다(겔 37:6). 에스겔이 여호와의 명령대로 말씀을 전파하자 소리가 나고 뼈들이 움직이기 시작했다. 그리고 뼈들이 서로 연결되었다(겔 37:7). 힘줄이 생기고 살이 오르며 가죽이 덮이게 되었다(겔 37:8). 에스겔이 하나님의 말씀을 선포하자 뼈들이 서로 짝이 맞고 힘줄이 생기고 살이 오르며 가죽이 덮였다. 그러나 아직 그 속에 생기는 없었다고 했다(겔 37:8).

하나님은 다시 에스겔에게 명령하신다. 이번에는 생기를 향해 말씀을 선포하라고 하신다. 주 여호와의 말씀대로 에스겔이 "생기야 사방에서부터 와서 이 사망을 당한 자에게 불어서 살게 하라"고 하자, 생기가 그들에게 들어갔다고 했다(겔 37:9). 에스겔이 생기를 향해 명령하여 생기를 불러온다고 오해하면 안 된다. 외적인 형태만 갖춘 뼈들에게 생명을 주는 신적인 본질로서의 생기가, 하나님의 창조적 사역 속에서 그 말씀을 통해 발원되는 것임을 암시하는 것이다. 여호와께서 뼈들에게 불어넣으신 생기는 인간 창조 시에 하나님이 인간에게 불어넣으셨던 '생기'(창 2:7)와 동일한 의미이다. 생명의 동인이 되는 숨이다. 호흡이다. 생명의 본질이다. 죽은 뼈를 살린 것은 하나님의 창조적인 능력이다. 회복이 불가능했던 이스라엘이 하나님의 능력의 말씀이 임하자 회복됨을 가리킨다. 이스라엘이 하나님의 말씀을 통하여 회개하고 옛적 신앙을 회복함을 가리킨다.

바벨론 포로지에서 그들은 하나님의 말씀을 절실하게 접했고, 하나님과 성전을 그리워하며 그발 강가에서 예배했다. 불가능에서 가능으로, 죽음에서 생명으로 변화시키는 사역은 하나님 말씀의 능력 외에 그 어떤 것도 할 수 없다(롬 4:17). 인간 영혼의 소생은 말씀을 통해서만 가능하다(시 19:7). 진리의 말씀은 우리를 의로 훈계하고 가르치신다. 우리의 더러워진 환부를 도려내고 새 생명을 주신다. 복음을 가리켜 "생명의 말씀"(빌 2:16)이라고 거듭 표현한 이유가 여기에 있다. 말씀을 믿고 고백하는 자에게는 다시 사는 역사가 일어난다. 능치 못함이 없게 되는 것이다(눅 1:37).

(3) 성령을 통해 완전한 구원에 이르게 된다.

에스겔 37장 10절에 "생기가 그들에게 들어가매 그들이 곧 살아 일어나서 서는데 극히 큰 군대더라"고 했다.

여기서 '살아 일어섰다는 것'은 그들의 발로 일어섰다는 것이다. 곧 그들에게 주어진 생명이 그들 스스로 전인격적인 삶을 영위할 수 있게 온전한 것이었음을 말한다. 여기서 생기에 해당하는 원어가 신약에서는 '성령'으로 번역되었다. 결국 인간은 성령을 통해서만 온전한 그리스도인으로 성장할 수 있음을 보여준다. 본국으로 귀환한 이스라엘 민족에게 하나님은 당신의 성신을 부어 언약 백성으로 삼아 주시겠다고 약속하신 것도 이 같은 흐름 속에서 이해할 수 있다.

뿐만 아니라 마른 뼈들의 회복은 메시아 시대에 있을 하나님의 백성들의 회복을 의미하기도 한다. 하나님은 놀라운 권능으로 죽은 백성에게 참 생명을 허락해 주신다. 참 생명을 받은 자가 온전한 구원에 이르기까지 성령께서 인도하시고 도와주신다. 성령의 충만을 체험한 자만이 큰 군대, 즉 능력 있는 신자가 된다. 성령의 충만을 체험한 자만이 열매 맺는 신자가 된다. 주님은 제자들에게 "오직 성령이 너희에게 임하시면 너희가 권능을 받고……내 증인이 되리라"(행 1:8)고 약속하셨다. 성령의 내주함이 없이는 구원도, 주의 사역자로서의 사명 감당도 있을 수 없음을 보여주는 말씀이다. 바울 사도는 "누구든지 그리스도의 영이 없으면 그리스도의 사람이 아니라"(롬 8:9)고 단언했다. 하나님의 성령의 역사가 없이는 우리 역시 죽을 수밖에 없었던 자들임을 겸손히 인정해야 한다(엡 2:1). 우리도 마른 뼈처럼 철저하게 부패한 죄인이었다. 손가락 하나 움직일 수 없는 무능력한 자들이었다. 생명을 얻기 위해 무엇 하나 어떻게 해볼 수도 없었던 존재들이었다. 오직 하나님의 능력으로 생명을 얻은 자들이다. 이런 사실을 철저하게 인정하고 성령의 역사에 전적으로 의지해야 한다.

이제 우리는 하나님이 주신 새 생명을 가지고 성령께서 주시는 능력 속에서 주의 일을 감당하며 살아가야 한다. 하나님이 에스겔에게 대언 사명을 명하셨던 것처럼, 오늘 우리에게도 대언 사명을 명하고 계신다. 생명의 근원이신 하나님의 말씀을 선포하여 생명을 살리라고 명하신다. 오늘 교회는 이 사명 때문에 지상에 존재한다. 기독교는 부활의 종교이다. 생명의 종교이다. 하나님은 이 귀중한 일을 오늘 교회에 맡겨주셨다. 생명을 살리는 일에 먼저 살아남은 성도에게 맡기셨다. 따라서 이 일에 우리가 앞장서야 한다.

5) 다니엘 : 다니엘은 뜻을 정하여(단 1:8-16)

성경은 이스라엘의 역사적 상황에서 기록되었고, 그 시대 환경에서 우리에게 주시는 메시지가 있다. 그래서 그 책의 역사적 배경을 아는 것은 그 책을 통해 말씀하시는 하나님의 음성을 듣는 데 아주 중요하다.

(1) 역사적 배경

유다 백성들의 우상 숭배와 배교가 만회할 수 없는 지경에 이르렀을 때 하나님은 저들을 징계하셨다. 그래서 저들은 당시 강대국이었던 바벨론에 포로로 잡혀갔고, 70년간 포로 생활을 하게 된다. 유다가 바벨론의 느부갓네살 왕에 의해 멸망당했을 때는 B.C. 586년이었지만, 그 이전부터 백성들이 바벨론에 포로로 잡혀갔다. 유다인들의 바벨론 포로는 4차례에 걸쳐 이루어졌다. 제1차 포로(B.C. 605년) 때 왕족들과 귀족 계급이 포로로 잡혀갔는데, 다니엘과 세 친구도 그때 잡혀갔다(단 1:1-6). 예루살렘이 멸망하기 약 20년 전이다. 포로로 잡혀갔을 때의 다니엘의 나이는 16살이었다.

다니엘이 활동하고 있을 당시의 대표적인 선지자는 세 사람이었다. 예레미야, 에스겔, 다니엘이다. 예레미야는 에스겔보다 34년 선배로서 예루살렘의 멸망을 눈앞에 두고 본토에 남아서 회개와 각성을 촉구했다. 반면, 에스겔은 포로민 가운데 거하면서 민족의 소생과 회복을 예언했다. 다니엘은 에스겔보다 8년 앞서 이미 바벨론에 잡혀와 있었는데, 바벨론 왕실에서 70년간 활동했다. 즉 다니엘은 제1차 포로 때 바벨론에 잡혀와서 느부갓네살(단 2-4장), 벨사살(단 5장), 다리오와 고레스 왕(단 6장) 시대를 거치면서 활동했다.

(2) 다니엘서

구약의 계시록이라고 일컬어지는 다니엘서는 하나님 나라의 최종적인 승리에 대해 집중적으로 예언하고 있다. 예루살렘이 철저하게 파괴되는 현장을 지켜본 다니엘은 바벨론 포로 생활 속에서 하나님의 언약으로 인해 종말론적으로 완성될 나라를 기대하며 살았다. 그로 인해 투철한 신앙심을 유지하고 보다 낙관적인 역사관을 소유하게 되었다. 특별히 유다가 멸망함으로 인해 하나님의 주권이 의심 받는 상황에서 묵시적인 방법을 사용하여 하나님의 절대 통치를 드러내고 있다.

본서는 동일한 시대 배경을 가지고 있는 에스겔서와는 조금 다른 관점에서 기록되었다. 에스겔서는 제사장적 관점에서 성전 회복에 집중하고 있다. 반면, 본서는 선지자적 관점에서 국가적 회복에 초점을 맞추고 있다. 다니엘은 포로로 잡혀 있는 상황에서 이스라엘 백성들을 위로하고 이방 나라를 통치하시는 하나님의 주권을 거듭 강조하고 있다. 이 책의 이름이 다니엘서이지만 다니엘의 전기가 아니다. 그렇다고 포로기의 유대인의 역사를 기록한 책도 아니다. 이 책을 통해서 하나님은 여전히 자기 백성을 보호하시고 지키신다는 점을 보여주시면서, 이방 나라를 다스리시고 미래의 제국을 섭리하신다는 점을 보여주고 있다. 즉 하나님은 우주의 통치자이심을 보여주는 것이 이 책의 내용이다. 다시 말하면, 하나님이 자기 백성을 위한 구속 계획을 성취하기 위해 주변의 나라들을 어떻게 다스리시고 통치하시는가를 보여주는 것이 이 책의 목적이다.

(3) 바벨론의 포로 정책

① 인재 등용(단 1:3-4)

바벨론은 유다에서 데려온 포로민 중에서 왕족과 귀족 중 흠이 없고 외모가 준수하며 지식 있는 몇 명을 선발하여 정책적으로 바벨론의 언어를 가르치고 학문과 지식을 가르쳤다. 이렇게 선택된 인물이 다니엘과 그의 세 친구들이었다. 왕궁에서 이들을 특별 관리했다. 이들에게 바벨론의 언어와 학문과 기술을 가르쳐 이들을 통해 유다 민족을 통치하고, 궁극적으로는 전 유다의 바벨론화를 의도한 것이다.

② 특별한 음식 규정(단 1:5)

왕이 지정해 주는 음식과 포도주를 먹고 마시게 한 것이다. 말하자면 왕실에서 먹는 음식을 먹게 한 것이다. 이것은 최상의 음식이었을 것이다. 우리말 성경에 "왕의 진미"로 번역된 단어는 채소가 아닌 고기임이 분명하고, 이 왕의 식탁은 누구도 누릴 수 없는 특권이었음이 분명하다. 그러나 이러한 음식 규정법은 하나님과 왕 중에서 하나를 선택하도록 하는 하나의 시험이었다. 이들에게 주어졌던 왕의 음식은 율법의 음식 규례(레 11:2-8)에 어긋나는 피가 포함된 고기이거나(신 12:23-24), 부정한 동물의 고기(레 11:1-12), 또는 우상에게 바쳐졌던 음식(호 9:3; 고전 10:27-29) 등이었던 것이다.

③ 개명(단 1:6-7)

이 히브리 청년들의 이름을 개명시켰다. 다니엘은 벨드사살, 하나냐는 사드락, 미사엘은 메삭, 아사랴는 아벳느고로 고쳤다. 사실 개명 정책은 호칭의 불편함 때문이 아니라, 정복자들이 피정복자들의 문화와 민족성을 말살하기 위한 동화 정책의 일환이었다. 유다 민족의 언어를 무시하면서 그저 이름을 바벨론 언어로 바꾸었다고 생각할 수 있지만, 사실은 이보다 더 깊은 뜻이 있다. 다니엘이란 말은 '하나님이 심판하신다'는 뜻이다. 그런데 그 이름을 '벨드사살'(벨이여 그의 생명을 보존하소서)로 개명하게 했다. 벨(Bel)은 바벨론의 주신 마르둑의 이름이다. 이 이름은 우상을 칭송하는 의미가 있다. 그래서 다니엘서에 보면 다니엘이라고만 기록했지, 벨드사살이라는 이름을 사용하지 않았다. 하나냐는 '하나님은 자비로우시다'는 뜻이다. 그런데 그 이름이 '사드락'(태양의 영감)으로 바뀐다. 자연의 어떤 것을 빗대는 것은 고대 종교의 신앙 의식이다. 미사엘이란 '하나님과 같은 분이 누구인가?'라는 뜻인데, 그의 이름이 '메삭'(아쿠 신 같은 분이 어디 계신가?)으로 개명된다. 아사랴는 '하나님께서 도우신다'는 뜻인데, '아벳느고'(느고의 종)로 개명된다. 이들의 개명에 종교적 의도가 있음을 알 수 있다. 궁극적으로는 하나님 신앙에 대한 도전이었다.

(4) 뜻을 정한 다니엘

① 성도의 삶의 원리는 하나님 말씀.

다니엘 1장 8절에 보면, 다니엘과 그의 세 친구들은 왕의 식탁에서 공급되는 최상의 음식을 거절한다. 이 음식을 거절하고 채소만 먹겠다고 고집했다. 1장 10절에 보면 그 음식은 주방에서 임의로 만드는 음식이 아니라 왕이 지정해 준 음식이었다. 말하자면 다니엘은 왕의 지정 음식을 거절한 것이다. 환관장은 당황했다. 고기를 먹지 않고 채소만 먹으면 곧 허약해질 것이고, 그렇게 되면 자신이 위태로워진다고 말한다. 이때 다니엘은 채소만 먹고도 고기를 먹은 이와 다름없이 건강할 수 있다고 말하면서 10일간 시험해 보자고 제안한다(단 1:12-13). 1장 8절에 보면, "다니엘은 뜻을 정하여"라고 했다. 뭐가 그리 중요하기에 다니엘이 '왕의 진미'를 먹지 않기로 굳게 결단까지 했을까? 왕의 지시를 거역하는 이 단호한 결단의 배경이 무엇일까?

다니엘은 이 음식으로 인해 자신이 더럽혀지는 것을 원치 않았다. 당시 음식은 신들에게 바쳐진 음식이었고, 그 음식은 신에 대한 충성의 표였다. 음식물 자체가 바벨론의 문화와 종교까지 받아들이게 하는 융화 정책의 일환이었던 것이다. 따라서 왕의 음식이 하나님을 모독할 수 있다는 점을 보여준다. 바로 이런 이유 때문에 다니엘은 음식 먹는 일에서부터 성결을 추구했음을 알 수 있다. 바벨론 포로라는 절망적인 환경 속에서도 다니엘은 세상의 원리를 따르지 않고 하나님 말씀을 따라 살고 있음을 보여주는 것이다. 다니엘은 오직 하나님 말씀에 의거하여 일체의 타협을 거절했다.

② 하나님은 말씀대로 사는 성도를 높이신다.

열흘이 지난 후 다니엘과 세 친구는 하나님의 은혜로 얼굴이 더욱 아름답고 살이 더욱 윤택하여 왕의 진미를 먹는 소년들보다 더 나았다(단 1:14-15). 이를 확인하게 되었으므로 다니엘과 그의 동료들은 왕의 진미를 거절할 수 있게 되었다. 여기서 '얼굴'이란 단지 신체의 일부부인 얼굴을 말하는 것이 아니라, 내적인 신앙심에서 비롯된 외적인 모습을 의미한다. 말씀대로 살아가는 사람은 궁극적으로 존귀한 상태에 도달하게 됨을 알려준다. 실제로 다니엘은 포로민으로서 바벨론인들을 통치할 수 있는 위치에까지 오르게 된다(단 2:48-49). 하나님의 말씀에 순종할 때 진정한 축복과 승리를 맛보게 되는 것이다.

이후에도 다니엘의 세 친구들은 느부갓네살의 금신상 앞에서 절하기를 거절한다. 다리오 왕은 자기에게만 경배하게 하고 어떤 종교 행위도 금지했으나, 다니엘은 시간을 정하여 하루 3번씩 예루살렘을 향하여 하나님께 기도했다. 저들은 모두 유일신 하나님에 대한 신앙을 벗어나는 것에는 결코 타협하지 않았던 것이다. 우리는 불신자들 한가운데 살아가지만 어떤 한계를 넘어가지 않는 자기 통제력을 지녀야 한다. 이 땅을 살아가면서 무엇에 따르고 무엇에 저항할 것인가를 결정해야 한다. 다니엘도 바벨론 포로가 되어 바벨론식 교육을 받고 이름이 바뀌는 현실 앞에서는 그저 흐름에 맡겼다. 그러나 황제가 지정해 준 음식이지만 하나님을 욕되게 할 수 있다는 이유만으로 최상의 음식을 거절했다.

다니엘이 무슨 확신을 가지고 왕의 요구를 거절할 수 있었을까? 그 마음속에 그 무엇과도 바꿀 수 없는 하나님에 대한 확신이 있었기 때문이다. 하나님은 살아 계시고, 나를 지키시고, 역사하시며, 통치하신다는 확신을 가졌던 것이다. 만유의 주가 되시고, 모든 신들보다 높으신 하나님을 믿는 믿음을 가졌던 것이다. 이 믿음 때문에 그는 신앙의 결단을 할 수 있었던 것이다.

5. 소선지서

1) 호세아 : 힘써 여호와를 알자(호 6:1–11)

호세아서는 구약성경의 28번째 책이다. 본문에서 호세아는 힘써 여호와를 알자고 한다.

(1) 역사적 배경

호세아는 북 이스라엘 출신 선지자로서 B.C. 722년 사마리아가 멸망하기 직전, 곧 B.C. 755–720년 사이에 예언했던 선지자였다. 구약성경에 여러 선지자들이 나오지만 그는 유일한 북 이스라엘 선지자이다. 그는 아모스와 거의 동시대인으로 역사적 상황은 비슷했다. 호세아가 예언 사역을 했던 시기는 물질적으로는 풍요롭고 번영했다(호 4:7). 사람들은 오랜 세월 동안 계속되는 평화로 인해 경제적 번영을 맛보게 되었다. 백성들은 사치를 즐기며 활발히 건물을 세웠으며(호 8:14) 자부심으로 가득 차게 되었다(호 5:11; 사 9:10). 그러나 도덕적으로는 대단히 타락했다. 하나님을 기쁘시게 해드리기보다는 자기 안위와 쾌락을 추구했다(호 4:1). 부정직한 소득과 약한 자를 착취함이 생겨났다(호 12:7; 사 5:8; 암 8:5–6). 과부와 고아를 억압했고 가난한 자를 매매하기까지 했다(호 8:4). 종교적인 면에서 타락은 극에 달했다. 바알에 대한 예배 행위가 폐지되었으나 여전히 단과 벧엘에서 송아지 숭배가 지속되었다. 바알 숭배의 다산 예식 속에 일반화되었던 종교적 매춘 행위가 여전히 자행되고 있었다(호 2:8, 11:2, 13:1).

(2) 호세아서

호세아서는 구약성경에서 독특한 책이다. 다른 선지자들은 하나님의 메시지를 입술, 곧 말씀으로 전달했다. 그러나 호세아서는 자신의 불운한 가정을 통해서, 다시 말하면 자신의 결혼을 통해 북 이스라엘의 영적 상태와, 거기에 대한 하나님의 메시지를 전달했다. 호세아서는 이스라엘을 사랑하시는 하나님의 모습을 보여준다. 즉 부정한 아내(이스라엘)가 회개하고 돌아오기를 원하시며, 부정한 아내를 용서하고 받아들여 축복의 처소(가정)로 복위시켜 주심을 통해, 배교하고 우상 숭배했던 이스라엘을 끝까지 버리시지 않는 하나님의 끝없는 사랑과 자비를 보여주는 것이 이 책의 목적이다(호 3:1).

(3) 하나님이 원하시는 것이 무엇인가?

하나님이 원하시는 것, 그것은 하나님을 인격적으로 아는 것이다. 우리는 하나님에 대한 관심보다는 나 자신에 대한 관심이 더 크다. 하나님이 어떤 분이며, 하나님이 기뻐하시는 일이 무엇이며, 하나님이 원하시는 일이 무엇인가를 생각하지 않는다. 내가 어떻게 하면 하나님의 사랑을 받고, 내가 어떻게 하면 하나님의 축복을 받고, 내가 어떻게 하면 하나님의 인도를 받을 것인가, 이것이 우리의 관심이다. 물론 이런 것들도 선한 욕심이다. 그러나 본질적으로 더 큰 관심을 가져야 하는 것이 있다. 그것은 하나님이 원하시는 것이 무엇일까? 이다. 호세아서는 이런 문제에 해답을 제시하고 있다.

① 하나님은 종교적인 형식이나 의식을 원치 않으신다.

호세아 6장 6절에 "나는 인애를 원하고 제사를 원치 아니하며 번제보다 하나님을 아는 것을 원하노라"고 했다.

기독교는 의식적(儀式的)인 종교가 아니다. 이것이 다른 종교와의 큰 차이점이다. 다른 종교는 상(像)을 만들고 의식을 행했지만, 기독교는 처음부터 이들과 달랐다. 그래서 헬라, 로마 사회에서 무신론자라는 이야기를 듣기도 했다. 사도 바울이 아덴에 갔을 때, "온 성에 우상이 가득한 것을 보고" 마음에 분노가 일어났다고 했는데(행 17:16), 여기서 말하는 '우상'이란 신들의 상이 가득했다는 뜻이다. 심지어는 '알지 못하는 신에게'라고 새긴 단도 보았다고 했는데(행 17:23), 여기서 말하는 단(壇)이란 신들을 섬기기 위해 만들어 둔 '상'을 보았다는 말이다. 이처럼 헬라, 로마 사회에서는 저들이 섬기는 신의 조각상을 만들었다.

그런데 기독교는 이런 상들을 새기거나 만들지 않았다. 이 점을 바울은 사도행전 17장 24-25, 29절에서 '하나님은 사람이 만든 것으로 섬김을 받지 아니한다'고 말했다. 하나님은 이런 것을 기뻐하지 않는다. 출애굽기 20장에서 십계명을 주시면서, 제2계명에서 "너를 위하여 새긴 우상을 만들지 말고 또 위로 하늘에 있는 것이나 아래로 땅에 있는 것이나 땅 아래 물속에 있는 것의 아무 형상도 만들지 말며 그것들에 절하지 말며 그것들을 섬기지 말라"(4-5절)고 하셨다. 그러나 후에는 교회 안에도 이런 상이 도입된다. 게르만 민족의 이동 이후야만인들이 교회 안으로 들어오게 되는데, 이들에게 기독교를 설명하기 위해서 눈에 보이는 상을 만들기 시작한 것이다. 그것이 교회 안에 소위 '성상'(聖像)이 도입되는 배경이다. 이런 과정 속에서 기독교가 본래의 기독교에서 이탈하여 의식적인 종교로 변모했다. 이것이 중세 기독교 즉 로마 천주교의 모습이었다.

이런 신앙의 의식화는 로마 황실 의식의 영향을 받았기 때문이다. 그래서 천주교의 신부들이나 고위 성직자들이 거룩하게 보이는 옷을 입거나 거창한 가운을 걸치고, 예배를 집전하는 것이다. 종교 개혁 이후 기독교 지도자들은 특별한 예식을 제외하고는 가운을 입지 않기로 했다. 모두 다 우상 종교의 잔재이기 때문이다. 하나님은 이런 종교적인 의식이나 형식을 원치 않으신다. 마음은 없고 외형만 남은 의식을 원치 않으신다. 헌신 없는 제사를 원치 않으시고, 사랑 없는 번제를 원치 않으신다. 그저 뜻 없이 행하는 종교적 의식을 원치 않으신다는 것이다.

② 하나님은 인애 곧 변함없는 사랑을 원하신다(호 6:6).

인애라는 히브리말은 '헤세드'인데, '사랑'이라는 말이다. 하나님이 원하시는 것은 하나님의 사랑을 알기를 원한다는 뜻이다. 호세아서는 그 서두가 호세아의 결혼 이야기로 시작된다. 하나님은 호세아에게 음란한 여인 고멜과 결혼하라고 하신다(호 1:2). 호세아는 이 여자와 결혼하기를 원치 않았다. 그러나 하나님이 하라고 하시자, 결혼을 하고 세 아이를 얻었다. 그러나 고멜이 다른 남자를 좋아하여 남편을 버리고 떠났다. 정부와 놀아난 것이다. 호세아는 이런 여자를 사랑할 수 없었다. 그러나 하나님은 사랑하라 하셨고, 호세아는 은 열다섯

개와 보리 한 호멜을 지불하고 고멜을 데리고 와서 다시 아내로 받아들였다(호 3:2). 이것이 호세아서의 전반부 내용이다.

누가 이런 부정하고 음란한 여자와 살고 싶을까? 호세아는 자신의 가정의 이런 일을 통해 하나님의 지극하신 사랑을 보여준 것이다. 이스라엘 백성은 하나님을 배반하고 우상을 섬기며 영적으로 간음한 자였다. 그럼에도 불구하고 이스라엘 백성을 사랑하시는 하나님의 사랑을 보여주는 것이 호세아서이다.

③ 하나님은 회개하고 돌아오는 자를 싸매 주시고 회복시켜 주신다.

호세아 6장 1절을 보면, "오라 우리가 여호와께로 돌아가자 여호와께서 우리를 찢으셨으나 도로 낫게 하실 것이요 우리를 치셨으나 싸매어 주실 것임이라"고 했다. 우리가 믿는 하나님은 우리의 상처를 치유하시고 회복해 주시는 분이다. 비록 우리가 징계를 받았으나 회개하고 돌아오는 이에게는 회복의 은혜를 베푸신다. 하나님과의 언약을 배반하고 우상을 숭배했을 때는 '로암미'(호 1:9), 곧 '내 백성이 아니라'고 하셨으나, 회개하면 언약 관계를 회복해 주신다.

호세아 6장 2절에 보면, "이틀 후에 우리를 살리시며 제삼일에 우리를 일으키시리라"고 말씀하신다. 이것은 하나님이 즉각적으로 회복시키심을 말한다. 호세아 6장 3절에 보면, 힘써 여호와를 알자라고 말한 후에는 "그의 나오심은 새벽빛같이 일정하니 비와 같이, 땅을 적시는 늦은 비와 같이 우리에게 임하시리라"고 한다. 달리 번역하면, '새벽마다 여명이 오듯이 주님도 그처럼 어김없이 오시고, 해마다 쏟아지는 겨울비처럼 오시고 땅을 적시는 봄비처럼 오신다'는 뜻이다. 늘 우리 곁에 계시는 주님, 우리의 아픔과 상처를 아시고, 변함없이 우리를 찾으시는 하나님을 이렇게 표현한 것이다. 하나님은 우리의 상처를 싸매 주시고, 우리를 아들로 회복시켜 주시는 분이시다.

④ 하나님은 번제보다 하나님을 아는 것을 원하신다.

호세아 선지자는 이스라엘 백성의 배교와 우상 숭배, 불의와 부정 등 인간의 죄를 취급하기 전에 한 가지 근원적인 문제를 지적하고 있다. 4장 1절에 "이스라엘 자손들아 여호와의 말씀을 들으라 여호와께서 이 땅 거민과 쟁변하시나니 이 땅에는 진실도 없고 인애도 없고 하나님을 아는 지식도 없고"라고 했다. 다시 6절을 보면, "내 백성이 지식이 없으므로 망하는도다 네가 지식을 버렸으니 나도 너를 버려 내 제사장이 되지 못하게 할 것이요 네가 네 하나님의 율법을 잊었으니 나도 네 자녀들을 잊어버리리라"고 했다.

가장 근원적인 문제는 하나님이 누구이시며, 어떤 분인가에 대한 지식이 없었다는 점이다. 배교나 우상 숭배, 불의도 다 하나님을 알지 못하기 때문에 생긴 것이다. 죄는 미워하시되 회개하고 돌아오면 그 모든 죄를 다 용서하시고 받아주시는 그 하나님의 사랑, 그 헤세드를 알지 못했던 것이다. 뿐만 아니라 하나님이 원하시는 것은 형식적인 의식이나 헌신 없는 번제가 아니라, 진정으로 하나님을 사랑하는 것이었다. 백성들은 그런 하나님을 알지 못했던 것이다. 그래서 하나님이 원치도 받지도 않는 제사만 드리고 있었던 것이다. 예수님도 바리새인들의 외식적인 경건과 형식주의를 책망하시며 긍휼과 자비를 원한다고 하셨다(마 9:13, 12:7).

신앙생활을 한 지 오래되었다고 자랑하면서도 아직 하나님이 어떤 분인지 알지 못한다면 우리 또한 그저 형식적인 예배 의식에 만족하기 쉽다. 하나님을 아는 일에 힘써야 한다. “여호와를 알자 힘써 여호와를 알자”(호6:3)는 말씀은 우리를 향한 호소이다. 우리가 믿는 하나님은 어떤 하나님일까? 하나님을 아는 것은 우리의 삶을 바꾸고, 우리의 인생관을 바꾸며, 우리의 예배관을 변화시킨다. 날마다 말씀을 읽고 듣고 배움으로, 우리의 삶이 하나님을 더 깊이 알아가는 날들이 되기를 바란다.

2) 요엘 : 여호와의 날(욜 2:28-32)

(1) 요엘서와 역사적 배경

요엘은 아합의 딸 아달랴가 6년에 걸친 왕위를 찬탈한 뒤에 여호야다에 의해 왕이 된 요아스 왕의 통치 초기에 사역하였다. 당시 어린 왕을 보필했던 제사장 여호야다는 여호와의 주권을 인정하는 새로운 언약을 세웠고, 바알 신전을 파괴했다(대하 2:16). 요아스는 바알의 제단, 우상 등을 포함하여 아달랴가 들여온 종교적 물품들을 멸하였고, 모세 율법에 명시된 대로 성직자들을 임명하고 예물을 드렸다. 요아스는 손상된 성전을 수리하기 위해(대하 24:7) 모금 운동을 벌여 큰 성공을 거두었고, 진정한 예배가 정착되도록 노력하였다. 이처럼 긍정적인 분위기 속에서 요엘은 백성들에게 외적인 변화만이 아니라 내적인 회개가 필요함을 역설하고 있다.

요엘은 ‘여호와의 날’의 도래를 제시하면서, 하나님의 총체적인 구속 계획을 대망하도록 역설하고 있다. 요엘서에서 다루고 있는 하나님의 심판과 영광은 ‘여호와의 날’(욜 1:15, 2:1-2, 3:1, 18)과 관련하여 나타나고 있다. 전반부(욜 1:1-2:17)는 팔레스타인 땅에 임한 자연적 재앙이 '여호와의 심판 날'의 예표가 됨을 알려주고 있다. 약속의 땅에 임한 자연 재해는 우연의 산물이 아니라 하나님의 치밀한 계획에 의거하여 이루어진 징계의 채찍이었다. 후반부(욜 2:18-3:21)는 장차 임할 여호와의 날에 회개하고 하나님께로 돌아오면 도리어 구원받게 됨을 알려주고 있다.

(2) 유다에 임한 재앙

요엘서는 역사 속에서 발생한 자연 재해들을 공동체의 오염으로 인해 발생한 민족적 재난으로 이해했다. 더 나아가 하나님의 최후 심판의 징조로 제시하고 있다.

① 메뚜기 재앙(욜 1:2-12)

메뚜기 재앙은 그 심각성이 역사적으로 반복되지 않을 만큼 유일무이한 사건임을 강조하고 있다(욜 1:2). 메뚜기 재앙은 심판의 철저함과 완벽한 파멸의 모습을 아주 생생하고 구체적으로 묘사하고 있다. 네 번에 걸친 메뚜기 떼의 침입은 곡식과 초목을 완전히 폐허로 만들어 버렸고, 심지어 하나님께 드릴 제물마저 끊어지게 했다. 파멸과 황폐를 묘사하는 단어 "끊어졌고"(욜 1:9), "황무하고", "처량하니", "진하여", "말랐고", "다하였도다"(욜 1:10), "다 없어졌음이로다"(욜 1:11), "시들었고", "말랐으며", "시들었으니"(욜 1:12) 등을 통하여 상황의 심각성을 알 수 있다. 그러나 이러한 묘사를 통해 요엘이 드러내고자 하는 것은 평범한 자연 재해를 말하려는 것이 아니다. 유다에 임한 재앙은 구속사적으로 독특한 의미를 지니고 있는 여호와의 날과 연관된 사건임을 암시하고 있다.

② 가뭄 재앙(욜 1:19-20)

메뚜기가 들판을 황폐하게 만들었음에도 불구하고 또다시 가뭄이 임하여 나머지 모든 것들을 태워버린다. 재앙은 완전한 파멸을 의미하는 여호와의 날의 징조로서의 역할을 수행하기 위해 완전한 파멸을 가져온다. 여호와의 날이 하나님 백성들에게는 정화와 회복의 날이지만, 열방들에게는 최후 멸망의 날이다. 더 이상 기회가 제공되지 않는 영원한 멸망의 날이다.

③ 앗수르의 침략(욜 2:1-10)

앗수르의 침략은 아직 일어나지 않았다. 다가올 재앙에 대한 경고이다. 선지자는 이미 메뚜기 재앙을 목도한 백성들에게 그 끔찍한 상황을 비유로 들어 앗수르의 침략을 설명하고 있다. 그러나 맹렬한 공격을 퍼부을 앗수르 군대의 침략은 메뚜기 떼의 경우보다 훨씬 더 처참한 상황을 초래하게 될 것이다. 그 군대의 지휘관이 하나님이라고 했다(욜 2:11). 하나님이 강력한 군대를 친히 지휘하시는데 누가 대적할 수 있겠는가? 결국 요엘은 하나님의 심판이 불가항력적이며 철저하게 진행될 것임을 경고하는 것이다.

(3) 재앙이 주는 의미

① 구속사적으로 독특한 의미를 지닌다(욜 1:2-3).

요엘 선지자는 민간 지도자인 늙은 자들에게 재앙의 특별한 의미를 생각하도록 호소한다. 요엘의 동시대인들이나 열조들도 이러한 재앙을 결코 겪어보지 못했으며, 미래의 세대들에게도 아주 굉장한 사건으로 전해질 것임을 말한다. 메뚜기 재앙은 당대에만 주어진 것이 아니라 전체 구속 역사를 통해 전달되어야 할 하나님 심판의 표본인 것이다.

② 하나님과의 관계 단절로 인해 야기되었다(욜 1:9).

이스라엘이 하나님과의 언약을 망각하고 포도주에 취하여(욜 1:5) 정신을 차리지 못한 결과이다. 선지자는 취한 자들을 불러서 깨워 울며 곡하라고 말한다. 재앙의 본질은 하나님을 저버리고 자신의 안일과 쾌락을 추구하는 타락에서 비롯된 것이다.

③ 모든 영역에 철저한 파멸을 가져온다(욜 1:10-12, 16-20).

재앙은 모든 경작물에 치명적인 손상을 주었다. 곡식의 수확이 없으므로 모든 기쁨이 사라져 버렸고, 성전에서 드리는 제사가 끊어졌다. 제사의 상실은 하나님과의 단절이다. 언약 백성으로서 이스라엘의 정체성을 상실한 것이다. 우리는 일상적이고 평범한 사실 속에 내재된 하나님의 음성에 귀 기울여야 한다. 커다란 재앙을 앞에 놓고도 술에 취해 아무것도 깨닫지 못하는 어리석음을 범치 말아야 한다. 정욕에 이끌려 살다보면 영적으로 무감각해져서 불감증에 걸린다(고전 5:11; 엡 5:18). 하나님과의 관계를 떠나서는 우리에게는 아무런 기쁨도 행복도 없다(시 16:1-3, 73:25). 진정한 행복은 오직 하나님을 섬길 때만 가능한 것이다.

(4) 돌아서는 길

여호와의 날이 임박하였으므로 백성들은 회개하고 돌아와야만 진노를 피할 수 있다(욜 2:12-17). 요엘 선지자는 백성들에게 통회하는 심정으로 자비의 하나님께 나아가라고 간청한다(욜 2:12-14). 그리고 성회로 모여 하나님께 구원을 애원할 것을 촉구한다(욜 2:15-17). 비록 과거에는 불성실했을지라도 다시금 회개하고 애통한 심령을 소유할 때 하나님의 은총을 회복할 수 있다(욘 4:2).

① 지금 돌아서야 한다(욜 2:12).

건축가가 기초가 잘못 올라가고 있음을 알았다면 당장 공사를 중단할 것이다. 계속 공사를 강행한다면 머지않아 그 건축물은 무너지고 말 것이다. 성도가 하나님 안에서 잘못된 길을 걷고 있음을 깨닫는다면 그 즉시로 가던 길을 멈추고 돌아서야 한다. 그것이 회개이다. 요엘은 "너희는 이제라도 돌아오라"고 했다. 회개의 기회가 남아 있다는 것이다. 돌이키기만 한다면 회생의 가능성이 있다는 말이다. 멸망의 길로 치닫는 자기 백성을 안타깝게 여기신 하나님은 그냥 버려두지 않으신다. 선지자 요엘을 보내어 즉시 돌아서라고 명하신 것이다.

② 마음을 찢고 돌아서야 한다(욜 2:13).

유대인들에게 옷을 찢는 행위는 내면적인 큰 슬픔을 겉으로 표현하는 공식적인 방법이었다. 그것은 진정한 회개를 표하는 형식이었다. 지금 요엘은 의례적인 행사로서의 회개가 아니라 마음의 진정한 변화를 요구하고 있는 것이다. 마음을 찢는 것은 철저한 내적인 변화를 의미한다. 마음의 할례를 받는 것과 같은 의미이다.

③ 하나님의 자비를 믿고 돌아서야 한다(욜 2:13).

선지자는 회개의 근거를 여호와의 은혜로우신 성품에 둔다. 하나님은 우리가 그릇된 길로 다니면 죄악에 젖어 있을지라도 돌아오기를 기다리신다. 자식이 아무리 잘못했다 하더라도 부모의 사랑은 끊을 수 없는 것이다. 돌아오기를 기다린다. 하나님은 은혜로우시며 자비로우시며 노하기를 더디하시며 인애가 크셔서 돌이켜 재앙을 내리지 아니하시기 때문이다.

(5) 하나님의 구원

다가올 재앙의 신속함과 심각함에 대해 회개를 촉구했던 선지자는 이제 미래에 임할 축복을 약속하고 있다.

① 백성들이 회개할 때 축복을 약속하셨다(욜 2:18-20).

그 축복은 메뚜기 재앙으로, 잃어버렸던 모든 것을 즉각 회복시켜 육적, 영적 생활이 윤택해지도록 하시는 것이다. 또한 하나님의 백성들이 더 이상 수치를 당하지 않도록 하신다. 더구나 하나님이 한때 도구로 사용하셨던 북방의 군대를 메마르고 적막한 땅으로 쫓아내어 그들의 오만과 교만을 꺾으신다. 이처럼 하나님은 회개하는 심령을 기쁘게 받으시고 풍성한 삶이 이루어지도록 역사하신다.

② 이스라엘이 회개할 때 땅과 들짐승과 백성들이 모두 축복을 받게 된다(욜 2:21-27).

회개는 이스라엘 백성의 회복은 말할 것도 없이 온 우주를 회복시키는 근거가 된다(롬 8:19–23).

③ 종말에 하나님은 백성들에게 성령을 부어주실 것이다(욜 2:28 –31).

하나님은 징벌의 시대를 지나 먼 미래에 성령을 비보다 더욱 풍성하게 내려주실 것이다. 하나님은 믿는 모든 자들에게 성령을 부어주심으로써 믿는 자들은 신분과 관계없이 새로운 차원의 영적사역을 감당케 된다는 것이다. 이 예언은 오순절 성령 강림 시 성취되었다(행 2:1–4). 결국 요엘 선지자는 먼 미래에 도래할 구원 사역을 미리 말함으로써 심판을 앞두고 있는 이스라엘 백성들에게 새로운 희망과 격려를 제공하고 있다.

④ 누구든지 여호와의 이름을 부르는 자는 구원을 얻는다(욜 2:32).

여기서 '누구든지'는 여호와의 이름을 믿음으로 부르는 자이다. 여호와를 찾는 자이다. 남은 자이다. 이런 진실한 믿음을 가진 자는 구원이 보장된다는 것이다. 하나님은 죄는 심판하시지만 회개하는 자에게는 구원을 허락하신다.

3) 아모스 : 공법을 물같이, 정의를 하수같이(아모스 5:21–24)

(1) 배경

모든 선지자는 그 시대적 상황에서 하나님의 뜻을 전했기 때문에 시대적 배경을 아는 것은 선지자의 메시지를 이해하는 데 도움을 준다. 아모스는 북왕국 이스라엘을 위해 활동했던 선지자였다. 아모스가 활동했던 시기에는 남 유다에는 웃시야, 북 이스라엘은 여로보암 2세가 통치하던 때였다. 이때는 다윗과 솔로몬 시대에 버금가는 평화와 번영의 시기였다. 아람 왕 벤하닷 3세가 앗수르에 패망하여 북 이스라엘에 전쟁의 위험이 사라지자, 경제적으로도 번영하여 건국 이래 제2의 전성기를 맞이하게 된다. 경제적 번영은 빈부의 격차를 가져왔고, 계층과 사회 계급이 형성되기 시작했다.

도덕적 타락

이런 가운데 사회 정의가 무너지고 사회악이 나타나기 시작한다. 돈이라면 의인도 팔아먹었다(암 2:6). 즉 뇌물을 받고 불의한 재판을 진행하거나, 죄 없는 자를 노예로 팔아넘겼다는 것이다. 신 한 켤레에 가난한 자의 인권을 유린하며, 많이 가지고 있으면서도 가난한 자를 착취하여 심지어는 머리에 있는 티끌까지도 탐을 내었다(암 2:7). 겸손한 자를 학대하고, 아버지와 아들이 한 여인과 관계하여(암 2:7) 도덕과 윤리를 어지럽히고 있다는 책망이다. 모세 율법에 의하면 사형에 해당되는 죄이다(레 18:6-18, 20:17-21). 원래 저당 잡힌 옷은 해가 지기 전에 돌려주도록 되어 있다(출 22:26-27; 신 24:12-13). 낮에는 옷이지만 밤에는 일종의 담요였기 때문이다. 그러나 이를 무시하고 돌려주지 않았다(암 2:8). 가난한 자의 인권을 유린한 것이다. 더군다나 이런 일이 모든 단 옆에서 자행되었다는 것은 그만큼 신앙과 실천이 완전히 괴리 상태에 있었음을 강조한다.

당시 부유한 사람들은 어떻게 살았을까? 물론 한정된 부유층의 경우이겠지만 저들은 철을 따라 옮겨 다니는 별장이 있었다. 겨울궁이 있는가 하면, 여름궁이 있었고, 심지어는 코끼리 뼈로 지은 궁전 같은 별장 상아궁이 있었다(암 3:15). 아모스 6장 4절 이하에는 이들의 부유함과 사치에 대해 기록하고 있다. 아침나절까지 잠을 자고, 맛이 있다는 어린 송아지 고기를 먹으며, 흥겹게 노래나 하고 사는 사람들, 피부에 좋다고 값비싼 기름을 바르고 사는 사람들이라고 말하고 있다.

아모스가 선지자로 부름 받았을 당시는 경제 정의가 무너져 빈부의 격차가 컸고, 사법 정의가 무너지고 도덕과 윤리가 사라져 사람들의 행위는 고삐 없는 말처럼 원리나 규범이 없었던 것이다.

종교적 타락

더 큰 문제는 이 시대의 우상 숭배였다. 하나님께 대한 예배는 형식화되어 있었다. 무엇보다도 종교가 사회에 아무 영향도 주지 못했다. 종교 의식은 남아 있었으나, 그것은 형식화된 의식에 지나지 않았고 사람들의 삶의 현장에 아무 의미도 주지 못했다. 종교는 그 사회에 영향을 주어야 한다. 예를 들어, 내가 하나님이 살아 계신다는 것을 안다는 것이 무슨 의미가 있을까? 하나님을 아는 것이 의미가 있다면 그것이 다른 사람에게 의미 있는 삶이나 행동으로 드러나야 한다.

기독교는 도덕은 아니지만 도덕을 무시하지는 않는다. 기독교는 윤리는 아니지만 윤리를 무시하지는 않는다. 기독교는 단순한 인간관계의 윤리가 아니다. 기독교는 도덕과 윤리를 한 걸음 넘어서는 더 높은 차원의 삶을 가르친다. 따라서 신자의 삶도 도덕이나 윤리의 차원을 무시하지는 않으나 그 이상의 가치를 보여주어야 한다. 그러나 아모스가 선지자로 부름 받았을 당시 종교는 부패했고, 성전 예배는 형식화되어 있었던 것이다. 이런 상황에서 나온 말씀이 아모스 5장 21절 이하의 말씀이다.

(2) 아모스 선지자

경제적인 불의, 부정, 부자들의 탐욕이 심각하여 가난한 자들이 압제당하는 그런 상황에서 아모스는 하나님의 공의를 선포하도록 부름 받았다. 그는 예루살렘 남쪽 드고아의 농부였다. 아모스는 '짐을 진 자'라는 뜻이다. 아모스는 평민 출신으로 가축을 기르고 뽕나무를 키우던 농부에 지나지 않았다. 그런 그가 북 이스라엘을 향한 예언자로 부름 받고, 불의한 역사의 한가운데 서서 하나님의 정의를 외쳤다. 그는 호세아와 동시대에 활동했던 선지자인데, 호세아가 하나님의 끝없는 사랑을 선포한 반면, 아모스는 하나님의 의와 정의를 선포한다. 그는 불의한 시대에 하나님의 정의를 외쳤다.

아모스는 이스라엘과 유다 외에도 주변 여덟 나라에 대한 죄를 지적하고 심판을 선언한다(암 1, 2장). 이들의 죄는 전쟁에서 잔혹한 행동, 인신매매, 증오심 등이다. 그리고 현재의 이스라엘(암 3장)과 과거의 이스라엘(암 4장), 미래의 이스라엘(암 5-6장)에 대해 설교하며 이스라엘의 행위가 심판받을 것을 강조한다. 특히 7-8장은 미래에 이스라엘에 내려질 심판에 대한 환상을 기록하고 있다. 그러나 이스라엘이 죄 때문에 보응은 받지만 하나님의 구원 계획에 의해 다윗의 가계가 복원될 것을 말씀한다(암 9장). 땅이 새로워지고 포로들이 귀환할 거라는 희망찬 선포로 끝을 맺고 있다.

(3) 공법을 물같이, 정의를 하수같이

본문에서 아모스는 구체적인 사례를 들면서 하나님의 심판을 경고한다.

하나님이 원치 않는 것

아모스 5장 21절에서 말하는 "절기"란 3대 절기, 곧 유월절(무교절), 맥추절(칠칠절), 수장절(초막절)을 의미한다(출 23:14, 17, 34:23; 신 16:16-17). 하나님이 이 절기를 미워하신다고 했다(암 5:21). 하나님이 원하시는 것은 선을 추구하며 공의를 세우는 일이지(암 5:14-15), 그럴듯한 종교 행사가 아니라는 것이다. 당시 이스라엘 백성들이 모세 율법에 기록된 의식들을 아무리 문자적으로 정확하게 준수했다 하더라도 그런 노력은 헛수고였다. 그들의 종교 행사는 하나님께 순종하는 겸손함을 가지고 있었다기보다는 참 신앙을 흉내 내는 것에 불과했다. 하나님은 내용 없는 형식이나 정신없는 의식을 기뻐하지 않는다. 하나님 사랑이 없는 절기는 무의미하다.

아모스 5장 22절의 "번제"는 동물을 완전히 태워서 그 향기로 드리는 제사이다. 소제란 일반적으로 하나님께 선물로 바치는 제물을 가리킨다(창 4:3-5; 민 16:15; 삼상 26:19). 특히 본문에서는 번제물에 병행해서 드리는 곡식 제물을 가리킨다. 그러므로 '번제나 소제'는 하나님께 드리는 총체적인 제물을 대표하는 말이다. 아모스 5장 22절의 "화목제"는 여호와께 드린 후 제물의 일부를 바친 자가 가족, 친구들과 함께 나누어 먹었다. 그만큼 풍성한 음식으로 화목을 추구하는 것이었다. 그러나 하나님은 이것들을 받지도 돌아보지도 않겠다고 하셨다. 이들의 제사는 형식은 완벽하게 갖추었을지 모르나 제사의 참된 정신을 잃어버리고 있었다. 하나님이 원하시는 것은 상한 심령, 곧 내적이고 본질적인 것이지, 외형적이고 가식적인 것이 아니다(시 51:16-17). 하나님 사랑을 실천하지 않는 이런 것들은 쓸데없는 것이다.

아모스 5장 23절에서는 "네 노래소리를 내 앞에서 그칠지어다 네 비파 소리도 내가 듣지 아니하리라"고 말한다. 솔로몬의 성전 건축 이후 희생 제물과 더불어 찬양대의 찬양이 하나님께 드리는 제사의 일부가 되었다(대상 16:41-42, 23:5 , 25:1). 여러 악기들도 사용되었다. 그러나 하나님은 이런 찬양도 받지 않으시겠다는 말씀이다. 겉으로는 모든 악기가 동원된 화려한 예배였지만, 하나님 보시기에는 실속 없고 가치 없는 것들이었다. 공의를 행하지 않는 외형적인 찬양과 형식적인 예배를 하나님은 원치 않으신다는 것이다.

하나님이 원하시는 것

진정으로 하나님이 기뻐하시는 것은 "오직 공법을 물같이, 정의를 하수같이 흘리는 것"(암 5:24)이다. 달리 말하면 '공의가 물처럼 흐르게 하고 정의가 마르지 않는 강처럼 흐르게 하라'는 말씀이다. 백성들의 잘못된 예배는 공법과 정의의 결여라고 볼 수 있다. 공법과 정의는 하나님의 심판을 가리키기도 하지만(사 10:22), 아모스는 인간 사회에 구현되어야 할 원리로 보았다. 즉 율법에 대한 개인적인 관심이 사회 구조 속에서 구현되고 정직하게 이웃을 대할 때에야, 비로소 그 예배가 하나님이 받으시기에 합당한 것으로 인정될 수 있다는 말이다.

아모스의 메시지는 오늘 우리에게도 빛을 던져주고 있다. 모든 시대의 그리스도인들은 그 시대에 대한 책임이 있다. 이 책임이란 신자의 정체성을 드러냄으로써 이루어질 수 있다. 우리 사회는 정의가 이루어지고, 우리 신자들은 정의를 실천하고 이 사회에 빛과 소금의 역할을 하고 있는가? 우리는 불의한 자와 손잡을 수 없고, 불의한 자를 위해 박수 쳐줄 수 없다. 우리는 불신자와는 구별되는 분명한 가치를 가지고 살아야 한다. 우리가 이 세상 속에서 믿음을 지키려고 고투하는 것을 바울은 '선한 싸움'이라고 불렀다. 신자들은 그 사회 속에서 분명한 표준을 가지고 살아야 한다. 불신자들과는 분명히 다른 가치를 가지고 살아야 한다. 우리의 삶을 통해 그리스도의 교회가 변화의 공동체임을 보여주어야 한다. 우리의 정체성을 분명히 드러낼 때 사회에 선한 영향을 줄 수 있고, 사회를 개혁할 수 있고, 정의로운 사회를 세워 가는 데 기여할 수 있다. 우리는 부조리한 사회에 대항하여 성명서를 발표하기도 하고, 집단행동을 할 수도 있겠지만, 이 사회에 대한 최선의 비판은 우리 스스로가 정의롭게 사는 것이다. 우리의 실제적인 삶에서 의롭게 살려는 의지가 없다면 사회에 영향을 줄 수 없다. 빛의 자녀로 부름 받은 우리들이 내가 선 그곳에서 의와 공평과 정의를 실천하는 자들이 되기를 바란다.

4) 오바댜 : 나라가 여호와께 속하리라(옵 1:21)

오바댜서는 저자의 이름을 반영한 책명이다. '오바댜'는 '여호와를 경배하는 자' 또는 '여호와의 종'을 의미한다. 구약성경에는 '오바댜'라는 이름이 13명 있으나 본서의 저자 외에는 익히 알려지지 않았다. 오바댜의 본문에는 왕에 대해 전혀 언급하지 않았다. 따라서 기록 연대를 추정하기가 쉽지 않다. 그러나 에돔이 유다의 침략군에 합세했다 했으므로, 그 시기가 바벨론이 유다를 멸망시킨 B.C. 586년경으로 추정하고 있다.

이런 오바댜는 구약성경 중에서 가장 짧은 책이면서도 강도 높은 심판의 메시지가 선포되고 있다. 오직 1장으로 된 예언서로서 이방 나라 에돔의 멸망을 예언함과 동시에, 바벨론에 고통당하고 있는 이스라엘의 회복을 말하고 있는 책이다. 이 책의 주제는 하나님의 의의 필연적인 결과로 에돔의 형벌(심판)을 선포하고 있다. 얼핏 보면, 본서는 유다의 대적인 에돔에 대한 단편적인 심판 예언 같지만, 그것은 '에돔'으로 대표된 바 선민을 대적하는 모든 이방 세력에 대한 공의의 심판을 함축하여 의미한다. 하나님은 그러한 심판을 통해 시온을 회복시키시고, 영원한 하나님의 왕국을 공고히 세우시는 것을 보여주신다. 오바댜의 예언은 "주 여호와께서 에돔에 대하여 이같이 말씀하시니라"(옵 1:1)로 시작하여 "나라가 여호와께 속하리라"(옵 1:21)는 신앙의 큰 확신으로 끝나고 있다.

(1) 배경

이삭의 아들 에서의 후손인 에돔은 출애굽 때부터 이스라엘을 대적했고, 그 후에도 여러 번 이스라엘을 공격했다. 본서가 기록될 당시 에돔은 유다에 종속되어 있었던 기간임에도 불구하고 독립 왕국을 유지하고 있었다(렘 27:3). 에돔은 유다의 망명자들에게 피난처를 제공하기도 했다(렘 40:11). 뿐만 아니라 바벨론이 유다를 멸망시키는 것을 돕는 악함을 저질렀다. 에돔은 죄악이 관영하고 위험스러운 나라로 묘사되었다(애 4:21-22; 겔 25:12-14, 35; 단 11:41). 이러한 에돔의 행동은 하나님의 진노를 사서 오바댜의 예언대로 결국 B.C. 6세기 말 바벨론의 마지막 통치자 나보니두스에 의해 정복당하기 시작하여, B.C. 5세기 말경 아라비아인들의 침공으로 멸망했다. 후에는 로마에 의해 민족 자체가 완전히 사라졌다.

(2) 에돔에 대한 심판 예고

심판 예고(옵 1:1–9)

에돔은 지형적으로 침략하기 어려운 고지대에 있었다. 이런 군사적 안정 때문에 그들은 교만하였다. 자신의 나라가 영구할 거라 생각했다. 그러나 오바댜는 에돔의 심판을 예언하고 있다. 다양한 측면에서 에돔의 심판을 제시하고 있다. '미약하게 하겠다', '멸시를 받느니라'(옵 1:2), '끌어내리리라'(옵 1:4), '수탐된다'(옵 1:6), '살육을 당하여 완전히 멸절된다'(옵 1:9) 등의 표현으로 에돔의 심판을 묘사하고 있다. 특히 1장 9절의 예언은 에돔의 완전한 멸망을 예언한 것으로, 이 세상 역사 가운데 더 이상 존재하지 않을 것이라고 밝히고 있다. 이 예언처럼 고고학 발굴에서도 에돔의 고고학적인 유물이나 보물 등은 찾아볼 수도 없다.

심판의 주체는 하나님

오바댜 1장 1절에 "주 여호와께서 에돔에 대하여"라고 했다. 2절에 "여호와께서 가라사대", 4절에는 "나 여호와가 말하였느니라", 8절에도 "나 여호와가 말하노라"고 했다. 이는 모두 에돔에 대한 심판이 하나님으로부터 시작된 사건임을 진술하고 있다. 에돔에 대한 심판이 표면적으로는 국가 간의 전쟁으로 보이지만, 실제적인 주도권은 하나님께 있다는 말씀이다. 에돔뿐 아니라 세상 열방과 이스라엘과 유다에 대한 심판도 하나님이 주권적으로 행하시는 것이다(암 1:3–2:16).

돌연적이며 전격적인 심판

오바댜는 예를 들어 설명한다. 도적이나 강도가 물건을 훔쳐도 전부 가져가지는 않고, 포도를 따는 자도 약간은 남기는 것이 상례라고 했다. 그러나 에돔은 철저하게 수탈당한다고 했다(옵 1:5). 에돔의 심판이 상식을 넘어선 심각한 것임을 보여주고 있다. 이러한 분위기는 에돔이 의지했던 동맹국들에게 도리어 수치를 당하는 모습에서 극대화된다. 오바댜 1장 7절의 "너와 약조한 자들"은 에돔의 동맹국들이다. "너와 화목하던 자들"은 상업적인 이유로 관계했던 이웃 아라비아를 가리킨다. "네 식물을 먹는 자들"은 가장 가까운 우정을 맺고 있던 국가들이다. 그런데 이들로부터 오히려 쫓겨나고, 속임을 당하고, 함정에 빠지게 되어, 에돔은 전혀 예상치 못한 결과를 맞이하게 되는 것이다. 예수님의 재림으로 임하게 될 하나님의 심판도 이처럼 세상 사람들이 알 수 없는 돌연한 변화를 수반하게 될 것이다(살전 4:16-17).

(3) 에돔의 죄와 심판 선언

에돔의 죄(옵 1:10-14)

에돔은 이스라엘이 출애굽할 당시까지만 해도 하나님에 의해 이스라엘의 형제로 인정되었다(신 23:7). 그러나 그들은 이스라엘의 진로를 방해했다. 오바댜 1장 10절의 "포학"은 도덕적인 잘못과 물리적인 잔인함 등 모든 불의한 것들을 포괄한다. 에돔이 명목상으로는 이스라엘의 형제였지만, 이방인과 같았다. 11절의 "이방인과 외국인"은 느부갓네살의 군대를 가리킨다. 에돔은 그들과 다름없다는 말이다.

당시 에돔은 형제 국가인 이스라엘의 고난을 방관하고 있었다. 아니, 더 나아가서 멸시하고 조롱하며, 입을 벌려 큰소리로 좋아했다(옵 1:12). 이스라엘의 환난을 즐기고 있었던 것이다. 이스라엘이 환난을 당하는 날에 그 성문에 들어가지 말라고 경고했음에도 불구하고(옵 1:13), 에돔은 앗수르와 갈대아와 합세하여 이스라엘을 공격했다. 사거리에 서서 도망하는 자를 막지 말라고 했음에도(옵 1:14), 열국이 예루살렘을 침공했을 때 화를 피해 도망가는 이스라엘인들의 길목을 가로막고 그들을 살상했다. 이처럼 언약 백성을 돕지 않고 무시하는 태도는 하나님의 심판을 받을 수밖에 없는 중대한 범죄에 해당된다.

심판 선언(옵 1:15-16)

형제국에 대해 포악을 행한 에돔족에 대해 하나님은 "너의 행한 대로 너도 받을 것인즉 너의 행한 것이 네 머리로 돌아갈 것이라"(옵 1:15)고 했다. 이와 같은 하나님의 심판은 역사상에 그대로 이루어졌다. 여호와의 심판이 단지 에돔에게만 국한되는 것이 아니다. 여호와의 성품인 공의의 특성상 그 누구도 이에서 벗어나거나 예외일 수 없다. 여호와의 날에 모든 사람에게 임하는 심판에 대해 명확하게 보여주고 있는 것이다(옵 1:15). 오바댜 1장 16절은 에돔이 하나님의 거룩한 산을 점령하여 축하주를 드는 모습을 묘사한다. 그러나 곧바로 심판의 잔을 마시게 될 것이라고 선언함으로, 에돔이 추구하던 쾌락의 허무함과 심판의 심각성을 보여주고 있다.

(4) 이스라엘의 회복

오바댜는 이스라엘의 온전한 회복에 대해 땅을 소유하는 것으로 표현하고 있다(옵 1:17-21). 본문에서 언급된 모든 땅은 하나님이 본래 열두 지파에게 주셨던 땅이다. 하나님이 아브라함과 그의 후손들에게 주신 기업이다(창 12:1-3). 이 예언은 이스라엘이 역사적으로 페르시아 통치하에서 팔레스타인으로 귀환함으로 서서히 성취되어 가다가 B.C. 2세기 마카베오 영도하에서 유대가 완전한 독립을 이룸으로 성취되었다.

본서는 이스라엘이 약속의 땅을 소유함으로써 온전한 회복이 되었음을 강조하여, 하나님은 약속을 신실히 지키시는 분으로 제시한다. 에돔은 망했고, 이스라엘은 번영했다. 그 이유는 에서는 버림받았기 때문이다. 그는 에돔 나라를 이루었고, 시민권을 세상에 두었다. 에서는 교만했으며, 반역적이었다. 반면에, 야곱은 선택된 자였다. 그는 이스라엘 나라를 이루었고, 시민권을 하늘에 두었다. 하나님이 함께하신 나라였기 때문이다. 역사는 오바댜 1장 13절에서 말하는 것처럼 에돔이 예루살렘 멸망을 위해 바벨론을 도운 지 5년 만에 바벨론에 의해 멸망했다고 기록하고 있다. 에돔은 최종적으로 멸망받을 세상 세력의 상징이다. 유다의 회복은 하나님의 언약을 믿는 신실한 남은 자들이 종말에 구원받고 영원한 축복을 누릴 것을 상징한다.

우리는 오바댜서를 통하여 하나님의 공의와 동시에 하나님의 은혜를 보게 된다. 즉 에돔과 다른 나라들이 하나님의 백성들을 괴롭힌 죄로 인해 파멸당할 것이다. 그러나 유다의 남은 백성들은 하나님의 은혜의 날이 임하면 고통에서 회복될 것이며, 하나님의 의로운 통치가 행해지는 하나님 나라에 들어가게 될 것을 말하고 있다. 이는 현재 고난당하는 하나님의 백성들에게 장래에 대한 소망과 용기를 가지게 한다.

5) 요나 : 너는 일어나 가서 외치라(욘 1:1-3)

선지자 요나는 나사렛에서 얼마 떨어지지 않은 곳인 가드헤벨 출신으로, 그 이름의 뜻은 비둘기이다. 요나는 아밋대의 아들이며, 엘리사의 제자로, 그의 뒤를 이은 이사야, 미가, 호세아, 아모스 등과 같이 B.C. 8세기 선지자 중 하나이다. 그러나 동일한 시대 배경을 갖고 있으면서도 다른 선지자들이 언약 백성인 이스라엘과 유다에 대한 하나님의 심판과 구원을 예언했다면, 요나는 이방에 대한 하나님의 구원을 예언하고 있다.

하나님이 인간을 구원하심에는 인종이나 민족, 남녀노소, 계급과 신분에 차별이 없다(롬 1:16; 고전 1:26-31). 비록 이방인이라도 할례받고 개종하면 이스라엘 공동체의 일원이 될 수 있었다(출 12:48; 민 9:14). 그러나 이스라엘은 세계 만민을 구원하시고자 하는 하나님의 사랑을 제대로 깨닫지 못하고, 민족적 배타주의와 그릇된 선민의식에 사로잡혀 이방인들에 대해 배타적이었다.

(1) 하나님의 뜻과 요나의 불순종

하나님은 니느웨로 가라 하셨다(욘 1:1-2).

니느웨는 고대 메소포타미아의 성읍 중 하나로 노아 홍수 직후에도 있었다(창 10:11). 요나 당시에는 앗수르의 수도로(왕하 19:36) 성 둘레가 100km에 달할 정도로 매우 큰 성읍이었다. 성경 역사상 앗수르는 끊임없이 이스라엘을 괴롭혔으며, 여러 이교의 신들과 우상을 섬긴 나라였다. 이런 앗수르에 하나님은 요나를 보내기 원하셨다. 하나님은 요나에게 '가라'고 하셨다. 사명의 결단을 요구하신 것이다. '쳐서 외치라'고 하셨다. 단순한 설교나 복음 전파가 아닌 불호령 같은 심판의 메시지를 선포하라는 말이다. 이는 니느웨의 악독이 하나님 앞에까지 도달했기 때문이다. 죄인을 위해 아들까지 내어주신 사랑의 하나님이시지만, 죄를 도무지 간과할 수 없는 거룩하신 공의의 하나님이심도 보여주신 것이다.

요나는 다시스로 갔다(욘 1:3).

요나는 선지자였다. 그는 다음 사역을 위해 기도하며 하나님의 뜻을 구했을 것이다. 그러나 여호와의 말씀이 막상 자신에게 구체적으로 내렸을 때 그 내용은 요나 자신이 전혀 원치 않았던 것이었다. 선지자는 하나님 나라의 확장과 수십만 영혼들의 구원에 대한 하나님의 명령을 받았다. 그럼에도 불구하고 이방 세계의 구원이 곧 이스라엘에게 주어지는 하나님의 특권을 상실하는 것으로 알고 하나님의 명령을 의지적으로 거부했다. 뿐만 아니라 자기 조국 이스라엘이 앗수르 제국에 조공을 바치는 치욕을 겪고 있다는 민족적 감정의 울분 때문에 니느웨로 갈 수 없었다. 그는 이스라엘이라는 영토를 벗어나기만 하면 하나님을 피할 수 있을 거라고 생각했다. 또한 자신이 받은 사명 또한 철회될 것으로 알아 선교지 니느웨와 정반대에 있는 다시스로 피신하려 했다(욘 1:3).

(2) 하나님은 요나의 패역함을 스스로 깨닫게 하셨다

하나님은 자연현상을 통해 요나의 길을 막으셨다.

하나님은 편협한 이스라엘의 애국자 요나를 잡기 위해 대풍을 바다 위에 내리셨다(욘 1:4). 하나님이 당신의 창고에 넣어두셨던 강하고 맹렬한 폭풍을 보내 요나의 길을 막으신 것이다. 하나님은 자신의 뜻을 버리고 자신의 목적만을 성취하려는 자들에게 어떤 방법을 동원해서라도 그 길을 막으신다.

하나님 앞에서 인간은 무력하다.

배는 거의 깨어지게 되었다(욘 1:4). 그 배에 탔던 선객들은 극난에 빠지게 되었다. 배와 바다에 대해 전문적인 지식이 있는 선원들조차 속수무책이었다. 저들은 각각 자기의 신을 불렀다. 배를 가볍게 하려고 물건을 바다에 던졌다(욘 1:5). 살려는 인간의 노력을 최대한 동원한 것이다. 그러나 이러한 노력도 하나님의 폭풍 앞에선 아무런 도움이 될 수 없었다.

요나는 배 밑층에 내려가서 누워 깊이 잠이 들었다.

하나님을 피해 도망치는 입장에서 가능한 한 자신을 깊이 숨기려는 심정으로 요나는 배 밑층으로 내려갔을 것이다. 잠자던 요나는 선장의 방문을 받았다. 그리고 "자는 자여 어찜이뇨"(욘 1:6)라는 책망을 받았다. 요나의 태도는 불신자들로부터 비웃음당하기에 족했다. 선장은 "일어나서 네 하나님께 구하라"(욘 1:6)고 했다. 저들은 폭풍이 누구

때문인지 알기 위해 제비를 뽑았고 요나가 뽑혔다. 불순종으로 인해 결국 요나는 하나님의 징계를 받았다. 폭풍의 원인이 요나 때문인지 안 선원들은 그를 바다에 던졌다(욘 1:9-15).

하나님은 요나를 회개시키셨다.

하나님은 물고기를 준비하사 요나를 삼키게 하셨다(욘 1:17). 하나님의 낯을 피해 인간이 숨을 곳은 이 세상 어디에도 없다. 그러나 이보다 더 중요한 사실은, 하나님은 결코 자신의 뜻을 이루시는 데 실패함이 없으시다는 사실이다. 하나님이 요나를 붙잡아 물고기 뱃속에 가두신 것은 요나로 하여금 그곳에서 자신의 잘못을 깨닫게 하기 위함이다. 그리고 회개한 요나를 육지에 토해냄으로 마침내 니느웨로 가게 하기 위함이었다.

물고기 뱃속에서 사흘간 지내는 동안 요나는 자신의 잘못을 반성하고 구원자이신 하나님을 바라보게 되었다. 요나는 자신의 고난을 인해 여호와께 불러 아뢰었더니 주께서는 외면치 아니하시고 응답하셨다(욘 2:2). 그 영혼이 곤비하여 여호와를 생각하였더니 그 기도가 주께 이르렀다(욘 2:7). 요나는 하나님이 자신을 바다에 빠뜨리셨지만, 자신이 죽지 않고 물고기 뱃속에 갇혀 살 수 있었던 것은 오직 하나님의 긍휼과 그분의 권능 때문임을 바로 깨닫고 하나님께 감사했다(욘 2:5-6). 그리고 하나님이 자신을 구원할 구원자이심을 확신하며 하나님께 의뢰하는 간구를 드렸다.

(3) 요나의 순종과 니느웨의 회개

여호와의 말씀이 두 번째로 요나에게 임했다(욘 3:1-2). 하나님은 배역의 길로 내닫던 요나를 포기하지 않으셨다. 마찬가지로 니느웨의 악한 백성들도 포기하지 않으셨다. 요나는 여호와를 피하여 달아났던 것과는 달리, 하나님의 명령에 순종하여 니느웨에서 선포하기 시작했다. "내가 네게 명한 바를 그들에게 선포하라"(욘 3:2)는 하나님의 명령에서 '선포'는 단순히 '전파하라', '공표하라'는 의미이다. 요나는 철저하게 하나님의 말씀대로 그분의 말씀만 전할 것을 촉구 받은 것이다. 요나가 니느웨에 들어가서 복음을 선포한 것은 단 하루였다(욘 3:4). 니느웨 성읍은 3일 길 정도 되었다(욘 3:3). 그러므로 요나의 선포를 직접 들은 범위는 전체 성읍의 1/3 정도에 지나지 않았다. 요나의 선포 내용은 지극히 단순했다. 40일이 지나면 니느웨가 무너진다는 것이다.

요나가 회개를 촉구하자, 니느웨 백성들은 경고를 받아들였고, 삶의 변화가 일어났다(욘 3:5-9). 니느웨 백성들이 하나님을 믿었다고 했다(욘 3:5). 이는 니느웨 사람들이 신실하고 겸손한 태도로 회개했음을 보여준다(왕상 21:27; 욜 1:13-14). 왕은 조서까지 내렸다. 이것은 백성들이 하나님을 믿는 현상을 공식적으로 인정한 것이다. 왕은 사람으로부터 가축에 이르기까지 금식을 선포하고, 힘써 여호와께 부르짖을 것을 명했다. 또한 각기 악한 길과 손으로 행한 강포에서 떠나라고 했다. 이는 크고 작은 모든 범죄로부터 돌이키라는 명령이다.

니느웨의 회개는 단순한 도덕적 각성이 아니라 영적인 각성이었던 것이다. 이러한 사실은 왜곡된 선민의식으로 하나님께 범죄했던 이스라엘의 실패로 인해, 하나님의 구원 역사의 중심이 교회로 전이되었음을 보여주는 사도행전의 교훈과 맥을 같이한다. 이 사건은 이방을 포함하는 신약 교회의 탄생을 예고하는 구약적 근거가 된다. 결국 하나님은 니느웨 백성들의 회개를 근거로 긍휼을 베푸시고 진노를 유보하셨다(욘 3:9-10).

(4) 천하보다 귀한 영혼

요나는 하나님의 명령대로 복음을 선포했다. 그러나 그가 진심으로 바란 것은 니느웨의 회개가 아니었다. 그는 니느웨가 심판받기를 원했다. 요나는 니느웨의 회개와 하나님의 긍휼에 대해 심하게 불평했다. 자신이 분노한 이유를 하나님께 기도로 고했다(욘 4:1-3). 기도의 내용은 하나님의 뜻과 계획을 완전히 무시하고 자신의 생각대로 원망을 토로하는 내용으로 일관된다. 심지어 자신을 죽여 달라고까지 극단적으로 말했다. 그러고는 자신의 예언대로 니느웨가 망하길 바라면서 성 밖에서 니느웨가 어떻게 되나 지켜보았다(욘 4:5). 하나님은 요나의 잘못된 생각을 교정시키기 위해 다양한 방법으로 권면하셨다(욘 4:4-11). 하나님은 박 넝쿨을 준비하셔서 태양의 열기로부터 요나를 보호하셨다. 요나는 박 넝쿨을 통해 하나님의 인자를 맛보았고, 니느웨의 멸망을 기다리는 자기 뜻을 하나님이 인정하신 것으로 착각했다(욘 4:6).

그러나 하나님은 요나의 생각과는 달랐다. 하나님은 벌레를 준비하사 박 넝쿨을 씹게 하셨다. 요나는 니느웨 성의 수많은 사람이 망하는 것은 손뼉 칠 수 있을지라도 자기의 박 넝쿨이 벌레에 씹히는 것은 견디지 못했다. 하나님은 당신의 창조물인 인간이 박 넝쿨과 비교할 수 없는 귀한 존재라는 사실과 니느웨 백성을 아끼고 사랑하는 하나님의 섭리를 교훈하고자 하셨던 것이다(욘 4:10-11). 하나님의 책망 앞에 요나는 침묵했다(욘 4:11). 하나님은 처음부터 끝까지 요나를 참아주셨다. 요나의 침묵은 이 같은 하나님의 사랑을 깨달았음이 아닐까?

6) 미가 : 무엇을 가지고 여호와 앞에 나아갈까(미 6:6-8)

미가라는 단어는 '누가 여호와와 같으냐?'라는 뜻이다. 그는 이사야와 동시대 즉 B.C. 7세기의 예언자였다. 미가는 남 유다와 북 이스라엘 양국을 향해 예언했던 선지자이다. 그러나 북 이스라엘에 대한 예언은 간략했고, 주로 유다를 향해 예언했다. 미가 선지자가 활동한 유다의 사회상은 불법과 부패가 난무했다. 이러한 때에 선지자로 소명 받은 미가는 억압받는 소외된 백성들의 입장에 서서 부패한 지도자들의 죄악상을 적나라하게 고발하면서, 임박한 하나님의 공의의 심판을 강력히 경고했다. 미가는 죄악을 고발하고 하나님의 심판을 선언하지만, 후반부에서 빛나는 소망을 보여준다.

또 메시아의 탄생에 대한 중요한 예언을 하고 있다. 그는 메시아 탄생 장소가 베들레헴이라는 것을 예언했다(미 5:2). 이 예언은 헤롯이 그리스도가 태어날 곳이 어디냐고 물었을 때 답변의 근거가 된 구절이기도 한다(마 2:3-6). 미가는 장차 도래할 메시아로 말미암아 이루어질 유다의 궁극적 회복을 선포하면서, 남은 자들의 심령 속에 메시아의 소망을 심어주었다.

(1) 하나님이 기뻐하시는 예배

미가서 6장 6절에 "내가 무엇을 가지고 여호와 앞에 나아가며 높으신 하나님께 경배할까"라고 했다. 이 질문의 핵심은 하나님이 기뻐하시는 예배가 무엇일까라는 것이다. 하나님은 번제물 일 년 된 송아지(미 6:6)를 기뻐하실까? 일년생 송아지는 갓 태어난 새끼보다 값이 더 나갔고, 가장 좋은 번제물로 간주되었다. 일반적으로 가장 많이 사용되었고 가장 적절한 예물이기도 했다(출 12:5; 레 9:2-3). 하나님은 이런 번제물을 기뻐하실까? 하나님은 천 마리의 숫양이나 엄청난 기름(미 6:7)을 기뻐하실까? 기록상으로 볼 때 수천의 동물 제사를 바친 사람은 솔로몬뿐이었다(왕상 8:63). 솔로몬이 성전을 건축한 뒤 드린 제물은 소가 2만 2천 마리, 양이 12만 마리였다고 한다. 하나님은 이런 엄청난 양의 희생 제물을 기뻐하실까? 아니면 하나님은 맏아들(미 6:7)을 바치는 것을 기뻐하실까? 실제로 가나안의 종교는 아들을 제물로 바치는 의식이 있었다. 다산의 신인 엘은 소산의 일부를 요구할 권리가 있다고 보아, 당시 사람들은 짐승이나 곡식뿐 아니라 어린아이를 제물로 바치는 일이 있었다. 레위기나 신명기를 보면 이런 일들은 명백히 금지되었다. 그러나 이스라엘은 이를 받아들여 종종 행했다(왕하 3:27, 16:3; 사 57:5). 창세기 22장에 보면, 하나님은 아브라함에게 그 아들 이삭을 제물로 바치라고 요구하셨다. 그때 아브라함은 놀라지 않았다. 이것은 이런 관행에 익숙해 있었음을 암시한다. 그러나 하나님은 아브라함의 믿음만 확인한 다음에 동물을 제물로 드리는 새로운 모델을 보여주셨다. 그런데 이런 하나님이 맏아들을 제물로 드리는 것을 기뻐하실까?

본문은 하나님이 이런 것을 기뻐하시지 않는다는 점을 강조한다. 하나님은 사랑 없는 제사나, 헌신 없는 제물을 기뻐하시지 않는다. 하나님이 기뻐하시는 것은 다른 것이다.

(2) 여호와께서 구하시는 것

미가서 6장 8절에 "사람아 주께서 선한 것이 무엇임을 네게 보이셨나니 여호와께서 네게 구하시는 것이 오직 공의를 행하며 인자를 사랑하며 겸손히 네 하나님과 함께 행하는 것이 아니냐"라고 했다. 하나님이 기뻐하시는 것은 의식이나 틀에 박힌 형식이 아니다. 하나님이 원하시는 것은 우리의 삶으로 드리는 예배이다. 하나님은 선한 것이 무엇인지 보여주셨다. '선한 것'이란 하나님이 기뻐하시는 것이란 뜻이다.

공의를 행하는 것이다.

'공의'는 의로운 삶을 말할 뿐 아니라 사회적으로 모든 사람에 대해 공평하게 대하는 것을 의미한다. 미가가 활동했던 때는 요담(B.C. 739-731년), 아하스(B.C. 731-715년), 히스기야(B.C. 715-686년) 왕 때였다. 미가는 당시 사회의 심각한 불의를 보고 있었다. 강자에 의해 행해지는 약자들에 대한 불의, 억압, 착취, 학대가 심했다. 약한 자를 학대하고(미 3:3), 남을 속이고, 부녀와 아이들을 가정에서 쫓아내고(미 2:8-9), 거짓 저울로 매매를 속이고(미 6:10), 거짓을 행했다(미 6:12). 그러면서도 일 년 된 송아지를 드리면 무슨 의미가 있는가? 아니, 천천의 숫양이나 만만의 기름을 드린들 무슨 의미가 있는가?

사실 이 시대의 더 큰 문제는 종교적 타락이었다. 요담은 산당을 제거하지 않았고 우상이 숭배되고 있었다(미 1:5, 7). 또 거짓 선지자들이 있었다. 미가는 회개하지 않는 유다의 파멸과 하나님의 심판을 선언했으나, 거짓 선지자들은 평화를 예언했다(미 3:11). 제사장이 물질을 탐닉하고, 거짓 선지자들이 돈을 받고 거짓 예언을 했다.

이처럼 불의와 종교적 부패의 와중에서 미가 선지자는 바른 삶을 강조했다. 하나님이 기뻐하시는 것은 형식과 의식이 아니다. 마음 없는 제사나 번제가 아니다. 도리어 공의를 행하며 인자를 사랑하며 겸손히 하나님과 동행하는 삶을 원하신다. 오늘 우리도 의를 행해야 한다. 정당하게 일하고, 정당한 세금을 내고, 정당하게 살아야 한다. 우리가 공의를 실천하지 않으면 누가 공의를 말할 수 있을까? 우리가 의를 행하지 않으면 어떻게 세상에서 빛과 소금이 될 수 있을까? 기독교는 의식의 종교가 아니라, 삶의 종교이다. 정당하게 사업하고, 정당한 세금을 내는 것도 신앙이다.

인자를 사랑하는 것이다.

'사랑하며'에 해당하는 히브리어 '헤세드'는 하나님의 속성인 동시에 언약의 기본 원리이다. 그래서 선지자들은 타인에게 헤세드를 보이지 못한 경우 하나님과의 언약을 어긴 것으로 이해했다. 하나님은 자기 백성에게 자신의 속성인 헤세드를 보여주고 그로 인해 언약을 맺었던 것처럼, 자기 백성들도 타인에게 헤세드를 보여 하나님과의 언약을 신실하게 지킬 것을 요구하신다.

사랑과 배려, 약자에 대한 관심, 이것이 성도들이 가져야 하는 사회적 의무이다. 어느 사회든 약자가 있기 마련인데, 가진 자의 의무는 약자를 돌보는 것이다. 사랑의 실천은 하나님을 사랑하는 구체적인 표현이다. 3세기 이전의 교부들의 문서에 빈번히 나오는 말이 "모든 것을 다 내 것이니라고 말하지 말지니라"는 경구였다. 말하자면 초기 그리스도인들이 고통당하는 이들에게 사랑과 자비를 베풀고 옥에 갇힌 자들을 보살펴 주었던 것은, 바로 복음에 대한 확신과 구원에 대한 감사의 표현으로 행해진 사랑과 자비의 사역이었다. 성도는 내 주변에 나의 도움을 필요로 하는 사람은 없을까 늘 생각하고 살아야 한다. 베풀고 배려하는 삶을 살아야 한다. 예수님도 주는 것보다 받는 것이 복되다고 하시지 않았는가?(행 20:35) 자비를 베푸는 것은 복된 길이다.

겸손히 하나님과 동행하는 생활이다.

위의 두 가지는 대인관계에 관한 것이다. 그러나 하나님과의 관계는 겸손히 동행하는 것이다. 말하자면 하나님을 의식하면서 그분의 뜻과 말씀에 의지하여 하루하루를 살아가는 것이다. '하나님과의 동행', 이것은 그리스도인의 가장 아름다운 가치이다. 하나님과 동행한 신앙의 인물로 성경은 에녹을 말한다. 창세기 5장 21-23절에서 에녹에 대해 설명하는데 단 세 마디뿐이다. "에녹은 육십오 세에 므두셀라를 낳았고 므두셀라를 낳은 후 삼백 년을 하나님과 동행하며 자녀를 낳았으며 그가 삼백육십오 세를 향수하였더라."

그러나 이는 가장 아름다운 삶이었다. 자녀를 낳은 것은 특별한 일이 아니다. 그러나 이런 일상에서도 하나님과 동행했다는 뜻이다. 창세기 5장 24절에서 에녹을 말할 때에도 하나님과 동행했다는 점을 강조한다. 에녹의 일생이 중요한 의미를 갖는 것은 그가 하나님과 동행했다는 점이다. 그는 일생을 하나님의 뜻을 구하고 좇다가 죽음을 보지 않고 들려졌다(히 11:5). 히브리서 11장은 믿음을 좇아 하나님과 동행한 신앙의 열조들을 기록하여 교훈하고 있다. 다윗은 "내가 여호와를 항상 내 앞에 모심이여"(시 16:8)라고 고백했다. 그는 파란만장한 삶의 우여곡절, 그 순간순간에도 늘 하나님과 동행하는 삶을 살고자 몸부림쳤다. 욥은 원인모를 고난과 질병 가운데서도 하나님의 현존을 부인하지 않았다. "나의 가는 길을 오직 그가 아시나니 그가 나를 단련하신 후에는 내가 정금같이 나오리라"(욥 23:10)고 했다. 이 같은 고백은 하나님과의 동행함의 확신 없이는 결코 나올 수 없는 것이다.

우리는 오늘 하나님께 나오면서 무엇을 가지고 나왔는가? 하나님은 사울에게 아말렉과의 전투에서 모든 것을 다 진멸하라고 하였으나, 사울은 순종치 않고 좋은 것은 자기를 위해 남겨두었다. 사무엘이 이 일을 책망하자, 사울은 하나님께 제사드리려고 그랬다고 핑계했다(삼상 15:21). 이때 사무엘이 이렇게 말한다. "하나님이 순종을 원하겠습니까? 아니면 번제나 제사를 원하겠습니까? 순종이 제사보다 낫고, 듣는 것이 숫양의 기름보다 낫습니다."

우리의 소유를 드리는 것보다 더 중요한 것은 하나님께 순종하는 생활이다. 형식이나 의식의 준수보다 더 중요한 것은 정신이며 삶이다. 하나님은 우리에게 선한 것을 보여주셨다. 요즈음 개념으로 말하면 '최고 선'일 것이다. 그것은 공의를 행하고, 자비를 사랑하고, 하나님과 동행하는 삶이다. 613개의 율법 조문을 다 암기한들 하나님과 동행하는 진실한 삶이 없다면 무의미하다. 오늘 하루도, 그리고 우리의 날들이 공의를 행하고 인자를 사랑하며 하나님과 동행하는 날들이 되기를 바란다.

7) 나훔 : 여호와는 보복하시고 진노하시되(나 1:2)

본서는 앗수르가 멸망(B.C. 612년)하기 직전에 기록되었다. 본서에는 앗수르의 아슈르바니팔(B.C. 669-626년)이 다스리던 때부터 니느웨 함락까지의 기간 동안에 되어질 일들이 기록되어 있다. 이 기간은 국내적으로 북왕국 이스라엘이 함락된 지 약 1세기가 지난 때로서 예레미야, 스바냐, 하박국이 활동하던 기간과 동일하다. 국제적으로는 애굽과 앗수르가 지배권을 행하던 시기였다.

본서는 요나서처럼 책 전반에 걸쳐 앗수르의 수도인 니느웨에 대해 다루고 있다. 요나가 니느웨의 회개를 촉구한 반면, 나훔은 니느웨의 멸망을 다루고 있다. 요나 당시, 비록 니느웨가 하나님의 심판을 받아야 했음에도 불구하고 하나님은 1차적으로 요나를 통해 회개를 촉구하셨다. 그들이 회개하자 하나님은 심판을 거두셨다. 그러나 약 150여 년이 지난 나훔 시대에 이르러 니느웨는 그 같은 하나님의 사랑을 배신하고, 도리어 이전보다 더 교만하여 사악하기 그지없었다. 앗수르는 하나님의 백성을 괴롭히는 것이 하나님의 진노를 촉발한다는 사실을 망각했다. 그들은 당시의 중동 지역을 무력으로 정복하고 다스렸다. 정복국을 황폐케 하고 주민들은 노예로 삼았다. 그러던 중 사르곤 2세는 북 이스라엘을 멸망시켰고, 남 유다를 속국으로 만들었다. 하나님의 공의는 더 이상 이를 간과할 수 없었다.

(1) 하나님의 권능

나훔 1장 1-8절은 하나님의 위엄 있는 성품과 신성에 대한 계시로 가득 차 있다. 하나님과 언약을 맺은 백성을 압제하는 것은 하나님을 거스르며 대적하는 죄이다. 하나님은 자신의 신성을 모독한 죄를 심판하겠다고 예고하신다. 하나님은 침묵하시는 분이 아니라 친히 죄악의 세력을 정복하시는 분이시다.

진노하시는 하나님이시다.

하나님은 죄악, 즉 자기의 뜻에 어긋나는 일체의 행위에 대해 진노하신다. 인간은 자신의 감정이나 사욕, 악의, 원한, 질투, 시기에 치우쳐 공연히 화를 낼 때가 있다. 그러나 하나님의 진리를 유지하고 수호하기 위한 열심이 죄악에 대해 진노한다. 여호와는 투기하시며 보복하시는 하나님이시라고 했다. 여호와는 자기를 거스르는 자에게 대적하시며 자기를 대적하는 자에게 진노를 품으신다고 했다(나 1:2). 여기서 "투기"(칸노, אונק)는 여호수아 24장 19절과 여기서만 나오는 단어로, 시내 산에서 계시하신 하나님이 처음으로 사용하셨고, 하나님에 대해서만 쓰인다(출 20:5, 34:14). 이는 하나님과 백성의 언약 관계를 전제로 한다. 하나님의 백성에게 불신앙이나 외부의 위협이 있을 때, 언약 관계를 회복시키기 위한 조치로 하나님의 질투의 속성이 나타나는 것이다(민 25:11; 히 10:27).

계속하여 반복되는 "보복"은 법과 도덕을 범하면서도 회개하지 않는 자들에게 그에 상응하는 심판을 행하신다는 의미이다. 이 단어들은 어느 개인을 대상으로 원수를 갚는다는 의미보다는, 대개의 경우 집단이나 백성을 향한 심판을 가리킨다. 구약성경의 용법은 언약을 배경으로 한다. 즉, 이스라엘은 여호와의 언약 백성이기 때문에 여호와께서 이스라엘 백성을 위해 니느웨를 멸망시키신다는 뜻이다. 하나님은 선민이 범죄했을 때는 죄악에 대한 대가를 주고 훈계하려는 목적으로 진노하신다. 반면에, 앗수르에 대해서는 그들의 죄악을 심판하시며 거룩한 백성인 이스라엘을 보호하기 위해 진노하신다.

피조 세계를 다스리시는 하나님이시다.

여호와의 길은 회리바람과 광풍에 있고 구름은 그 발의 티끌이라고 했다(나 1:3). 하나님은 바다와 강을 꾸짖는다고 했다(나 1:4). 여호와는 노하기를 더디 하신다. 회개할 때를 기다려 주신다는 말이다. 하나님의 인내는 상대방의 막강한 위력에 아무 대항도 하지 못하는 수동적인 인내와는 근본적으로 다르다. 하나님은 용서를 전제로 하여 죄인이 회개하기를 기다리며 그동안 죄에 대한 심판을 유보하신다. 그러나 죄인들은 하나님이 죄를 벌할 능력이 없다고 조롱하면서 더욱 타락한다. 나훔 선지자는 악인들이 하나님의 인내하심을 오해하고 있다고 비난한다. 하나님이 악을 심판하실 때가 있음을 역사적인 사실을 제시하며 증거한다. 나훔 1장 4절은 출애굽 때와 가나안 입성 때 하나님이 초자연적인 능력으로 선민을 보호하시고 대적을 심판하셨던 상황을 연상시킨다(출 14:19-21, 19:9, 40:34-38; 수 3:16).

하나님은 앗수르가 회개하기를 인내하며 기다리셨다. 그러나 앗수르의 죄악이 극에 달하고 선민을 괴롭히자, 마침내 하나님의 심판이 임하는 것이다. 하나님이 진노하시면 그분을 무시한 인간들이 심판을 받는다. 그들이 이루어 놓은 모든 열매와 노력이 헛될 것이다. 모든 나라와 인간의 운명을 결정하는 주체는 하나님이시다. 나훔 선지자는 1장 4-6절에서 여호와가 모든 피조 세계를 다스리는 분이심을 노래한다. 그 안에 거하는 모든 사람들 위에 영원한 통치를 베푸시는 분이 여호와임을 고백한다. 그러므로 모든 거민들은 여호와께 복종하게 될 것이다. 이방 나라인 앗수르도 종국에는 하나님의 통치에 의해 심판 당하게 될 것이다.

여호와는 자기에게 의뢰하는 자들을 아신다고 하셨다(나 1:7).

하나님을 대적하는 모든 자는 심판으로 멸망하지만, 하나님을 의뢰하는 자들에게는 선한 모습으로 나타나시는 하나님이시다. 유다는 앗수르의 공격에 생존 위기를 느꼈다. 그러나 이 세상의 무수한 고난 속에서도 하나님을 의지하는 자는 구원을 얻을 것이다. 하나님은 위험과 곤고함에 지쳐 있는 자들의 피할 산성이 되시기 때문이다. 하나님은 환난당하는 자들을 여러 방법으로 도우신다. 사람들은 어려울 때 인간적인 방법으로 위기를 모면하나, 도움의 근원은 오직 하나님뿐이시다.

(2) 니느웨의 심판과 유다의 구원

하나님은 니느웨를 철저하게 심판하겠다고 예고하신다. 앗수르는 오늘날 하나님의 뜻을 무시하면서 세상의 법을 좇아 사는 사람들을 상징한다. 그들이 세상적인 관점에서 근면하고 정직하게 산다 하더라도, 하나님의 대적임을 부인할 수 없다. 왜냐하면 하나님은 인간의 마음 곧 그 사람 외에는 알 수 없는 깊고 은밀한 마음의 생각을 판단하신다. 겉으로 드러나지 않는 성욕과 탐욕, 그리고 하나님을 무시하는 태도까지 정죄의 대상이 되기 때문이다.

앗수르 왕이 하나님을 대적하였으므로 심판을 받을 것이다(나 1:9-11).

나훔 1장 11절의 "여호와께 악을 꾀하는 한 사람"은 앗수르 왕을 가리킨다. 앗수르 왕은 우상 신의 은덕에 의존하여 권세를 누렸다. 신의 형상을 왕의 모습을 본 따서 만들기도 했다. 그들은 전쟁의 여신이며 우주의 여왕인 이슈타르를 섬겼다. 앗수르의 막강한 세력으로 인해 메소포타미아, 바벨론, 애굽에서도 이 여신을 섬기러 왔다. 이들은 우상 신을 나무에 도금하거나 금으로 부어 만들기도 했다. 하나님은 이들을 가시덤불과 마른 지푸라기같이 다 태워 없애신다. 그리고 하나님은 앗수르 왕의 무덤을 예비하신다고 했다(나 1:14). 그가 비루하다고 했다. 즉 하나님의 율법, 하나님의 말씀이 제시하는 기준에 미달했다는 것이다.

하나님은 앗수르를 심판하시지만 유다는 구원하신다(나 1:12-15).

앗수르가 아무리 강해도 하나님의 심판으로 결국 사라지고 말 것이다. 하나님이 전에는 유다를 괴롭게 하셨다고 했다(나 1:12). 유다가 언약 백성일지라도 그들의 잘못된 행위에 대해서는 징계하셨다. 그러나 이제는 괴롭게 하지 않을 거라고 하셨다. 유다는 많고 강한 원수들로부터 억압을 받아 왔다. 유다는 100년이 넘도록 앗수르의 정치적 간섭을 받으며 그들의 신을 섬기도록 강요받았다. 그러나 여호와께서는 앗수르의 억압을 끝장내고 유다의 멍에를 풀어주신다고 확신하신다(나 1:13). 하나님은 앗수르의 우상을 멸절시키겠다고 하신다(나

1:14). 앗수르인들은 이슈타르 외에도 앗술, 나부, 마르둑, 벨 등 잡다한 우상 신들을 섬겼다. 그 신전을 중심으로 모든 삶이 이루어졌다. 그러므로 이런 것들이 사라진다는 것은 앗수르의 신들이 현실적으로 무능력하고 가치가 없다는 사실이 증명되는 것이다.

앗수르의 멸망을 선언한 하나님의 말씀이 그대로 성취된다는 증거는 히스기야 시대에 나타났다. 당시 산헤립이 수많은 군대를 이끌고 유다를 공격했지만 하나님의 백성을 이길 수 없었다. 전쟁 준비를 완벽하게 갖추고 예루살렘을 공격했지만, 어느 날 밤 하나님의 천사가 내려와 앗수르군을 185,000명이나 죽였다. 그들은 패전하여 니느웨로 귀환했다(왕하 19:35-36; 사 37:36-37). 나훔이 앗수르의 멸망을 예고했을 때 앗수르는 최고의 영화를 누리고 있었다. 그러나 하나님의 예언대로 앗수르는 곧 망하여 하나님의 말씀이 진실하다는 것이 입증되었다.

이제 선지자는 유다에게 절기를 지키라고 선포한다. 이스라엘에 대한 앗수르의 공격이 실패로 끝날 것임이 확실하기 때문이다. 이제 하나님의 백성들은 평화를 되찾고 하나님을 경건하게 섬기는 의식을 거행하게 되었다.

8) 하박국 : 의인은 그 믿음으로 말미암아 살리라(합 2:4)

본서는 성도라면 누구나 의문을 제기할 수 있는 신앙 문제에 대한 해답을 주고 있다. 하박국 선지자의 이름은 '포옹하다'란 뜻으로, 예레미야와 다니엘과 동시대 사람이다. 하박국 선지자는 레위족의 찬양대의 한 사람이었다. 하박국은 그 예언의 초점을 바벨론에 맞추고 있다.

세계의 강국인 앗수르가 나훔 선지자의 예언대로 멸망하자, 애굽과 바벨론은 서로 패권을 잡으려고 전쟁하게 되었다. 이 전쟁에서 바벨론은 승리했고, 그 여세를 몰아서 갈대아인을 제압하게 되었다. 그리하여 느부갓네살의 바벨론 세력이 팽창하게 되자, 하박국은 유다가 이들에 의해 멸망할 것을 너무도 잘 알고 있었다.

선지자의 마음속에는 왜 유다 나라가 저 사특한 바벨론에게 침범을 당해야 하는지 그 의문을 풀 길이 없었다. 어떻게 해서 불의가 선보다 득세할 수 있는가? 그는 하나님께서 악을 계속 용납하실 뿐 아니라 침묵하고 계심에 당황하면서 질문을 쏟아놓는다.

(1) 하박국의 첫 번째 질문과 하나님의 응답

어찌하여 유다의 죄악을 벌하지 아니하시는가?(합 1:1-4)

여호와는 당시 하박국 선지자의 기도를 듣지 않으셨다(합 1:2). 하박국은 강포에 대한 심판을 원했다. 그런데 왜 하나님의 구원은 없는가? 하나님은 어느 때까지 듣지 아니하실 것인가? 이러한 의문을 가지고 하박국은 입을 열었다. 그러나 하나님은 하박국의 기도에 즉각 응답지 않으셨다. 하박국은 악이 공의를 무너뜨리는 상황을 거듭해서 강조한다(합 1:3). 그는 '간악', '패역', '겁탈', '강포', '변론', '분쟁'이란 단어들을 나열하며 부패한 사회를 고발한다. 간악과 패역은 공의가 왜곡되고 사회적인 억압이 팽배한 상황을 나타낸다(욥 15:35; 시 7:14). 겁탈과 강포는 사회 내에서 약한 자들이 부당하게 당하는 모습이다(렘 6:7, 20:8; 겔 45:9; 암 3:10). 변론과 분쟁은 분노와 알력으로 인한 다툼과 시비를 가리키는 말이다(잠 15:18, 17:14, 26:20-21;

렘 15:10).

이런 것들이 유다 각 방면에 깊숙이 스며든 결과, 율법이 해이해졌고 공의가 시행될 수 없었다(합 1:4). 이것은 유다가 외적인 압제보다도 내적 부패를 겪고 있다는 것을 강력히 암시한다. 법정 판결은 강한 자와 부정직한 자의 편에 섰다. 의인은 자연히 악인의 방해를 피할 수 없게 된다. 그런데도 하나님은 왜 악을 심판하지 않으실까? 왜 의인의 부르짖음을 신원하지 않으실까? 이것이 하박국의 풀리지 않는 의문이었다.

하나님의 응답(합 1:5-11)

하나님은 유다에 대한 심판을 선포하심으로 응답을 대신하셨다. 하나님의 계시는 구원 계시가 아닌 심판 계시였다. 먼저 열국을 통해서(합 1:5), 그리고 특별히 한 민족인 갈대아 사람(합 1:6)을 통해서 시행될 것이라고 하셨다. 이 심판은 하나님의 백성이 믿기 어려울 정도로 놀랄 만한 것이라고 했다(합 1:5). 또한 심판의 도구인 갈대아 사람의 성격과 군사력에 대해 생생히 전한다(합 1:6-11). 그들은 사납고 성급하다(합 1:6). 자기 소유가 아닐지라도 무력으로 정복한다. 두렵고 무서운 잔인한 자들이다(합 1:7). 자신들을 제외한 모든 자들이 살 법을 만드는 자들이요, 자신들만이 인간사를 재판할 수 있다고 믿었다. 그들은 기동력 있는 군사력을 갖추었다. 그들은 마치 날쌘 표범 같다. 사나운 이리 같고 먹이를 찾아 덮치는 독수리 같다(합 1:8). 표범과 이리는 유다에 대한 하나님의 심판에 대한 상징물이다(렘 5:6; 호 13:7-8). 그들의 목표는 강포와 정복뿐이다(합 1:9). 다른 나라를 정복하여 포로들을 사로잡아 모래같이 쌓을 것이다. 그들은 자신의 상대를 멸시하고 조롱하고 비웃었다(합 1:10). 그들은 자신들의 힘과 군대를 신격화했다(합 1:11). 자신들의 유한한 능력으로 무한하신 하나님께 도전한 것이다. 이 교만이 죄의 본질이다. 비록 바벨론 사람들이 유다를 징치하는 도구로 세움 받아 사용되지만 그들 역시 하나님 앞에 허물이 있는 자로 선다. 그들 역시 하나님께 정죄받게 된다(합 1:11).

(2) 하박국의 두 번째 질문과 하나님의 응답

공의로운 하나님께서 어떻게 더 불의한 갈대아를 사용하시어 유다를 징계하시는가?(합 1:12-17)

하박국의 의문은 하나님께서 악한 나라를 쓰시는 것이 그의 거룩하심과 어떻게 조화가 될 수 있느냐는 것이다. 왜 유다보다 악한 바벨론이 심판의 도구로 쓰이는가?(합 1:13) 그들이 먼저 심판받아야 하지 않는가? 왜 그들이 망하지 않고 번영하는가?

하박국은 이것이 공의로운 하나님의 성품에 위배된다고 생각했다. 선지자는 바벨론을 통하여 유다를 심판하시는 하나님의 섭리 자체를 부정하지는 않는다. 그는 세상에 존재하는 재난과 악, 인간의 운명을 하나님의 주권과 연결시키고 있다. 그런데 바벨론 사람들이 취하는 마음의 상태와 태도, 그들의 행동이 지극히 악한데도 하나님이 이들을 그의 도구로 사용하시는 것이 옳은가 하는 것이다. 그들의 잔인함을 얼마나 오래되도록 허락하실 것인가?(합 1:17) 하박국은 믿음이 깊은 자이다. 그는 하나님의 오묘한 섭리와 주권을 다 이해할 수 없기 때문에 하나님의 답을 기다리겠다고 했다. "그가 내게 무엇이라 말씀하실는지 기다리고 바라보며 나의 질문에 대하여 어떻게 대답하실는지 보리라"(합 2:1).

하나님의 응답(합 2:2-5)

거룩하신 하나님은 하박국의 두 번째 탄식에 응답하신다. 하박국은 이 응답을 판에 기록하여 사람들도 볼 수 있도록 알려야 했다. 여호와께서는 하박국에게 한 가지 주의를 주셨다. 그것은 기다리는 것을 배울 필요가 있다는 것이다. "이 묵시는 정한 때가 있나니 그 종말이 속히 이르겠고 …… 비록 더딜지라도 기다리라 지체되지 않고 정녕 응하리라"(합 2:3).

사람들의 생각으로는 속히 이루어지길 바라겠지만 교만한 바벨론을 멸망시키는 것은 하나님의 정한 때에 이루어질 것이다. 이미 약속은 받았지만 그 성취는 미래에 이루어질 일이다. 그는 하나님의 약속을 믿는 믿음으로 살아야 했다(합 2:4). 세상을 주관하는 것은 하박국의 임무가 아니라 하나님께 속한 것이다. 다만 성도는 주권자 하나님을 의지하는 믿음 안에서 살아야 할 의무만 있을 따름이다. 성도는 자신이 이해하기 어려운 개인의 일이나 역사의 사실이 일어났다고 해서 하나님의 선하심을 부인하거나 그릇되게 생각해서는 안 된다. 악인이 잘되는 것을 보고 자신의 믿음마저 잃을 수 있기 때문이다. 제1, 2차 세계대전 후 전쟁의 잔인함을 보고 하나님이 살아 계신가 질문하는 그리스도인들이 있었다. 그러나 성도는 믿음으로 하나님의 약속의 때를 기다려야 한다.

하박국의 질문에 응답하신 하나님은 바벨론의 멸망에 대해 예고하신다(합 2:6-20). 바벨론에는 다섯 가지 재앙이 예고된다. 첫 번째 재앙은, 탐욕이 가득한 자들에 대한 심판이다(합 2:6-8). 두 번째 재앙은, 다른 사람이나 다른 나라의 재산이나 재물을 탈취하여 집을 세우려는 자들에 대한 심판이다(합 2:9-11). 세 번째 재앙은, 강포와 폭정을 통해 사회를 형성하려는 자들에 대한 심판이다. 네 번째 재앙은, 몰인정하고 잔악한 자들에 대한 심판이다(합 2:15-17). 다섯 번째 재앙은, 우상 숭배하는 자들에 대한 심판이다(합 2:18-20).

마침내 하박국은 그의 믿음의 문제에 대해 해결책을 찾았다. 하나님은 하늘 보좌에 좌정하시고 우주 만물을 다스리신다. 의인은 믿음으로 그 앞에 설 수 있지만, 악인은 결국 무서운 운명을 맞이한다. 하나님이 그의 의로우심을 나타내시어 불의한 악인들을 심판하시면 그들은 잠잠케 될 것이다(합 2:20). 이제 하박국은 우주의 역사를 주관하시는 창조주시요 언약의 하나님의 높으신 경륜과 깊은 섭리를 찬양한다(합 3장). 하박국은 하나님의 섭리가 수년 내에 부흥케 해달라고 기도한다(합 3:1-2). 역사 속에서 하나님의 구원하시는 행동을 보여 달라는 것이다. 다시 반복해서 간구하기를 수년 내에 나타내 달라고 한다. 진노 중에라도 긍휼을 잊지 말아 달라는 애원이다. 유다가 바벨론과 싸울 때 지켜 달라는 것이 아니다. 의인의 공로를 기억해 달라는 것도 아니다. 하나님께서 자신의 본성을 기억하시어 심판을 자제하시고 긍휼을 베풀어 달라는 것이다.

이런 하박국 앞에 하나님은 나타나신다. 하나님을 만난 선지자는 어떤 극한 상황에서도 즐거워하겠다고 했다(합 3:18). 생존권이 박탈될 정도의 현실적인 위기 앞에서도 하나님을 향한 확고한 신앙을 보일 수 있었던 것은, 이미 계시된 하나님의 약속을 믿는 믿음 때문이다. 하박국은 더 나아가 하나님을 '구원'이라고 외친다. 구원이신 하나님은 하박국의 삶에 있어서 힘이 되었다(합 3:19). 하나님은 힘의 원천

이상이다. 힘, 그 자체이시다. 하나님은 우리의 모든 것이시다. 우리는 하나님의 구원과 힘 안에서 즐거워하는 것이다.

9) 스바냐 : 구원을 베푸실 전능자(습 3:17)

스바냐는 유다 왕 요시아의 통치 초기(B.C. 630년경)에 활동했다. 당시 유다는 57년간에 걸친 므낫세(55년)와 아몬(2년)의 악정으로 부패할 대로 부패했다. 스바냐는 하나님의 진노의 날이며 동시에 심판의 날에 해당되는 '여호와의 날'에 초점을 맞추어 메시지를 전한다. 그날은 하나님께서 유다의 불의와 불경건으로 말미암아 심판을 예정하신 날로, 침략과 재난과 고통이 있게 된다. 이러한 '여호와의 날'은 단지 유다에만 국한되지 않고 이방까지 포함한다.

스바냐는 첫 장에서 심판을 선포하고, 두 번째 장에서는 회개를 권유한다. 그리고 유다 주변국들에 대해 예언한다. 마지막 장에서는 예루살렘의 심판에 대해 말한 후, 이스라엘의 남은 자들이 얻게 될 미래의 영광을 약속한다. 스바냐는 이런 예언을 통해 심판과 진노 후에 이루어질 영광스런 메시아 왕국의 도래, 즉 구원의 희망으로서 예수 그리스도의 도래에 대해 말하고 있다.

(1) 여호와의 날에 임할 심판(습 1:1–3:8)

전 세계에 임할 심판이다(습 1:1–6).

스바냐 1장 2절에 "여호와께서 가라사대 내가 지면에서 모든 것을 진멸하리라"고 했다. 하나님이 이 세상에 있는 모든 것을 완전히 쓸어

버린다는 뜻이다. 하나님의 심판은 선택된 백성(습 1:4-6)을 포함하여 전 세계(습 1:2-3)에 골고루 미칠 것이다. 하나님 앞에서는 티끌만한 죄라도 용납되지 않음을 말한다. 성경 역사는 이 사실을 노아 홍수를 통해 생생하게 증거하고 있다(창 6:7, 7:23). 유다의 심판의 원인이 되는 우상 숭배는 가나안에 들어가면서부터 시작되었다(출 23:24). 그것이 므낫세 때 와서는 극한 배도의 상황에 도달했다(왕하 21:1-18). 하나님의 선택된 백성의 범죄는 전 세계와 자연계까지 영향을 미치게 된다. 자신들뿐 아니라 피조 세계 전체가 하나님의 저주를 받는 결과를 초래하게 된다.

명백한 심판이다(습 1:7-13).

'여호와의 날' 심판의 날에 여호와께서 만국을 심판하시므로 곡성과 부르짖는 소리 등이 드높을 것이다(습 1:10). 이방인의 의복을 입고 극한 욕망에 사로잡혀 행동한 자들(습 1:8-9, 11)은 특별한 진노를 받게 된다. 이방인의 의복을 입었다는 것은 그들이 하나님의 규례를 어겼을 뿐 아니라 이방 관습에 젖어 우상을 섬겼음을 암시한다. 하나님은 선택된 백성으로서의 거룩함을 상실한 자들을 더 이상 돌보지 않으신다. 공의에 입각해 심판하신다.

임박한 심판이다(습 1:14-18).

그날은 "가깝고도 심히 빠르도다"(습 1:14)라고 했다. 여호와의 날은 진노의 날이요 비통과 파괴의 날이다. 무서운 날이요(습 1:15-17), 재물도 건지지 못할 날이다(습 1:18). 많은 재산이 아무 소용없다. 식량을 구할 수 없어 굶주리게 되며, 모든 사람이 재난을 피할 수 없다. 그 어떤 것도 하나님의 진노로부터 범죄한 자들을 도울 수 없다(습 3:8). 참고 참으시는 인내의 하나님이시지만 기다림의 시간이 지난 후에는 가차 없는 심판이 있다. 보이는 이 세상이 전부가 아니다. 보이지 않는 세상이 더욱 중요하다(고후 4:18). 그러므로 성도는 그리스도의 심판대 앞에서 각각 선악 간에 그 몸으로 행한 것을 따라 심판 받음을 기억하며(고후 5:10) 정결하게 살아야 한다.

심판의 날이 임하기 전에 회개해야 한다(습 2:1-3).

하나님은 노아가 방주로 들어가기 일주일 전에 마지막으로 문을 닫지 않고 여유를 주셨다(창 7:4). 마찬가지로 여호와의 날에도 마지막으로 구원의 기회를 주시며, 인자와 긍휼을 보이신다. 선지자를 통하여 회개하라는 말씀을 선포하신다. 수치를 모르는 백성들에게 모이라고 하신다(습 2:1). 하나님을 찾지도 아니하고 무감각한 백성들에게 심판의 날이 이르기 전에 모여서 하나님을 찾으라는 것이다. 심판의 명령이 시행되기 전에 여호와 앞으로 돌아오라는 것이다(습 2:2).

그러나 스바냐가 회개를 권면하는 대상은 "여호와의 규례를 지키는 세상의 모든 겸손한 자들"(습 2:3)이다. 왜냐하면 그 외의 사람은 여호와의 심판의 날에 도저히 살아남을 수 없기 때문이다. '세상의 모든 겸손한 자'라는 말은 이방인이나 유다 백성이나 그 혈통과는 상관없다는 말이다. 오직 하나님을 간절히 기대하며 겸손히 공의를 행하며 하나님의 규례를 지키는 이들이다. 그러나 이러한 자들조차도 "혹시 여호와의 분노의 날에 숨김을 얻으리라"(습 2:3)고 했다. 겨우 하나님의 은혜를 얻을 수 있다는 말이다. 아모스 선지자에게서도 볼 수 있는 사상으로(암 5:15) 모든 것이 여호와의 주권에 달려 있다는 말이다.

(2) 여호와의 날에 임할 구원(습 3:9-20)

이방 나라(습 2:4-15)와 예루살렘(습 3:1-8)이 자신들의 죄로 인해 멸망할지라도 유다 족속의 남은 자들은 결국 구원받게 된다. 하나님은 택한 백성을 징계하실지라도 다시금 회복시켜서 조상과 맺은 언약을 이루시는 신실하신 분이다.

하나님의 구원은 이스라엘뿐 아니라 이방에도 나타난다(습 3:9-10).

하나님은 이스라엘을 회복시키는 사역을 통해 열방들이 깨닫고 구원에 동참하도록 역사하신다. 메시아 시대에는 하나님의 백성과 더불어 이방의 남은 자들이 하나님께로 돌아와 하나님의 이름을 부르며 한마음으로 섬긴다. 하나님은 열방에게 입술을 깨끗하게 하신다고 했다. 우상을 찾으며 찬양하던 부정한 입술이다. 하나님이 깨끗하게 하신 결과 여호와의 이름을 부르게 된다. 그리고 합심하여 하나님을 섬기게 된다. 그러므로 하나님의 영광이 모든 세계에 해처럼 빛날 것이다(합 2:14).

남은 자들은 반드시 구원을 받는다(습 3:11-13).

유다의 남은 자들은 하나님의 심판으로 인해 포로 생활을 하며 이방인들로부터 수치와 멸시를 당했다. 그러나 이제 하나님께서 회복시키시는 날에는 결코 수치를 당치 않을 것이다. 유다의 남은 자들 중에는 결코 교만한 자는 없을 것이며, 오직 겸손한 자들만이 남게 될 것이다(습 3:11). 돌아온 남은 자들은 '곤고하고 가난한 백성들'이다(습 3:12). 그들은 심령이 가난한 자들이다(마 5:3). 여호와의 이름만 의탁한 자들이다. 겸손히 하나님을 신뢰하고 의지하며, 하나님의 보호를 기대하는 자들이다(사 14:30). 하나님의 축복을 회복한 남은 자들에게는 더 이상 악행이나 죄를 범하는 말이나 궤휼한 혀가 있지 않는다(습 3:13). 하나님이 그들의 목자가 되셔서 안전하고 평화롭게 보호하실 것이다.

하나님의 백성들은 오직 기쁨만 누리게 된다(습 3:14-17).

여호와의 날에는 백성들이 즐거움의 절정을 맛보게 된다. 스바냐는 "노래할지어다", "기쁘게 부를지어다", "전심으로 기뻐하며 즐거워할지어다"라고 반복해서 말한다(습 3:14). 여호와의 날에 구원이 완전히 회복되기 때문이다. 이스라엘의 심판이 사라진다. 모든 대적들이 쫓겨난다. 오직 임마누엘의 하나님이 그들 중에 계신다. 그러므로 더 이상 두려움에 떨 필요가 없다.

스바냐는 이런 감격스러움에 대해 "너의 하나님 여호와가 너의 가운데 계시니 그는 구원을 베푸실 전능자시라 그가 너로 인하여 기쁨을 이기지 못하여 하시며 너를 잠잠히 사랑하시며 너로 인하여 즐거이 부르며 기뻐하시리라"(습 3:17)고 노래했다. 스바냐의 예언에 의하면, 유다는 조만간 바벨론에 의해 멸망당할 처지에 놓여 있다. 그러나 반드시 회복할 것이라는 구원의 메시지도 함께 받았다. 이것이 하나님의 은혜요 섭리이다. 하나님은 죄에 대한 징계는 내리시되 택한 백성을 영원히 버리시지는 않는다. 언젠가는 회복시키신다(습 3:20). 종교적으로나(습 3:18) 정치적으로(습 3:19) 온전한 하나님의 백성으로서의 위치를 찾을 것이다.

성도가 때로는 우겨쌈을 당하며 맹렬한 화염과 고통 속을 거니는 듯한 삶을 산다. 그러나 그 와중에도 평강을 견지할 수 있는 것은 임마누엘의 결과이다. 교회와 성도가 순교에 이르기까지 고통을 당할 수도 있다(계 13:15). 그러나 끝내 이기고 담대할 수 있음은 하나님의 공의로운 심판을 믿기 때문이다. 바벨론 포로에서 끌어내신 하나님이 오늘 우리의 하나님이다. 항상 우리 곁에 계셔서 나와 동행하시고, 회복시키시고, 선악 간에 판결하실 하나님을 신뢰한다면 가변적인 현실 상황에 요동하지 않을 것이다.

10) 학개 : 너희는 전을 건축하라(학 1:8)

본서는 페르시아(바사) 왕 고레스로부터 다리오 1세(B.C. 522-485년)에 걸쳐서 이루어진 성전 건축을 배경으로 하고 있다. 학개는 바벨론 포로 생활(B.C. 605-538년) 중에 제사장 가문에서 출생한 것으로 추정된다. 학개는 대제사장 여호수아와 스룹바벨의 인도로 조국에 돌아온 1차 귀향민 중의 한 사람이다(학 1:1).

학개서는 바벨론 포로 이후에 기록된 책이다. 유다 백성들은 포로 생활을 마치고 본국으로 돌아왔지만 하나님을 최우선순위로 살지 못하고 있었다. 예언대로 포로가 된 지 70년 후에 바사 왕 고레스의 조서로 본토에 귀환한 유다 백성들은 큰 꿈을 안고 파괴된 예루살렘 성전의 재건에 착수했다(B.C. 536년). 그러나 대적들의 방해 공작으로 성전 재건은 도중에 중단되었고(B.C. 534년), 백성들은 낙심과 실의에 빠져 세상일에 몰두하였다. 이 같은 상황에서 학개는 예루살렘 성전 재건과 관련하여, 하나님의 뜻에 대한 순종과 불순종의 결과가 어떻게 다른지를 증거하고 있다. 아울러 이와 같은 성전 재건 작업은 장차올 메시아를 맞이하는 준비라는 데 그 의의가 있음을 역설하고 있다.

(1) 성전 재건에 대한 호소(책망의 말씀)

고레스 원년, 곧 예레미야에게 말씀하신 때(스 1:1)에 스룹바벨과 예수아(스 2:2)는 하나님의 성전 건축을 위하여 귀환했다(스 1:3). 하지만 다리오 왕 2년까지 이들은 성전을 건축하지 않았다. 이들이 성전을 건축하지 않은 이유는 분명하다. 이들은 먼저 하나님의 성전을 건축할 때가 아니라고 판단했다. 이들의 귀환 목적이 하나님의 전을 건축하는 것임에도 불구하고, 스스로 말하기를 아직 때가 이르지 않았다고 판단했던 것이다.

여호와의 전을 건축할 시기가 이르지 아니하였다(학 1:2)고 변명하는 자들을 책망했다.

"이 백성이 말하기를……"이라고 했다. '이 백성'은 '내 백성'과는 다른 어조의 표현으로 질책과 경고의 의미를 포함하고 있다. 포로 생활에서 귀환한 지 18년이 지나도록 성전을 건축하지 못한 유다 거민들은 스스로 자족하기 위해 건축할 시기가 아직 아니라고 변명했다.

그러나 이들의 변명에 대한 하나님의 답변은, 백성들이 자신들의 집을 짓기 위해서라고 하셨다(학 1:4). 유다 백성들이 성전을 건축하지 못한 것이 결코 경제적 궁핍 때문이 아니다. 주변의 정치적 여건 때문이 아니다. 하나님의 전은 황무하지만 이들은 판벽한 집에 거한다고 했다. "판벽"이란 단어는 지붕이 덮인 상태를 나타내기도 하며 호화스런 사치품으로 치장하는 것을 뜻하기도 한다. 성전이 완전히 훼파된 반면, 귀환한 유다 백성들의 집은 완전한 모습을 갖추었으며 호화로운 장식들로 치장되었음을 말한다.

사실 포로 귀환을 한 이스라엘 백성들에게 고향은 황무, 그 자체였다. 이미 파괴된 도시와 집들만이 이들을 기다리고 있었다. 휴식을 제공할 공간이 없었다. 그래서 이들은 먼저 자신의 집을 지었을 뿐이다. 하나님의 집은 중요하지 않았다. 우선 내가 살 집이 있어야 하나님의 집도 있다는 마음이었던 것이다. 하나님은 이런 백성들에게 자기의 소위를 살펴보라고 하셨다(학 1:5, 7). 자신들의 살아온 과정이나 방식을 심각하게 생각하고 돌아보라는 말씀이다. 아직 하나님의 전을 지을 때가 안 되었다는 자신들의 말이 얼마나 가증스러운 변명인가를 스스로 돌아보아 깨달으라고 권면하신 것이다.

하나님은 가증스런 변명으로 하나님을 속이려 했던 유다 백성들이 겪게 될 상황을 설명하신다(학 1:6, 9-11). 열심히 일했어도 소득이 적었다. 먹고 마셔도 만족함을 누릴 수 없었다. 집에 도둑이 들어온 것처럼 재물을 모으려 해도 모이지 않았다. 그것은 하나님 섬기기를 즐겨 하지 않고 성전 건축을 소홀히 한 결과였다. 하나님보다는 자신들의 이익을 먼저 챙기려는 탐욕의 결과였다.

하나님은 성전 건축을 지시하셨다.

하나님은 성도들에게 결코 무리한 것을 요구하시지 않는다. 산에 올라가 나무를 가져다가 전을 건축하라고 지시하셨다(학 1:8). 이는 레바논의 백향목을 수입하여 건축한 솔로몬 시대의 거대하고 화려한 성전에 비교할 때 아주 초라한 건물임을 시사한다. 여기서 언제나 하나님은 성도들이 감당할 수 있는 헌신을 원하심을 알 수 있다. 하나님은 결코 엄청난 재물이 드는 자재를 가지고 성전을 건축할 것을 요구하지 않으셨다. 유다 백성들이 마음만 먹으면 주변에서 쉽게 구할 수 있는 자재로 성전을 건축할 것을 명령하신 것이다. 하나님은 화려한 건물을 요구하신 것이 아니라, 백성들의 마음이 하나님께로 돌아오기를 바라셨던 것이다.

백성들이 순종했다.

학개의 메시지는 백성들에게 강력한 영향을 주었다. 백성들이 하나님께 순종하겠다고 결단하자(학 1:12), 하나님은 자신의 은혜가 이미 그들에게 임하기 시작했음을 알려주셨다. 하나님은 남은 자들과 함께 하시겠다는 약속을 해주셨다(학 1:13). 또한 그동안 무감각하게 잠들었던 백성들의 영을 깨우시며 깨달음을 주셔서, 하나님의 음성을 듣고 열심히 순종하도록 이끄셨다(학 1:14). 이제 백성들은 하나님의 깨우침과 인도하심으로, 학개를 통해 선포하신 하나님의 뜻, 곧 성전 건축의 역사를 시작하게 된 것이다.

(2) 성전 재건에 대한 격려와 축복

실망에 대한 위로이다(학 2:1-5).

이스라엘이 용기를 갖고 성전 재건을 시작했다. 그러나 건축한 지 한 달이 못 되어 공사는 중단되었다. 현재 짓는 성전이 솔로몬 시대의 것에 비교해 너무 초라했기 때문이다. 초라한 성전을 짓는 것이 아무 소용없다는 사람들의 비난과, 그로 인해 실망한 백성들에게 하나님은 적절한 위로를 주신다. 하나님의 은혜를 받는 길이 어떤 외형적인 여건이 아니라 진실한 믿음에 달려 있으므로 낙심치 말고 성전을 재건하라는 것이다. 우선 하나님은 이스라엘과 맺은 언약이 유효함을 알려주신다(학 2장). 언약 관계가 폐지되지 않았으므로 하나님이 주시는 축복도 여전히 임할 것이다. 출애굽하여 절망적인 상황에서 이스라엘을 도우셨던 것처럼, 오늘도 좌절해 있는 성도들을 도우신다는 말씀이다. 언약이 지속될 것은 하나님(학 2:4)과 성령(학 2:5)이 그들과 함께 하리라는 약속으로 보증되었다.

미래의 영광에 대한 약속이다(학 2:6-9).

학개는 낙담한 사람들을 격려하기 위해 장차 성전에 임할 영광을 예고한다. 이는 장차 종말 시대의 성전과 연관하여 전개될 영광스러움을 예고하는 의미가 있다. 당시 재건하는 성전이 단순한 건물의 의미를 초월하여 장차 메시아의 사역을 예고하고 있다. 처음 것은 세속적인 화려함으로 가득 차 있었지만, 나중 것은 거룩한 것으로 충만할 것이다. 첫 성전은 우상 숭배로 오염되고(왕하 23:11-12) 이방 세력에게 짓밟혔으나, 나중 성전은 영원토록 거룩함을 유지할 것이다. 첫 성전에서는 범죄할 때마다 제사를 드려야 했으나, 나중 성전에서는 속죄 제사가 단번에 완성되었다. 실제로 처음 것은 장차 올 나중 것에 대한 그림자이다. 더욱이 첫 성전에서는 하나님의 영광이 떠났으나(겔

10:18), 나중 성전에서는 영원토록 임재할 것이다.

왜곡된 믿음에 대한 각성이다(학 2:10-14).

하나님은 부정한 재물의 비유를 통해 이스라엘의 왜곡된 믿음을 시정코자 하셨다. 그들이 정기적으로 예물을 드렸지만 하나님은 열납하지 않으셨기 때문이다. 사람이 부정하면, 즉 하나님의 명령을 거부하면 그가 드리는 모든 제사와 행위가 부정하다. 아무리 형식을 갖추고 거룩한 의식을 통해 하나님을 경배하며 영적인 일에 헌신하는 것처럼 보여도, 그 사람의 마음이 하나님에게서 떠나 있다면 그런 행위는 헛것이다(학 2:12-14). 이는 당시 백성들이 하나님의 권세를 신뢰하지 못하면서 성전을 건축하는 상황을 책망하는 말씀이다. "그 손의 모든 일도 그러하고(부정하고)"(학 2:14)라는 말씀은 그들이 겉으로는 성전 건축을 하는 등 경건한 체하지만 실제로는 악을 자행한다는 것이다. 이처럼 이들이 부정했기에 과거에 가뭄을 만나고 흉작을 거둘 수밖에 없었다(학 2:16-17). 그들은 눈앞에 닥친 재앙에만 관심이 있었지 재앙의 원인을 알려 하지 않았다. 하나님이 만물을 주관하시며 선민이 잘못할 경우 징계를 내리심을 깨닫지 못했던 것이다.

현재와 미래에 임할 축복이다(학 2:15-23).

이제 백성들은 회개를 촉구하는 학개의 메시지에 응답할 자세가 갖추어졌다. 학개는 이제 하나님께서 징계 대신 복을 주리라고 예언한다. 성전을 재건하지 않고 부정한 상태에 있었던 과거와 현재 이후의 생활은 엄청난 차이가 있을 뿐 아니라, 앞으로는 하나님의 축복을 받게 될 것을 예고한다(학 2:15). 과거에는 열심히 노력했으나 신통치 않았다(학 2:16). 그것은 하나님의 징계였다(학 2:17). 그들이 죄를 깨닫고 하나님께로 돌아서게 하기 위함이었다.

하나님은 유다 백성들에게 과거 18년 동안 터만 닦아 놓고 재건하지 않았던 때를 돌아보라고 권면하신다(학 2:18). 그때에는 기본적인 생필품조차 제대로 제공받지 못했다(학 2:19). 그러나 이제는 하나님의 복을 얻게 될 것이다. 그들이 학개를 통한 여호와의 말씀에 청종했으며, 성전 재건을 시작했으며, 하나님께로 돌아섰기 때문이다. 또한 하나님은 자신의 백성을 학대하는 세력을 친히 물리치겠다고 선언하신다(학 2:21-22). 궁극적으로 이 상황은 그리스도의 재림 때 하나님을 부인하는 세력들이 마지막에는 멸망할 것을 묘사한 것이다. 이 예언은 인류 역사를 통해 서서히 성취되고 있다. 성도들은 하나님의 활동을 통해 보존될 것이다. 본문에서 스룹바벨은 장차 오실 메시아의 모형이었다(학 2:23). 당시 이스라엘 총독이었던 스룹바벨의 지도하에 성전을 건축했던 것처럼, 오늘날 성도들은 교회의 머리이신 그리스도의 보호와 인도 아래 영적인 성전, 즉 교회의 사명을 완수해야 한다.

11) 스가랴 : 이는 오직 나의 신으로 되느니라(슥 4:6)

스가랴서는 구약성경 중에서 가장 메시아적이며 계시적이며 종말론적인 책이다. 그래서 스가랴서를 가리켜 '구약의 계시록'이라 부르기도 한다. 스가랴는 학개와 동시대인으로 제1차 포로 귀한 시의 인솔자였다. 본서의 배경이 되는 시기는 1장 1절에 "다리오 왕 이년 팔월"이라고 명시되어 있다. 이는 학개가 예언을 선포한 지 2개월 후이며(학 1:1) 성전 건축을 시작한 지 5개월째 되는 시점이다(학 1:15). 스가랴는 이런 낙관적인 분위기를 가속화하기 위해 백성들의 영적인 회복을 촉구하였고, 8가지 환상을 통해 희망과 격려를 제공하였다. 스가랴서는 학개의 예언을 보충해 주며 공고히 한다. 그리고 나약하고 무기력한 이스라엘 백성들에게 훗날에 성취될 영광된 회복을 제시하고 있다. 스가랴의 사명은 18년이나 중단된 성전 재건 사역을 재개하도록 격려하는 것과 예수님의 초림과 재림을 예언하여 이스라엘의 회복에 대한 소망을 부여하는 것이다.

스가랴는 이사야 다음으로 그 어떤 선지자보다도 더욱 풍부하고 선명한 메시아 예언을 남겼다. 본서에는 그리스도의 초림(슥 3:8, 9:9–10, 11:11–13, 12:10, 13:1, 6)과 재림(슥 6:12, 14:1–21)에 대한 많은 예언이 나온다. 또한 그리스도를 여호와께서 보내신 천한 종, 순(슥 3:8), 성전을 건축하는 제사장과 왕(슥 6:13), 온유와 화평으로 그의 왕국을 건설하는 자(슥 9:9–10), 거절당하고 배신당하여 팔리는 자(슥 11:11–14), 구원자(슥 13:9) 등으로 묘사하고 있다. 이 외에도 여호와의 사자(슥 3:1), 일곱 눈을 가진 돌(슥 3:9), 모퉁잇돌, 말뚝, 싸우는 활(슥 10:4), 찔림을 받는 자, 씻는 샘(슥 13:1), 칼로 침을 당한 버림받은 목자(슥 13:7) 등의 표현도 메시아 사역을 예표한 것으로 볼 수 있다. 특히 스가랴서에는 메시아 왕국에 대한 여덟 가지 환상이 나오는데 이는 구약 묵시 문학의 백미로 꼽힌다. 여기서는 그중 다섯 번째 환상인 순금 등대 환상에 대해 상고하고자 한다.

(1) 환상의 의미

스가랴가 다섯 번째로 본 환상은 '순금 등대 두 개와 그 두 잔에 기름을 공급하는 두 감람나무'의 환상이다. 이 환상은 일차적으로 스룹바벨 성전이 하나님의 도우심으로 필히 완공될 것을 알려주는 격려의 메시지이다. 그러나 이 말씀이 단지 스가랴 시대에만 적용되는 것이 아니라 오늘날 교회의 현실 가운데 동일하게 적용되고 있다.

하나님이 환상을 보여주시자(슥 4:1-3), 스가랴는 환상의 의미에 대해 질문한다. 스가랴의 질문에 대해 하나님은 성전을 재건하는 일이 사람의 손에 있지 아니하고 오직 하나님의 능력 안에 있음을 밝히는 내용이라고 답하신다. 성전을 재건하는 일에 많은 방해가 있었다(스 4:1-10, 5:1-5). 이런 상황에서 하나님은 성전 재건이 인간의 나약함이나 주위의 방해로 인해 중단될 수 없음을 밝히신 것이다. 사실 이스라엘은 하나님의 권능으로 인도함을 받았다. 출애굽 시 애굽의 군대를 홍해에 장사시킨 일이며(출 14:21-28), 해와 달을 멈추게 하여 아모리 사람을 진멸하기도 했다(수 10:12-14). 만군의 하나님 여호와께서 역사하실 때 성전 재건은 한 치의 오차도 없이 성취될 것이다. 실제로 성전 재건을 허락했던 고레스 왕의 조서가 발견되어(스 6:1-5), 건축을 반대하던 총독들까지 공사를 후원하게 되었고(스 5:3, 6:6, 13), 그리하여 성전 건축은 성공적으로 끝나게 되었다. 하나님은 무한한 지혜와 능력으로(롬 12:13) 사탄의 방해를 물리치고 자신의 처소를 건설하신 것이다. 이사야는 메시아가 오실 때 골짜기가 높아지고 산이 낮아지며 험한 곳이 평지가 되리라고 예언했다(사 40:4). 이처럼 하나님의 구원 사역은 어떤 경우에도 중단되지 않고 완벽하게 시행된다.

스가랴 선지자는 이제 등대 좌우에 있는 '두 감람나무'의 의미에 대해 다시 질문한다(슥 4:11-14). 여기에 대해 천사는 즉시 대답하지 않고 정말 모르느냐고 반문한다. 스가랴로 하여금 자신의 무지를 깨닫고 하나님 앞에 엎드리도록 하기 위한 의도에서이다. 스가랴의 겸손한 고백이 있은 후 천사는 감람나무에 대해 해석해 준다. '감람나무 두 가지'는 기름 부음 받은 제사장과 왕을 가리킨다(레 21:10; 삼상 10:1). 이 두 직책은 하나님께 봉사하는 특별한 권위를 지니고 있다(계 11:3-4). 당시의 역사적 상황으로 볼 때 이 둘은 대제사장 여호수아와 총독 스룹바벨을 가리킨다고 할 수 있다. 이들은 하나님과 동행하면서 성령을 받아 백성들을 치리하고 인도하는 역할을 했다.

(2) 환상이 주는 교훈

먼저, 순금 등대 환상이다. 여기서 '순금'은 가장 귀하고 변치 않는 성질을 가지고 있어 하늘의 것을 상징한다(계 21:18). '등대'는 일차적으로 스룹바벨 성전을 가리키나, 상징적으로는 하나님의 통치를 받는 교회를 가리킨다(계 1:20). '순금'이라는 표현은 교회의 소중함과 그 탁월한 위치를 상기시키는 것이다. 오늘날 교회는 그리스도께서 피값을 치르고 사신 너무나 소중한 존재이다(계 5:9).

우리는 '등대'라는 표현을 유의해 보아야 한다. 구약 시대 성전은 하나님 임재와 통치의 중심으로, 이스라엘 백성의 심령 속에 여호와 신앙이라는 거룩한 등불을 밝히는 역할을 감당했다. 이러한 신령한 빛을 소유한 이스라엘은 제사장 나라로서 세계만방에 그 빛을 발할 사명을 받았다. 오늘날 교회 역시 세상에 등불을 밝혀야 하는 막중한 사명을 지니고 있다(마 5:14-16). 참된 진리의 빛이란 우리에게 있는 것이 아니라 오직 예수 그리스도께만 있다(요 1:17). 우리는 단지 그분의 빛이 밝히 드러나도록 하는 등대이다. 순금 등대에는 기름을 저장하기 위한 그릇이 있다. 그리고 등잔에 기름을 공급하기 위한 일곱

개의 관이 있다. 이러한 사실은 그리스도의 은혜 안에서 교회에 다양한 은사가 전달되어 세상의 빛으로 드러나게 됨을 의미한다.

다음으로, 두 감람나무 환상이다. 감람나무는 등대에 지속적으로 기름을 공급하는 역사를 한다. 두 감람나무 가지는 궁극적으로 '기름 부음 받은 자' 즉 메시아를 예표한다(롬 11:17). 그리스도는 인간의 모든 결점을 감추시고 미련하고 약한 사람들을 선택하여 참된 능력을 주신다. 그렇게 함으로 교회가 사명을 감당할 수 있게 해주시는 것이다. 메시아는 제사장과 왕과 선지자의 세 기능을 모두 소유한 자이다(요 18:37, 19:19-22; 히 7:14-15, 20-22; 계 11:15, 19). 메시아는 구속 사역을 완성하실 분이다. 결국 그리스도의 능력을 통해 교회는 빛으로서의 역할을 감당할 수 있게 된다.

환상의 핵심은 스가랴 4장 6절에 있다. "이는 힘으로 되지 아니하며 능으로 되지 아니하고 오직 나의 신으로 되느니라." 순금 등대는 스스로 불을 밝힐 수 없다. 감람나무 기름이 있어야만 등대는 불을 밝힐 수 있다. 교회의 사역이 인간의 능력이나 힘으로 되는 것이 아니다. 인간적인 눈으로 볼 때 불가능한 일도 하나님이 하시고자 하시면 능히 이루어진다. 스룹바벨 성전 재건과 마찬가지로 오늘 교회가 직면한 수많은 문제들을 해결하는 비결은 오직 성부, 성자, 성령 삼위 하나님의 도우심을 의지하는 데 있다. 교회라는 몸이 머리 되신 그리스도로 말미암아 마디와 힘줄이 공급함을 얻어 하나님이 자라게 하심으로 성장하는 것이다(골 2:19).

성전 재건을 반대한 자들은 스룹바벨 성전이 지니는 구속사적 의미를 간과했다. 솔로몬 성전과 비교하여 외형만 보고 "작은 일의 날"(슥 4:10)이라고 무시했다. 하나님은 외형적으로 초라해 보인다고 멸시하지 말고 전능하신 하나님의 영광을 기대하라고 말씀하신다. 대적자들에 비해 약하다고 실망하지 말자. 하나님은 약한 자를 들어 강하게 쓰신다. 우리의 복음 전파도 처음에는 미약해 보이지만 나중에는 엄청난 결실로 나타날 것이다.

12) 말라기 : 의로운 해가 떠올라서(말 4:1-6)

구약성경은 인간의 창조와 타락, 그리고 타락한 인간을 구원하기 위한 하나님의 구원 계획이 펼쳐지고 있다. 천지를 창조하신 하나님은 이스라엘의 역사 속에서 섭리하시고 간섭하시면서 자기 백성을 인도해 오셨고, 언약 백성의 거듭된 불순종에도 불구하고 선지자들을 통해 훈계하시면서 메시아를 대망하도록 했던 것이다. 앗수르의 사마리아 침략, 바벨론의 예루살렘 함락, 그리고 70년간의 포로 생활, 포로 생활로부터의 귀환과 성전 재건 등 이스라엘 백성의 역사와 구비마다 하나님의 말씀을 가지고 교훈하고 경고하며 책망했던 이들이 선지자들인데, 말라기는 마지막 선지자였다. 그는 학개나 스가랴가 성전 재건을 권고한 지 약 100년이 지난 후에 예루살렘에서 선지자로 부름 받았다.

본서가 기록될 당시 성전과 도시들이 재건되었다. 백성들은 점차 패망과 포로 시대의 고통을 잊고, 대신에 안락과 인간적인 희망에 사로잡혀 있었다. 백성들의 영적 상태는 하나님의 사랑에 점차 무감각해져 갔다. 그들에게 향하신 하나님의 뜻과 길로부터 자신들이 얼마나 멀리 떨어져 나왔는지를 깨닫지 못했다. 이러한 때 말라기 선지자는 백성들의 무지와 무감각을 각성시켜 다시금 신앙적인 삶을 회복하도록 하기 위해 본서를 서술했다. 말라기는 제사장들의 죄를 책망하고, 성결치 못한 생활과 온전치 못한 십일조를 책망한다. 그리고 다가올 심판의 날과 세례 요한과 예수님의 출현을 예언하고 이 책을 끝맺고 있다. 말하자면 구약의 마지막 책인 말라기에서는 예수 그리스도의 오심에 대한 예언으로 책을 끝맺고 있는 것이다. 말라기라는 말은 '나의 사자'라는 뜻인데, 백성들을 향한 마지막 사자가 된 것이다.

(1) 심판주로 오시는 예수 그리스도

말라기 4장 1절에 "만군의 여호와가 이르노라 보라 극렬한 풀무불 같은 날이 이르리니 교만한 자와 악을 행하는 자는 다 초개 같을 것이라 그 이르는 날이 그들을 살라 그 뿌리와 가지를 남기지 아니할 것이로되" 라고 했다.

말라기를 읽다보면 이 책에서 거듭 반복되는 어휘가 있다. '만군의 여호와'라는 말이다. '만군의 여호와'란 전능하신 하나님이란 뜻이며, 우주의 통치자란 뜻이다. 만군의 여호와의 말씀이라는 강조와 함께 하나님의 심판을 말씀하고 있는 것이다. 대부분의 선지서들은 심판주로 오실 메시아에 대해 다루고 있다. 그날을 '주의 날' 혹은 '여호와의 날'로 표현했다. 이날은 수세기 동안 이스라엘 백성들에게 때로는 구원의 날로, 때로는 심판의 날로 선포되었다. 그러나 하나님께 대한 불순종이 더해 감에 따라 후반기에 활동한 선지자들은 이날을 심판의 날로 선포했다. 심판의 주체는 메시아이시다(말 3:1-6). 하나님의 심판은 피할 수 없다. "극렬한 풀무불 같은 날"은 전 우주적인 최후 심판이 시행되는 '여호와의 날'이다(사 13:6; 렘 46:10; 욜 2:31; 습 1:14-2:3;

계 16:14).

"뿌리와 가지를 남기지 아니할 것"이라는 말은 악의 완전 소멸을 말한다. 특별히 그 뿌리까지 남지 않게 된다는 것은 악의 근원을 영원히 제거해 버린다는 뜻이다. 하나님의 심판은 공정하며 그의 면전에서 피할 자가 없다(말 3:2). 말라기 3장 13절 이하를 보면, 사람들이 완악한 말로 하나님을 대적하고도 "우리가 무슨 말로 주를 대적하였나이까"라고 반문한다. 하나님을 섬기는 것이 헛되며 하나님의 명령을 지킬 필요도 없다고 한다(말 3:14). 교만한 자가 복되고, 악을 행하는 자가 창성하며, 하나님을 시험해도 화를 면한다고 말한다(말 3:15). 그러나 하나님은 분명히 말씀하신다. "의인과 악인이며 하나님을 섬기는 자와 섬기지 아니하는 자를 분별하리라"(말 3:18).

(2) 구원주로 오시는 예수 그리스도

말라기 4장 2절에 "내 이름을 경외하는 너희에게는 의로운 해가 떠올라서 치료하는 광선을 발하리니 너희가 나가서 외양간에서 나온 송아지같이 뛰리라"고 했다.

하나님의 약속은 불변한다. 악인에게는 심판이 있지만, 하나님을 경외하는 자에게는 소망이 선포되고 있다. 그 소망은 앞으로 그리스도가 오실 거라는 선언이다. 구약성경의 가장 중요한 주제는 앞으로 오실 예수 그리스도이다. 구약의 인물, 사건, 제도는 온전히 오실 그리스도의 사역을 예표한다. 그리스도에 대해서는 수없이 많이 예언되었다. 예수 그리스도를 보내겠다는 하나님의 약속은 변함없는 약속이며, 그 약속은 파기되지 않는 약속이다. 구약의 첫 책 창세기 3장 15절에서 그리스도를 보내겠다는 약속은 구약의 마지막 책 말라기에서 다시 확인되고 있다. 하나님의 약속은 변함이 없다. 오랫동안 페르시아의 지배에 지내온 이스라엘 백성들은 절망적인 현실을 보고 회의에 빠져 있었다. 하나님의 사랑에 의문을 제기했다. '지금도 하나님은 우리를 사랑하실까?' 생각했다. 그래서 말라기 1장 서두에서 "내가 너희를 사랑하였노라"는 말씀으로 시작한다. 아브라함을 불러내시고, 그를 통해 한 민족을 삼으시고, 이들 가운데서 일해 오신 하나님은 1천 년이 지났으나 변함없이 그들을 사랑하신다는 점을 가르치면서 저들에게 소망을 심어주고 있다.

그것이 메시아에 대한 소망이다. "의로운 해가 떠올라서"라고 할 때 그 '의로운 해'는 바로 그리스도를 말한다. "치료하는 광선을 발하리라"는 것은 그리스도의 구원 사역을 의미한다. 그리스도 재림 시에 있을 의인들의 완전한 구원에 대한 예언 말씀이다. 의인은 누구인가? 하나님을 경외하며 악을 멀리하는 자들이다. 여호와를 존중하며 그 이름을 경외하는 자이다(말 3:16). 예수 그리스도를 믿으며 그분의 구속 공로를 힘입어 죄 사함 받은 자들이다. 그리스도 안에서 하나님의 자녀로서의 삶을 살기를 힘쓰는 자들이다. 성경은 이러한 자들에 대해 여러 가지 축복과 구원을 약속하고 있다(신 28:1-14). 그러나 이 세상에 사는 동안에는 의인도 여전히 곤고한 삶을 산다. 악인의 학대와 압제를 당한다. 하나님께서 약속하신 축복과 구원은 궁극적으로 이 땅에서가 아니라 그리스도 재림 시에 완성될 하나님 나라에서 주어질 것이기 때문이다.

그때 하나님은 특별한 소유를 삼으신다고 하셨다. 여호와께서 아끼신다고 하셨다(말 3:17). 그때 메시아께선 불의한 자들로 인해 심령이 상하고 육신적으로 곤고한 나날을 보냈던 성도들을 위로해 주실 것이다. 회복시켜 주실 것이다. 성도들은 마치 외양간을 벗어나 푸른 초장에서 자유로이 뛰노는 송아지같이 기뻐 뛰놀게 될 것이다. 성경은 이에 관해 이렇게 증거한다. "하나님이 저희와 함께 거하시리니 저희는 하나님의 백성이 되고 하나님은 친히 저희와 함께 계셔서 모든 눈물을 그 눈에서 씻기시매 다시 사망이 없고 애통하는 것이나 곡하는 것이나 아픈 것이 다시 있지 아니하리니 처음 것들이 다 지나갔음이러라"(계 21:3-4).

(3) 하나님의 말씀을 따라 살아야 한다.

말라기 4장 4절에 "너희는 내가 호렙에서 온 이스라엘을 위하여 내 종 모세에게 명한 법 곧 율례와 법도를 기억하라"고 했다.

말라기 선지자는 400년이란 긴 암흑기에 하나님의 백성들이 신앙의 근거를 어디에 두고 살아야 할 것인가를 선언한다. 이것은 그리스도의 재림을 기다리며 살아가는 오늘 우리에게 주시는 선언이기도 하다. 하나님의 법은 변함이 없다. '호렙에서 명한 법'이란 출애굽 당시 호렙 산에서 주신 율법을 가리키는데(출 19-23장), 하나님은 모세에게 계명을 주셨고 언약 백성들이 지킬 여러 규례를 말씀하셨다. 꼭 십계명만을 말하는 것은 아니다. 오경과 구약성경 전체를 말씀한다고 볼 수 있다. 나아가서는 그리스도를 통해 주어질 새 언약, 곧 율법을 대체할 복음과의 관련성, 곧 구약과 신약의 맥을 잇는 암시적 의미로도 해석할 수 있다.

모세가 율법을 받은 후로 수많은 시간이 지났다. 모세와 말라기 사이에는 약 1천 년의 간격이 있다. 1천 년의 세월이 지나도 여전히 유효한 것이 하나님의 법이다. 아니, 2천 년의 세월이 지나도 여전히 유효한 것이 하나님의 법이다. 지금 세월이 변하고 사회가 바뀌어도 여전히 변함없는 것은 하나님의 말씀이며, 하나님의 법은 우리 조상들의 법이자 오늘 우리를 향한 법이다. 실로 율법은 신약과의 연결 속에서 우리를 그리스도에게로 인도하는 몽학선생인 바(갈 3:24), 시간과 공간을 초월해 영원한 언약으로 이해할 수 있다. 그래서 베드로는 "모든 육체는 풀과 같고 그 모든 영광이 풀의 꽃과 같으니 풀은 마르고 꽃은 떨어지되 오직 주의 말씀은 세세토록 있도다"(벧전 1:24-25)라고 했다. 이 불변하신 하나님의 법을 따라 살도록 선지자들이 가르치고 훈계하고 경고하며 책망했던 것이다.

이스라엘 백성들은 메시아의 강림이 더디다고 여겨 낙심하고 회의하여 죄악에 빠졌다. 오늘 재림을 기다리는 우리도 마찬가지이다. "주의 약속은 어떤 이의 더디다고 생각하는 것같이 더딘 것이 아니라 오직 …… 아무도 멸망치 않고 다 회개하기에 이르기를"(벧후 3:9) 원하시는 하나님의 선하심과 인자하심 때문에 잠시 유보되고 있는 것이다. 그날을 대망하는 가운데 스스로를 돌아보아 바른 신앙 자세를 견지해야 한다.

한눈으로 읽는 구약성경의 세계

2008년 12월 10일 1판 1쇄 발행
2014년 10월 10일 1판 2쇄 발행

지은이 | 신재철, 이정석
발행인 | 이형규
발행처 | 쿰란출판사

주소 | 서울특별시 종로구 이화장길 6(이화동)
TEL | 02-745-1007, 745-1301, 747-1212, 743-1300
영업부 | 02-747-1004, FAX / 02-745-8490
본사평생전화번호 | 0502-756-1004
홈페이지 | http://www.qumran.co.kr
E-mail | qrbooks@daum.net
qrbooks@gmail.com
한글인터넷주소 | 쿰란, 쿰란출판사

등록 | 제1-670호(1988.2.27)

책임교열 | 김향숙

값 15,000원

ISBN 978-89-5922-647-4 93230